Stefan F. Gross

Life Excellence

Stefan F. Gross

Life Excellence

Die Kunst, ein souveränes, erfolgreiches und glückliches Leben zu führen

HANSER

Life Excellence® ist eine eingetragene Marke von Stefan F. Gross.

Bibliographische Information Der Deutschen Bibliothek
Die Deutsche Bibliothek verzeichnet diese Publikation in der Deutschen Nationalbibliografie; detaillierte bibliografische Daten sind im Internet über http://dnb.ddb.de abrufbar.

Internet: http://www.hanser.de
Lektorat: Martin Janik
Herstellung: Ursula Barche
Umschlaggestaltung: Phyllis Gross
Umschlagillustration: Gabriela Silveira, nach einer Idee von Stefan F. Gross und Phyllis Gross
Umschlagumsetzung: Michael Knoch, büro plan.it
Illustrationen: Gabriela Silveira, nach Ideen von Stefan F. Gross und Phyllis Gross
Satz: Kösel, Kempten
Druck und Bindung: Friedrich Pustet, Regensburg
Printed in Germany

ISBN 3-446-22651-6

Für
Lydia und Sophia

Danksagung

Mein besonderer Dank gilt meiner Frau Phyllis. Sie hat nicht nur die Gestaltung des Buches geprägt, sondern mir auch in unzähligen Gesprächen immer wieder wertvollen inhaltlichen Input geliefert und als meine ganz persönliche Lektorin gewirkt. Ihre Gedanken und Ideen haben mir außerordentlich geholfen und mich enorm motiviert.

Große Freude bereitete mir vom ersten Moment an die Zusammenarbeit mit meinen Partnerinnen und Partnern aus dem Carl Hanser Verlag. Ich müsste an dieser Stelle viele Namen nennen, denn jeder und jede Einzelne hat in seinem bzw. ihrem Bereich auf höchst sympathische Weise eine vorzügliche fachliche Unterstützung geboten. Stellvertretend möchte ich jedoch besonders Herrn Dr. Hermann Riedel und Herrn Martin Janik danken, die das Buchprojekt von Anfang an begleitet haben und zu denen der Kontakt während der vielen Monate des Schreibens jedes Mal aufs Neue eine Bereicherung für mich war. Sie sind nicht nur Profis, sondern auch Gentlemen!

Als ausgesprochen glücklich empfinde ich die Zusammenarbeit mit Frau Gabriela Silveira, von der alle Illustrationen in diesem Buch stammen. Sie hat unsere Bildszenarien wundervoll getroffen, und es war jedes Mal ein Vergnügen, wieder eine neue Zeichnung von ihr in der Hand zu halten.

Vorwort

Liebe Leserin, lieber Leser,

dieses Buch dient einem großen Ziel. Es soll Sie dabei unterstützen, Ihre Vorstellungen vom Leben in die Tat umzusetzen und Ihren Lebenserfolg und Ihr Lebensglück zu fördern und zu sichern.

Bitte lassen Sie mich kurz sagen, warum ich es geschrieben habe. Wie Sie vielleicht wissen, komme ich durch meine Vortragstätigkeit mit einer Vielzahl interessanter Persönlichkeiten zusammen, Kunden und Mitarbeitern führender Unternehmen. Dabei habe ich immer wieder gesehen, dass es für die meisten von uns in der heutigen Zeit immer schwieriger wird, sich ihre Freiheit zu erhalten, ihr Berufs- und Privatleben miteinander zu verbinden, ihre Ziele zu erreichen und sich dabei auch noch die Lebensfreude zu bewahren. Und genau um diese Themen geht es deshalb in diesem Buch.

Der Grundgedanke lautet dabei, dass eine oberflächliche Betrachtungsweise oder isolierte Teillösungen wenig bringen. Was wir vielmehr benötigen, ist eine Fähigkeit, mit der wir unser Leben insgesamt auf eine kluge, gekonnte und gewinnbringende Weise führen und gestalten können. Der Name für diese Fähigkeit ist *„Life Excellence – Souveränität und Vortrefflichkeit im Umgang mit dem eigenen Leben“*.

Ich selbst bin fest davon überzeugt, dass Ihnen Life Excellence entscheidend dabei helfen wird, so zu leben, wie Sie es wirklich möchten. Nehmen Sie sich deshalb bitte die Zeit, um das Buch in Ruhe zu studieren, und freuen Sie sich auch auf die Lektüre. Ich wünsche Ihnen dabei in jeder Hinsicht viel Vergnügen!

Ihr Stefan F. Gross

PS: Wenn Sie das Buch lesen, werden Sie feststellen, dass neben vielen Abbildungen auch immer wieder einmal Einsichten und Empfehlungen von herausragenden Philosophen und Denkern genannt werden. Das hat selbstverständlich einen guten Grund. Je mehr man sich mit den Themen der Philosophie, Lebenskunst und Lebensweisheit beschäftigt, desto deutlicher stellt man fest, wie wichtig und wertvoll sie gerade in der heutigen Zeit für ein glückliches, erfülltes und erfolgreiches Leben sind. Wir würden also einen großen Fehler begehen, wenn wir auf ihre Unterstützung verzichten würden. Sollten Sie ein wenig mehr über die zitierten Personen erfahren wollen, so finden Sie am Ende des Buches ein Verzeichnis mit Kurzbiographien.

Zu den Zeichnungen im Buch

Nestor, der auf dem Umschlag einen Looping fliegt, haben Sie ja bereits kennengelernt. Er ist weise und fröhlich – und hat seine eigene Meinung zu den Dingen. Zusammen mit der „Life-Excellence-Familie" wird er uns in diesem Buch begleiten und unterhalten. Dass den Bildern dabei immer auch ein tieferer Sinn zugrunde liegt, wird Ihnen ganz sicher nicht verborgen bleiben …

Inhalt

Teil II: Warum es immer schwieriger wird, so zu leben, wie man möchte

Teil III: Was wir brauchen, wenn wir unseren Lebenserfolg langfristig fördern und sichern möchten

Teil IV: Wie Sie Life Excellence gewinnen und im täglichen Leben für sich nutzen

Teil I:

Was Lebenserfolg bedeutet

Alles hat man herausgefunden,
nur nicht, wie man lebt.
(Jean-Paul Sartre)

Der Traum vom Lebenserfolg

Überblick: Worum es in diesem Teil geht

Mit einem Gedankengebäude verhält es sich ebenso wie mit jedem anderen Bauwerk. Seine Stabilität und die Möglichkeiten seiner Architektur hängen ab von der Qualität seines Fundamentes. Der erste Buchabschnitt hat deshalb zwei entscheidende Aufgaben. Zum einen soll er eine umfassende Basis für alles Folgende legen. Zum anderen hat er uns aber auch bereits den ersten inhaltlichen Baustein für die Beantwortung unserer Schlüsselfrage zu liefern, wie wir unseren Lebenserfolg nachhaltig fördern und dauerhaft sichern können. Doch im Einzelnen:

Teil I des Buches beschreibt …

- warum es so wichtig ist, sich intensiv und systematisch mit seinem Lebenserfolg zu beschäftigen,
- aus welchen Gründen die meisten Menschen genau diese Aufgabe massiv vernachlässigen und auf welche ungeeigneten Methoden sie deshalb setzen, wenn sie versuchen, ihren Lebenszielen näher zu kommen,
- auf welche Kriterien wir besonders zu achten haben, wenn wir herausfinden wollen, worum es beim Begriff des Lebenserfolges letztlich geht,
- was Lebenserfolg von seinem Wesen her bedeutet und aus welchen Bausteinen und Elementen sich ein erfolgreiches und glückliches Leben in der Hauptsache zusammensetzt.

Es wird Zeit, die Weichen neu zu stellen

Liebe Leserin, lieber Leser, die Aufgabe des Buches haben wir im Vorwort genau beschrieben. Es soll Sie dabei unterstützen, Ihre Vorstellungen vom Leben in die Tat umzusetzen, und es soll Ihnen die Strategie und die Maßnahmen liefern, mit denen Sie Ihren Lebenserfolg und Ihr Lebensglück umfassend fördern und sichern können. Die Zielsetzung ist demnach klar. Womit aber sollen wir bei einem so wichtigen Thema starten? Welche Gedanken sind am besten geeignet, um uns von Anfang an auf die richtige Spur zu bringen? Vielleicht besteht die beste Vorgehensweise darin, dort anzusetzen, wo alles seine Basis hat – bei der Frage nach dem Sinn, bei der Frage nach dem „Warum" und dem „Wozu". Warum also sollten wir uns überhaupt mit unserem Lebenserfolg und Lebensglück beschäftigen? Warum benötigen wir für ein glückliches, erfülltes und erfolgreiches Leben zudem so etwas wie eine eigenständige Strategie und Realisierungskonzeption? Und schließlich, weshalb ist es in diesem Zusammenhang auch noch „Zeit, die Weichen neu zu stellen", wie es die Überschrift in diesem Kapitel nahe legt?

Die erste Antwort auf unsere Fragen klingt so selbstverständlich, dass man fast geneigt sein könnte, sie und die mit ihr verbundenen Konsequenzen zu übergehen: Lebenserfolg ist der Erfolg, auf den es im Leben am meisten ankommt!

Der Erfolg, der im Leben am meisten zählt, ist der Lebenserfolg

Lebenserfolg ist der Erfolg, der unser Leben als Ganzes erfasst und als Ganzes zum Maßstab hat. Er konzentriert sich nicht nur auf Teilbereiche oder Einzelziele, sondern auf die Summe dessen, wonach wir streben, was wir tun und was wir erreichen. Er ist deshalb die einzige Art von Erfolg, die den Eigenarten, der Bedeutung und den Möglichkeiten unseres Lebens auf angemessene Weise Rechnung trägt. Alle anderen Erfolgsarten und -attribute beschränken sich dagegen immer nur auf einen Ausschnitt, so wichtig und wertvoll sie auch sein mögen. Was aber beispielsweise nutzt die Verwirklichung beruflicher Ziele, wenn man gleichzeitig seine Gesundheit oder sein privates Glück ruiniert? Und umgekehrt, was bleibt von der positiven Wirkung einer harmonischen Beziehung für einen noch übrig, wenn man im Berufsleben ständig an Grenzen stößt und wenn man weit davon entfernt bleibt, den eigenen Erwartungen gerecht zu werden? Ein einzelner Erfolg kann also noch so groß sein – für sich alleine genommen wird er uns kaum das Ergebnis liefern können, das wir in unseren Vorstellungen mit ihm verbinden und das wir uns von ihm erhoffen. Erst wenn das Gefüge stimmt, erst wenn wir alle Lebensbereiche angemessen berücksichtigen und erst wenn wir unsere Leistungen und Teilerfolge zu einem ausgewogenen und stimmigen Gesamtbild verbinden können, erst dann werden wir das Maß an Zufriedenheit und Lebensfreude erreichen, nach dem wir uns letztlich sehnen und das mit einem wirklich erfolgreichen Leben verbunden ist.

Die zweite Besonderheit, die den Lebenserfolg so entscheidend macht und die ihn von allen anderen Erfolgsarten abhebt, betrifft seine zeitliche Dimension. Lebenserfolg ist immer langfristiger Erfolg. Bei ihm zählt Nachhaltigkeit weit mehr als ein kurzfristiger Triumph, dessen Wirkung bald verpufft. Er legt seinen Schwerpunkt also nicht nur auf die aktuelle Lage oder das kurzfristige Ergebnis einer Entscheidung oder Handlung, sondern gleichzeitig immer auch auf die künftigen Entwicklungen und die langfristigen Konsequenzen, die sich aus ihnen ergeben. Er basiert auf der Einsicht, dass nicht alles, was heute als Sieg gefeiert wird, auch morgen noch Anlass zum Jubel gibt und dass, genau umgekehrt, vieles von dem, was uns im Moment vielleicht als Bedrohung oder Niederlage erscheint, sich im Nachhinein als glückliche Fügung oder als große Chance erweisen kann. Der Lebenserfolg zeigt uns also nicht allein in inhaltlicher Hinsicht, was für uns im Leben wichtig und wesentlich ist, sondern auch in zeitlicher. Er ist der einzige Erfolg, den wir auf Dauer genießen und ausschöpfen können.

Die größte Bedeutung hat aber wohl seine dritte Eigenart. Lebenserfolg ist die Art von Erfolg, die sich immer auch auf unsere Lebensqualität und auf unser Befinden bezieht. Er hat niemals nur den sachlich-materiellen Erfolg als Grundlage, sondern immer auch den immateriellen. Bei ihm bedeutet Vermögen nicht allein das finanzielle Vermögen, sondern auch den Reichtum an Heiterkeit, Ausgelassenheit und Zuversicht. Damit aber baut er die Brücke zu den Themen und den Faktoren, die für viele von uns bewusst oder unbewusst die wichtigsten überhaupt sind – zu unserer Lebensfreude und zu unserem Lebensglück!

Die erste Antwort auf die Frage, weshalb wir uns intensiv mit unserem Lebenserfolg beschäftigen sollten, ist damit gegeben. Nur er trägt der Komplexität und den Anforderungen unseres Lebens Rechnung, nur er hat eine dauerhaft positive Wirkung und nur er stellt auch unser Lebensglück auf angemessene Weise in den Mittelpunkt. Damit aber kommen wir direkt zur zweiten Antwort: So wichtig unser Lebenserfolg also auch ist und so sehr sich die meisten auch nach einem glücklichen, erfüllten und erfolgreichen Leben sehnen, so schwierig scheint es gerade auf diesem Feld zu sein, Wunsch und Wirklichkeit in Einklang zu bringen.

Bei kaum einem anderen Thema laufen Wunsch und Wirklichkeit so weit auseinander

Bitte überlegen Sie an dieser Stelle selbst einmal, welche Personen in der Öffentlichkeit als besonders erfolgreich gelten. Welche Beispiele fallen Ihnen auf Anhieb ein? Ein Politiker, der ein bestimmtes Amt bekleidet und der eine „bedeutende Persönlichkeit“ darstellt? Ein Sportler, der Titel auf Titel erringt und der sich als Dauergast in den Werbespots des Vorabendprogramms präsentiert? Ein Manager, der sein Unternehmen mit einer Reihe von Käufen anderer Firmen zu einem „Global Player“ entwickelt und dessen Konterfei regelmäßig die Titelphotos der Wirtschaftspresse ziert? Und nun denken Sie bitte ein wenig näher über die Menschen nach, von denen man so häufig hört und die Ihnen deshalb in den Sinn gekommen sind. Wer immer es auch sein mag – die Leistungen der betreffenden Personen werden sicher ungewöhnlich und bemerkenswert sein. Aber: Der Politiker wird in der Regel ein Leben voller Machtkämpfe und persönlicher Angriffe führen, ohne jede Sicherheit, nach der nächsten Wahl noch erste Wahl zu sein. Der Sportler wird viel von seinem Heldenstatus einbüßen, wenn seine Karriere beendet ist und wenn ihn nun nicht mehr seine Gewinne auf dem Sportplatz, sondern seine Verluste im Wirtschafts- und Privatleben interessant machen. Der betreffende Manager schließlich hat seit der Mitwirkung auf dem Weltmarkt vielleicht ein milliardenschweres Defizit am Hals und eine Heerschar wütender Aktionäre und enttäuschter Aufsichtsräte im Nacken.

Die üblichen Klischees verlieren noch stärker an Aussagevermögen und Überzeugungskraft, wenn man das Erscheinungsbild und das offenkundige Befinden vieler Menschen auf sich wirken lässt, die nach üblichen Maßstäben viel erreicht haben und die deshalb eigentlich auch persönlich all das verkörpern müssten, was normalerweise mit Erfolg in Verbindung gebracht wird. Ein bedeutender

Teil von ihnen wirkt aber nicht etwa kraftvoll, heiter und ausgeglichen, sondern ausgebrannt, müde und verdrossen. Aus welchen Gründen auch immer, sie sind voller Sorgen, sie sind unzufrieden mit ihrem Beruf, sie wünschen sich ein anderes Privatleben, sie fühlen sich überlastet und überfordert, sie kommen mit den Verhältnissen insgesamt nicht zurecht. Würde man sie nach ihren eigenen Empfindungen fragen, sie würden möglicherweise von sich selbst alles andere als das Bild eines erfolgreichen Menschen zeichnen, ganz im Gegensatz zur öffentlichen Meinung.

Unsere Beispiele zeigen, dass Erfolg und Glück flüchtige Stoffe sind. Solange wir uns auf Einzelfelder und Einzelleistungen beschränken, solange wir einen begrenzten Zeitraum herausgreifen und solange wir uns auf Teilkriterien konzentrieren, fällt es uns relativ leicht, überzeugend klingende Vorbilder zu benennen. In dem Augenblick aber, in dem wir die Dinge langfristig betrachten und alle Bereiche und Aspekte mit einbeziehen, kommt uns der Begriff des Erfolges schon weit schwieriger über die Lippen, von dem des Lebenserfolges ganz zu schweigen. Dann stellen wir auf einmal fest, dass ein Triumph auf dem einen Gebiet nicht selten mit einem Desaster auf einem anderen erkauft wird. Wir sehen, dass beeindruckende Taten in der Vergangenheit allzu oft von ernüchternden Leistungen in der Gegenwart abgelöst werden. Und wir erkennen, dass gute Vorsätze und perfekte Pläne noch lange nicht ausreichen, um auch gute Folgen und perfekte Ergebnisse zu produzieren.

Alles das lässt sich exakt auf unsere eigene Situation übertragen. Selbstverständlich, im Laufe der Jahre gelingt vieles von dem, was man sich vornimmt. Die eigene Persönlichkeit entwickelt sich, man gewinnt an Durchsetzungsvermögen, man wird reicher an Wissen und Können, man schafft sich eine berufliche und private Basis, man bildet einen finanziellen Grundstock, man erweitert seine Machtmöglichkeiten. Aber, und genau an dieser Stelle beginnen Wunsch und Wirklichkeit auseinander zu laufen, in Richtung auf das eigentliche Hauptziel kommt man längst nicht mit der Geschwindigkeit und in dem Maße voran, wie man es erwartet hat und wie es aufgrund der eigenen Bemühungen und Leistungen eigentlich der Fall sein sollte. So viel man auch erreicht, so viele Teilerfolge man auch aneinander reiht, in der Summe gesehen gelingt es einem nur höchst unvollkommen, die Verhältnisse zustande zu bringen und die Kernelemente und Kernfaktoren zu fördern und zu sichern, die man für seinen Lebenserfolg und sein Lebensglück als wesentlich und unabdingbar betrachtet. Auf einen Schritt nach

Wunsch und Wirklichkeit

vorne folgen zwei zur Seite und einer nach hinten. Wir tanzen zwar nicht auf der Stelle, aber doch in Kreisen.

Drei Ursachen spielen dabei die Hauptrolle. Erstens ist die Sicherung und Förderung des eigenen Lebenserfolges bereits für sich alleine betrachtet eine der anspruchsvollsten Aufgaben überhaupt. Zweitens leben wir in einer Zeit, in der bei fast jedem von uns die beruflichen und privaten Herausforderungen und Verpflichtungen auf eine Art und Weise steigen, der man kaum noch zu folgen vermag. Die Dynamik der Veränderungen und die Komplexität der Verhältnisse lassen es nicht nur subjektiv, sondern auch objektiv immer schwieriger werden, das eigene Leben so zu gestalten und zu führen, wie man es eigentlich möchte und wie es den eigenen Vorstellungen und Bedürfnissen entspricht. Die erste dieser beiden Ursachen können wir kaum beeinflussen, die zweite werden wir etwas später untersuchen. Uns interessiert an dieser Stelle besonders die dritte: Je genauer man die Lage betrachtet, desto mehr geht einem auf, dass sich viele Menschen zu allem Überfluss auch noch selbst im Wege stehen, wenn es darum geht, ihren Lebenserfolg zu fördern und ihr Lebensglück zu sichern!

Die meisten Menschen nutzen nur einen Bruchteil ihrer Möglichkeiten

Wenn wir mit einem Bekannten oder Freund darüber sprechen würden, ob er in seinem Leben erfolgreich und glücklich sein möchte, würde er beides sicher mit Nachdruck bejahen. Wenn wir ihn dann aber erzählen lassen würden, was er dafür tut, welche Mittel er einsetzt und welche Maßnahmen er ergreift, dann würden wir wohl sehr schnell feststellen, dass er nur einen Bruchteil der Machtmöglichkeit ausnutzt, die ihm zur Verfügung stehen. So wichtig also auch den meisten Menschen ihr Erfolg, ihr Glück und ihre Lebensqualität sein mögen, so stark sie sich von bestimmten Faktoren belastet fühlen und so intensiv sie bestimmte Veränderungen herbeiwünschen – so halbherzig, kraftlos oder unprofessionell und ungeeignet sind im Normalfall ihre Versuche, ihre Vorstellungen vom Leben in die Tat umzusetzen.

Die Liste der Versäumnisse ist lang. Den einen fehlt es an echter Einsicht. Was immer sie auch behaupten, in Wahrheit beschäftigen sie sich mit allem, nur nicht mit dem, was wirklich zählt. Den anderen mangelt es an Entschlossenheit und Durchhaltevermögen. Sobald es länger dauert als erwartet, sobald ein überraschendes Hindernis auftaucht, sind sie mit ihrem Mut und ihrer Energie am Ende. In der Summe gesehen fehlt den meisten aber eines – eine Strategie und Lösungskonzeption, die der Bedeutung, der Größenordnung und dem Schwierigkeitsgrad der Aufgabe wirklich angemessen ist. Das Spektrum der üblichen und letztlich untauglichen Verhaltensmuster ist dabei so unterschiedlich wie die Menschen selbst.

Augen zu und durch …

Das erste typische Verhalten besteht darin, sich den eigenen Vorstellungen und Wünschen mit Hilfe einer Mischung aus Anpassung, Improvisation und Durchwursteln zu nähern, nach dem Motto „wird schon gut gehen". Was an Zeit und Kraft zur Verfügung steht, wird deshalb hauptsächlich dazu verwendet, im Augenblick irgendwie über die Runden zu kommen und die eigenen Ziele dabei nicht völlig aus den Augen zu verlieren. Die Konzeption und der Horizont reichen nur von Aufgabe zu Aufgabe, von einem Problem bis zum nächsten. Die Rettung erwartet man von einer „besseren" Zukunft, von der man glaubt, dass sie sich irgendwann einmal von alleine einstellen wird, ja einstellen muss. Für den Augenblick mag eine solche Hoffnung auf bessere Zeiten und günstigere Rahmenbedingungen einen gewissen Trost und Selbstschutz bieten. Es liegt aber auf der Hand, dass man mit dieser Art des passiven und kurzfristigen Denkens und Handelns nur zu einem Spielball der jeweils herrschenden Verhältnisse wird und auf Dauer keine grundsätzliche Verbesserung der eigenen Lage wird zustande bringen können. Ein „Immer-so-weiter“ bringt einen eben nicht weiter.

Wunder gibt es immer wieder …

Die zweite populäre Methode besitzt demgegenüber durchaus einen gewissen Charme, im Sinne eines ausgeprägten Optimismus. Sie besteht darin, auf den großen Glücksfall zu setzen. Ein Beispiel ist der Traum, mit einem raffinierten Engagement am Aktienmarkt nicht nur die eigene Altersversorgung zu sichern, sondern gleichzeitig dem Arbeitsleben für immer zu entrinnen. („Da kann nichts schief gehen, der Schauspieler, der für die Aktie Werbung macht, ist ein echter Börsenprofi“.) Ein anderes Beispiel ist die Überzeugung, durch die Teilnahme an einer euphorisierenden Massenveranstaltung und durch lautes Schreien von Parolen (die alle so ähnlich klingen wie „Ratschka, ich kann, ich bin, ich werde …“ und bei denen man die Arme hochreißen und mit den Füßen aufstampfen muss) innerhalb weniger Stunden zu einem Superhelden des Lebens und Berufslebens zu mutieren, der weder Tod noch Teufel fürchtet, dessen mentale Stärken ausreichen, um Berge zu versetzen und der gleich morgen seinem Chef die Kündigung auf den Tisch knallen wird, um dann sein eigenes Wirtschaftsimperium zu gründen, das ihm Reichtum, Macht und Ruhm einbringen wird. Und wenn das alles nach der ersten Veranstaltung nicht gelungen ist, dann eben nach der zweiten. Oder vielleicht nach der dritten. (Vielleicht gibt es den Osterhasen oder den Mann im Mond ja doch.)

Von heute an wird alles anders …

Die dritte Verhaltensweise ist noch weiter verbreitet. Man lässt die Dinge immer so lange in eine Richtung laufen, bis man an die Grenze einer Krise gerät. Dann wird mit einer wilden Einzelaktion versucht, einen abrupten Richtungswechsel einzuleiten und so zu retten, was noch zu retten ist. Verbunden wird die betreffende Aktion stets mit dem eisernen Entschluss, von nun an aus den eigenen Fehlern zu lernen und es ab sofort völlig anders und weit besser zu machen als zuvor. Nachdem es in der eigenen Abteilung nicht mehr stimmt und nachdem die eigenen Kunden abzuspringen drohen, belegt man einen Kurs zum Thema „Motivation und Führung" mit dem unerschütterlichen Vorsatz, jede Regel buchstabengetreu zu befolgen. Nachdem das Privatleben Kühlschranktemperatur erreicht hat, soll das Überraschungsgeschenk oder der gemeinsame Traumurlaub die Temperaturen wieder steigen lassen. Jede dieser Maßnahmen ist sicher sinnvoll. Aber – es sind (und bleiben) isolierte Einzelmaßnahmen, die in keinerlei umfassende Gesamtkonzeption eingebunden sind. Was insbesondere fehlt, ist die Nachhaltigkeit. Sobald ein wenig Zeit vergangen ist, ist deshalb alles wieder so wie zuvor. Der eiserne Entschluss hat in Wahrheit die Konsistenz zu lang gekochter Spaghetti. Man fällt in sein altes Verhalten zurück, man begeht erneut dieselben Fehler und Unterlassungen und man schlittert wieder auf die nächste Krise zu. Und schon beginnen die Rettungsaktionen von neuem.

Planung ist das halbe Leben …

Einen echten und großen Schritt nach vorne machen demgegenüber sicher die, die versuchen, durch Planung und Organisation den Überblick über das eigene Leben zu erhöhen und die Dinge systematisch anzugehen. Aber auch bei dieser Methode gibt es mehr Fallgruben, als auf Anhieb erkennbar sind. Einige Gedanken dazu.

Je mehr man sich der eigenen Planung unterwirft, desto größer wird die Gefahr, sich zu ihrem Sklaven zu machen, anstatt sich mit ihrer Hilfe von seinen Fesseln zu befreien. Das Einhalten des Planes wird oft wichtiger als die Frage nach dem Sinn des Planinhaltes. Die Planung kostet so viel Zeit, dass man ohne sie längst mit der Realisierung fertig wäre. Der Familienausflug zu Weihnachten muss ausfallen, weil der Zielplan für das kommende Jahr noch Lücken aufweist. Geschäftspartner werden zum Wahnsinn und in die Flucht getrieben mit Fragen wie: „Haben Sie in drei Jahren am 27. Oktober Zeit? Ich möchte Sie an diesem Tag um 11:53 Uhr anrufen!" Und schließlich ist die Planung oft genug nicht mehr als die Verwaltung des eigenen Mangels. Das, was an Zeit und Kraft nicht zur Verfügung steht, wird besser verteilt als vorher. Sicher ein Fortschritt, aber nicht der, den wir brauchen.

Der Plan

Die größte Einschränkung ergibt sich aber aus dem Wesen der Planung selbst. Sie und ihre Ergebnisse sind letztlich Geschöpfe der Theorie. Das Leben aber findet in der Realität statt und die Entscheidung auf dem Feld der Tat. Es ist in etwa so wie bei einem Stürmer, der in der 90. Minute des WM-Finales den entscheidenden Elfmeter zu schießen hat. Er kann seinen Anlauf planen, seine Fußhaltung, die Ecke, in die er treffen möchte. Er kann sogar eine Wahrscheinlichkeitsrechnung über das Verhalten des Torhüters anstellen. Was aber wirklich passiert, wenn er anläuft, ob ihm die Ausführung seines Planes gelingt oder ob er den Ball drei Meter über die Latte donnert, ist eine völlig andere Frage. Mit einem Satz: Die Planung ist ein gutes und wohl auch unerlässliches Werkzeug, nicht aber die Lösung. Planung ist, wie alle anderen üblichen Lösungsversuche auch, eine Maßnahme „innerhalb der Klammer", die für sich alleine genommen die Lage nicht grundsätzlich zu ändern vermag, so wichtig und hilfreich sie ansonsten zweifellos ist.

„No pain, no gain ..."

Und dann gibt es diejenigen unter uns, die den „harten" Weg als einzige Lösung für die Sicherung ihres Lebenserfolges sehen, die 70-Stunden-Woche plus Überstunden in jeder Hinsicht. Sie machen ebenfalls so weiter wie bisher, verbunden aber mit dem Bemühen, sich noch mehr anzustrengen und den eigenen Einsatz noch weiter zu steigern. Unter dem Kriterium der Seriosität vermag diese Lösung im Vergleich zu vielen anderen vielleicht zu überzeugen. Auf lange Sicht verfehlt aber auch sie ihr Ziel. Zum einen werden wir noch sehen, dass das Erreichen einer höheren „Karrierestufe" allein die eigenen Belastungen nicht senken und die eigene Lage nicht verbessern wird. Die Vorstellung „nur noch dieses eine Projekt, nur noch diese große Aufgabe, dann bin ich frei" erweist sich als Trugschluss. Zum anderen lassen sich der eigene Krafteinsatz und die eigene Geschwindigkeit nicht beliebig erhöhen. Wer sich ständig an seinen Grenzen bewegt, benötigt Pausen und keine zusätzliche Beschleunigung. Und schließlich ist es auch kein besonders animierender Lösungsansatz. Die Aussicht, noch stärker in die Pedale treten zu müssen, und das in einem Rennen ohne erkennbare Ziellinie, wird einem eher einen Verzweiflungsschub verpassen als einen Motivationsschub schenken.

Welche Art der Vorgehensweise man also auch betrachtet, viele Menschen, wenn nicht gar die meisten, scheitern nicht so sehr an äußeren Faktoren, sondern gewissermaßen an sich selbst, an ihrer Einstellung, ihrer Denkweise und ihrem Verhalten. Was sie sich nicht ausreichend bewusst machen, was sie völlig unterschätzen, ist die Art und Größenordnung der Aufgabe, um die es geht. Sie setzen deshalb auf Konzepte und Methoden, deren Qualität und Wirkungskraft letztlich nicht ausreichen, um die steigenden Herausforderungen und die zunehmende Komplexität im Berufs- und Privatleben in den Griff zu bekommen, um die Weichen neu zu stellen und um den eigenen Lebenserfolg und das eigene Lebensglück auf Dauer zu fördern und zu sichern. Sie bewegen sich deshalb immer weiter auf denselben Schienen und wundern sich darüber, dass es ihnen trotz aller Bemühungen nicht gelingt, die Richtung zu wechseln und neue Horizonte zu erschließen.

Ihr Leben ist kein Probelauf!

Bis zu einem gewissen Zeitpunkt mag alles das gut gehen und keine allzu großen Folgen haben. Irgendwann kommt aber automatisch ein weiterer Faktor ins Spiel, das eigene Alter. Lassen sich mich mit einem Beispiel beschreiben, warum er eine entscheidende Bedeutung hat und wie er sich auf das eigene Lebensgefühl und das eigene Befinden auswirkt.

Auch aus Hollywood kommen Filme, die das Prädikat „intellektuell“ verdienen und deren Regisseure sich den üblichen Klischees entziehen. In einem dieser Werke mieten vier Freunde, die zusammen aufgewachsen sind und sich inzwischen im besten Mannesalter befinden, eine Basketballhalle und spielen voller Ausgelassenheit das Spiel ihrer Kindheit und Jugend. Als sie danach bei einem Drink völlig verschwitzt zusammensitzen, verliert einer von ihnen seine Fröhlichkeit. Was er sagt, macht auch die anderen nachdenklich: „Kein schöner Gedanke, wenn ein Mann erkennen muss, dass er zu alt ist, um in seinem Leben noch zum Sportstar werden zu können.“

Was auf den ersten Blick vielleicht banal erscheint, enthält doch eine tief gehende Botschaft. Sie lässt sich direkt auf unser Thema übertragen. Solange noch alles vor einem liegt, solange noch alle Optionen offen stehen, so lange ist die Welt in Ordnung. Die aktuellen Gegebenheiten vermögen einem wenig anzuhaben, Belastungen und Probleme lassen sich leicht ertragen, weil man sich immer damit beruhigen und motivieren kann, dass man seine Ziele in der Zukunft schon wird verwirklichen können. Das alles ändert sich aber schlagartig, wenn einem zum ersten Mal bewusst wird, dass es für bestimmte Vorhaben zu spät sein könnte, dass bestimmte Wege vielleicht schon verschlossen sind und dass sich bestimmte Lebensträume nicht mehr verwirklichen lassen. Die erhoffte Position wird nur noch an Jüngere vergeben, mit dem angestrebten eigenen Haus in Bestlage wird es bei diesem Vermögensstand wohl nie etwas werden, und würde man jetzt doch noch Kinder bekommen, sie würden „Oma“ und „Opa“ zu einem sagen, wenn sie die ersten Worte gelernt hätten. Zu spät, aus und vorbei.

Je weniger man innerlich auf das geschilderte Auftauchen von Grenzen und den Verlust an Möglichkeiten vorbereitet ist, desto stärker trifft einen die Wucht der entsprechenden Erkenntnis. Man erkennt die Lage, wie sie wirklich ist, und man verliert einen Teil seiner Illusionen. Vor allem aber wird einem bewusst, dass das bisherige Leben eben kein Test und kein Anlauf war, sondern die Realität selbst – und dass das Gleiche für die eigene Gegenwart und für die eigene Zukunft gilt. Einen „zweiten Versuch" wird es nicht geben (zumindest nicht nach dem heutigen Stand der Wissenschaft!). Ganz deutlich hat es schon Mitte des 17. Jahrhunderts der englische Satiriker Samuel Butler in seinem „Note-Book" formuliert: *„Die Menschen verstehen die Welt und die Vorzüge des Lebens immer erst, wenn ihnen dieses Wissen nicht mehr nützt."*

Wer sich also weiterhin von Nebensächlichkeiten ablenken lässt, wer es nur bei Ankündigungen belässt, wem das Durchhaltevermögen fehlt und wer nicht damit beginnt, nach neuen Lösungsansätzen zu suchen, dem wird es niemals gelingen, seine Vorstellungen vom Leben zu realisieren. Er wird nicht nur einzelne Pläne und Projekte vor sich herschieben, sondern sein Leben insgesamt. Sein Motto wird lauten: „später, irgendwann, niemals" und sein Lebenswerk wird den Titel erhalten: „Das Unvollendete"!

Machen Sie sich bereit für den Start in eine neue Epoche!

Liebe Leserin, lieber Leser, spätestens an dieser Stelle wird nun endgültig klar, um welche Größenordnung es geht. Es ist tatsächlich an der Zeit, die Weichen neu zu stellen. Ihr Leben ist im wahrsten Sinne des Wortes von „einmaliger Qualität" und die Sicherung Ihres Lebenserfolges und Lebensglücks ist eine Aufgabe und ein Ziel von größtem Wert – und zwar nicht nur für Sie allein, sondern insbesondere auch zum Nutzen und Wohlergehen der Menschen, die Ihnen nahe stehen. Ihr Leben ist also viel zu kostbar, als dass Sie einfach weitermachen könnten wie bisher und als dass Sie es unter den Möglichkeiten verbringen könnten, die Sie haben. Und Ihre

Vorstellungen und Träume sind viel zu wichtig, als dass Sie ihre Erfüllung einfach dem Zufall überlassen sollten.

Machen Sie sich deshalb bereit für den Start in eine neue Epoche! Schenken Sie der Förderung Ihres Lebenserfolges die Aufmerksamkeit und den Stellenwert, den sie verdient. Verleihen Sie ihr höchste Priorität. Bleiben Sie bei den Aktivitäten, die über Ihren Erfolg und Ihr Glück entscheiden, nicht länger an der Startlinie oder auf halber Strecke stehen. Hören Sie auf mit dem Hin und Her zwischen energiegeladenen Anläufen und erschöpfter Resignation. Beginnen Sie noch heute und beenden Sie die Zeit des Zögerns und der Halbherzigkeit ein für alle Mal.

Machen Sie sich gleichzeitig bewusst, dass die Gestaltung des Lebenserfolges kein Vorhaben ist wie alle anderen. Es bezieht sich von seinem Wesen und Anspruch her nicht nur auf wechselnde Ziele und einzelne Projekte, sondern auf das Leben in seiner Gesamtheit, mit allen seinen Elementen, Facetten und Widersprüchlichkeiten. Es ist aus diesem Grunde nicht nur eine eigenständige, sondern insbesondere auch eine in jeder Hinsicht einzigartige Aufgabe, die ganz spezielle und „unvergleichliche" Anforderungen an uns stellt. Die übliche Einstellung und Denkweise reichen deshalb nicht aus, ebenso wenig wie das konventionelle Know-how und Können. Mit ihnen wird es uns nicht gelingen, den Abstand zwischen Wunsch und Wirklichkeit zu schließen. Was wir vielmehr benötigen, was wir entwickeln und bei uns etablieren müssen, ist eine neue und andersartige Lösungskompetenz – im Sinne einer speziellen Lebensstrategie und im Sinne einer speziellen Art des Wissens und der Fähigkeiten, mit der wir diese Strategie im Alltag wirkungsvoll und systematisch realisieren können. Und genau darum soll es auf den folgenden Seiten des Buches gehen!

Vier Schritte sind entscheidend

Bitte lassen Sie uns zur Abrundung ein kurzes Fazit ziehen und einen kleinen Ausblick versuchen. Unsere Überlegungen haben uns sicher genügend Antworten auf unsere Einleitungsfrage nach dem Sinn unseres Vorhabens geliefert, also auf die Frage, warum wir uns überhaupt mit dem Thema des Lebenserfolges beschäftigen sollten, warum die üblichen Verhaltensmuster nicht ausreichen, um ihn zu fördern und zu sichern, und warum es an der Zeit ist, die Weichen neu zu stellen. Gleichzeitig haben sie uns aber auch bereits einen Ausblick darauf ermöglicht, mit welchen Schritten wir zu einer Lösung kommen, die der Bedeutung und den Besonderheiten unserer Aufgabenstellung angemessen ist.

Was wir als Erstes zu entwickeln haben, ist eine anschauliche und treffende Vorstellung davon, *was Lebenserfolg überhaupt bedeutet*. Ohne eine solche Definitionsbasis fehlen uns nicht nur einzelne Bausteine, sondern es fehlt uns die Grundlage für unser Denken und Handeln insgesamt. Als Zweites müssen wir herausfinden, welche *Hindernisse* zwischen uns und unseren Zielen liegen. Wir müssen also fragen, welche Entwicklungen uns im Alltag das Leben schwer machen und welche Faktoren uns am stärksten daran hindern, unser Leben so zu gestalten, wie es unseren Vorstellungen entspricht. Beide Schritte liefern uns die Basis für den dritten – der Definition und Beschreibung der *Schlüsselfähigkeiten*, auf die es in der Hauptsache ankommt, wenn wir unseren beruflichen und privaten Erfolg ebenso steigern möchten wie unser Lebensglück. Und schließlich, sicher am wichtigsten, kommt die vierte Stufe, die Umsetzung unserer Erkenntnisse in konkrete *Empfehlungen, Regeln und Maßnahmen* für unser Verhalten im täglichen Leben!

Verleihen Sie Ihrer Vorstellung von Lebenserfolg klare Konturen

Lassen Sie uns also mit dem ersten großen Realisierungsschritt beginnen. Was wir für einen festen Stand und als Ausgangsbasis für alles andere brauchen, ist ein klares Bild davon, was Lebenserfolg im Kern bedeutet und auf welchen Säulen er im Wesentlichen beruht.

Die meisten Menschen verfolgen ein Phantom im Nebel

Und bereits an dieser Stelle stoßen wir auf ein wirkliches Phänomen. Kaum ein Begriff ist in der modernen (Wirtschafts-)Welt so präsent wie der des Erfolges. Er durchdringt alle Bereiche, er dient als Synonym und Überschrift für unsere Wünsche und Ziele, er liefert den Antrieb und die Begründung für unsere Entscheidungen und Handlungen. So selbstverständlich und häufig die meisten Menschen aber von Erfolg und auch von Lebenserfolg sprechen, so sehr sie sich beides erträumen, so wenig bemühen sie sich um eine klare und präzise Definition. Anstatt die Überschriftenebene zu verlassen und den Begriff des Lebenserfolges mit Leben zu erfüllen, belassen sie es bei Worthülsen (genauer bei Wortleichen) mit Allgemeinplatzcharakter. Die meisten Menschen verfolgen also letztlich ein Phantom im Nebel, eine schemenhafte Gestalt, von der immer weniger übrig bleibt, je mehr sie glauben, sich ihr nähern zu können.

Wie wichtig und unverzichtbar eine Definition von Lebenserfolg aber ist, beweist sich dann, wenn wir über ihren Nutzen nachdenken. Erst durch sie erhalten wir eine konkrete Vorstellung davon, um was es im Leben wirklich geht und welche Prioritäten wir

Die Suche nach dem Glück

setzen sollten. Erst sie macht uns also bewusst, was es zu fördern und zu schützen gilt und wofür es sich zu kämpfen lohnt. Damit aber zeigt sie uns automatisch auch, welche Richtung wir im Leben einzuschlagen haben und welche Mittel und Maßnahmen besser geeignet sein werden als andere, um uns dorthin zu bringen, wo wir eigentlich sein möchten. Wenn wir das Ziel kennen, können wir auch den Weg bestimmen. Der dritte große Nutzen einer grundlegenden Definition von Lebenserfolg bezieht sich schließlich auf die Motivation und den inneren Antrieb, die wir auf Dauer brauchen.

Je klarer und anschaulicher unser Bild davon ist, was Lebenserfolg bedeutet und was im Leben wirklich von Wert ist, desto größer werden auch die Entschlossenheit, die Kraft und das Durchhaltevermögen sein, mit denen wir unsere Pläne und Projekte verfolgen.

Entscheidend ist das Wesen des Lebenserfolges „an sich"

Ich kann mir gut vorstellen, dass genau an dieser Stelle so mancher mahnend den Finger heben wird. Seinen Einwand würde er wohl so formulieren: „Aber halt, die Menschen sind doch ganz unterschiedlich. Und sie haben auch höchst unterschiedliche Lebensvorstellungen. Wie kann es dann so etwas wie eine insgesamt treffende und angemessene Definition von Lebenserfolg geben?"

Der Gedanke ist berechtigt, aber eben nur zum Teil. Unter einem bestimmten Blickwinkel ist die Definition von Lebenserfolg tatsächlich eine rein individuelle Angelegenheit. Jeder von uns ist eine besondere Persönlichkeit, jeder hat seine eigenen Werte, Ziele und Träume und jeder wird nur nach seiner eigenen Façon glücklich werden können. Damit hat jeder von uns natürlich auch seine ganz eigenen Vorstellungen davon, auf welche Art und Weise sich sein Lebenserfolg konkret manifestiert, also was es speziell zu wählen und zu erreichen gilt, damit es für ihn zu einem erfolgreichen und glücklichen Leben kommt. Würden wir deshalb an dieser Stelle versuchen, so etwas wie eine starre „Inhaltsliste" des Lebenserfolges vorzugeben oder gar einen einheitlichen „Ideal-Lebensweg" vorzuzeichnen, wir müssten kläglich scheitern. Wir bekämen als Resultat höchstens eine Art geistiger Zwangsjacke oder aber Beschreibungen, die so allgemein und weit gefasst wären, dass ihnen jede Substanz und Aussagekraft fehlen würde.

Worum geht es dann aber bei unserem Versuch, eine treffende

Definition für den Begriff „Lebenserfolg" zu finden? Vielleicht sagt es ein bildhaftes Beispiel am besten. Bitte stellen Sie sich einmal vor, wir würden gemeinsam mit Freunden in einem schönen Restaurant sitzen und darüber diskutieren, was „gutes Essen" für jeden Einzelnen von uns bedeutet. Jeder hätte dann seine persönliche, individuelle Vorstellung davon, was ihm schmeckt, was ihn glücklich macht und was er dementsprechend bestellen möchte – die komplette Speisenfolge oder nur den Hauptgang, kein Hauptgericht, dafür aber zwei Vorspeisen und drei Desserts, Suppe oder Salat, Fisch oder Fleisch, Torte oder Obst. Die Ansichten würden so unterschiedlich ausfallen, dass wir uns wohl kaum auf ein einheitliches Menü einigen könnten.

Ganz anders sähe das Ergebnis unserer Diskussion aber aus, wenn wir danach fragen würden, wie man gutes Essen „an sich" definieren kann, grundsätzlich und unabhängig von den konkreten Vorlieben jedes Einzelnen! In diesem Falle könnten wir uns sehr wohl auf eine gemeinsame Basis einigen, auf bestimmte elementare Prinzipien und Merkmale, die für uns alle in gleicher oder doch wenigsten sehr ähnlicher Weise von Bedeutung sind. Beispielsweise würden wir sicher darauf kommen, dass „gutes" Essen immer auch damit zu tun hat, dass es sich um „gesundes" Essen handelt (jedenfalls würden wir das Gegenteil ausschließen). Und mit diesem weitgehend objektiven Kriterium könnten wir dann auf einmal ohne zu große Schwierigkeiten eine ganze Reihe allgemein gültiger Aussagen darüber treffen, worauf es insgesamt ankommt – auf die Qualität und Frische der Produkte, auf die Bekömmlichkeit der Inhaltsstoffe und auf Art und Weise der Zubereitung und Gesamtkombination der Speisen.

Die Einsichten, die wir auf diesem Wege gewinnen würden, wären enorm. Wer nichts von gutem Essen „an sich" versteht, der wird auch bei seiner rein individuellen Beschreibung davon ins Straucheln geraten. Er wird hauptsächlich nur das sehen und wählen, was ihm momentan, bei einer kurzfristigen Betrachtung, richtig erscheint (am besten schmeckt), ohne beurteilen zu können, ob es seinem Wohlbefinden und seinem Genuss am Essen auch langfristig bekommt. Erst wenn er über eine grundsätzliche Definition verfügt, besitzt er auch die notwendigen Kriterien, um bei seiner konkreten Entscheidung die für ihn richtige Wahl zu treffen – weniger Fett, mehr Kohlenhydrate, genügend Ballaststoffe, ausreichend Vitamine, Alkohol in Maßen, viel mehr Mineralwasser, auch einmal Fisch statt Fleisch, häufige Abwechslung, am besten alles direkt vom Markt und naturbelassen etc. etc.

Nur wer weiß, was Lebenserfolg grundsätzlich bedeutet, hat einen Maßstab für seine persönliche Interpretation des Begriffes

Damit wird klar, worum es geht. Ebenso wie in unserem Beispiel gibt es auch bei der Definition von Lebenserfolg zwei Möglichkeiten. Die erste besteht darin, zu fragen, welche subjektiven Vorstellungen jeder Einzelne von uns von seinem persönlichen Lebenserfolg hat, also z. B. welche speziellen Ziele er damit verbindet, was er beruflich und privat erreichen möchte und welche Verhältnisse und Gegebenheiten er schaffen möchte. Die Antworten auf diese Fragen werden so unterschiedlich sein wie die Menschen, von denen sie kommen.

Die zweite Möglichkeit ist eine ganz andere. Sie besteht in der Untersuchung, was Lebenserfolg *prinzipiell* bedeutet und welche Bausteine *grundsätzlich* für ihn wesentlich sind! Und um diese Frage geht es uns. Uns interessiert an dieser Stelle also nicht, welche individuelle Ausprägung und Erscheinungsform der Lebenserfolg im Einzelfall annehmen kann, sondern vielmehr, welche Elemente, Merkmale und Eigenschaften seinen Charakter und seine Beschaffenheit *an sich* ausmachen. Wonach wir bei unserer Definition demnach suchen, sind *die Konstanten des Lebenserfolges, die seinen eigentlichen Kern und sein eigentliches Grundmuster bilden.*

Über den elementaren Nutzen einer solchen Definition haben wir gesprochen. Sie erst liefert uns die Orientierungspunkte, die wir brauchen, um uns in einer Welt voller Wandel und Widersprüche zurechtzufinden. Nur wer weiß und wer ein Gefühl dafür hat, was Lebenserfolg an sich bedeutet, der kann auch erkennen, welche ganz persönliche Interpretation des Begriffes die für ihn richtige und angemessene ist. Er besitzt das Rüstzeug, um den Wert der Dinge zu beurteilen, die ihn umgeben, und er hat einen Maßstab und eine Leitlinie für seine Entscheidungen, Handlungen und Ziele. Er steht quasi auf einer „beherrschenden Höhe", die ihm einen klaren und umfassenden Blick darauf erlaubt, was im Leben wirklich zählt und was auf Dauer über seinen Erfolg und sein Glück entscheidet.

Überlegen Sie, auf welche Kriterien es besonders zu achten gilt

Auf den ersten Blick scheint es sich bei der Definition von Lebenserfolg um eine einfache Übung zu handeln. Je länger man aber über den Begriff nachdenkt, desto mehr geht einem auf, dass eine oberflächliche Betrachtung oder ein Schnellschuss für eine Antwort nicht genügt.

Zwei Gründe sind dafür verantwortlich. Zum einen hat der Begriff an sich seine Tücken. Einen Tag und eine Woche können wir gefühlsmäßig noch erfassen. Einen Monat und vielleicht auch ein Jahr können wir gedanklich noch überschauen. Aber unser Leben? Es hat eine Dimension und eine Beschaffenheit, die sich unseren Sinnen letztlich entziehen. Ganz Ähnliches gilt für das Element

„Erfolg“. Ob ein einzelner Plan gelingt, ob wir ein spezielles Ziel erreichen, in welcher Lage wir uns heute ganz konkret befinden, das können wir sicher gut beurteilen. Aber wie sollen wir erkennen und bewerten, wie unser Erfolg in seiner existentiellen Gesamtheit aussieht? Wo sollen wir da ansetzen, mit welchen Kriterien, mit welchem Maßstab? Zum anderen stellt man fest, dass die üblichen Vorstellungen, Klischees und Beispiele dem eigentlichen Wesen von Lebenserfolg kaum gerecht werden. Im Gegenteil. Sie scheinen einen eher in eine falsche Richtung zu lenken und einem den Blick darauf zu verstellen, welche Faktoren den eigenen Lebenserfolg stärken und welche ihm abträglich sind.

Lassen Sie uns daher zunächst einmal überlegen, auf welche besonderen Charakteristika des Lebenserfolges eine Definition zu achten hat, wenn sie ihr Ziel treffen will.

Lebenserfolg erfordert einen weiten Horizont

Drei wesentliche Kriterien für die Definition von Lebenserfolg haben wir bereits kennen gelernt. Lebenserfolg ist immer *ganzheitlicher und umfassender Erfolg*, der alle Lebensbereiche auf angemessene Weise berücksichtigt. Zweitens bedeutet er immer *langfristigen und nachhaltigen Erfolg*. Und schließlich, besonders wichtig, gehört zum Lebenserfolg immer auch das *Lebensglück*. Beide sind unmittelbar miteinander verbunden, beide haben dieselben Wurzeln. Eine angemessene Definition von Lebenserfolg erfordert deshalb einen weiten Betrachtungshorizont. Was auf einem Gebiet ein Gewinn zu sein verspricht, erweist sich auf einem anderen vielleicht als Fluch. Es nutzt beispielsweise wenig, ein großartiges Ziel zu erreichen, wenn man sich auf dem Wege dorthin kräftemäßig (oder finanziell) fast ruiniert, wenn man seine Familie oder seinen Freundeskreis danach nur noch vom Hörensagen kennt oder wenn man im eigenen Unternehmen so viel verbrannte Erde hinterlässt, dass der eigene Lebensraum dort auf Dauer zerstört ist. Wer sich also nur auf ein Feld konzentriert, wer immer nur an aktuelle Aufgaben denkt und wem es nur um sachliche oder materielle Ergebnisse geht, wird letztlich nie erkennen können, welche Möglichkeiten ihm das Leben bietet, was Lebenserfolg bedeutet und was in der Summe das Beste für ihn ist.

Lebenserfolg braucht immer andere Menschen

Unsere Gedanken führen uns automatisch zu einem vierten Schlüsselfaktor. Erfolgreich kann man vielleicht auch als Einzelkämpfer sein, *„Lebens-erfolgreich" aber nur im Zusammenspiel mit anderen Menschen.* Die eigene Position kann noch so unangreifbar erscheinen, die eigene Machtfülle kann noch so beeindruckend wirken, wir sind immer mit anderen Menschen verbunden, deren Einstellung und Verhalten uns gegenüber letztlich darüber entscheiden, welche Freude und welchen Genuss wir am Leben haben und in welchem Maße wir unsere Wünsche und Vorstellungen verwirklichen können. Wie immer die Definition von Lebenserfolg also auch ausfallen mag, sie wird nur dann gelingen, wenn wir ein rein egozentrisches Weltbild überwinden und wenn wir nicht nur unsere Ziele und unseren Nutzen im Blick behalten, sondern immer auch das Wohlergehen, die Bedürfnisse und die Interessen der Menschen, mit denen wir zusammenleben und zusammenarbeiten.

Lebenserfolg verbindet die Gegenwart mit der Zukunft und der Vergangenheit

Ein Hauptgrund für die Schwierigkeiten vieler Menschen, zu einer Vorstellung darüber zu kommen, was ihren Lebenserfolg ausmacht, scheint darin zu liegen, dass sie ihn als etwas betrachten, was man erst in einer Rückschau erfassen und beurteilen kann. In gewisser Hinsicht kann man diese Überlegung nachvollziehen. Erst am Ende des eigenen Lebens, beim Rückblick auf die Gesamtheit aller Ereignisse und Ergebnisse, kann man endgültig erkennen, auf welchen Feldern man seine Ziele erreicht hat oder nicht, was richtig und was falsch war, was man noch hätte tun sollen oder was man besser unterlassen hätte.

Dennoch, zwei Argumente sprechen dagegen, die Betrachtung des Lebenserfolges auf eine Rückblickperspektive zu reduzieren. Zum einen liefert eine solche Sicht der Dinge keine positiven Impulse für die eigene Lebensgestaltung und Lebensführung. Im Gegenteil, die mit ihr verbundenen Assoziationen wirken eher lähmend und demotivierend – kurz bevor man ins Grab rutscht, bekommt man noch sein Abschlusszeugnis in die Hand gedrückt. Zum anderen ist sie auch rein sachlich falsch. Das Leben findet nicht in der Vergangenheit (oder in der Zukunft) statt, sondern im Hier und Heute. Wenn wir also von Lebenserfolg sprechen, wenn wir wissen wollen, was ihn ausmacht und wie wir ihn sichern und fördern können, dann wird uns das nur gelingen, wenn wir die *Gegenwart zum Fokus* unserer Überlegungen machen. Lebenserfolg, so viel kann man daher jetzt bereits sagen, hat deshalb nicht mit Erfolg „haben" zu tun, sondern vielmehr mit *erfolgreich „sein"*, im Sinne von *erfolgreich „leben"*.

Lebenserfolg lässt Raum für Unvorhergesehenes und Unvollkommenes

Und schließlich – die Definition von Lebenserfolg erfordert immer auch die Einsicht, dass es ein perfektes Leben nie geben wird, also ein vollkommenes Leben, in dem jedes Puzzlestück zum anderen passt, das ohne Widersprüche, Ungereimtheiten und Rückschläge bleibt und in dem alle Träume in Erfüllung gehen. Auch hier gilt das Gegenteil. Wie viel wir auch erreichen, wie weit wir auch kommen, wir werden uns unseren Wünschen und Vorstellungen immer nur annähern können und wir werden mit einer Vielzahl von Entwicklungen und Geschehnissen zu leben haben, die weit von dem entfernt sind, was wir planen und erhoffen. Eine angemessene Definition von Lebenserfolg darf deshalb keine strikte Zielvorgabe sein, sondern hat immer *ausreichenden Spielraum* zu lassen – für die Veränderungen im eigenen Leben, für die Umwege und Unstetigkeiten in der eigenen Entwicklung und für die Erkenntnis, dass Erfolg und Glück relative Größen sind, bei denen es nie um ein Maximum, sondern höchstens um ein Optimum gehen kann.

Das Fazit führt zur Lösung

Die entscheidenden Kriterien für unsere Suche nach einer treffenden und tragfähigen Definition von Lebenserfolg haben wir also durchdacht. Lebenserfolg bezieht sich auf alle Lebensbereiche, er zielt auf Dauerhaftigkeit, er ist stets verbunden mit Lebensglück, er entsteht im Zusammenspiel mit anderen Menschen, er stellt die Gegenwart in den Mittelpunkt und er hat keine starre Zielvorgabe im Visier, sondern einen flexiblen Rahmen, ein generelles Leitsystem für das eigene Denken und Handeln.

Alles das führt zu einer zentralen Einsicht – der eigene Lebenserfolg lässt sich nicht alleine dadurch erfassen und definieren, was und wie viel man in seinem Leben erreicht, sondern insbesondere auch dadurch, auf welche Weise man sein Leben gestaltet und führt, welche Qualität und Beschaffenheit man ihm zu verleihen vermag, was man in seiner Gesamtheit aus ihm macht und in welchem Maße man die Möglichkeiten, die es einem bietet, auszuschöpfen vermag. *„Leben ist vor allem der Inbegriff dessen, was wir sein können, mögliches Leben; aber es ist auch Wahl unter den Möglichkeiten, Entscheidung für das, was wir tatsächlich werden"*, so formulierte es der spanische Denker José Ortega y Gasset.

Und spätestens an dieser Stelle unserer Überlegungen lässt sich erkennen, was Lebenserfolg im Kern bedeutet und wie man ihn in seiner Summe definieren kann: Lebenserfolg zu haben, „erfolgreich zu leben" heißt, *sein Leben auf umfassende und sinnvolle Weise zu nutzen!*

Lebenserfolg bedeutet, das eigene Leben auf umfassende und sinnvolle Weise zu nutzen!

Wir sind also mitten dabei, den ersten großen Schritt zu tun und uns eine Vorstellung davon zu verschaffen, auf welche Weise sich Lebenserfolg am besten beschreiben und definieren lässt. Einen entscheidenden Teil der Antwort haben wir bereits gefunden. *Ein Mensch hat dann Lebenserfolg, wenn es ihm gelingt, sein Leben auf umfassende und sinnvolle Weise zu nutzen!* Es ist klar, dass die nächsten Fragen kaum auf sich warten lassen, und es ist ebenso klar, wie sie lauten: Was heißt „nutzen" im Einzelnen und auf welche Bereiche bezieht sich „das Leben nutzen" ganz konkret?

Lassen Sie uns als Erstes einfach die Instanz zu Rate ziehen, die auf diesem Feld die größte Autorität besitzt. Laut Duden bedeutet „etwas zu nutzen" zunächst einmal so viel wie „einen Gewinn aus etwas zu ziehen". Ebenso kann man es aber auch als die Fähigkeit interpretieren, mit etwas umgehen und etwas gebrauchen zu können. Wenn man zusätzlich noch die Herkunft des Wortes „nutzen" untersucht, dann lernt man, dass es auf dieselbe sprachliche Wurzel zurückgeht wie die Begriffe „fangen, ergreifen" und „genießen". Der inhaltliche Zusammenhang, der zwischen dem „Ergreifen", dem „Gebrauchen" und dem „Genießen" von etwas besteht, ist so interessant, dass es sich lohnt, an dieser Stelle kurz die etymologische Erklärung des Dudens zu zitieren: *„Da das, was man fängt, einem gehört, entwickelten sich aus ‚fangen, ergreifen' die Bedeutungen ‚innehaben, benutzen, gebrauchen, Freude an etwas haben'."*

Damit zeigt sich nun endgültig, warum der Gedanke „das Leben nutzen" so vorzüglich als Leitidee für die Beschreibung und Definition von Lebenserfolg geeignet ist. Er erfasst auf den Punkt genau, worum es im Leben insgesamt geht – darum, *sein Leben tat-*

sächlich auch zu ergreifen und es sich anzueignen, die Möglichkeiten auszuschöpfen, die es einem bietet, es auf diese Weise zu einem Gewinn und etwas Besonderem und Einzigartigem zu machen und es zudem auch zu genießen, es auszukosten und sich an ihm zu erfreuen!

„Das Leben nutzen“ beschreibt den Kern dessen, worum es geht

Es erscheint aber auch noch aus anderen Überlegungen heraus sinnvoll, die Nutzung des eigenen Lebens zum Mittelpunkt der Definition von Lebenserfolg zu machen.

Zum einen handelt es sich um eine Definition, die völlig frei von einer inhaltlichen Festlegung oder Regelung ist. Sie schreibt weder vor, welchen Weg man zu gehen hat, noch, welche Ergebnisse man erreichen muss, um als erfolgreich zu gelten. Sie überlässt es jedem Einzelnen, seine Richtung selbst zu wählen und selbst zu bestimmen, wofür er sein Leben einsetzen möchte. Damit erfüllt sie nicht nur die berechtigte Forderung, auf die Einzigartigkeit jedes Menschen Rücksicht zu nehmen, sondern sie bewahrt zudem eine kritische Distanz zu den üblichen Erfolgsklischees wie Karriere, Vermögen oder Status. Sie stellt es jedem anheim, persönlich zu entscheiden, welche Relevanz diese Faktoren für ihn besitzen und welche Rolle sie in seinem Lebensentwurf spielen.

Zum anderen lenkt sie den Fokus auf das, was im Leben wirklich zählt. Wir alle haben wohl schon einmal gehört oder gelesen, welche Standardaussage von Menschen kommt, die einen schweren Unfall oder eine gefährliche Krankheit überstanden haben und die nun wieder fest auf beiden Beinen stehen: „Von jetzt an werde ich viel bewusster leben, von jetzt an werde ich mich viel mehr mit den Dingen im Leben beschäftigen, die wirklich wichtig für mich sind.“

Viele werden also erst dann wach, wenn sie in einer Situation waren, die ihnen die Begrenztheit ihres Daseins sehr deutlich vor Augen geführt hat. Ganz anders ist die Lage bei denen, die von Anfang an der Maxime folgen, ihr Leben auf umfassende und sinnvolle Weise zu nutzen. Wer etwas nutzen möchte, wird kaum der Frage entgehen können, wozu und wofür. Und wer sich diese Frage stellt, der wird auch ohne Weckruf des Schicksals damit beginnen, darüber nachzudenken, was in seinem Leben von Bedeutung für ihn ist, welche Ziele und Vorhaben es wert sind, ihnen Zeit und Kraft zu schenken, und was er nicht länger aufschieben sollte, sondern was es jetzt zu ergreifen oder zu genießen gilt, damit es nicht außer Reichweite gerät und irgendwann für immer verloren ist.

Einen weiteren zentralen Aspekt haben wir bereits angesprochen. Das Leben ist kein perfektes Leben. Es ist alles andere als sicher, vorhersehbar und in jeder Hinsicht planbar. Es ist vielmehr geprägt von ständiger Veränderung, von Umbrüchen und von Richtungswechseln. Auch in diesen Kontext passt unser Ansatz. Das Leben nutzen zu wollen impliziert immer eine Einstellung und Denkweise, in der man das Neue und Unerwartete als Chance begreift und nicht als Bedrohung oder Belastung. Es bedeutet, Veränderungen nicht passiv hinzunehmen und sich als Spielball von ihnen zu sehen, sondern sie als normalen Teil des Lebens zu akzeptieren und sie offensiv anzunehmen, erstens, indem man die eigene Veränderungs- und Anpassungsfähigkeit pflegt und fördert, und zweitens, indem man selbst entschlossen und aktiv in das Geschehen eingreift, um es mitzugestalten und mitzusteuern. Sein Leben nutzen zu wollen stärkt also immer auch das Bestreben, die eigene Gestaltungsmacht zu erhalten, sich neue Wege und Möglichkeiten zu erschließen und aus einer gegebenen Ausgangssituation das Beste zu machen.

Und schließlich zeigt sich bei einer genauen Analyse unserer Definition von Lebenserfolg, dass es bei ihr nie darum gehen kann, aus allem das Maximum herausholen zu wollen und bei jeder Entscheidung und Handlung nur auf den eigenen Vorteil bedacht zu sein. Im Gegenteil, wer sein Leben ergreifen und sich aneignen möchte, wer es nutzen und auch genießen will, der wird sich von einer rein utilitaristischen Sicht der Dinge ein großes Stück entfernen müssen. Er wird lernen müssen, dass die Frage „Was bringt es mir?" nicht selten gar nichts bringt, dass es oftmals besser ist, auf etwas zu verzichten, als mit aller Macht darum zu kämpfen, dass Kompromisse und Zwischenlösungen in vielen Fällen die einzig richtige Wahl darstellen und dass man so manches im Leben auch dem Zufall und einer glücklichen Fügung überlassen muss, anstatt etwas erzwingen zu wollen, dessen Ausgang man doch nicht beeinflussen kann.

Lebenserfolg besteht aus mehr als einem Baustein

Den ersten Teil unserer Eingangsfrage haben wir also beantwortet. Wir haben gesehen, was „das Leben nutzen" im Einzelnen bedeutet und welche Gründe dafür sprechen, es zur Basis unserer Definition von Lebenserfolg zu machen. Lebenserfolg besteht aber aus mehr als nur einem Baustein. Lassen Sie uns deshalb nun den zweiten Teil der Frage ins Visier nehmen und darüber nachdenken, auf welche Lebensbereiche sich unsere Leitidee konkret bezieht und welche weiteren Bausteine und Kriterien für die Beschreibung von Lebenserfolg wir daraus ableiten können.

Lebenserfolg bedeutet, seine Lebensziele in die Tat umzusetzen, in Bezug auf seine Lebenswünsche, seine Lebensweise und seine Lebensleistungen

Das Leben ergreifen, es sich aneignen, es nutzen – es liegt auf der Hand, dass das Erreichen der persönlichen Lebensziele bei der Definition von Lebenserfolg eine zentrale Rolle spielt. Dennoch, auch hier sollten wir weiter blicken, als es üblich ist.

Viele Menschen denken beim Stichwort „Ziele“ ausschließlich an das, *was sie erreichen oder erwerben wollen,* sei es eine bestimmte Position im Berufsleben (Leitung Vertrieb südliche Hemisphäre), ein besonderer Titel (Kalif anstelle des Kalifen) oder ein spezielles Objekt (Motoryacht im Mittelmeer mit integriertem 1000-PS-Beiboot). Im Zusammenhang mit Lebenserfolg geht es aber immer noch um zwei weitere Gesichtspunkte. Zum einen geht es darum, auch *die Lebensweise und die Lebensumstände* herstellen und erhalten zu können, die man sich wünscht und die zu einem passen. Zum anderen kommt es darauf an, *die Leistungen* zu erbringen, die man sich vornimmt und von denen man glaubt, dass sie dem eigenen Können und der eigenen Persönlichkeit angemessen sind. Erst wenn man alle drei Aspekte mit in die Betrachtung einbezieht – die Dinge, die man erreichen möchte, die Art und Weise, in der man gerne leben würde, und die Leistungen, die man zustande bringen will – erst dann erfasst man vollständig, worum es bei der Realisierung der eigenen Lebensziele letztlich geht, und auch dann erst verfügt man über ein ausreichendes Kriterium für die Bewertung des Lebenserfolges auf diesem Feld.

Lebenserfolg bedeutet, seine Anlagen, Begabungen und Stärken nachhaltig zu entwickeln und intensiv auszuschöpfen

Unsere Leitidee führt uns zu einem weiteren elementaren Baustein von Lebenserfolg. Ein Mensch führt dann ein erfolgreiches Leben, wenn es ihm gelingt, *seine Anlagen, Begabungen und Stärken nachhaltig zu entwickeln und intensiv von ihnen Gebrauch zu machen.*

Wie wichtig besonders dieser Aspekt ist, zeigt sich, wenn man sich ein wenig näher mit ihm auseinander setzt. Seine Fähigkeiten zu nutzen und sein Leben zu nutzen, es bedeutet fast schon ein und dasselbe. Gleichzeitig ist kaum etwas so eng mit der eigenen Persönlichkeit verbunden wie die eigenen Talente. Wer sie brachliegen lässt, wer sie und sein Potenzial nicht aktiviert und ausschöpft, der wird nie im eigentlichen Sinne erfolgreich sein können. Was er auch tut, wie weit er auch kommt, letztlich bleibt er immer unter seinen Möglichkeiten. Er bringt sich um einen Teil seiner Chancen und damit auch um einen Teil seiner Freiheit. Er verzichtet darauf, herauszufinden, welche Türen ihm offen stehen und welche Wege und Abenteuer sich hinter ihnen verbergen. Das Grübeln über verpasste Gelegenheiten und die Frage „Was wäre gewesen, wenn...?“ werden für ihn zum Dauerthema. Und er wird nie oder nur sehr unvollkommen erleben, welche Freude und Befriedigung (und welcher Gewinn an Anerkennung) damit verbunden sind, sein Können und seine Fähigkeiten kontinuierlich zu steigern, sie umfassend auszubilden und mit ihrer Hilfe die eigenen Leistungen zu so etwas wie „persönlichen Spitzenleistungen“ zu machen. Um welche Größenordnung es dabei geht, lässt sich am besten mit Aristoteles sagen: *„Seine Trefflichkeit, welcher Art sie auch sei, ungehindert üben zu können, ist das eigentliche Glück.“*

Wer sich also unterfordert und wer seine Stärken ignoriert und verkümmern lässt, der beraubt sich quasi seiner selbst. Er wird nie erfahren, was in ihm steckt, und er wird sich, man kann es fast wörtlich nehmen, niemals richtig zur „Entfaltung“ bringen. Die Wertschätzung und Nutzung der eigenen Anlagen und Begabungen hat deshalb für den Lebenserfolg eine weit größere Bedeutung als nur die, möglichst gute Voraussetzungen für das Erreichen seiner Ziele herzustellen. Es geht vielmehr in der Tat darum, sich selbst zu „verwirklichen“, aber nicht etwa in dem Sinne, einfach alles zu tun, was man gerade möchte, sondern in dem, das Beste aus sich zu machen und auch das Beste von sich in die Welt einfließen zu lassen.

Lebenserfolg bedeutet, seinen zentralen Verantwortungen gerecht zu werden

Unsere Vorstellung vom Begriff des Lebenserfolges wird also immer dichter und anschaulicher. Es geht darum, das Leben auszuschöpfen und gleichzeitig zu genießen, seine Lebensziele so weit wie möglich in die Tat umzusetzen und seine Talente und Stärken angemessen zu entfalten und anzuwenden. Je klarer unser Bild aber wird, desto deutlicher zeigt sich auch, an welcher Stelle sich noch eine Lücke auftut und welches Kriterium uns noch fehlt: Lebenserfolg bedeutet immer auch, *den zentralen Verantwortungen gerecht zu werden* und nachzukommen, die sich aus der eigenen Position, den eigenen Entscheidungen und Handlungen und der Verbundenheit mit anderen Menschen ergeben.

Drei Begründungen stehen im Vordergrund. Eine Definition von Lebenserfolg wäre ohne die Einbeziehung von moralischen bzw. ethischen Kategorien nicht nur unvollständig, sondern absurd und sinnlos. Würde man nur danach fragen, ob jemand seine Ziele erreicht hat und ob er sein Leben und seine Begabungen aus seiner Sicht nutzen konnte – auch die größten Schurken der Weltgeschichte könnten für sich in Anspruch nehmen, ihr Leben sei ein durchschlagender Erfolg gewesen.

Gleichzeitig haben wir wohl alle bereits die Erfahrung gemacht, dass unser Erfolgs- und Glücksgefühl nicht nur davon abhängen, was wir erreichen, sondern insbesondere auch davon, wie wir es erreichen und welche Nebenwirkungen das entsprechende Ergebnis hat. Wir alle füllen im Leben bestimmte Rollen aus und wir alle haben bestimmte Positionen inne, sei es beispielsweise beruflich als Führungskraft oder privat als Elternteil oder als Lebenspartner. Wir legen selbst fest, wie wir uns entscheiden und wie wir uns verhalten. Fast alles, was wir tun, hat Folgen nicht nur für uns allein, sondern immer auch für die Außenwelt und damit für andere Menschen.

Wer nun die Verantwortungen beiseite schiebt, die sich aus allen diesen Zusammenhängen ergeben, wer nur die eigenen Belange im Auge hat und wer ausschließlich die Vorteile einer bestimmten Situation in Anspruch nehmen will, der wird es im ersten Augenblick vielleicht etwas einfacher haben, aber auf Dauer wird er ein erfolgreiches und glückliches Leben kaum führen können. Er wird schneller, als er es erwartet, an Grenzen stoßen und zu spüren bekommen, dass er elementare (Lebens-)Spielregeln verletzt und sich immer mehr von dem entfernt, was im Leben wirklich zählt – entweder aufgrund der Reaktion seiner Umwelt und Mitmenschen oder aber auch aufgrund der Empfindungen, die sich bei ihm von ganz alleine einzustellen beginnen.

Und schließlich geht es bei der Einbeziehung der eigenen Verantwortungen nicht nur darum, bestimmten moralischen Verpflichtungen nachzukommen oder die Negativfolgen eines möglichen Fehlverhaltens zu vermeiden, sondern insbesondere auch darum, sich eine Hauptquelle der Zufriedenheit und Erfüllung offen zu halten. In den meisten Fällen machen die eigenen Verantwortungen eine Angelegenheit eher schwieriger oder unbequemer. Gerade die Bewältigung dieser Hürden und Unannehmlichkeiten ist es aber, die aus einer Leistung eine besondere und wirklich gelungene Leistung macht, die den eigentlichen Genuss liefert und die es einem erst ermöglicht, sich uneingeschränkt am Ergebnis zu erfreuen.

Das Kriterium „den zentralen Verantwortungen gerecht werden“ ist deshalb für uns unverzichtbar. Es liefert uns einen Wegweiser für unser Verhalten und es setzt die Grenzpfeiler der Bahnen, innerhalb deren wir uns bewegen sollten. Es ist ein zentrales Regulativ, das wir immer mit einzubeziehen haben, wenn wir unseren Lebenserfolg und unser Lebensglück wirklich fördern und sichern möchten.

Lebenserfolg bedeutet, sich seine Lebensfreude und Lebenszufriedenheit auf Dauer zu erhalten

Bitte lassen Sie uns noch einmal kurz zum Ausgangspunkt unserer Überlegungen zurückkehren. Lebenserfolg bedeutet in der Summe gesehen, das eigene Leben auf umfassende und sinnvolle Weise zu nutzen. Etwas zu nutzen wiederum heißt eben nicht allein, etwas zu gebrauchen und im positiven Sinne auszuschöpfen, sondern auch, Freude an etwas zu haben. Und genau dieser Zusammenhang leitet uns zum abschließenden Baustein unserer Definition: Lebenserfolg hat der, dem es gelingt, *sich seine Lebensfreude und Lebenszufriedenheit auf Dauer zu erhalten*!

Vielleicht gibt es an dieser Stelle den einen oder anderen, der im ersten Moment die Stirn runzelt. Die beruflichen und privaten Ziele erreichen, ja das ist eine Herausforderung und, sofern es gelingt, auch ein Erfolg. Aber die Lebensfreude und Lebenszufriedenheit? Was soll das für eine Leistung sein und was hat das mit Lebenserfolg zu tun? Antworten gibt es genug.

Erstens besitzen alle Bausteine des Lebenserfolges eine Art Doppelnatur. Zunächst einmal sind sie Mittel zum Zweck. Die Realisierung beruflicher und privater Ziele dient dem eigentlichen Haupt- und Gesamtziel, erfolgreich zu sein und sich glücklich zu fühlen. Gleichzeitig aber sind sie auch Selbstzweck. Die Erfüllung der persönlichen Verantwortung etwa ist bereits ein (Lebens-)Erfolg an sich. Die Förderung der eigenen Lebensfreude und -zufriedenheit und die Kultivierung der damit verbundenen Gedanken und Empfindungen sind ihrem Wesen nach bereits fast vollständig Zweck. Der amerikanische Philosoph Ralph Waldo Emerson hat es auf den Punkt gebracht: *„Das Leben besteht in dem, was ein Mensch den ganzen Tag über denkt.“* Ebenso klar (und rund 2000 Jahre eher) sagte es der römische Kaiser Marc Aurel: *„Das Glück deines Lebens hängt von der Beschaffenheit deiner Gedanken ab.“*

Zweitens ist die Sicherung der eigenen Lebensfreude und Lebenszufriedenheit die Basis für die Verwirklichung der eigenen Pläne und Projekte. Wer sich seine Begeisterung für sein Leben erhält, wer sich seine positive Stimmung bewahrt und wer die herrschenden Verhältnisse nicht beklagt, sondern sie als Ausgangspunkt und Chance für seine persönliche Weiterentwicklung sieht, dem wird es wesentlich leichter fallen als anderen, seine Lebensvorstellungen in die Tat umzusetzen. Ganz vorzüglich kommt dieser Zusammenhang bei Wilhelm von Humboldt zum Ausdruck: *„Wer sich heiter zu erhalten sucht, der sorgt nicht bloß für sein Glück, sondern er übt wirklich eine Tugend. Denn die Heiterkeit … macht zu allem Guten aufgelegter und gibt dem Gemüt Kraft, sich selbst mehr aufzuerlegen und mehr für sich und andere zu leisten.“*

Lebensfreude und Lebenszufriedenheit sind also nicht nur der Zuckerguss auf einem erfolgreichen und glücklichen Leben, sondern Teil seines Kerns. Dabei zeigt unser Ansatz, beide *„auf Dauer“* zu erhalten, dass es in keiner Weise darum gehen kann und gehen darf, alles nur noch durch eine rosa Brille zu sehen und elementare Bestandteile wie den Zweifel, die Sorge oder die Trauer aus seinem Leben verbannen zu wollen. Erst recht besteht das Ziel nicht darin, zu einem Adepten der Spaßgesellschaft zu werden, jede Minute in Karnevalsstimmung und Feierlaune zu verbringen und alles von sich wegzuschieben, was diese beeinträchtigen könnte. Alles das würde uns weit von dem entfernen, wo wir eigentlich hin möchten. Worauf es vielmehr ankommt, ist das Grundgefühl, die Grundstimmung, die wir in unserem Leben entwickeln und in der wir unser Leben verbringen. Und gerade diese Aufgabe, die Erhaltung und Förderung der langfristigen Qualität des eigenen Befindens bzw. der eigenen Gedanken und Gefühle ist, wie wir noch sehen werden, eine der anspruchsvollsten Aufgaben überhaupt!

Worauf es ankommt

Lebenserfolg ist ein Lebensprojekt

Lassen Sie uns unsere Definition kurz zusammenfassen. Lebenserfolg bedeutet, sein Leben auf umfassende und sinnvolle Weise zu nutzen. Es bedeutet damit, seine Lebensziele in die Tat umzusetzen (in Bezug auf seine Lebenswünsche, seine Lebensweise und seine Lebensleistungen), seine Anlagen, Begabungen und Stärken nachhaltig zu entwickeln und auszuschöpfen, seinen zentralen Verantwortungen gerecht zu werden und sich seine Lebensfreude und Lebenszufriedenheit auf Dauer zu erhalten. Drei Anmerkungen sollten wir zur Abrundung aber noch hinzufügen.

Den konkreten Inhalt bestimmt jeder allein

Zunächst: Auf welche Art und Weise nun jeder von uns unsere Definition von Lebenserfolg auf sein eigenes Leben überträgt, wie er sie interpretiert und mit welchen konkreten Inhalten er sie ausfüllt, darüber entscheidet er ganz allein – eben in Abhängigkeit davon, welche individuellen Vorstellungen er von seinem Leben hat, welche speziellen Ziele für ihn im Vordergrund stehen, welche besonderen Begabungen ihn auszeichnen und welche grundlegenden Verantwortungen sich aus seiner Position, seinen Entscheidungen und seiner Verbundenheit mit anderen ergeben. Unsere (Definitions-)Bausteine des Lebenserfolges liefern also das Material und so etwas wie eine grundsätzliche Bauanleitung. Die Architektur, die Form und auch die Einrichtung des Gebäudes, das daraus entsteht, die bestimmt aber letztlich jeder selbst.

Die Summe entscheidet

Daraus ergibt sich unmittelbar die zweite Anmerkung. So wichtig jeder Erfolgsbaustein für sich allein genommen auch ist, letztlich entscheidet die Summe, das Gesamtbild, das Gefüge. Seinen Lebenserfolg zu fördern und sein Leben zu nutzen bedeutet eben nicht, jeden einzelnen Baustein isoliert zu betrachten und dabei zu versuchen, in dem jeweiligen Bereich alles zu 100 Prozent erreichen zu wollen. Wer so vorgehen wollte, der würde scheitern. Zum einen würde er sich schlichtweg überfordern. Zum anderen würde der Anspruch, auf einem bestimmten Feld „perfekt“ sein zu wollen, automatisch dazu führen, dass alle anderen Gebiete nicht nur vernachlässigt, sondern auch aktiv geschädigt werden. Wer beispielsweise vom Ehrgeiz besessen ist, sämtliche seiner beruflichen Vorhaben bis ins letzte Detail umzusetzen, wer nicht bereit ist, von Zeit zu Zeit auch Abstriche zu machen, Konzessionen einzugehen oder seine Ziele den tatsächlichen Machtmöglichkeiten anzupassen, dem wird wenig für anderes übrig bleiben. Er wird sich gezwungen sehen, regelmäßig gegen Verhaltensregeln zu verstoßen, an die er sich aufgrund seiner Verantwortung anderen gegenüber (seiner Familie, seinen Mitarbeitern etc.) eigentlich halten müsste, er wird einen großen Teil seiner anderen Interessengebiete und Begabungen vernachlässigen oder völlig aus seinem Leben verbannen müssen und er wird sich seine Heiterkeit und Unbeschwertheit nur mit größter Mühe erhalten können. Damit aber, und hier schließt sich der Kreis, würde er sich auf lange Sicht wiederum der Faktoren berauben, die für seinen beruflichen Erfolg überhaupt erst die Grundlage liefern. Wer seine Verpflichtungen anderen gegenüber ignoriert, der wird irgendwann ohne Unterstützung dastehen, wer nur auf eine Aufgabe fixiert ist, der wird sich irgendwann festrennen, und wer seine Gelassenheit einbüßt, dem werden irgendwann auch seine Energie und Tatkraft ausgehen. Worauf es beim Lebenserfolg also ankommt, was letztlich über ihn entscheidet, das ist *die richtige Kombination aller seiner Bausteine* und damit das Maß an Ausgewogenheit, Stimmigkeit und Qualität der „Gesamtkonstruktion" bzw. des „Gesamtbauwerkes".

Ein Rest an Unschärfe bleibt

Damit wären wir fast automatisch bei der dritten Anmerkung. Ebenso wenig wie man endgültig und umfassend definieren kann, was „das Leben" wirklich bedeutet, kann es eine perfekte, unveränderliche und in jeder Hinsicht vollständige Definition von Lebenserfolg geben. Es scheint vielmehr so zu sein, dass ein Rest an Unschärfe, ja an Gegensätzlichem geradezu ein weiteres Charaktermerkmal von Lebenserfolg ist. Er verbindet Erfolg einerseits und Glück andererseits, er beruht darauf, was man erreicht, aber eben auch darauf, wie man es erreicht, er erfasst nicht nur das Materielle, sondern auch das Immaterielle, er entsteht aus einem selbst heraus und ist gleichzeitig abhängig von dem, was von außen kommt, er liegt in der Gegenwart und zielt doch in die Zukunft, er ist Ergebnis und Fähigkeit in einem. Und er ist niemals sicher, endgültig und unumstößlich. Lebenserfolg ist vielmehr so etwas wie ein offenes *Lebensprojekt*, das uns täglich aufs Neue herausfordert und an dem wir uns täglich aufs Neue zu versuchen und zu beweisen haben.

Teil II:

Warum es immer schwieriger wird, so zu leben, wie man möchte

Wenn alle wissenschaftlichen Probleme gelöst sind,
ist noch kein einziges Lebensproblem gelöst.
(Ludwig Wittgenstein)

Der schwierige Weg zum Ziel

Überblick: Worum es in diesem Teil geht

Bitte lassen Sie uns in einem Satz wiederholen, worin die Aufgabe dieses Buches besteht. Es soll Sie dabei unterstützen, Ihre Vorstellungen vom Leben in die Tat umzusetzen, und es soll die Strategie und die Maßnahmen beschreiben, mit denen Sie Ihren Lebenserfolg und Ihr Lebensglück umfassend fördern und sichern können. Den ersten Schritt auf diesem Wege haben wir getan. Wir haben durchdacht, welche Bausteine für ein erfolgreiches und glückliches Leben unerlässlich sind und wie man grundsätzlich beschreiben und definieren kann, was Lebenserfolg im Kern bedeutet.

Damit ist klar, worin unser nächster großer Schritt zu bestehen hat. Nachdem wir wissen, worum es geht und wohin wir wollen, haben wir im Folgenden zu klären, welche Hindernisse und Hürden uns den Weg versperren und welche Veränderungen und Entwicklungen es so schwierig machen, das zu fördern und zu realisieren, was einem für ein erfolgreiches und glückliches Leben wesentlich und unverzichtbar erscheint. Erst wenn wir beides kennen, einerseits das Ziel und andererseits die Faktoren, die uns im Alltag daran hindern, es zu erreichen, erst dann haben wir die gedankliche Grundlage für eine Lösung, die der Gesamtlage angemessen ist und die uns wirklich helfen kann.

Teil II des Buches beschreibt …

- welche Entwicklungen den größten Einfluss auf die Rahmenbedingungen haben, unter denen wir leben und arbeiten,
- welche Ursachen dafür verantwortlich sind, dass sowohl das Berufsleben als auch das Privatleben immer größere Anforderungen an uns stellen,

- auf welche Weise sich unsere Lebensqualität im Alltag verändert und welche Folgen sich aus dem Geschehen ergeben, für unseren Lebensrhythmus und unsere Lebensweise, für unsere Freiheit und Selbstbestimmung und für unsere Lebensfreude und Lebenszufriedenheit,

- warum es insgesamt betrachtet nicht nur subjektiv, sondern auch objektiv immer schwieriger wird, sein Leben so einzurichten, wie es einem vorschwebt, und aus welchen Gründen die Lücke zwischen Wunsch und Wirklichkeit immer größer zu werden droht.

Die Welt dreht sich immer schneller

Erinnern Sie sich noch an Ihre Jugend, an Ihre Gefühle, Gedanken und Träume? Die meisten von uns konnten sich kaum etwas Schöneres vorstellen, als erwachsen zu werden! Zwei Erwartungen waren besonders ausgeprägt. Zum einen war man fest davon überzeugt, dass Erwachsensein und Freisein so gut wie identisch sind. Wer erwachsen ist, so dachte man, lebt in einer Welt der unbegrenzten Möglichkeiten. Er ist allen Zwängen entronnen und sein eigener Herr, er kann tun und lassen, was er will, niemand redet ihm mehr drein, er kann sich seine Zeit und sein Leben einteilen, so wie er allein es möchte. Zum anderen hatte man die große Hoffnung, dass man mit der Vollendung seiner Jugend bereits die meisten der Hindernisse und Hürden überwunden haben würde, die sich einem auf dem Weg zu großen Taten und zu noch größeren Erfolgen in den Weg stellen könnten. Wenn man erst einmal die Fesseln der Schulzeit abgeworfen hat, wenn man der wohlmeinenden Bevormundung seiner Eltern entronnen ist, wenn die Tücken des Studiums oder der Ausbildung hinter einem liegen, wenn im Berufsleben die ersten Schritte gelungen sind, dann, so glaubte man, kann eigentlich nicht mehr viel passieren, dann wird alles leichter und besser, dann kann einen nichts mehr schrecken oder belasten, dann ist es nur noch eine Frage des Wollens und der Zeit, bis alles gelungen sein wird, was man sich vornimmt und was man sich wünscht. Alles in allem – der Gedanke an das Erwachsensein zeigte eine große und herrliche Welt. Ach, könnte man die Uhr doch nur ein wenig schneller laufen lassen …

Und heute? Heute können sich die meisten von uns kaum etwas Schöneres vorstellen, als das Rad wieder zurückzudrehen. Noch einmal jung sein! Wie viele Möglichkeiten hatte man doch damals, wie frei und unbeschwert war man, wie niedrig waren die Hürden, wie unbedeutend waren die Probleme, wie offen und unverbraucht lag das Leben vor einem. Was war das doch damals für eine große und herrliche Welt. Ach, könnte man die Zeit doch anhalten, könnte man doch wieder die Verhältnisse herstellen, wie sie früher einmal geherrscht haben ...

Vielleicht ist das Bild ein wenig überzeichnet. Dennoch, seine Grundaussage spiegelt die Lebenssituation und das Lebensgefühl der meisten von uns sehr genau wider und bestätigt einen Gedanken, den wir bereits weiter vorne angedeutet haben. Am Anfang, aus dem Blickwinkel der eigenen Jugend, wirkt alles noch einfach und überschaubar. Die Erfahrungen sind klein, die Erwartungen

Schöne Zukunft ... *Schöne Vergangenheit ...*

sind groß. Die persönliche Freiheit, der spannende Beruf und die rasante Karriere, das begeisternde Privatleben, Anerkennung, Einfluss und Vermögen, alles das wird sich automatisch einstellen, wenn man nur genügend daran glaubt und wenn man nur genügend dafür tut – so in etwa lautet die Einschätzung der Lage und so legt man dann auch den ersten Teil des Weges zurück, rasant, kraftvoll, den Blick erhobenen Hauptes nur nach vorne gerichtet. Im Laufe der Zeit aber beginnen sich die Verhältnisse zu ändern, zunächst unmerklich, dann deutlich spürbar. Das Marschgepäck wird schwerer, die Wegstrecke steiler und die Bewegungsfreiheit kleiner. Anstelle der großen Sprünge gibt es nur noch kleine Schritte, einige davon auch zurück. Zur eigenen Überraschung stellt man fest, dass das „Projekt Lebenserfolg“ auf eigentümliche Weise ins Stocken geraten ist und dass sich die Lücke zwischen den eigenen Wünschen, Hoffnungen und Bedürfnissen einerseits und der tatsächlichen Lage andererseits nicht recht schließen lässt, so sehr man sich auch bemüht und so vieles einem auch gelingt.

Die Ursachen lassen sich in zwei Bereiche einteilen. Zum einen liegen sie in uns selbst. Je älter wir werden, desto höher werden selbstverständlich auch die Ansprüche, die das Leben an uns stellt – und umgekehrt auch die Ansprüche, die wir an unser Leben stellen. Was uns einst als große Leistung erschien, ist für uns längst reine Routine, und was wir früher als lockendes Ziel betrachtet haben, kann uns inzwischen kaum noch motivieren. Immer weiter, immer höher, immer mehr, so lautet das innere Motto der meisten von uns. Zum anderen aber, und aus diesem Bereich kommen wohl die Haupteinflüsse, verändern sich auch die Rahmenbedingungen, unter denen wir leben und arbeiten, in einer ganz bestimmen Art und Weise. Die Welt dreht sich immer schneller. Die Herausforderungen, die Verpflichtungen und die Gesamtkomplexität nehmen eine Größenordnung an, die uns immer stärker unter Druck bringt, bei der unsere persönlichen Ressourcen kaum mehr ausreichen und bei der es immer schwieriger wird, sich seine Selbstbestimmung, Energie und Lebensfreude zu erhalten. Damit aber verändert sich nicht nur unsere Lebensqualität im Alltag, sondern es geraten genau die Faktoren und Elemente in Mitleidenschaft und in Gefahr, die für unseren Lebenserfolg und unser Lebensglück von zentraler Bedeutung sind. Von welcher Seite man die Dinge also auch betrachtet, insgesamt gesehen machen es einem die Verhältnisse in der Tat immer schwieriger, das eigene Leben so zu gestalten und zu führen, wie man es sich eigentlich vorstellt und vornimmt.

Die geschilderten Tendenzen sind also für unser Thema so wichtig, dass wir sie in den folgenden Kapiteln näher untersuchen sollten. Je besser wir die Zusammenhänge und Hintergründe kennen, desto leichter werden wir eine Strategie bzw. Vorgehensweise finden, die den Entwicklungen angemessen ist und mit der es uns gelingt, das Geschehen in den Griff zu bekommen und die Weichen in unserem Sinne neu zu stellen. Lassen Sie uns deshalb sehen, welche Veränderungen und Tendenzen eine besonders große Rolle spielen und den stärksten Einfluss auf unser Berufs- und Privatleben ausüben.

Das Berufsleben wird härter

Wenn man mit anderen Menschen über die Entwicklungen in ihrem beruflichen Umfeld spricht, dann hört man kaum eine Feststellung so häufig wie die, dass sich die Verhältnisse im Laufe der Zeit selbstverständlich deutlich verschärft hätten und dass „alles weit schwieriger geworden ist als noch vor fünf oder zehn Jahren". Das Interessante dabei ist, dass diese Behauptung keineswegs nur von Personen aufgestellt wird, die sich gerade in einer belastenden Ausnahmesituation befinden, sondern dass es eine Standardaussage ist, die von Vertretern fast aller Berufe und Branchen kommt – eben auch von Menschen, die bereits vieles erlebt haben, die wirtschaftlich erfolgreich sind und die große Freude an ihrer Arbeit haben. Die meisten von uns scheinen also ganz unabhängig von ihrer individuellen Tätigkeit und Position das Gefühl zu haben, dass die beruflichen Herausforderungen wie von selbst immer größer werden. Sie haben den Eindruck, dass Arbeitsergebnisse und Erfolge immer teurer erkauft werden müssen und dass es immer schwieriger wird, die eigenen Aufgaben zu erfüllen und die gesetzten Ziele zu erreichen.

Die erste entscheidende Tendenz betrifft demnach ein Phänomen, dem sich ganz offensichtlich kaum jemand zu entziehen vermag und das unsere Lebensumstände und unser Befinden auf vielfache Weise nachhaltig beeinflusst: Das Berufsleben wird spürbar härter!

Der Wettbewerbsdruck lässt kaum noch Luft zum Atmen

Selbstverständlich könnte man die These vertreten, dass so mancher das Urteil, es sei „härter" geworden, nur deshalb abgibt, um über eine bequeme Erklärung für eigene Unzulänglichkeiten und Fehlschläge zu verfügen. Wenn man aber die aktuellen Entwicklungen im Wirtschaftsleben verfolgt, wenn man die Veränderungen der Rahmenbedingungen analysiert und wenn man die Lage auch im eigenen Umfeld betrachtet, dann wird man feststellen, dass die Realität kaum treffender beschrieben werden könnte. Während der Wettbewerb in der Vergangenheit eher kontinuierlich und damit auf verkraftbare Weise gewachsen ist, so ist er in den letzten Jahren sprunghaft angestiegen. Inzwischen hat er eine Intensität erreicht, die einem kaum noch Luft zum Atmen lässt. Es genügt, die Hauptgründe stichwortartig zu nennen.

Jeder sitzt jedem im Nacken

Kein Unternehmen, kein Mitarbeiter verdient einen Cent, bevor nicht etwas verkauft (und bezahlt) wurde. Und exakt bei diesem Kernpunkt beginnen die Probleme. Produkte und Dienstleistungen gleichen sich immer mehr an, so dass sie keinen ausreichenden Vorsprung mehr zu bieten vermögen. Es wird immer schwieriger, sich mit ihnen abzuheben, etwas Einzigartiges zu schaffen und seinen Kunden einen erkennbar anderen Nutzen zu bieten als alle anderen auch. In den meisten Branchen herrscht zudem ein reiner Verdrängungswettbewerb. Umsätze und Gewinne können nur gesteigert werden, wenn man den Mitbewerbern Marktanteile abnimmt. Entsprechend bedrohlich werden die Preiskämpfe. Da fast immer ein Konkurrent dabei ist, der die Grenzen der Vernunft überschreitet, vermag die entstehende Spirale selbst starke und vorzüglich geführte Unternehmen in ihrer Existenz zu gefährden.

Ein Vorsprung geht schneller verloren als früher. Während ein Unternehmen in der Vergangenheit relativ lange von einer innovativen Strategie oder einer überraschenden Produktneuheit profitieren konnte, treten die Nachahmer heutzutage innerhalb weniger Wochen auf den Plan, mit einer ähnlichen Strategie und mit vergleichbaren Produkten, meist aber auch noch zu geringeren Preisen und verbunden mit einer massiven Werbe- und PR-Offensive, die den eigentlichen Innovator in den Hintergrund rückt.

Nischen bieten kein Versteck mehr. Auf der Suche nach den letzten profitablen Geschäftsfeldern wird jede Möglichkeit ausgeschöpft, den Bedarf spezieller „Kundenrandgruppen" mit zu erfassen. Ein Beispiel bietet die Automobilindustrie – Hersteller preisgünstiger Massenprodukte stürmen in den Premiumbereich, Anbieter von Luxusfahrzeugen produzieren Basismodelle für jedermann und beide versuchen, mit endlosen Variationen und Crossover-Modellen jedes noch so kleine Feld zu beackern.

Traditionelle Wettbewerbsregeln verlieren ihre Bedeutung und Wirksamkeit. Früher mochten Faktoren wie ein über Jahre gewachsenes Know-how, ein spezielles Produktionsverfahren oder die Logistik als schützende Barrieren für ein Unternehmen gewirkt haben. Heutzutage kann fast jedes Produkt und jede Dienstleistung an nahezu jedem Standort weltweit hergestellt bzw. erbracht werden. Insgesamt hat man es also nicht länger nur mit den klassischen Mitbewerbern und Konkurrenzprodukten zu tun, sondern mit Anbietern aus vormals fremden Branchen und Regionen, die in jeder Hinsicht grenzüberschreitend tätig werden.

Die Folgen dieser Entwicklungen kennen wir alle. Der Aufwand und die Anstrengungen für den erfolgreichen Verkauf von Produkten und Dienstleistungen sind in den vergangenen Jahren auf geradezu unglaubliche Weise hochgeschnellt. Je „austauschbarer" die angebotenen Leistungen werden, je höher der Sättigungsgrad der Märkte ist, je aggressiver die Konkurrenten handeln, je schneller ein Vorsprung verfliegt, je mehr die Kontinuität und Berechenbarkeit im Wettbewerbsumfeld abnehmen, desto härter muss jedes einzelne Unternehmen (und in letzter Konsequenz auch jeder Mitarbeiter) kämpfen, um noch eine ausreichende Zahl von Kunden zu finden, um profitabel zu bleiben und um im Wettbewerb wenigstens kurzfristig die Nase vorne zu haben.

Dienstags im Büro

Die Kunden machen alles nur noch schlimmer

Sie geben den Druck, dem sie durch ihre eigenen Kunden ausgesetzt sind, ohne Verzögerung an ihre Lieferanten weiter. Eine automatische, durch Traditionen stabilisierte Loyalität gibt es kaum mehr. Jeder Kundenauftrag muss neu erkämpft werden, jede eigene Offerte wird sofort mit fremden Angeboten verglichen.

Es hat sich aber nicht nur das Verhalten der Kunden geändert, sondern die Kunden selbst scheinen einer Art Mutation unterworfen zu sein. Wenn man den Vorhersagen und Analysen trauen darf, dann lösen sich die üblichen Zielgruppen in kaum mehr überschaubare Schnittmengen auf, die zudem offenbar eine begrenzte Existenzdauer haben und ständige Metamorphosen durchlaufen. So produziert die moderne Trendforschung unablässig Scharen neuer Konsumententypen, alle mit schwammigen Definitionsgrenzen und mit Namen, die dem Produktmanager und Vertriebsprofi alter Schule den Angstschweiß auf die Stirn treiben: Lessness-Priests – die neuen Luxus-Asketen, Telewomen – die neuen Powerfrauen, Urban Villagers – die neuen Landbewohner und viele andere mehr.

Auch die Ansprüche dieser kaum greifbaren Aliens haben keine Grenzen mehr. Es genügt nicht länger, seine Kunden zufrieden zu stellen, nein, in jeder Sekunde „begeistern“ soll man sie und ständig „neu verblüffen“, so singen es einem Marketingtrainer vor (ohne jemals zu sagen, wie) und so liest man es inzwischen selbst auf der Wirtschaftsseite der örtlichen Boulevardzeitung. Es ist ein Graus!

Die Turbulenzen im Äußeren beschädigen die Verhältnisse im Inneren

Es kann nicht ausbleiben, dass die geschilderten Entwicklungen früher oder später auch die Verhältnisse innerhalb der Klammer beeinflussen, also innerhalb der Unternehmen und innerhalb des persönlichen Arbeitsumfeldes. Die Arbeitsweise, der Umgangsstil und die Unternehmenskultur ändern sich auf unschöne Weise. Auch hier genügen Stichworte.

Die Schonräume verschwinden

In den normalen Unternehmen existieren längst keine Finanzpolster mehr, die es erlauben, Abteilungen oder Aktivitäten zu übersehen bzw. zu tolerieren, die keinen positiven Beitrag zum wirtschaftlichen Erfolg leisten. Auch öffentliche Institutionen werden immer mehr an der Leistungsfähigkeit privater Konkurrenten gemessen und nach den Vorgaben rein gewinnorientierter Betriebe organisiert und geführt. Parallel dazu steigt der persönliche Ergebnis- und Verantwortungsdruck. Jeder von uns hat immer wieder aufs Neue zu beweisen, dass er der Richtige für eine bestimmte Position und die mit ihr verbundenen Aufgaben ist. Oft genügt ein missglücktes Projekt oder ein unbefriedigendes Jahresergebnis, um alle Meriten der Vergangenheit in Vergessenheit geraten zu lassen.

Der Zusammenhalt wird schwächer

Gleichzeitig nehmen Kontinuität und Berechenbarkeit auch innerhalb der Unternehmen ab. Die erwähnten Überkapazitäten, die Furcht, es alleine nicht zu schaffen, oder das Streben nach Größe als vermeintlichem Allheilmittel führen zu einer Flut von Ausgliederungen, Fusionen oder Übernahmen. Was sich in der Theorie noch wie ein spannendes Abenteuer anhören mag, erweist sich in der Praxis oft genug als Schreckenserlebnis. Über Jahre gewachsene Unternehmensidentitäten verschwinden mit einer Unterschrift, unvereinbare Führungsstile beginnen einen „Kampf der Kulturen" und für die eigene Position gibt es nun einen zweiten Anwärter aus dem neuen Partnerunternehmen, der exakt das Gleiche macht, wie man selbst.

Was dabei meist auf der Strecke bleibt, ist das interne Zusammengehörigkeitsgefühl. Wenn beispielsweise ein mittelständisches Unternehmen in einem multinationalen Konzern aufgeht, dann wird die neue Firmenleitung den altgedienten Mitarbeitern oder einem traditionellen Standort naturgemäß einen anderen Loyalitätsgrad entgegenbringen, als es ein regional verwurzelter Unternehmer über Jahrzehnte hinweg zuvor getan hat. Umgekehrt gilt das Gleiche. Wenn sich Grenzen und Strukturen immer wieder verschieben, wenn keine Zeit mehr bleibt, ein Identitätsgefühl zu entwickeln, dann werden irgendwann auch die Mitarbeiter auf Distanz zu ihrem Unternehmen gehen. Nicht ohne Grund fällt immer häufiger der Begriff der „Söldnermentalität", wenn von der Einstellung von Mitarbeitern (ganz gleich auf welcher Ebene) gegenüber der eigenen Organisation die Rede ist.

Je stärker diese Tendenzen voranschreiten, desto schwieriger wird der Umgang miteinander und desto größer werden das Konfliktpotenzial einerseits und die Anforderungen an persönliche Kooperations- und Führungskompetenz anderseits.

Heiterkeit und Gelassenheit werden zur Ausnahme

Zudem lassen die veränderten Rahmenbedingungen die Anspannung und Nervosität innerhalb der meisten Unternehmen erkennbar anwachsen. Betrachten Sie als ein plakatives Beispiel die Entwicklungen in vielen der so genannten „Start-ups" (Neugründungen!) der IT- und Internetindustrie. Solange das Unternehmen noch jung war, herrschte überbordende Glückseligkeit. Die Ideen konnten begeistern, die Gelder der Investoren flossen, die Leidenschaft der Gründer und Mitarbeiter war grenzenlos und der Umgang miteinander glich einem Jugendcamp mit Hightechcharakter. Sobald das Unternehmen die Hafenausfahrt verlassen hatte und auf hohe See geriet, sobald also der Wettbewerb zuschlug und zweistellige Ergebnisse sich nicht mehr auf die Gewinnsteigerung, sondern auf die Verlustzuwächse bezogen, verwandelte sich der Stil. Die Zeit der Samthandschuhe war vorbei, man arbeitete nun mit harten Bandagen – und mit dem gesamten Instrumentarium der Kostenreduktion, der Mitarbeiterentlassungen und einer erbarmungslosen Leistungsbewertung durch Erfolgskennziffern. Die um Seriositätsgewinn bemühte Verwandlung der Kleidung vom soften T-Shirt zum gestärkten Hemd ist das äußere Zeichen dieser Entwicklung.

Vergleichbares gilt aber eben auch für die Vertreter etablierter Wirtschaftszweige. Elemente wie zeitliche (oder gar finanzielle) Großzügigkeit, innere Gelassenheit und dauerhafte Zuversicht sind im Arbeitsalltag weitgehend zu Exoten geworden.

Unser eigenes Verhalten tut ein Übriges

Man möchte meinen, dass wenigstens auf der persönlichen Handlungsebene der Versuch gemacht wird, den Druck ein wenig abzufedern. Weit gefehlt. Unser eigenes Verhalten trägt seinen Teil dazu bei, uns gegenseitig das Leben schwer zu machen.

Nehmen Sie als ein Beispiel die auch technisch getriebenen Veränderungen auf dem Gebiet der persönlichen Kommunikation. Die

Die Wahrheit über Handys

Möglichkeit, eine Information in Sekundenbruchteilen von einem Ort an den anderen zu bringen, hat bei vielen zu der irrigen Vorstellung geführt, dass nun auch die inhaltliche Entwicklung der Information innerhalb weniger Sekunden erfolgen kann. Aus der Bitte per Brief „um schriftliche Antwort innerhalb einer Woche" wurde die Forderung „nach einem Fax bis heute Nachmittag" und daraus nun die Anweisung, „in den nächsten Minuten ein E-Mail zu senden", das zudem die „vollständige Ausarbeitung als Anhang" zu enthalten hat.

Anders gesagt: Die moderne Kommunikation begünstigt hauptsächlich denjenigen, der die Arbeiten zur Erfüllung seiner Aufgaben auf andere übertragen will. Früher musste er dazu einen den Regeln des formalen Anstandes wenigstens halbwegs genügenden Schriftweg wählen oder die Mühe eines persönlichen Gespräches auf sich nehmen. Heute genügen einige form- und stillos in den Computer gehämmerten Sätze, um beim Empfänger der Nachricht für den Rest des Tages jegliche Hoffnung auf zeitliche Reserven zu zerstören.

Das enthusiastisch vorgetragene Gegenargument, man selbst habe doch auch enorme Vorteile („Endlich bin ich auch auf Hawaii nur noch einen Mausklick von meinem Schreibtisch entfernt ...") ist von zweifelhafter Natur. So lautete die Antwort des Geschäftsführers eines bekannten IT-Unternehmens (!) auf meine Frage, wie er denn mit seinen E-Mails umgehe: „Ich bekomme etwa 60 bis 80 davon pro Tag. Ich lasse sie alle von meiner Sekretärin ausdrucken und vorab nach Prioritäten ordnen. Anschließend lese und bearbeite ich die wichtigsten davon zusätzlich zu meinen eigentlichen Tagesaufgaben, der Rest geht erst einmal in die Ablage." Im Klartext: Die hemmungslose virtuelle Post erzeugt Berge realer Post (unter denen das seit Jahren propagierte „papierlose Büro" gleich mit begraben wird). Anstelle von einer Person müssen sich nun zwei um die Flut der Kontaktaufnahmen und die Trennung des Wichtigen vom Unwichtigen kümmern. Das Arbeitsvolumen wird jeden Tag durch Kubikmeter „heiße Luft" massiv aufgebläht. Und die Ordner mit der Aufschrift „später erledigen" füllen ganze Regalwände oder, nach der Reise durch den Schredder, ganze Halden von Altpapier.

Der Blick auf die positiven Elemente des Geschehens wird (über-)lebenswichtig

Auf lange Sicht werden sich nur wenige der Wirkung der geschilderten Entwicklungen entziehen können. Das eigene Unternehmen kann noch so vorzüglich geführt sein, die eigenen Produkte können eine noch so hohe Qualität besitzen, man selbst kann noch so außergewöhnliche Leistungen erbringen – die Eingebundenheit in das geschilderte Gesamtgeschehen und die Vernetzung der Wirtschaft bewirken, dass der Wettbewerb auf lange Sicht auch für einen selbst härter werden wird, mit allen Konsequenzen für die eigene Position und das eigene Befinden.

Selbstverständlich besitzt die Entwicklung aber auch eine Vielzahl positiver Elemente und Aspekte. Sie zu erkennen und mit Optimismus und Entschlossenheit für sich zu nutzen wird umso wichtiger, je stärker man von den oben beschriebenen Tendenzen betroffen ist. Lassen Sie uns daher vier hervorheben, die besonderes Gewicht haben.

Erstens: *Die Berufswelt wird spannender.* Viele Menschen, die sich über die gestiegenen Anforderungen beschweren, würden weit lauter klagen, wenn ihnen der Anreiz verloren ginge, den neue Herausforderungen und die Überwindung der damit verbundenen Probleme liefern. Wer nur im Flachland unterwegs ist, wer niemals eine Steigung zu bewältigen hat, wer nie einen Gipfel als Ziel sieht, wird letztlich ohne Ansporn und Erfolgserlebnisse bleiben.

Zweitens: *Die Zahl der Chancen steigt.* Je dynamischer eine Entwicklung verläuft, desto mehr Gelegenheiten entstehen für den

Einzelnen, aus den traditionellen Bahnen auszubrechen und eine Einsatzmöglichkeit für seine speziellen Fähigkeiten zu finden. Das Gleiche gilt für Unternehmen. Wer vorher mit seinen Leistungen nur auf einen schmalen nationalen Bereich beschränkt war, findet nun Partner in räumlich weit entfernten Märkten und vielleicht auch in völlig neuen Branchen.

Drittens: *Jede Haupttendenz bewirkt Gegenbewegungen*, die man für sich und den eigenen Erfolg nutzen kann. Nehmen Sie als Beispiel zwei parallele Entwicklungen im Lebensmittelbereich. Je mehr alles in Richtung einer industrialisierten Fertigung geht, desto mehr Menschen wünschen sich wieder den Kontakt zu lokalen Produzenten, zu Herstellern und Anbietern vor Ort, die sie persönlich kennen und zu denen sie entsprechendes Vertrauen aufbauen können. Je stärker alles auf Schnelligkeit und Bequemlichkeit ausgerichtet wird, desto größer wird im Gegenzug wieder das Verlangen nach ruhigem Genuss und aufwendiger manueller Herstellung. Die Bewegung des „Slow Food“ hätte es ohne die Hauptströmung des „Fast Food“ nicht gegeben. Beides hat seine Berechtigung und beides bietet Möglichkeiten.

Viertens, vielleicht am wichtigsten: *Wir wachsen mit!* Die geschilderten Entwicklungen führen automatisch dazu, dass auch wir uns verändern und weiterentwickeln. Sie bewirken, dass wir uns mit neuen Themen auseinander setzen, dass wir unser Fähigkeitsspektrum erweitern, dass wir unsere Kreativität und Flexibilität erhöhen, dass wir uns unsere Neugierde bewahren und uns unseren „Kampfgeist“ erhalten.

Der Blick auf die positiven Aspekte der Lage zeigt also, wie groß die Chancen nach wie vor sind. Wer über die richtige Strategie und geeigneten Methoden und Maßnahmen verfügt, wer mit Professionalität, Ausdauer und sorgfältiger Ausführung an die Erfüllung seiner Aufgaben herangeht, wird auch in Zukunft seine Ziele erreichen. Eines ist aber auch erkennbar. Die Zahl der Chancen und positiven Elemente mag so hoch sein, wie sie will, am *Wesen der Hauptströmung* des Entwicklungsflusses, auf dem wir alle unterwegs sind, verändert sich dadurch nur wenig!

In der Summe gesehen: Das eigene Leistungsvermögen wird immer stärker beansprucht

Lassen Sie uns zu einem Fazit kommen. Wir haben gesehen, dass sich die Gangart verschärft und die beruflichen Rahmenbedingungen von Jahr zu Jahr härter werden, dass der Wettbewerbsdruck massiv zunimmt und dass damit auch die Verhältnisse innerhalb der Unternehmen deutlich schwieriger werden. Eine Frage ist aber noch offen: Welche praktischen Konsequenzen hat alles das für uns selbst, für die ganz persönliche Lage der meisten von uns?

Bildlich lautet die Antwort: Die Hürden wachsen! Man muss immer schneller anlaufen, man muss immer mehr Sprungkraft entwickeln und man muss eine immer höhere Flugbahn erreichen, um sie überqueren zu können. Doch lassen Sie uns auch hier die wichtigsten Folgen direkt ansprechen.

Der individuelle Aufwand für das Erreichen beruflicher Ziele nimmt zu

Da die Widerstände und der Gegenwind zunehmen, verschlechtert sich das Verhältnis zwischen Aufwand und Ertrag. Jeder von uns muss einen immer größeren Betrag an Zeit und Kraft investieren, um ein bestimmtes Resultat zustande zu bringen. Es wird immer schwieriger, auch mit hervorragenden fachlichen Leistungen ein angemessenes Ergebnis zu erreichen.

Die Probleme kommen Schlag auf Schlag

Die zeitlichen Abstände zwischen den einzelnen Herausforderungen werden kleiner. (Die Hürden erhöhen sich also nicht nur, sondern es werden auch noch mehr, die zudem enger zusammenstehen!) Jedes gelöste Problem, jede erfüllte Aufgabe und jedes realisierte Projekt bringt unverzüglich ein neues Problem, die nächste Aufgabe und ein weiteres Projekt hervor. Entspannungsphasen, in denen man sich am Erreichten erfreuen, die Dinge durchdenken und neue Kraft schöpfen kann, werden zur Seltenheit. Vom Trapezakt geht es sofort zur Raubtiernummer und von da aus direkt zum Abschuss als menschliche Kanonenkugel.

Die Zwänge werden größer

Was früher den Touch der Freiwilligkeit enthielt, birgt heute die Fesseln zwingender Notwendigkeiten. Insbesondere geht die Möglichkeit verloren, die eigene Arbeitsintensität der persönlichen Gesamtsituation anzupassen und nach eigener Maßgabe zu dosieren. Je stärker sich die Verhältnisse in die geschilderte Richtung entwickeln, desto weniger Chancen gibt es noch, sich selbst einmal ein wenig zurückzunehmen, auch einmal Nein zu sagen oder für gewisse Zeit andere Prioritäten zu setzen. Entweder, man ist voll da, oder gar nicht. Weil es immer schwieriger wird, ein bestimmtes Ziel zu erreichen, da immer ein anderer da ist, der ein frei gewordenes Terrain besetzt, gewinnt jede Teilaufgabe fast existentielle Bedeutung. Wer über Hügel spaziert, kann sich einen Fehltritt erlauben. Wer im Hochgebirge unterwegs ist, bei dem muss jeder Handgriff sitzen. Fünf Prozent weniger Kraft- und Zeiteinsatz haben also fast 100 Prozent Auswirkung und stellen den Erfolg eines Vorhabens (und damit die eigene Position!) insgesamt in Frage.

Die Sicherheit wird kleiner

Manchen Thesen mag man misstrauen. Es ist wirklich die Frage, ob „der eine Lebensberuf" ein Relikt der Vergangenheit ist und ob kommende Generationen eine Vielzahl unterschiedlicher Tätigkeiten aneinander reihen werden (gestern Chefarzt, heute Pizzabäcker, morgen Düsenpilot usw.). Und es bleibt abzuwarten, ob feste Arbeitsplätze und die Zughörigkeit zu einem bestimmten Unternehmen tatsächlich zur Ausnahme werden und wir alle unser Brot künftig als „situativ-vernetzte Mitglieder virtueller Task-Forces" (was immer das dann auch sein mag) verdienen werden. Eines jedoch ist unbestreitbar. Der Glaube, die eigene Sicherheitsbasis sei stabil, vorzügliche Leistungen in der Vergangenheit würden auch Erfolge in der Zukunft garantieren und man käme ohne ein regelmäßiges „Upgrading" der eigenen Einstellung, der eigenen Fähigkeiten und der eigenen Positionierung aus, dieser Glaube erweist sich als weltfremd. Die berufliche Sicherheit wird weiter abnehmen und Anforderungen an die persönliche Veränderungs- und Anpassungsfähigkeit werden weiter steigen.

Die Wirkungen auf die eigene Lage und das eigene Befinden sind unübersehbar

In welcher Weise die geschilderten Entwicklungen nun ganz konkret wirken, hängt selbstverständlich von der Persönlichkeit und individuellen Situation jedes Einzelnen von uns ab. Die meisten werden sich sicher längst auf den verschärften Rhythmus eingestellt haben und ihn schlichtweg als Teil der Normalität betrachten.

Und dennoch, bei einer umfassenden Betrachtung kann man kaum übersehen, dass die Veränderungen der beruflichen Rahmenbedingungen und die damit verbundenen Folgen einen alles andere als positiven Einfluss auf die Faktoren und Elemente haben, die für unseren Lebenserfolg und unser Lebensglück von entscheidender Bedeutung sind. Da wir noch am Anfang unserer Analyse stehen, können wir uns an dieser Stelle sicher auf einige Grundaussagen beschränken. Je schwieriger es wird, seine beruflichen Ziele zu erreichen, desto schwieriger fällt es auch, seine Lebensziele insgesamt voranzubringen. Je mehr Druck das Berufsleben auf einen ausübt und je stärker es die eigenen Ressourcen bindet, desto weniger Raum, Zeit und Kraft bleiben für andere Bereiche und Vorhaben. Und je größer die Zahl der Probleme wird und je ungünstiger sich das Verhältnis von Licht und Schatten entwickelt, desto mehr verschlechtert sich auch das eigene Stimmungsbild. Die Phasen, in denen man sich unbeschwert und sorglos fühlen kann, nehmen tendenziell eher ab, und die Tage, die von Unruhe, Befürchtungen und vielleicht auch von Erschöpfung geprägt sind, nehmen tendenziell eher zu.

Die Verheißungen des Wirtschaftslebens verlieren ihre Verführungskraft

Es verändern sich aber nicht nur die Rahmenbedingungen des Wirtschaftslebens, sondern auch wir selbst. Und beides gemeinsam, das Geschehen im beruflichen Umfeld und unsere persönliche Entwicklung, löst eine zweite Tendenz aus, die für unseren Erfolg und unsere Lebensqualität von zentraler Bedeutung ist. Es bewirkt, dass unsere moderne Wirtschaftswelt im Laufe der Zeit immer mehr an Glanz und Verführungskraft einbüßt und dass sich ihre Attribute und Stilelemente eher zu einer Zusatzbelastung entwickeln, anstatt uns wie am Anfang zu motivieren und uns einen Ausgleich zu unseren Mühen und Anstrengungen zu liefern. Das, was ursprünglich die Würze war, verdirbt also irgendwann den Appetit und führt zur Gefahr, dass die innere Distanz zur eigenen Tätigkeit und zu den mit ihr verbundenen Aufgaben und Zielen immer mehr anwächst. Doch lassen Sie uns auch hier der Reihe nach vorgehen.

Zu Beginn erscheint alles als faszinierende Bereicherung der eigenen Existenz

Gerade am Anfang des eigenen Berufslebens herrscht bei den meisten von uns eine ganz besondere Stimmung. Ein wenig haben wir sie schon beschrieben. Alles liegt noch vor einem und die eigenen Hoffnungen und Wunschträume befinden sich auf einer Art ungebremstem Höhenflug. Die Begeisterung für das Neue und die Vision von einem rasanten persönlichen Aufstieg überstrahlen alles. Die Eigenmotivation ist dementsprechend hoch und die physischen und psychischen Energiereserven erscheinen unerschöpflich. Probleme und Schwierigkeiten werden im Normalfall höchstens mit einem mitleidigen Lächeln wahrgenommen – als unbedeutende und kurzfristige Randerscheinungen. Insbesondere aber bewirken der eigene Schwung und der Reiz des Neuen, dass man die prägenden Attribute und äußeren Erscheinungsformen unseres modernen Wirtschaftslebens als Bestandteile einer faszinierenden Erlebniswelt empfindet, die, so glaubt man, für jeden von uns ein Füllhorn voller Spaß, Spiel und Spannung bereithält, sofern man es nur richtig angeht.

Man kann reisen …

Jede Flugreise hebt die eigene Bedeutung („Morgen muss ich nach Bonn, Mittwoch nach Berlin und Samstag – Samstag! – nach Saarbrücken") und lässt einen näher an das Vorbild der weltweit agierenden Managerelite heranrücken. Das Ticket für die Business-Class (die bis auf die letzten zwei Reihen das gesamte Flugzeug ausfüllt) berechtigt dabei schickerweise nicht nur zu einer interessanten Lektüre („… Haben Sie noch den SPIEGEL? Nein? Na gut, dann die Gala bitte …") und einem raffiniert belegten Brötchen („… Was soll das heißen, die mit Fleischwurst sind aus …?), sondern auch zum Zutritt zu einem stets gut besuchten Spezialwarteraum, in dessen intimer Nähe zu Gleichgesinnten man sich durch die Exklusivität des Klingeltons seines Handys, die Intensität der bedeutungsschweren Arbeit am mitgeschleppten Laptop oder den kraftvoll vorgetragenen Austausch neuester Börsenkompetenz („… Seit ich mein Depot per Internet selbst verwalte, setze ich nur noch auf die Blue Chips unter den Top-50-Werten …") gegenseitig beeindrucken kann.

Am Ankunftsort setzen sich die Vorzüge des neuen Lebensstils nahtlos fort. So kann man aus der Normalität und Unordnung des eigenen Singleappartements in den raffinierten Luxus moderner Businesshotels fliehen, die einen nicht nur mit unwiderstehlichen Informationsangeboten begeistern („… Möchten Sie die Kosten für den Videofilm auf einer Extrarechnung haben ...?"), sondern auch mit unentbehrlichen Ausstattungselementen wie rauschenden Klimaanlagen ohne Ausschaltknopf, Lampen mit 20-Watt-Glühbirnen, einen vom Vorbesucher auf 4:30 Uhr morgens programmierten Radiowecker und einen in die Schrankwand integrierten Hosenbügelautomaten, der innen so verfusselt ist, als hätte jemand darin seine Angorakatze glattfrisiert.

Eine Abwechslung jagt die andere ...

Aber auch den daheim Gebliebenen und stationär Tätigen wird etwas geboten. Die Vielzahl regelmäßiger Meetings beugt jeder Form der Vereinsamung vor und erleichtert die Schulung der eigenen Team- und Kritikfähigkeit („Ich habe hier eine Idee, es ist ja nur in den Papierkorb gesprochen, selbstverständlich weiß ich, dass es Unsinn ist, für Gegenargumente bin ich deshalb dankbar ...").

Zyklisch wechselnde Restrukturierungsmaßnahmen („Wir haben jetzt alle Hierarchien abgeschafft, nur die Positionen haben wir behalten ...") und die Erprobung immer neuer Managementphilosophien („Durch die Kombination des Open Book Management mit Kernelementen des Feng-Shui haben wir erstaunliche Ergebnisse erzielt ...") halten den Geist wach und schenken das Gefühl, aktives Mitglied in einer Gemeinschaft des Fortschritts und Wandels zu sein.

Unterstützt wird dieses Empfinden durch die Gelegenheit, sich endlich den neuesten technologischen Segnungen auf umfassende Weise widmen zu können. Die Information „Treffen um drei mit Dr. No" muss man dem gegenübersitzenden Kollegen nun nicht mehr zurufen, nein, man kann ihr durch elegante Übermittlung per SMS den Rahmen geben, den sie verdient. Gleichzeitig ermöglicht das Internet den verzögerungsfreien Aufstieg zum Weltbürger und

Produktives Meeting

erlaubt es, der Lage im heimischen Umfeld stets auch eine globale Dimension zu verleihen („Bei den Wachstumsraten an der chinesischen Ostküste können wir uns hier in Niederbrüttelsbach bald warm anziehen"). Und mit Hilfe einer Kombination aus Handy und Headset kann man sich in den Club derer einreihen, die mit gerunzelter Stirn und bedeutungsschwerem Blick einsam vor sich hin murmelnd Abflughallen, Bahnsteige und Foyers bevölkern und die immer dann ihre Stimme heben, wenn sie es nicht länger verantworten können, ihren Nachbarn Botschaften größter Tragweite vorzuenthalten: „Ich habe es vom Vorstandsassistenten persönlich, die Angelegenheit wird Konsequenzen haben ...!"

Der moderne Business-Slang wird zum kraftvollen Verstärker

Vielleicht erscheint Ihnen die Beschreibung übertrieben. Sie haben Recht. Nicht jeder reist ständig hin und her, nicht jeder besucht ein Meeting nach dem anderen, und nicht jeder schießt bei der Nutzung sinnvoller Kommunikationstechnologie weit über das Ziel hinaus. Allzu weit von der Realität entfernt sind die Schilderungen aber nicht. Wer daran zweifelt, möge sich ein wenig näher mit dem Faktor beschäftigen, der auf unser Denken und unsere Empfindungen den größten Einfluss hat – mit unserer Sprache.

Ob es sich um Berichte in Wirtschaftsmedien handelt, um Publikationen von Unternehmen, um Veröffentlichungen wissenschaftlicher Institute oder um ausgefeilte Botschaften der Werbebranche, man wird von einer Art Wortschöpfungsrausch überflutet, der von keinerlei Frage nach dem inhaltlichen Sinn gebremst wird und der selbst dem Nüchternsten unter uns den Kopf schwirren lässt. Eine Tätigkeit oder ein Ereignis kann noch so alltäglich oder unwichtig sein, die hemmungslose Verwendung von Anglizismen, Technokürzeln oder Glamourtexten verleiht allem in Sekundenbruchteilen atemberaubende Exotik und den Charakter der ultimativen persönlichen Herausforderung.

Der offensichtliche Grund für dieses Feuerwerk an Kunstwörtern und Überhöhungen: Nichts darf so erscheinen, wie es wirklich ist. Alles, was bekannt, üblich oder auf Anhieb verständlich klingt, birgt die Gefahr, dass es der Empfänger der Botschaft auch so beurteilt, eben nicht als „coole" Angelegenheit, sondern als normalen Bestandteil der normalen Arbeitswelt. Wer aber ist schon motiviert, wenn er an einem frühen Montagmorgen an einer Produktschulung teilnehmen muss und nicht etwa zu einer „Product-Empowerment-Session" darf?

Auch der kürzeste Kurzvortrag mutiert auf diese Weise zur

PowerPoint-Präsentation, eine Veranstaltungsserie wird zur Roadshow, die Stabsabteilung zum Think-Tank, die Verkaufsmannschaft zur Salesforce, Kundenpflege zu CRM. Wer hier noch an Grenzen glaubt, ist selbst dran schuld. So gerät die Aufteilung eines Kongresses in Themenbereiche zur Bildung von „breakouts" und das dem Kongresszentrum gegenüberliegende Hotel wird zum Mittagessen nicht etwa über eine Fußgängerbrücke erreicht, sondern über den so genannten „skywalk" (der sich im ersten Stock befindet, damit man den Sternen auch wirklich nahe ist). Selbst Massenentlassungen bekommen durch ausgeklügelte Projektüberschriften wie „Corporate Fitness Program" oder „Local Downsizing Project" einen schicken Anstrich, der zum Mitmachen animiert. Schöne neue Welten also auch in der Sprache. Spannung und Abwechslung pur, wohin man auch blickt und was man auch hört.

Der Glanz verblasst: Auf Enthusiasmus folgt Ernüchterung

Im Laufe der Zeit jedoch ändert sich die Lage. Der Einzug von Gewöhnung und Routine führt dazu, dass die Faszination des Neuen langsam, aber unaufhaltsam verloren geht. Die anstehenden Aufgaben und Projekte sind nun keine prickelnden Ausnahmeereignisse mehr, sondern Normalität und Alltag. Damit aber büßen sie automatisch die Eigenschaft ein, die bisher so entscheidend war – die Fähigkeit, sich als begeisterndes Highlight zu präsentieren. Was einstmals in Hochglanz erstrahlte, beginnt nun zu verblassen. Der Lack blättert ab und die Oberfläche der Ereignisse zeigt erste Flecken und kleine Risse.

Parallel dazu verändert man sich selbstverständlich auch persönlich. Die Erfahrungen und das Urteilsvermögen nehmen zu.

Selbst wenn man es wollte, man ist immer weniger in der Lage, sich an den vermeintlichen Verheißungen der modernen Wirtschaftskultur zu berauschen. Man lässt sich weniger blenden als früher und man beginnt, auch die negativen Aspekte einer Situation wahrzunehmen.

Beispielsweise die Reisen, die anfangs die große Abwechslung brachten: Man stellt fest, dass man im voll besetzten Flugzeug regelmäßig in den Mittelplatz gepresst wird und stets neben dem Passagier sitzt, der von allen die schlimmste Sommergrippe oder den härtesten Winterhusten hat. Man erkennt, dass alle Tagungshotels vom selben Möbelhersteller eingerichtet wurden und mit demselben Covenience-Food-Lieferanten zusammenarbeiten („und ewig

Über den Wolken ist die Freiheit grenzenlos …

grüßt der Fruchtsalat"). Auch die Gästebetreuungsprozeduren laufen nach Schema F ab – das Empfangskomitee im eigenen Zimmer bildet ein Fernseher, den man beim Betreten des Raumes vor sich hin dudeln hört und auf dessen bunt flimmerndem Bildschirm der eigene Name blinkt.

Vergleichbares gilt für die vormals so interessanten Konferenzen und Besprechungen: Man bemerkt, dass die Mehrzahl aller Meetings, für die man selbst so viel Zeit einsetzt und auf die man sich so sorgfältig vorbereitet, ohne jede Konsequenz bleiben und einen nur daran hindern, mit den tatsächlich wichtigen Dingen voranzukommen. Insbesondere aber bemerkt man, dass es in den Besprechungen weniger um die schnelle Realisierung von Maßnahmen geht als mehr um die Flucht vor der Verantwortung für persönliche Entscheidungen, für deren Qualität man später zur Rechenschaft gezogen werden könnte (genau hier bewähren sich dann wenigstens die zuvor eingeübten Kotau-Formeln der Selbstverleugnung: „Ich hatte ja gleich gesagt, ich spreche ausschließlich in den Papierkorb!").

Und schließlich die Welt der einst verführerischen Wortschöpfungen: Spätestens wenn einem bewusst wird, dass die euphorische Ankündigung der neuen „Business Power Strategy" im Zuge der „Shareholder Value Mission" durchaus auch die Auflösung genau der Abteilung bedeuten könnte, für die man erst vor wenigen Wochen zum „First Supreme Vice Assistant Marketing & Sales Support Manager" ernannt wurde, beginnen sich die ersten Sorgenfalten in die eigenen Züge zu graben. Vielleicht ist doch nicht alles Gold, was glänzt.

In der Summe gesehen: Die Fragezeichen hinter dem Berufsleben werden größer

Versuchen wir auch hier ein Fazit. Gewöhnung und Routine, Erfahrung und Urteilsvermögen führen dazu, dass die Attribute und Verheißungen unserer modernen Wirtschaftskultur im Laufe der Zeit immer mehr entzaubert werden. Dadurch aber verkehrt sich die Wirkung besonders der Faktoren in ihr Gegenteil, die uns in den ersten Abschnitten des Berufslebens einen bedeutenden Teil der Motivation geschenkt haben, die ein zentrales Gegengewicht zu den persönlichen Belastungen waren und die (besonders wichtig!) einen entscheidenden Beitrag geliefert haben, wenn es darum ging, sich selbst *die Frage nach dem Sinn und Zweck des eigenen Tuns und Handelns* zu beantworten. Die Konsequenzen sind erheblich.

Probleme und Schwierigkeiten gewinnen an Einfluss und Gewicht

Je mehr und je länger man der Hoffnung erlegen war, das eigene Berufsleben in Gestalt eines „Life Style Events" führen zu können, desto größer wird die Ernüchterung letztlich sein. Die Arbeiten verlieren einen Teil ihrer ursprünglichen Leichtigkeit, der so genannte „Spaßfaktor" wird kleiner, aus „Spiel" wird „Ernst". Auf einmal kann nicht mehr kaschiert werden, wie groß der Zeit- und Kraftaufwand in Wirklichkeit ist, den man betreiben muss, um seine Aufgaben zu erfüllen und seine Ziele zu erreichen. Die wahren Verhältnisse treten ungeschminkt zu Tage. Da gleichzeitig der Ausgleich zu den eigenen Belastungen geringer geworden ist, ist nicht nur die Hülle verschwunden, sondern auch die Polsterung. Man sieht nicht nur, dass man härter gebettet ist, man fühlt es auch. Auch wenn man die positiven Elemente der eigenen Situation immer noch vor Augen hat, gewinnen Probleme und Schwierigkeiten damit subjektiv an Einfluss und Bedeutung. Man achtet stärker als früher darauf, was falsch läuft und was falsch laufen könnte. Was zu Anfang höchstens ein mildes Lächeln hervorgerufen hat, führt nun zu verhärteten Zügen, und was zuvor mit Lässigkeit abgefedert wurde, hinterlässt jetzt blaue Flecken.

Was einst motiviert hat, entzieht nun die Kraft

Die Stimmung schlägt um. Vieles von dem, was am Anfang als interessante Bereicherung des eigenen Lebensstils höchst willkommen war, wird jetzt als überflüssig und unsinnig empfunden. Man wünscht sich einen Kalender mit weniger Terminen, einen Tag mit weniger Besprechungen, eine Kommunikation mit weniger Handyklingeln und E-Mails, die nur Wichtiges enthalten. Man möchte eine Sprache, in der die Dinge seriös formuliert werden und in der einem nicht ein textlicher Knallfrosch nach dem anderen um die Ohren fliegt. Insbesondere aber sehnt man sich nach mehr Zeit für sich selbst und sucht verzweifelt nach einer Möglichkeit, sich auf die Arbeiten konzentrieren zu können, die einen wirklich voranbringen.

Die innere Distanz nimmt zu

Obwohl die eigene Tätigkeit selbstverständlich nach wie vor Freude bereitet und obwohl es mit Sicherheit noch genügend motivierende Projekte, Ereignisse und Entwicklungen gibt, kommt es bei vielen von uns zu einer spürbaren Abkühlung. Der uneingeschränkte Enthusiasmus ist verflogen und kehrt nur noch phasenweise zurück. Gleichzeitig entsteht automatisch eine gewisse innere Distanz zu dem, was man gegenwärtig tut, und zu dem, was auf dem weiteren Berufsweg noch vor einem liegen wird. Man beginnt, stärker als früher über die eigene Lage nachzudenken und den Wert der eigenen Tätigkeit und der mit ihr verbundenen Ziele in Frage zu stellen. In der Summe gesehen führt die Entzauberung der modernen Wirtschaftswelt also zu einer spürbaren Verstärkung der zuerst genannten Tendenz „Es wird härter". Je weniger Unterstützung die eigene Motivation von außen erhält, je mehr der innere Abstand zu den Ereignissen wächst und je größer die Fragezeichen werden, die man hinter das Geschehen setzt, desto stärker leiden nicht nur die berufliche Lebensqualität, sondern auch die eigene Erfolgsfähigkeit und Grundstimmung insgesamt.

Die Karriere wird als Kurzsprint geplant und als Dauermarathon durchlaufen

Über zwei zentrale Merkmale der Lage haben wir also gesprochen: Der Wettbewerbsdruck nimmt zu und die Anforderungen an die persönliche Leistungsfähigkeit und Belastbarkeit steigen. Die „Verheißungen" unserer modernen Wirtschaftskultur verlieren ihre Verführungskraft und auf ungetrübten Enthusiasmus folgt kritische Distanz.

So schwierig die Verhältnisse aber auch werden, eine spezielle Vorstellung bzw. eine große Hoffnung scheint sich bei den meisten von uns auf Dauer zu halten. Es ist die feste Überzeugung, dass die meisten der eigenen Belastungen darauf zurückzuführen sind, dass man sich in einer Art zeitlich begrenzter Aufbauphase befindet. Hat man diese erst einmal abgeschlossen, so der Gedanke weiter, dann wird man sich auf einer neuen Ebene des Erfolges bewegen, auf der alles weit einfacher sein wird als im Augenblick. Und es ist der Glaube, dass nur noch wenig fehlt, bis es endlich so weit ist. Lassen Sie uns sehen, wie realistisch diese Vorstellungen sind, wie die Entwicklungen in Wirklichkeit verlaufen und welche Konsequenzen sich aus allem für uns und unser Thema ergeben.

Viele sehen sich schon beim Start am Ziel

Am besten, wir beginnen auch in diesem Kapitel dort, wo alles seinen Anfang nimmt, bei den ersten Jahren des Berufslebens. Natürlich erscheint gerade in dieser Phase der Karriere so manche Hürde besonders hoch. Und natürlich herrscht in den ersten Wochen und Monaten eine gewisse Unsicherheit in Bezug auf die kommenden

Aufgaben und die eigene Fähigkeit, den Erwartungen gerecht zu werden. Dennoch, die ersten Erfolgsgefühle erwachen normalerweise schnell.

Jeder Teilerfolg erscheint als bahnbrechendes Ereignis

Da zu Beginn der eigenen Tätigkeit fast jeder Schritt ein Schritt auf unerforschtem Terrain ist, geraten auch vergleichsweise durchschnittliche Aufgaben zu vermeintlich hochrangigen Herausforderungen, denen man existentielle Bedeutung für sein weiteres Vorankommen beimisst. Da der Vergleichsmaßstab fehlt, wird jede gewonnene Erfahrung als beeindruckender Souveränitätszuwachs empfunden und jede zufrieden stellend erfüllte Aufgabe als persönliche Spitzenleistung. Der Stolz und die Erleichterung über den erfolgreichen Ausgang einer bestimmten Angelegenheit führen dazu, dass alles, was gelingt, enormen Schub verleiht. Die schrittweise Verwandlung von Unsicherheit in Sicherheit erzeugt ein Glücksgefühl, das den eigenen Phantasien Flügel verleiht und das die Hoffnung nährt, dass die Verwirklichung der eigenen Ziele einem begeisternden Triumphmarsch gleichen wird. Man spaziert also über einen Hügel nach dem anderen und glaubt, auf diese Weise bald den Gipfel des Mount Everest erreicht zu haben. Der Himmel erscheint nach oben offen und die eigene Entwicklung wird, so die feste Überzeugung, mit beeindruckender Schnelligkeit verlaufen. Umwege, Widerstände und Rückschläge sind für andere da. Als Vorbild hat man die wie Filmstars präsentierten „Manager des Jahres“ und als Ziel das Erreichen der finanziellen Unabhängigkeit mit spätestens 40 Jahren.

Treibstoff für den vermeintlichen Höhenflug gibt es genug

Sollten sich Zweifel einschleichen, dann gibt es genügend Quellen, die dem eigenen Höhenflug neuen Treibstoff liefern. Nirgendwo anders entfalten die angesprochenen Hochglanzvisionen des Wirtschaftslebens eine derartige Durchschlagskraft wie bei der Darstellung grenzenloser Erfolgschancen. „Jeder erreicht alles", so erschallt es aus der einen Richtung, „Auch du wirst reich" aus der anderen. Solchen Botschaften glaubt man gerne und lange.

Man liest verheißungsvolle Berichte über die Heldentaten verwegener Jungunternehmer, deren Sauseschritt-Karrieren man als wegweisend für die eigene Entwicklung betrachtet: „Hast du gesehen, erst 25 Jahre alt und schon Vorstand seiner eigenen AG." – „Ja, aber sein Unternehmen macht doch nur Verluste und hat über 100 Millionen Euro Schulden." – „Aber verstehst du denn nicht, erst 25 und schon Vorstand!"

Man vernimmt Gerüchte über geschickte Abkürzungen, auf denen man ohne Umschweife ans Ziel seiner Wünsche kommt: „Ich habe es aus sicherer Quelle. In unserem Konkurrenzunternehmen war der Geschäftsführer von der Präsentation seines Stabsmitarbeiters so begeistert, dass er ihn an seiner Stelle zum Geschäftsführer gemacht hat und sich selbst zum Assistenten. Ist dann natürlich sofort von seinem neuen Chef gefeuert worden."

Man träumt von der bahnbrechenden Großtat, mit der man der Welt zeigen kann, aus welchem Holz man geschnitzt ist: „Würde ich hier die Entscheidungen treffen, die würden den Laden nicht wiedererkennen!"

Und sollte das alles noch nicht genügen, dann kann man sich immer noch den Erben Till Eulenspiegels anvertrauen, die als Managementtrainer verkleidet über die Bühne springen und unter dem Donnerklang betäubender Rockmusik verkünden, wie einfach doch alles ist: „Vom Feuerläufer zum Vorstandssprecher in sieben

Tagen, vom Azubi zum Millionär in sieben Wochen – du musst es nur wollen!“ Am Wollen freilich mangelt es nie. So steht am Ende die Überzeugung, dass man auf einem Feld voller Goldadern unterwegs ist. Nur einem Tölpel wird es misslingen, an der richtigen Stelle zu graben.

Aus dem Sprint wird ein Marathon

Aber irgendwann verändern auch hier Zeit und Erfahrung die Einschätzung der Lage. Je länger das erhoffte Wunderprojekt auf sich warten lässt, das einen in eine höhere Umlaufbahn katapultiert, desto stärker beginnt man an der Schnelligkeit und Geradlinigkeit des eigenen Aufstiegs zu zweifeln. Der Presse entnimmt man, dass der vormals gefeierte Vorstandsjungunternehmer inzwischen nur noch jung ist. Die versteckten Geheimtüren zu den Abkürzungen und Schleichwegen lassen sich trotz intensiver Suche nirgends finden. Auch das eine Bravourstück, mit dem man über Nacht berühmt wird, es kommt nicht zustande. Nur der selbst ernannte Massenmotivator und Feuerjogger hält Wort und tritt in Form seiner eigenen Pleite den Beweis an, dass heutzutage tatsächlich alles möglich ist.

Schließlich erkennen die meisten, worauf es in Wirklichkeit ankommt. Was einen nach vorne bringt, ist nicht der eine große Sprung, es sind die vielen kleinen Schritte. Professionalität in allen Bereichen, Fleiß und tägliche konzentrierte Detailarbeit erweisen sich als die einzige realistische Möglichkeit, seine Ziele zu erreichen. Man ist durchaus erfolgreich und man kommt sehr wohl voran, aber es dauert und dauert. Aus dem Sprint wird ein Marathon.

Doch auch wenn man eingesehen hat, dass sich der erste Teil der eigenen Vorstellungen nicht verwirklichen lässt, an den zweiten glaubt man nach wie vor mit größter Hoffnung: Es mag zwar alles länger dauern als zunächst geplant, aber irgendwann wird man die beruflich-persönliche Aufbauphase abgeschlossen haben und dann wird eine neue Epoche beginnen – in der man sich von den zentralen Belastungsfaktoren befreit haben wird und in der man die Früchte seiner Bemühungen wird ernten können. Und genau diesem Ziel wendet man sich jetzt mit ganzer Energie zu!

Was wie die Aufbauphase aussieht, ist in Wahrheit der Normalzustand

Selbstverständlich ist niemand so naiv zu glauben, dass von einem bestimmten Zeitpunkt an alles wie von selbst läuft und dass Probleme und Schwierigkeiten dann für immer der Vergangenheit angehören werden. Woran man aber glaubt, ist die Existenz einer Ebene, auf der man endlich über ausreichende Machtmöglichkeiten verfügt, um alles neu zu ordnen, um die Dauerbelastung zu senken und um das tun zu können, was man wirklich möchte.

Also geht man an die Arbeit, entschlossen und voller Kampfgeist. Wenn es schon keine Abkürzungen gibt, dann müssen und dann werden eben persönlicher Einsatz und Fleiß den Weg frei machen. Man überlegt, welche Aufgaben man erfüllen und welche Stadien man durchlaufen muss, um die gewünschte Positionshöhe zu erreichen. Man definiert seine Ziele und setzt alles daran, sie in der geplanten Zeit zu verwirklichen. Ablenkungen und andere Themen als berufliche werden kaum noch geduldet. Sollte man dabei an seine Grenzen stoßen, sollte man andere Lebensbereiche vernachlässigen, alles kein Problem. Erstens besitzt man eine gute Begründung. Man weiß ja, das heißt, man glaubt zu wissen, dass dieser Lebens- und Arbeitsabschnitt zwangsläufig mit besonderen Herausforderungen und Entbehrungen verbunden ist. Und zweitens hat man das Ende der Mühen ja schon vor Augen. Sobald die Aufbauphase abgeschlossen ist, wird man wieder Zeit für sich und die Menschen haben, die einem nahe stehen, mehr Zeit als je zuvor.

Der Plan gelingt – fast! Man entwickelt sich als Persönlichkeit weiter, man gewinnt an Know-how und Erfahrungen, man erhöht sein Können und man wird interessanter für andere. Parallel dazu geht es in der Karriere vorwärts. Die Aufgabenfelder werden größer und wichtiger, der Einfluss und die Bedeutung im Unternehmen und bei Partnern steigen. Am schönsten aber: Im Laufe der Zeit kann man sich tatsächlich von vielen der Faktoren befreien, die einem vormals die Stimmung verdorben und die Kraft geraubt haben.

Aber der krönende Abschluss, genau der kommt nicht recht zustande. Der Grad der eigenen Belastung und die Zahl der eigenen Sorgen sinken keineswegs, auch dann nicht, wenn man alle Stufen der Entwicklung hinter sich bringt und wenn man tatsächlich die Position erreicht hat, von der man sich zuvor die große Befreiung versprochen hat. Man hat auch nicht mehr Zeit. Eher scheint das glatte Gegenteil der Fall zu sein. Nicht nur, dass es auf jeder neuen Ebene neue Probleme gibt, es gibt auch noch mehr davon als auf der vorangegangenen. Die Aufbauphase scheint also kein Ende zu nehmen.

Ein kleines Beispiel kann unsere Überlegungen vielleicht bestätigen. Bei einem Aufenthalt in einer Flughafen-Wartelounge setzte sich einmal ein bekannter deutscher Rechtsanwalt neben mich, ein Mann, der regelmäßig in Presseberichten auftaucht und der sich sicher auf der obersten Sprosse seiner persönlichen Karriereleiter befindet. Die Lautstärke seiner Telefonate brachte es mit sich, das ich seine Gespräche unfreiwillig mithören konnte. Nachdem er erst seiner Kanzlei über seinen Tag berichtet hatte (energiegeladen) und anschließend seiner Frau seine verspätete Rückkehr angekündigt hatte (weit weniger kraftvoll), lauteten seine letzten Worte, nun zu sich selbst (und voller Erschöpfung): „Jeden Tag das Gleiche, nichts als Druck, Druck, Druck.“ So erfolgreich man also auch wird, so viel man auch erreicht, der erhoffte Sprung ins „Zeitalter der Freiheit und Ernte“ bleibt in der Regel aus.

Der Wunsch nach mehr „Ruhe und Sicherheit“ bleibt ein Wunsch

Wo aber liegen die Gründe? Die meisten von uns sind so intensiv mit der Verwirklichung ihres persönlichen Aufbauplans beschäftigt, dass sie erst nach langer Zeit erkennen, was die Vollendung verhindert. In der Hauptsache gibt es zwei Erklärungen.

Je höher man steigt, desto steiler wird der Weg

Je höher man steigt, desto anspruchsvoller werden das Terrain, auf dem man sich bewegt, und der Weg, der noch vor einem liegt. Mit zunehmender Positionshöhe wachsen also nicht nur die Bedeutung des eigenen Verantwortungsbereiches und die Größe von Ansehen, Einfluss und (hoffentlich) Einkommen, sondern auch die Komplexität und die Zahl der Faktoren, die über den gegenwärtigen und zukünftigen Erfolg entscheiden. Beispielsweise wird die „Frontlänge“ größer. Die Vielfalt der Aufgabenfelder erhöht sich ebenso wie die Bandbreite und das Gewicht der mit ihnen verbundenen Einzelthemen und Einzelprobleme. Gleichzeitig steigt der Verantwortungsdruck. Man ist auf einem bestimmten Gebiet nicht mehr nur für ein Teilresultat verantwortlich, sondern für das Gesamtergebnis. Zwar kann man nun mehr delegieren als vorher. Das bedeutet aber noch lange nicht, dass die Dinge auch in der gewünschten Art und Weise erledigt werden und dass die erforderlichen Ergebnisse tatsächlich zustande kommen.

Ähnliches gilt für die interne Konkurrenz und die Intensität der Machtkämpfe. Je höher man steht, desto mehr steht man auch unter Beobachtung und unter kritischer Beurteilung. Je weiter man kommt, desto knapper werden die Positionen, um die es beim weiteren Aufstieg noch gehen kann. Wer daran zweifelt, braucht sich nur vor Augen zu halten, dass nicht ohne Grund in vielen der großen Unternehmen die härtesten Auseinandersetzungen genau dort stattfinden, wo die Freiheit scheinbar grenzenlos ist, auf der Vorstandsebene.

Und schließlich: Die eigenen Ansprüche wachsen bekanntermaßen ebenfalls! Die Zufriedenheit mit dem Erreichten währt meist nur kurze Zeit, die Freude an der eigenen Leistung treibt einen weiter voran. Auf jeden Triumph folgt somit automatisch der Wunsch, auch die nächste Stufe zu erklimmen und die nächste Herausforderung zu meistern – mit allen Konsequenzen für die eigene Zeit und Kraft.

Der lange Marsch

Es kommt immer etwas dazwischen

Die zweite Erklärung erinnert an die Sage von Sisyphos. Einigen von uns wird es trotz allem gelingen, eine neue Bedingungslage herzustellen, in der die Belastungen abnehmen, in der sie nicht mehr täglich an vorderster Front zu kämpfen haben und in der sie sich ein wenig zurücklehnen können. Es gibt bloß ein Problem – die Verhältnisse bleiben nicht stabil. Auch hier einige praktische Beispiele.

Ein Manager strebt seine halbe Karriere lang nach einer bestimmten Position, in der er endlich genügend Macht besitzt, um die eigenen Vorstellungen ohne Widerstände verwirklichen zu können. Kaum hat er sie gewonnen, beschließt der Vorstand eine Fusion mit einem der größten Wettbewerber und die Machtkämpfe gehen erst richtig los.

Ein Vertriebschef bastelt seit Jahren an einem Produktportfolio, von dem seine Kunden schwärmen und vor dem seine Konkurrenten zittern. Kaum hat er mit einer bestimmten Innovation den Markt erobert, erklärt ihm die Produktionsabteilung, dass unvorhergesehene Mängel eine Rückrufaktion unumgänglich machen.

Ein mittelständischer Unternehmer möchte sein Lebenswerk in die Hände kompetenter Nachfolger legen, um endlich mehr Zeit für seine Frau und die Verwirklichung seiner Jugendträume zu gewinnen („Eigentlich wollte ich Dirigent werden, aber meine Eltern haben mich gezwungen, etwas Ordentliches zu lernen …"). Kaum sind seine Nachfolger am Werk, schmelzen auch die Marktanteile, die Gewinne sinken, die Kunden springen ab – und nur kurze Zeit später ist der Unternehmer wieder zurück an seiner alten Wirkungsstätte, mit ungebrochenem Elan und auf der Suche nach Nachfolgern für die Nachfolger.

Also: Immer, wenn man glaubt, es endlich geschafft zu haben, kommt ein neuer Faktor ins Spiel, der die Säulen des Erfolges wieder zum Erzittern bringt. Man kann den Stein so hoch tragen, wie man will, spätestens übermorgen liegt er wieder vor der Tür.

In der Summe gesehen: Die Sicherung des beruflichen Erfolges wird auch künftig höchsten Einsatz erfordern

Selbstverständlich wäre es absurd, als Konsequenz auf unsere Überlegungen auf seine Karriere und sein Vorankommen verzichten zu wollen. Wie längst erwähnt, ist gerade dieser Bereich für fast jeden von uns von entscheidender Bedeutung für den Lebenserfolg und das Lebensglück. Kaum etwas bereitet größere Freude und liefert mehr Antrieb als die Verwirklichung der eigenen beruflichen Ziele, die Suche nach neuen Herausforderungen und das Streben, seine Begabungen umfassend auszuschöpfen. Insbesondere geht es dabei ja keineswegs nur um ein materielles Projekt, sondern um die Entfaltung und Entwicklung der eigenen Persönlichkeit und um die (Selbst-)Bestätigung und die Zufriedenheit, Außergewöhnliches leisten zu können, das auch anderen Menschen Nutzen bietet und von Wert für sie ist.

Die Hoffnung auf einfache Zeiten erweist sich als Illusion

Das Fazit bilden vielmehr drei zentrale Einsichten.

Erstens: Auch wenn man die eigene Karriere als Sprintstrecke plant, man wird sie als Marathon durchlaufen. Auch mit dem größten Talent und dem größten Fleiß wird die Verwirklichung der eigenen Pläne weit mehr Zeit erfordern, als man es sich beim Start vorstellen kann.

Zweitens: Es wird nicht einfacher, je länger es läuft oder je weiter man kommt. Mit jeder neuen Ebene, auf die man steigt, entstehen automatisch auch neue Ziele und Ansprüche einerseits und neue Herausforderungen, Hindernisse und Belastungen andererseits.

Drittens: Der Gedanke „Endlich habe ich es geschafft" hat nur eine kurze Halbwertszeit. Die Symptome dafür sind bekannt. Man ist über Monate (oder Jahre) von einem zentralen Projekt besetzt, von dessen Ergebnis nach eigener Einschätzung alles andere abhängt: das Erreichen der nächsten Karrierestufe, die finanzielle Sicherheit oder das Glück als Ganzes. Kaum aber hat man das betreffende Projekt erfolgreich beendet, bemerkt man, dass sich hinter ihm bereits eine neue Großbaustelle aufgetan hat, die exakt die gleiche, vermeintlich „alles entscheidende" Bedeutung besitzt. Und so weiter und so fort.

Der große Befreiungsschlag geht ins Leere

Damit aber müssen sich die meisten von uns von einer für sie zentralen Konzeption verabschieden, auf die sie in Bezug auf die Verwirklichung ihrer Vorstellungen vom Leben größte Hoffnungen gesetzt haben. Sie haben versucht, durch persönliche Spitzenleistungen und einen intensiven Zeit- und Krafteinsatz eine Art „Ausnahmeposition" zu erreichen, in der andere, weniger schwierige Verhältnisse existieren und in der sie zudem über ausreichende Machtmöglichkeiten verfügen, um sich dem allgemeinen Trend „Es wird härter" entziehen zu können. Nun müssen sie einsehen, dass ihre entscheidende Waffe im Kampf um mehr Freiheit und innere Ruhe stumpf ist. Sie müssen akzeptieren, dass die Herausforderungen und Belastungen auch für sie in Zukunft eher noch zunehmen werden und dass die Sicherung ihres beruflichen Erfolges auf Dauer den entscheidenden Teil ihrer Zeit und Energie beanspruchen wird.

Die Folgen dieser Erkenntnis sind nicht zu unterschätzen. Viele Menschen können nur deshalb relativ gelassen mit einer momentanen Belastung umgehen, weil sie der Überzeugung sind, sich in einer Ausnahmesituation zu befinden, die in absehbarer Zeit ihr Ende finden wird. Bei ihnen wird die Einsicht, dass der große Befreiungsschlag wohl ausbleiben wird, in keiner Weise zu einer optimistischen Grundhaltung und zu einem positiven Lebensgefühl beitragen. Im Gegenteil. Das subjektive Belastungsgefühl wird eher zunehmen und die Vorfreude auf das, was alles noch vor ihnen liegt, wird eher abnehmen.

Welche Wirkung die geschilderten Verhältnisse konkret haben, hängt dabei selbstverständlich auch hier von der Persönlichkeit und der individuellen Lage jedes Einzelnen ab. Sicher gibt es genügend Personen, die das Thema ohne Umschweife abhaken und die Ärmel hochkrempeln (nach dem Motto „Jetzt erst recht“) oder die nur kurz mit den Schultern zucken und unbeeindruckt weitermachen wie bisher (gemäß der Einstellung „Kann man eben nicht ändern“). Wie immer die Reaktion aber auch ausfällt, auch diese dritte Tendenz zeigt uns, dass die Förderung und Sicherung des eigenen Lebenserfolges und Lebensglücks keine Zielsetzung ist, die nebenbei und ohne eine eigenständige und spezielle Strategie zu realisieren sein wird. Insbesondere einem Gedanken und einer Frage werden sich die wenigsten von uns an dieser Stelle noch verschließen können: Wenn das Berufsleben auf lange Sicht die meisten der eigenen Ressourcen binden wird, wie soll man sich dann auf angemessene Weise den anderen Lebensbereichen und Lebensaufgaben widmen, die ebenfalls von existentieller Bedeutung für ein erfolgreiches und glückliches Leben sind? Spätestens an dieser Stelle also tritt ein völlig neuer Aspekt in den Mittelpunkt der Überlegungen – das Privatleben kommt ins Spiel (endlich).

Das Privatleben stellt ebenso hohe Ansprüche wie das Berufsleben

„Es gibt ein Privatleben!" So banal sich dieser kurze Satz auch anhören mag, so viel Sprengstoff birgt er. Für fast alle beruflich stark eingespannten Menschen besteht eine der größten Schwierigkeiten darin, ihr Berufsleben mit ihrem Privatleben in Einklang zu bringen. Es lohnt sich also, den Blickwinkel zu erweitern und auch hier die Lage etwas näher zu betrachten. Je genauer man hinsieht, umso deutlicher erkennt man zwei Tendenzen, die massiven Einfluss auf die Rahmenbedingungen des eigenen Lebenserfolges und Lebensglücks haben.

Erstens: Was immer man auch tut, das Privatleben erreicht im Laufe der Zeit einen ähnlichen Grad der Kompliziertheit wie das Berufsleben. Zur Freiheit kommen Verpflichtungen und aus einem luftigen Dessert wird ein komplettes Menü. Und zweitens: Je komplexer das Privatleben wird, desto mehr Konkurrenz macht es dem Berufsleben, sowohl bei der Wahl der eigenen Ziele als auch bei der Verteilung der eigenen Ressourcen.

In jungen Jahren ist alles einfach

In jungen Jahren erscheinen auch hier die Verhältnisse klar und übersichtlich. Berufs- und Privatleben kommen sich kaum ins Gehege. Die Prioritäten sind klar geordnet. Vorrang hat wie gezeigt die Karriere, in die der Hauptteil an ernsthaften Bemühungen investiert wird. Das Private läuft ohne große Anstrengungen nebenher und dient fast ausschließlich als stimulierendes Abwechslungs- und Unterhaltungsprogramm. Die großen Weichenstellungen haben noch nicht stattgefunden.

Früher oder später driften die Biographien dann aber auseinander. Die möglichen Wege und Szenarien sind so vielfältig, dass sie den Rahmen der Betrachtung sprengen: konsequentes Singleleben, lockere Bindung oder Ehe auf Lebenszeit. Mit Kindern oder ohne. Ein Partner berufstätig oder beide. Und alles das mit offenen Grenzen, also mit der Möglichkeit, ohne große Hürden von einer privaten Lebensform in die andere zu wechseln (oder zu geraten). Lassen Sie uns deshalb als Muster den „klassischen" Verlauf herausgreifen, den das Privatleben der meisten von uns ja auch nimmt – die Gründung einer festen Beziehung und die Geburt von Kindern.

Wer Kinder hat, braucht keinen Beruf mehr

Um von Anfang an jedes Missverständnis auszuschließen: Auch ich zähle zu den Menschen, für die Kinder oberste Priorität haben. (Ohne dabei im Geringsten zu behaupten, dass Menschen, die eine Partnerschaft ohne Kinder gewählt haben, nicht ein ebenso erfülltes Leben führen können. Doch dazu später mehr.) Wie jeder andere in der Praxis gestählte Vater weiß aber auch ich, dass nichts im Leben die persönliche Lage so nachdrücklich verändert wie das Auftauchen von Nachwuchs.

Dem so genannten Geburtsschock des Neugeborenen dürfte der alsbald folgende Realitätsschock der Eltern nur wenig nachstehen. Dass zumindest ein Elternteil eine gewisse Vorahnung hat, dass alles anders wird als gewohnt oder erwartet, kann man in vielen Gesprächen im eigenen Freundeskreis unschwer bemerken. Während eine junge Mutter kurz nach der Geburt auf die Frage: „Na, wie geht es?", normalerweise mit einem verklärten Lächeln und einem glaubwürdigen „Sehr gut" antwortet, hat die tapfer hervorgepresste Antwort des jungen Vaters einen Unterton, der Zweifel an der Wahrhaftigkeit seiner Aussage aufkommen lässt. Sein Mund sagt:

„Super, wirklich alles ganz toll.“ Seine Stimme und Körpersprache aber lassen es klingen, als ob er gerade in einen Käfig voller Löwen geschoben wurde, die in den letzten vier Wochen nur Rohkost zu fressen bekommen haben.

Die eigenen Lebensgewohnheiten werden komplett umgekrempelt. Die Umstellungen könnten kaum größer sein. Aus Schlaf wird Etappenschlaf („Jetzt bis du endlich mal dran, die neue Packung Windeln steht im Bad“). Die Unordnung in der Wohnung wird chronisch („Unglaublich, wie mobil der Kleine jetzt schon ist“). Ein einstündiger Wochenendspaziergang erfordert die Vorbereitung einer mehrwöchigen Dschungelexpedition („Hast du den Sonnenschirm für den Kinderwagen gesehen? Wo ist denn nur das blaue Mützchen? Ich dachte, du hättest das Wasserfläschchen eingepackt!“). Die Sorge wird ein ständiger Begleiter („Siehst du den roten Fleck auf seiner Backe? Scharlach, da ich bin mir sicher!“). Was im ersten Moment vielleicht nur wie eine oberflächliche Veränderung der gewohnten Routine klingt, berührt in Wahrheit den Kern des eigenen Lebens. Lassen Sie uns einige der wichtigsten Aspekte kurz ansprechen.

Der Aufwand für die normalen, alltäglichen Verrichtungen steigt enorm. Nicht nur, dass man weit mehr Dinge zu beachten und zu bedenken hat als früher, man kommt auch bei der Realisierung nur noch im Schneckentempo voran. Was man vorher in wenigen Minuten erledigen konnte, erfordert nun ganze Stunden.

Man wird ständig aus dem Rhythmus gebracht. Konnte man sich früher in Ruhe auf eine Tätigkeit oder auf einen einzelnen Partner konzentrieren, so wird man jetzt von einer Vielzahl von Aktivitäten, Aufgaben, Wünschen und Forderungen gleichzeitig in Anspruch genommen. Der Standardsatz vieler Eltern bzw. Mütter: „Ich müsste mich dreiteilen können“, spiegelt die Situation exakt wider.

Der Kommunikationsstil der Eltern untereinander beginnt zu leiden. Je größer die rein körperliche Belastung, die Erschöpfung und die Ablenkung werden, desto weniger ist man fähig, sich den Themen und Gefühlen des Lebenspartners zu widmen. Je häufiger eine Unterhaltung unterbrochen wird, desto schwieriger wird es, einen intensiven und intimen Gedankenaustausch in Gang zu bringen. Die abendliche Frage: „Wann haben wir beide eigentlich mal wieder in Ruhe Zeit für uns?“, fasst die Lage treffend zusammen.

Und auch das Verständnis von Fairness beim Teilen der Aufgaben ändert sich. Am Anfang stand das Ideal der Teamarbeit: „Das bewältigen wir alles gemeinsam!“ Nicht wenige Frauen erhalten aber schon bald treuherzige Anrufe ihres liebenden Mannes aus dem Büro, etwa mit folgendem Inhalt: „Na, schläft der Kleine schon? Was? Noch nicht! Schade, schade, ausgerechnet heute türmt sich die Arbeit wie ein Berg, vor drei Stunden werde ich es kaum zu euch schaffen.“ Für viele Männer gewinnt ihre Arbeitsstätte in dieser Lebensphase also eine völlig neue und unerwartete Qualität, als ein Hort der Freiheit, Seelenruhe und Selbstfindung!

Das Privatleben wird ebenso kompliziert wie das Berufsleben

Um es bereits an dieser Stelle deutlich zu sagen: Eine gelungene Beziehung und insbesondere die Beschäftigung mit den eigenen Kindern sind ein so großer Gewinn für die eigene Lebensfreude und das eigene Lebensglück, dass die geschilderten Veränderungen im Vergleich dazu eher unbedeutende Nebenerscheinungen sind. Aber – betrachtet man diese Nebenerscheinungen in ihrer Gesamtwirkung, dann beeinflussen sie den Charakter und die Qualität des Privatlebens eben doch gewaltig. Sie lassen es so komplex und anspruchsvoll werden, wie es zuvor nur das Berufsleben war. Die Parallelen zwischen der privaten und beruflichen Entwicklung sind dabei erstaunlich.

Feierabend

Einst war der Privatbereich die große Freiheitszone. Davon ist nun nicht mehr viel geblieben. Die Zeit, die man für sich allein hat, nimmt ab, die Beanspruchung der eigenen Kraft nimmt zu. Gleichzeitig steigen die Verantwortungen und damit auch die Sachzwänge und Abhängigkeiten. In der Vergangenheit konnte man sein Leben mit einem gewissen laissez faire führen, nun hat man existentielle Verpflichtungen gegenüber anderen Menschen, die von jeder der eigenen Entscheidungen und Handlungen unmittelbar betroffen werden. Ein Indikator dafür sind die Gedanken und Gesprächsthemen, um die es inzwischen geht: „Sollten wir nicht umziehen, aufs Land, in ein Haus mit mehr Platz und einem Garten? Wie sollen wir das bezahlen? Sollte ich (solltest du) nicht wieder anfangen zu arbeiten, wenigstens halbtags? Wer kümmert sich dann aber um unseren Sohn (unsere Tochter)? Apropos Kinderbetreuung, wäre es nicht schön, ein Brüderchen oder Schwesterchen ...?" Alles Fragen, für die es keine schnellen Lösungen gibt und deren Beantwortung für viele Jahre die Weichen stellen wird.

Und, wie im Berufsleben auch, die Lage wird nicht einfacher, je länger es läuft. Wer glaubt, irgendwann aus dem „Gröbsten raus" zu sein, wird sich wundern. Er wird entdecken, dass sämtliche Phasen der Familienentwicklung Herausforderungen und Überraschungen bereithalten, die er sich selbst bei ausgeprägter Phantasie nicht recht hatte vorstellen können. Der alte Satz: „Kleine Kinder, kleine Sorgen, große Kinder ...", ist nicht ohne Grund die (oft mit einem maliziösen Lächeln geäußerte) Standardantwort erfahrener (Groß-)Eltern auf hoffnungsfroh geäußerte Prognosen wie: „Wenn er erst in der Schule ist, wird alles leichter ..."

Die entscheidende Konsequenz ist klar. Das Privatleben verliert seinen Charakter als „Naherholungsbereich". Früher war man mit der Aussicht auf ein entspannendes Abendessen oder einen Überraschungsbesuch bei Freunden nach Hause gefahren. Jetzt wird man direkt hinter der Haustür mit den Ereignissen, Problemen und Aufgaben einer zweiten Großbaustelle überfallen. Im Berufsleben hatte man sich an die Notwendigkeit gewöhnt, Kompromisse einzugehen, sich anderen anzupassen und die eigenen Wünsche hintanzustellen. Das Privatleben war dagegen weitgehend das Refugium der großen Ungezwungenheit. Umso schwerer fällt es vielen, mit den veränderten Gegebenheiten umzugehen.

Ausweichstrategien bringen keine Lösung

Selbstverständlich könnte man einwenden, dass es auch andere Formen des Privatlebens gibt, in denen die Komplexität und Sachzwänge weit geringer sind. Speziell manche jüngere Zeitgenossen unter uns werden bei dem oben beschriebenen Szenario nur verwundert den Kopf schütteln über so viel Ungeschicklichkeit bei der eigenen Lebensplanung. Sie werden verkünden, dass ihnen Derartiges niemals widerfahren wird: „Wenn das so ist, dann eben kein altmodisches Privatleben, keine langfristigen Bindungen, keine Kinder – und damit auch keine zusätzlichen Verpflichtungen, Zwänge und Probleme."

Auch das Leben als Einzelkämpfer entwickelt seine Stacheln

Für eine gewisse Zeit scheint der Verzicht auf eine dauerhaft angelegte Partnerschaft tatsächlich die angedeuteten Vorteile und einen gewissen Reiz zu haben. Die eigene Unabhängigkeit ist höher, die Verantwortungsbereiche sind geringer, man kann tun und lassen, was man will.

Die Lebenserfahrung zeigt aber, dass diese Konzeption nur dann Erfolg hat, wenn sie auch dem Charakter und den innersten Wünschen eines Menschen entspricht. Und das ist doch eher die große Ausnahme. Die Sehnsucht nach einem Partner, mit dem man das Abenteuer des eigenen Lebens gemeinsam besteht, mit dem man seine Gedanken, Erfahrungen und Erlebnisse täglich auf vorbehaltlose und intime Weise teilt, dem man seine Zuneigung und Liebe schenken kann und von dem man auf die gleiche Weise Liebe und Geborgenheit empfängt, diese Sehnsucht ist in fast jedem Menschen fest verwurzelt.

Die entsprechenden Vorsätze ändern sich deshalb spätestens dann, wenn das so genannte Singleleben zum unabänderlichen Status der eigenen Existenz zu werden droht. Sobald dieser Punkt erreicht ist, verwandeln sich die vermeintlichen Vorteile privater Unabhängigkeit in spürbare Belastungen. Was bisher als Garant der eigenen Freiheit galt, wird nun zur Ursache eines oft als erdrückend empfundenen Mangels. Die Symptome und Folgen sind allseits bekannt. Völliges Abtauchen in die Arbeitswelt („... Meine Abteilung ist meine Familie ...“), Flucht in Ersatzbeschäftigungen („... Mein Fitnessstudio hat auch Weihnachten geöffnet ...“), Propagieren eines puristischen Lebensstils („... Ein gutes Glas Wein und ein spannendes Buch, was braucht ein Mensch sonst noch?“) und schließlich mehr oder minder verzweifelte Anläufe, doch noch die oder den „Richtige(n)“ zu finden, mit entsprechenden Konzessionen an das Angebot, unter dem man noch (oder bereits wieder) wählen kann („... Wir alle haben doch unsere kleinen Macken“).

Und Kinder?

Lassen Sie uns noch einmal auf die Gedanken der oben genannten (wie gesagt, meist sehr jungen!) Zeitgenossen zurückkommen. Wenn sich der erste Teil ihrer Konzeption (keine langfristigen Bindungen) nicht durchhalten lässt, warum dann nicht wenigstens der zweite Teil? Warum besteht die Lösung nicht einfach darin, auf das Element zu verzichten, das bewiesenermaßen mehr als alles andere das eigene Leben verändert und die eigene Lebenskomplexität erhöht, auf Kinder? Würde das Leben dann nicht weit einfacher und bequemer bleiben? Und hätte man dann nicht automatisch die Zeit und Energie, die man für die Entwicklung der eigenen Karriere oder für jede andere Form der angestrebten „Selbstverwirklichung“ benötigt?

Auch hier geben die Lebenserfahrung und ein Blick auf die Realität die Antwort. Wer von vornherein keine Kinder haben möchte, für den mag ein entsprechender Verzicht eine praktikable Lösung sein. Ich kenne genügend Ehepaare, die, soweit man es von außen beurteilen kann, zu zweit ein glückliches, harmonisches und rundherum ausgefülltes Leben führen. Für alle anderen aber stellt sich die Frage erst gar nicht. Wer den Wunsch nach Kindern verspürt, der wird ihn als drängenden Wunsch verspüren. Wer bereits Kinder hat, der wird sie als Mittelpunkt seines Lebens sehen. So häufig er auch über die Hürden und Klippen der Kindererziehung stöhnen mag, so absurd und unvorstellbar erscheint es ihm in Wahrheit, auf die Auslöser seiner Klagelieder verzichten zu wollen!

Zwischen Privatleben und Berufsleben beginnt der „Kampf der Welten“

Welche Gestaltungsform man also auch wählt, am Resultat ändert sich wenig. Das Privatleben entwickelt sich im Laufe der Zeit zu einem eigenständigen und anspruchsvollen Lebensbereich. So viel dieser Bereich einem auch an Glück, Lebensfreude und Rückhalt liefert, so sehr steigt das Maß an Zeit, Energie und Einfallsreichtum, das man in ihn zu investieren hat. Und genau an diesem Punkt kommen die meisten von uns aus verständlichen Gründen ins Stolpern. Solange das Privatleben eine erholsame Nebenangelegenheit war, konnte man sich mit aller Energie und Aufmerksamkeit seinen beruflichen Zielen und Verpflichtungen widmen. Auch wenn es „härter“ wurde, auch wenn man erkannt hatte, dass man einen langen Atem benötigt, um seine Karriere zu verfolgen, man konnte mit den Entwicklungen und Veränderungen Schritt halten. Nun aber hat sich ein zweites Spielfeld herausgebildet, das ebenso komplex ist und ebenso große Konzentration erfordert. Es beginnt der „Kampf der Welten“!

Es wird immer schwieriger, bei der Lebensplanung die richtigen Prioritäten zu setzen

Nun existieren nicht mehr nur im Beruflichen, sondern auch im Privaten Elemente, die existentielle Bedeutung für das eigene Leben und das eigene Lebensglück haben. Es wird immer schwieriger, die unter diesem Aspekt richtigen Entscheidungen zu treffen und die berechtigten Ansprüche beider Bereiche angemessen zu berücksichtigen. Was dem einen dient, beeinträchtigt oft genug den anderen.

Keine Frage, das Angebot, die Auslandsniederlassung zu leiten, ist der Karrieresprung, auf den man jahrelang gewartet hat. Keine Frage aber auch, dass der eigene Nachwuchs nach vielen Sorgen endlich in der Schule Tritt gefasst hat und dass er bei einem Wechsel ins Ausland ein ganzes Jahr wiederholen müsste. Sicher, der Aufbau einer neuen Abteilung in der Firmenzentrale würde endlich auch die ersehnte Gehaltserhöhung bedeuten. Sicher aber auch, dass die damit verbundenen Überstunden und die Abwesenheit keine gute Idee sind, wenn vor wenigen Wochen die zweite Tochter geboren wurde. Selbstverständlich, die freie Stelle am neu gegründeten Institut würde der Ehefrau die ideale Möglichkeit bieten, endlich wieder in ihren Beruf zurückzukehren, den sie schon so lange vermisst. Selbstverständlich aber auch, dass ihr Ehemann dann in seinem Unternehmen eine Tätigkeit finden müsste, die ihm mehr Zeit für private Aufgaben lässt, und dass er sich dadurch höchstwahrscheinlich auf ein seine Karriere gefährdendes Abstellgleis begeben würde.

Meist ist es das Privatleben, das den Kürzeren zieht

Noch deutlicher wird der Wettstreit zwischen dem Berufs- und Privatleben, wenn es um die Verteilung der persönlichen Ressourcen Zeit, Kraft und innere Anteilnahme geht. Es ist etwa so, als ob man die Aufgabe hätte, in zwei Fußballmannschaften gleichzeitig Mittelstürmer und Torwart zu spielen, und als ob diese beiden Mannschaften dann auch noch gegeneinander antreten würden. Würde man also beiden Lebensbereichen die Aufmerksamkeit schenken wollen, die sie verdienen, der Tag müsste 48 Stunden haben.

Einen Unterschied gibt es aber. Während sich die Folgen einer Vernachlässigung des Privatlebens erst mit einer gewissen Verzögerung offenbaren, zeigt sich die Wirkung einer Zurückstellung beruflicher Verpflichtungen sofort. Die Konsequenzen liegen auf der Hand. Im gleichen Maße, in dem die Herausforderungen im Be-

„Quality Time"

rufsleben steigen, werden dem Privatleben Kräfte entzogen. Die Bemühungen, doch irgendwie einen angemessenen Ausgleich zu schaffen, nehmen nicht selten tragikkomische Züge an. Ein Beispiel ist die Idee, fehlende Zeit und Zuwendung dadurch zu kompensieren, dass man den wenigen gemeinsamen Stunden eine wohlklingende Überschrift verpasst, verbunden mit der Ankündigung, in diesen Momenten kein Opfer zu scheuen, um seinen Lieben die ungeteilte Aufmerksamkeit zukommen zu lassen: „Sonntagnachmittag ist unsere ‚Quality Time', da bleibt mein Handy ausgeschaltet!" Den Begriff gibt es wirklich. Großartig. Man kann sich das Gesicht des kleinen Mädchens gut vorstellen, dem ihr Vater auf dem Spielplatz nach 30 Minuten erklärt, dass nun Schluss sei: „Mein Liebling, wir müssen nach Hause, deine Quality Time ist soeben abgelaufen."

Die meisten von uns sind mit den Folgen dieser Situation bestens vertraut. Die privaten Reibereien nehmen zu, immer mit demselben Thema „zu wenig Zeit", die eigenen Kinder haben Mühe, sich noch an einen zu erinnern („Mami, wer ist dieser Mann?"), der Freundeskreis ist bestenfalls noch ein Bekanntenkreis, die Fitness nimmt ab und der Leibesumfang nimmt zu (das einzig Tröstliche bei der Begegnung mit einem jugendlichen Jogger bleibt dann die Erinnerung an bessere Zeiten: „In seinem Alter war ich schneller!").

Wer einen Bereich vernachlässigt, beschädigt auch den anderen

Je länger aber die zentralen Elemente des Privatlebens ignoriert und die berechtigten Interessen der privaten Partner vernachlässigt werden, desto größer wird die Gefahr, dass die Dinge aus dem Ruder laufen. Irgendwann ist die Ehe gescheitert, die Lebensfreude verloren und die Gesundheit ruiniert. Und das Absurde dabei: Genau durch diese Entwicklung gerät dann wiederum die berufliche Erfolgssicherheit in Gefahr, also genau der Faktor, der das Argument und die Rechtfertigung für die Schieflage im eigenen Verhalten geliefert hat. Wem ein gelungenes Privatleben fehlt, wer keine Inspiration und Regeneration aus anderen Interessenbereichen gewinnt, wer mit gesundheitlichen Schwierigkeiten zu kämpfen hat, dem werden auf lange Sicht auch die Energie und Fähigkeit für berufliche Spitzenleistungen fehlen. Der Negativkreislauf schließt sich.

In der Summe gesehen: Man stößt an Grenzen

Lassen Sie uns auch hier ein kurzes Fazit ziehen. Wie wir gesehen haben, ist der Versuch, ein glückliches Privatleben zu gestalten, bereits für sich alleine genommen eine eigenständige und anspruchsvolle Aufgabe. Es gleichzeitig auch noch mit einem erfolgreichen Berufsleben zu kombinieren ist eine der größten Herausforderungen überhaupt, bei der nicht wenige von uns an ihre Grenzen stoßen und die in vielen Fällen eine der Hauptquellen für den Mangel an persönlicher Zufriedenheit ist. Erstens wird die Freude über einen bestimmten Erfolg in einer der beiden Lebenssphären oft genug dadurch gedämpft, dass man ihn mit der Vernachlässigung der anderen erkauft hat. Zweitens führt die Notwendigkeit, immer wieder Konzessionen machen zu müssen, dazu, dass man permanent das Gefühl hat, „hinterher" zu sein. Es ist das Gefühl, dass man sowohl beruflich als auch privat längst hätte mehr tun können oder mehr tun müssen. Hätte man nur die Möglichkeit, sich völlig auf seine Karriere zu konzentrieren – man wäre längst auf einer anderen Positionshöhe. Könnte man nur einen Tag mehr pro Woche für das Private reservieren – wie harmonisch und ausgeglichen wäre dann die Beziehung und wie sehr viel mehr würde man mit seinem Partner und seinen Kindern unternehmen.

Diese Art der Unzufriedenheit verwandelt sich in leichte Verzweiflung, wenn man an die Alternativen denkt. Wie kann man sich aus dem Dilemma befreien? Soll man das Privatleben im Zweifel doch unterordnen, weil die beruflich-finanzielle Sicherheit Priorität hat und weil einem die Tendenz „Es wird härter" keine andere Wahl lässt? Oder soll man freiwillig auf einen Teil seiner Karriere und seiner beruflichen Chancen verzichten, um die privaten Beziehungen zu erhalten und der perfekte Vater bzw. die ideale Mutter zu werden? Wie aber geht man dann mit dem Verlust an Einkom-

Gedanken im Büro

men und Einfluss um? Erschwert dieser nicht wiederum das Erreichen der privaten Ziele? Viele werden den einzigen Ausweg wählen, der ihnen möglich erscheint. Sie werden die Zähne zusammenbeißen, die „Schlagzahl" erhöhen und ihre persönlichen Bedürfnisse hintanstellen, in der Hoffnung, doch alles auf einmal zu schaffen und allen Aufgaben und Rollen gleichermaßen gerecht werden zu können.

Gedanken im Bett

Es wird immer schwieriger, so zu leben, wie man möchte

Lassen Sie uns versuchen, die Fäden zusammenzuführen und darüber nachzudenken, welche Folgen sich aus den geschilderten Tendenzen für die Lebenssituation und das Lebensgefühl der meisten von uns ergeben. So sieht die Lage also aus: Das Berufsleben wird härter, der Wettbewerbsdruck nimmt zu. Die Attribute der modernen Wirtschaftswelt entzaubern sich selbst und verwandeln sich von motivierenden Verheißungen in zeitraubende Zusatzbelastungen. Die eigene Karriere erweist sich nicht als Sprintstrecke, sondern als Dauermarathon, der auch in Zukunft die meisten Kräfte binden wird. Und das Privatleben ist nicht länger eine Oase des Friedens und der Erholung, sondern ein eigenständiges Aufgabenfeld, das ebenso hohe Ansprüche stellt wie das Berufsleben.

Wie alles das nun ganz konkret wirkt, wie stark diese Entwicklungen auf die Situation jedes Einzelnen von uns „durchschlagen“, hängt selbstverständlich zusätzlich von einer Vielzahl individueller Einflussfaktoren ab. Je optimistischer das Wesen und die Lebenseinstellung eines Menschen sind, je günstiger das Verhältnis zwischen seinen Erfolgen und Misserfolgen in der Vergangenheit ausfällt, je harmonischer sich seine private Partnerschaft an sich ausnimmt und je mehr er seinen Beruf grundsätzlich schätzt (um nur einige Parameter zu nennen), desto größer wird seine Widerstandskraft gegenüber den geschilderten Tendenzen sein und desto leichter wird es ihm fallen, mit ihnen umzugehen. Zudem unterscheidet sich auch das Anspruchsniveau der Spielfelder, auf denen man unterwegs ist. In bestimmten Branchen, Berufen und privaten Konstellationen weht von vornherein ein deutlich schärferer Wind als in anderen. Wer beim olympischen Abfahrtslauf mit 120 Stundenkilometern den Hang hinunterrast, wird andere Herausforderungen erleben als der, der in der Curlinghalle schrubbend über die Eisfläche gleitet (bildlich gesprochen).

Wenn man die geschilderten Entwicklungen aber in ihrer Gesamtheit betrachtet, dann versteht man, warum sie eine Wirkung haben, der sich kaum jemand vollständig entziehen kann, und warum sie für unser Thema so wichtig sind. *Sie haben nicht nur massiven Einfluss auf das Geschehen im Alltag und damit auf die eigene Lebensqualität, sondern sie verändern die Ausgangsbasis für die Sicherung des Lebenserfolges und des Lebensglücks insgesamt.* Sie lassen die Distanz zwischen den eigenen Lebensvorstellungen und der tatsächlichen Lage immer größer werden und sie erhöhen die Widerstände und Barrieren, die man zu überwinden hat, wenn man seinen Lebenserfolg fördern und sein Lebensglück sichern möchte. Drei Bereiche scheinen dabei besonders betroffen zu sein: die eigenen Ressourcen, die eigene Freiheit und die eigene Stimmung.

Die persönlichen Ressourcen reichen kaum mehr aus

Die erste Konsequenz der Entwicklungen im Berufs- und Privatleben dürfte den meisten von uns bestens vertraut sein. Die Anforderungen werden so hoch, dass sie die eigenen Ressourcen zu übersteigen drohen.

Das Belastungsniveau erreicht Spitzenwerte

Wie im Berufsleben, so steigen auch im Leben insgesamt nicht nur die Zahl und das Volumen der Herausforderungen, sondern auch die Geschwindigkeit, mit der sie auf uns zukommen. Wenn eine Baustelle geräumt ist, warten bereits drei neue. Wenn ein Projekt erledigt ist, ist man mit dem nächsten schon in Verzug. Aber auch das Gewicht der anstehenden Aufgaben verändert sich auf sonderbare Weise. Kaum noch ein Vorhaben oder Ziel, das nicht den Vermerk „entscheidend“ trägt, von dem nicht „alles“ abhängt und das nicht sofort, „am besten gestern“ realisiert werden muss. Gleichzeitig nehmen die Widerstände zu, die man auf seinem Weg zu überwinden hat. Auf bequeme Weise, nebenbei und ohne intensiven Einsatz lässt sich kaum mehr etwas realisieren. Die Stufen werden steiler und der Wind weht immer von vorn. Man hat das Gefühl, den Kampf ständig „bergauf“ führen zu müssen.

Und das ist noch nicht alles. Was ebenfalls wächst, sind die Ansprüche, mit denen man konfrontiert wird. Auf allen Feldern soll man Spitzenleistungen erbringen, beruflich ebenso wie in seiner Funktion als (Ehe-)Partner und als Vater bzw. Mutter. Alles hat gleichzeitig zu gelingen. Gelingt es einmal nicht, dann quälen einen nicht nur die Enttäuschung oder das Negativurteil seiner jeweiligen Partner, sondern auch das eigene schlechte Gewissen. Ein Beispiel

Moderne Zeiten

ist die Situation junger Frauen, von denen alle Welt erwartet, dass sie sämtliche Lebensrollen auf einmal und in höchster Perfektion ausüben sollen – einfühlsame Mutter, coole Karrierefrau und souveräne Haushaltsmanagerin, die ihrem Mann an der Privatfront den Rücken freihält. Wehe, wenn eine von ihnen erklärt, sich auf einen Bereich allein konzentrieren zu wollen: „Was, nur Kinder? Und warum nicht zurück in den Beruf, bei deiner Ausbildung und deinen Chancen? Lächerlich, das wirst du noch bereuen!" Oder, im umgekehrten Fall: „Was, keine Kinder? Kinder sind doch wichtiger als Karriere! Verrückt, das wirst du noch bereuen!" Und schließlich, wenn sie Kinder und Beruf dann doch unter einen Hut gebracht hat: „Mein Gott, wie erschöpft siehst du denn aus? Unverantwortlich, wie kann man auch alles auf einmal wollen! So kannst du nicht weitermachen, du musst auch einmal an dich selbst denken ..."

Hetze und Hektik werden zum Taktgeber für den eigenen Lebensrhythmus

Von einem bestimmten Punkt an werden die Zahl und das Gewicht der beruflichen und privaten Ziele, Aufgaben und Verpflichtungen so groß, dass die persönlichen Ressourcen nicht mehr ausreichen. Hetze und Hektik beginnen den Taktstock zu schwingen.

Die eigene Zeit reicht nie. Man ist immer in Eile und immer im Rückstand. Wie sehr man sich auch bemüht, der Tag hat zu wenige Stunden, um alles zu schaffen, was man sich vorgenommen hat. Gleichzeitig fehlt die innere Ruhe, um sich wirklich auf das zu konzentrieren, was gerade vor einem liegt. Man ist stets von mehreren Themen gleichzeitig besetzt und mit einem Teil seiner Gedanken immer auch bei der Aktion, die als nächste kommt. Das meiste, was gelingt, gelingt auf den letzten Drücker – die Ausarbeitung, die man per Express zusendet, das Flugzeug, das man in letzter Minute erreicht, oder der Besprechungstermin, zu dem man gerade noch pünktlich auftaucht. Die Vorstellung, einmal ein Projekt entspannt und ohne Zeitdruck angehen zu können, erscheint wie ein schöner Traum. Parallel dazu werden die eigenen Kraftreserven bis zur Neige ausgeschöpft. Dabei rauben nicht nur das Volumen und die Komplexität der Aufgaben die Energie, sondern insbesondere auch die Hast, mit der man ständig unterwegs ist.

Und alles das gilt eben nicht nur beruflich, sondern auch privat. Auch hier ist man längst im Laufschritt-Tempo unterwegs und auch hier machen viele Menschen den Versuch, fehlende Zeit und Muße durch Schnelligkeit und Konzentration wieder wettzumachen. Damit aber drehen sie die Schraube nur weiter vorwärts. Je stärker die letzten freien Bereiche verplant werden, je mehr auch das Privatleben in Ziele und Projekte aufgeteilt ist, desto größer wird auch auf diesem Feld der Ergebnisdruck. Es ist ein Wettlauf, in dem man immer der Hase ist.

Und das Fazit? Selbstverständlich werden sich einige von uns größere zeitliche Reserven erhalten können als andere. Wie immer aber die individuelle Lage auch ist, die Phasen, in denen man „am Limit" lebt und arbeitet, kommen häufiger und dauern länger. Kaum eine Gelegenheit, bei der man das Gewicht auch einmal absetzen kann. Möglichkeiten zum Innehalten, zur Selbstbesinnung und zum Auftanken werden zur Ausnahme. Auf Dauer lässt sich dieser Rhythmus kaum durchhalten. Je länger er dominiert, desto größer ist die Gefahr, dass das Gefühl der Erschöpfung und Überlastung zum ständigen Begleiter wird.

Die eigene Freiheit wird immer stärker beschränkt

Die zweite Konsequenz aus den geschilderten Entwicklungen hat eine vielleicht noch größere Bedeutung für das eigene Lebensgefühl und für die Möglichkeiten, die man hat, die eigenen Vorstellungen von einem erfolgreichen und glücklichen Leben zu verwirklichen.

Vor 18 Uhr

Die Komplexität der Lage an sich, die Anforderungen und Verpflichtungen im Berufs- und Privatleben und die Überbeanspruchung der eigenen Ressourcen führen dazu, dass das Netz der Abhängigkeiten und Sachzwänge immer dichter wird und dass der persönlichen Freiheit immer engere Grenzen gezogen werden. Von der einen Seite geben der Wettbewerbsdruck und Konkurrenzkampf die Richtung und das Tempo vor, von der anderen Seite die Bedürfnisse und Ansprüche der privaten Partner. Irgendwo dazwischen ist man dann täglich unterwegs, auf einem schmalen Pfad, stets auf der Flucht nach vorne und stets darum bemüht, die Lücke

Nach 18 Uhr

zwischen seinen Aufgaben und seinen Leistungen nicht zu groß werden zu lassen. Die Macht über die Verhältnisse und die Verfügungsgewalt über die eigene Zeit scheinen einem längst aus den Händen geglitten zu sein. Fast immer bestimmen externe Faktoren und nicht man selbst, um welche Themen es gerade geht, was man zu tun hat, wie die anstehenden Aufgaben zu erledigen sind und zu welcher Zeit. Der eigene Spielraum, die Möglichkeit frei und nach eigenem Gefühl zu entscheiden, Nein zu sagen oder die Dinge anders anzugehen, als es die Sachlage „eigentlich" erfordert, reduziert sich auf ein Minimum. Die ständige Anpassung an andere und anderes wird zur eigenen Lebenskultur.

Selbst erfolgreiche Menschen haben deshalb oft genug das Gefühl, sich in gewisser Weise am Rande der Selbstauflösung zu befinden. Sie schaffen es zwar, ihre beruflichen Ziele zu erreichen und die Vernachlässigung ihrer privaten Partner in Grenzen zu halten. Für sie selbst und ihre eigenen Bedürfnisse und Wünsche bleibt dabei aber kaum mehr etwas übrig. Alles, was sie an Zeit, Kraft und Zuwendung zu verteilen haben, fließt an Dritte. Sie fühlen sich deshalb etwa so, als ob sie bei ihrer eigenen Geburtstagsfeier hinter dem Buffet stehen und jedem ihrer Gäste eine dicke Scheibe Roastbeef abschneiden. Wenn sie dann endlich selbst voller Appetit zugreifen möchten, schwappt höchstens noch der Bratensaft im Teller.

Und wie lautet das Fazit an dieser Stelle? Selbstverständlich könnte man behaupten, der Verlust der eigenen Entscheidungs- und Handlungsfreiheit sei hauptsächlich ein subjektives Phänomen. Wenn man aber wie wir die Lage insgesamt vor Augen hat, sieht man schnell, dass es auch objektiv immer schwieriger wird, sich die Macht über sich selbst zu erhalten – und das eben nicht nur bei der Gestaltung des einzelnen Tages, sondern bei der Gestaltung seines Lebens insgesamt.

Die Lebensfreude und Lebenszufriedenheit beginnen zu leiden

Die dritte entscheidende Konsequenz aus unseren bisherigen Überlegungen liegt auf der Hand. Von einem bestimmten Zeitpunkt an beginnen sich die verschiedenen Entwicklungen auch auf die eigene Gemütslage auszuwirken, und zwar auf ungute Weise.

Erstens verändern die geschilderten Entwicklungen die Gestalt und das Wesen des eigenen Alltags. Natürlich existieren nach wie vor Highlights, Ereignisse, Kontakte und Aufgaben, die einen begeistern und beglücken. Gleichzeitig aber dringen immer mehr Elemente in den Tagesablauf ein, die man als unangenehm oder bedrückend empfindet. Ob es die Vielzahl der Probleme ist, der genannte Dauerdruck oder die ständige Hetze und Hektik, als Ganzes gesehen nimmt das tägliche Leben einen Inhalt und eine Form an, die alles andere als förderlich für die eigenen Gedanken und die eigene Stimmungslage sind.

Zweitens werden die genannten positiven Elemente im eigenen Leben immer stärker in den Hintergrund gedrängt. Je größer die Anforderungen werden und je stärker die Belastungen damit an Einfluss gewinnen, desto schwieriger wird es, die Faktoren zu erkennen, zu würdigen und zu genießen, die einem Kraft und Motivation liefern könnten. Wer beispielsweise im Kampf um Margen und Marktanteile jedes Quartal Spitzenergebnisse präsentieren muss, der wird sich über einen Gewinn am 31. März nicht recht freuen können, weil er schon mit Sorge auf die Zahlen für den 30. Juni blickt. Wer sonntags zu Hause über einer entscheidenden Ausarbeitung für Montag zu grübeln hat, dem geht der Wunsch seiner Kinder nach einem gemeinsamen Zoobesuch nicht ans Herz, sondern an die Nieren.

Und drittens ist es die schwindende Hoffnung auf eine baldige Verbesserung der Verhältnisse, die das eigene Befinden beeinträchtigt. Zum einen haben die eigenen Erfahrungen längst bewiesen, dass es nicht leichter wird, je länger man unterwegs ist oder je höher man kommt. Im Gegenteil, es gibt nicht einmal die Garantie, dass die augenblickliche Erfolgsbasis auf Dauer stabil bleibt. Zum anderen hat man im Laufe der Jahre spezielle berufliche und private Strukturen geschaffen, die sich nicht ohne weiteres verändern lassen. Die absolvierte Ausbildung, die gewonnenen Erfahrungen und Fähigkeiten, die erreichte Position, der geschaffene Status und das entsprechende Beziehungsnetz legen ebenso fest, in welchem Korridor man sich noch bewegen kann, wie der Grad der privaten Gebundenheit, die Verantwortung für seine Familienmitglieder und der materielle Wohlstand, an den man sich gewöhnt hat (und nicht zu vergessen die finanziellen Verpflichtungen, um alles das aufrechtzuerhalten!). Einzelkorrekturen sind sicher möglich. Wollte man aber Grundlegendes verändern, man müsste sein Leben wohl als Ganzes auf den Kopf stellen.

Es ist deshalb kein Wunder, dass es vielen von uns immer weniger gelingt, sich ihre Lebensfreude und ihren Optimismus in dem Umfang zu erhalten, der für ein erfolgreiches und glückliches Leben angemessen und erforderlich ist. Natürlich sieht niemand völlig schwarz und natürlich verfällt niemand in völlige Depression und singt nur noch Klagelieder. Dennoch, die eigene Gefühlswelt verschlechtert sich. Die Zeiten, die man ausgelassen und voller Heiterkeit und Unbeschwertheit verbringt, werden eher kleiner. Fast immer gibt es einen zentralen Belastungsfaktor, sei es ein Problem, eine Sorge oder ein Ärgernis, der sich zum Mittelpunkt der eigenen Gedanken und Gefühle macht, der die Sicht auf die positiven Elemente der Lage verstellt und der einem die Laune verdirbt. Und sollte einmal ein konkreter Auslöser fehlen, dann ist es eben die Lage „an sich“, die einen belastet und die verhindert, dass man sich so fühlt, wie man es möchte. Die Leichtigkeit geht immer mehr verloren. Parallel dazu gewinnt die Unzufriedenheit an Einfluss. Früher kam sie nur ab und zu und war höchstens unterschwellig spürbar, nun erhebt sie sich zum Dauergast, der das eigene Denken immer mehr zu steuern droht. Es ist die Unzufriedenheit mit dem bisher Erreichten, mit den eigenen Leistungen, mit zentralen Faktoren im Beruf und im Privaten, vielleicht sogar mit dem Leben an sich. Man hat den Eindruck, dass letztlich alles irgendwie „besser“ sein könnte und sein müsste, als es ist.

In der Summe gesehen: Der Wunsch nach einer Lösung wird immer mächtiger

Wenn man also die Gesamtwirkung der geschilderten Entwicklungen sieht, dann kann man sich kaum noch der Einsicht verschließen, dass sie genau die Faktoren in Gefahr bringen, die für den Lebenserfolg und das Lebensglück entscheidend sind. Je größer die Herausforderungen, die Verpflichtungen und die Komplexität der Lage werden, je häufiger man an die Grenzen seiner Ressourcen stößt, je weniger Freiräume einem bleiben und je stärker die eigene Stimmung unter Druck gerät, desto schwieriger wird es auch, seine Lebensziele voranzubringen und zu verwirklichen, seine Begabungen zu erkennen und seine Anlagen auszuschöpfen, seinen Verantwortungen auf angemessene Weise gerecht zu werden und sich seine Energie und seinen Elan auf Dauer zu erhalten.

Viele Menschen beginnen deshalb, eine Art von Fragezeichen hinter ihr Leben zu setzen. Sie überlegen sich, weshalb sie trotz aller Bemühungen noch immer so weit von vielen ihrer Vorhaben entfernt sind, ob sie nicht längst schon viel weiter sein müssten und welche Fehler in der Vergangenheit dafür die Ursache sein könnten. Sie nehmen immer deutlicher wahr, welchen Preis sie für ihr (berufliches) Vorwärtskommen bezahlen müssen, worauf sie bisher verzichtet haben und worauf sie auch in der Zukunft werden verzichten müssen, wenn alles so weitergeht wie im Augenblick. Und sie beginnen zu zweifeln. Zuerst an ihren Plänen und Projekten, dann an ihren Entscheidungen und Handlungen und irgendwann auch an ihren Fähigkeiten und an sich selbst.

Es kann kaum ausbleiben, dass bei den meisten von uns der Wunsch nach einer grundlegenden Veränderung der Verhältnisse immer mächtiger wird. Sie suchen nach einer Möglichkeit, wieder festen Boden unter die Füße zu bekommen und die Weichen neu und richtig zu stellen. Sie forschen nach einem Weg, den Grad ihrer Selbstbestimmung zu erhöhen, sich aus der Unterdrückung durch Sachzwänge zu befreien und ihrem Leben den Inhalt, die Form und den Verlauf zu geben, nach denen sie sich innerlich sehnen. Am besten lässt sich dieser Wunsch nach einer neuen Lebensqualität an den Fragen erkennen, die nun immer stärker in den Mittelpunkt der eigenen Gedanken und Gefühle rücken. Vielleicht kommen einige dieser Fragen auch Ihnen nicht ganz unbekannt vor:

- Wie schaffe ich einen „Neustart", wie kann ich die Dinge anders und besser gestalten und organisieren als bisher, um endlich so zu leben, wie ich es eigentlich möchte?

- Wie senke ich meine Belastung und wie komme ich aus der ständigen Hetze und Hektik heraus, aus dem Druck und Durcheinander?

- Wie gewinne ich mehr Zeit und Ruhe für mich ganz persönlich, für meine eigenen Interessen und Bedürfnisse und für die Dinge, die mir wirklich Freude machen?

- Wie kann ich meine berufliche Erfolgsfähigkeit erhöhen? Wie komme ich schneller und zielsicherer voran als bisher, ohne dass ich mich dabei völlig verausgaben muss?

- Wie gelingt es mir gleichzeitig, ein gelungenes Privatleben zu führen? Wie kann ich meine verschiedenen Lebenswelten und die mit ihnen verbundenen Projekte und Aufgaben in Einklang bringen?

- Und wie kann ich mein Lebensgefühl und meine Stimmung verbessern? Was kann ich tun, um die Unbeschwertheit meiner Jugend zurückzugewinnen und wieder mehr Fröhlichkeit und Ausgelassenheit in meinen Alltag zu bringen?

„Mein Herz heißt ‚Dennoch'!"

Wie eingangs gesagt, alles ist relativ. So könnte man z.B. einwenden, dass alle unsere bisherigen Gedanken nichts anderes geschildert haben als reine „Luxusprobleme", also Themen, über die man nur nachzudenken vermag, wenn man weder nach Mammuts zu jagen hat noch die Nächte im Luftschutzkeller verbringen muss. So legitim es aber auch sein mag, eine derartige Einschränkung vorzubringen – wir leben nun einmal in einer bestimmten Epoche und unter bestimmten Rahmenbedingungen und es sind nun einmal die geschilderten Arten von Herausforderungen, die in der heutigen Zeit eine Rolle spielen und die jeder von uns zu bewältigen hat, wenn er sein Leben nach seinen Vorstellungen gestalten möchte. Der Vergleich mit anderen Abschnitten der Menschheitsgeschichte, mit anderen Generationen oder grundsätzlich anderen Lebensumständen bringt uns hier letztlich nicht weiter. „Schlimmer" könnte es immer sein. (Keinem Patienten mit einem gebrochenen Bein ist es eine große Hilfe, wenn ihm sein Arzt erklärt, dass es auch das Genick hätte erwischen können.)

Ein weiterer Einwand könnte in dem (in jeder Diskussion universell verwendbaren) Argument bestehen: „Das alles gilt aber nicht für jeden." Stimmt. Es gilt aber für die meisten! Natürlich begegnet man auf der einen Seite immer wieder Menschen, die auf wundersame Weise von einer „persönlichen Glücksfee" geküsst worden zu sein scheinen und die aufgrund ihres Wesens und ihrer natürlichen Weltsicht mit sich und ihrer Lage vollkommen in Einklang stehen, die ihre Ziele wie im Vorbeigehen erreichen und die sich selbst durch größte Erschütterungen nicht aus dem Gleichgewicht bringen lassen. Und ebenso trifft man auf der anderen Seite immer wieder auf Personen, die anscheinend mit einer Art Teflonbeschichtung überzogen sind, an der alles abperlt, was das Leben an Widrigkeiten bereithält. Drei Unternehmenswechsel in vier Jahren, vier Ehepartner in fünf Jahren, das Vermögen ausschließlich in Pennystocks investiert, alles kein Problem, auf zur nächsten Runde. Doch so viele Vertreter dieser beiden oder ähnlicher Gruppen es auch geben mag, insgesamt gesehen bleiben sie eine Ausnahme. Die beneidenswerte Begegnung mit einer Glücksfee haben nur wenige, und die Teflonschicht hält auch nicht ewig.

Die meisten Menschen werden den geschilderten Entwicklungen also nicht so einfach ausweichen und die damit verbundenen Folgen nicht so locker wegstecken können. Im Gegenteil. Für die meisten von uns hat die Lage in etwa den Charakter eines „Gordischen Knotens", der aus einem unübersichtlichen und kaum zu lösenden beruflichen und privaten Geflecht aus einer Vielzahl von Wünschen, Zielen, Chancen, Pflichten, Problemen und Abhängigkeiten besteht – und der auch nicht vor ihnen liegt, sondern in dem sie „mittendrin" stecken. Wohin sie auch blicken, wonach sie auch greifen, es gelingt ihnen kaum, eine Stelle zu entdecken, an der sie damit beginnen könnten, alles wieder zu entwirren und, im Sinne dieses Wortes, alles wieder in die gewünschte „Ordnung" zu bringen. Das, was sie noch tun können, wofür ihre Zeit, Kraft und Machtmöglichkeiten noch genügen, ist, in der Gegenwart irgendwie über die Runden zu kommen. Ein echtes Genießen des Lebens erscheint ebenso abwegig wie eine Veränderung der Verhältnisse insgesamt.

Hinzu kommt, dass von den geschilderten Entwicklungen gerade die Menschen betroffen sind, denen man noch am ehesten zutrauen würde, alles auf die gewünschte Weise in den Griff zu bekommen, also diejenigen, die einen hohen Grad an Sensibilität und Wachheit in Bezug auf ihre persönliche Lage besitzen und die gleichzeitig besonders hohe Ansprüche an sich, an ihre Leistungen und an die Verwirklichung ihrer Lebensvorstellungen stellen. Je mehr Chancen ein Mensch aber vor sich sieht und je mehr er an seinen Lebensträumen hängt, desto stärker wird ihn die Diskrepanz zwischen seinen Wünschen und der tatsächlichen Lage belasten. Je mehr er erreichen möchte, je höher seine Ziele liegen und je mehr Aufgaben er übernimmt, desto weniger wird er sich mit Durchschnittsleistungen und -ergebnissen zufrieden geben, desto eingespannter wird er wiederum sein und desto weniger Zeit und Kraft werden ihm schließlich für sich selbst übrig bleiben. Je stärker gleichzeitig seine Liebe und sein Pflichtgefühl seinen privaten Partnern gegenüber ausgeprägt sind, desto mehr wird ihm der Spagat zwischen seinem Berufs- und Privatleben zu schaffen machen. Und so weiter und so fort.

Wie also können wir und wie also sollten wir vorgehen? Welche grundsätzlichen Möglichkeiten haben wir vor diesem Hintergrund, um trotz aller Hindernisse und Schwierigkeiten eine Lösung zu finden und unseren Lebenserfolg und unser Lebensglück umfassend zu fördern und zu sichern?

Sollten wir so handeln, wie wir es von vielen unserer Bekannten her kennen und wie es der Normalfall ist? Sollten wir so weitermachen wie bisher, mit unveränderter Strategie und immer neuen Anläufen, verbunden mit der Hoffnung auf ein Wunder, auf einen günstigen Zufall oder ein gütiges Schicksal, das unserem Leben irgendwann doch noch die erhoffte Richtung verleiht? Nein. Dass die weit verbreitete Methode „immer so weiter“ einen eben nicht weiterbringt, davon haben wir uns schon in einem der ersten Kapitel überzeugt. Was in der Vergangenheit noch nie funktioniert hat, wird auch in der Zukunft wenig bringen.

Wäre es dann vielleicht das Beste, auf eine Radikalkur zu setzen und den Knoten wie Alexander der Große mit einem kurzen Hieb zu durchschlagen, gemäß dem Ansatz: „Jetzt reicht es mir, ich weiß, was ich will, und ich will es sofort" – in unserem Falle also Trennung von allem, was einen verpflichten, binden oder einschränken könnte (Ehepartner, Nachwuchs, Beruf!), und dann ab auf ein Südsee-Atoll und dort eine Tauchschule oder ein schwäbisches Spezialitätenrestaurant eröffnen? Wohl kaum. Flüchten hilft nie, auch wenn man glaubt, es sei die Flucht nach vorn. Zudem ist diese Art des Vorgehens nur etwas für wirklich Hartgesottene mit einer ausgeprägten Nach-mir-die-Sintflut-Mentalität. Und schließlich würde man sich ja nicht nur von seinen aktuellen Problemen und Belastungen trennen (um schon bald darauf neue und wohl weit größere am Halse zu haben), sondern insbesondere auch von der Vielzahl der Chancen und positiven Elemente, die das eigene Leben im Augenblick bereichern.

Oder aber sollten wir uns vielleicht einfach fügen, also resignieren und uns von unseren Ambitionen und Träumen verabschieden, gemäß dem Motto: „Macht nichts, die paar Jahrzehnte kriege ich auch noch rum"? Niemals! Wir haben nur ein Leben! Und Fatalismus ist nun wirklich keine Leitidee, um es erfolgreicher und glücklicher zu machen. Im Gegenteil. Lassen Sie uns lieber den Worten folgen, die der Schweizer Literaturnobelpreisträger Carl Spitteler seinen Herakles sprechen lässt, als dieser, von den Göttern verstoßen, am Rande des Olymps steht, um fortan in der Welt der Menschen zu leben. Umtost von Wasserfällen, grüßt er ein letztes Mal seinen Vater Zeus: *„Hie Wasserdonnertanz, umrauscht von Adlerflug! Mut sei mein Wahlspruch bis zum letzten Atemzug. Mein Herz heißt ‚Dennoch'."*

Und in der Tat, es gibt eine Möglichkeit, um dieses „*Dennoch*" zu verwirklichen. Wenn der direkte Weg nicht zum Ziel führt, dann der indirekte! Wenn wir also nicht die Umwelt, die Rahmenbedingungen und die externen Spielregeln verändern können, *so können wir uns doch selbst verändern und weiterentwickeln, unsere Einstellung, unsere Denkweise und unser Verhalten – und damit unser Potenzial, unsere Kompetenz und unsere Fähigkeiten, die Herrschaft über uns und unser Leben zurückzugewinnen und die Weichen in unserem Sinne neu und richtig zu stellen.* Die Lösung liegt also nicht in unserer Umwelt, sondern in uns selbst. Und genau diese Lösungskonzeption bzw. Lösungsstrategie sollten wir uns im folgenden Buchabschnitt genauer ansehen!

Teil III:

Was wir brauchen, wenn wir unseren Lebenserfolg langfristig fördern und sichern möchten

Weise Lebensführung gelingt keinem Menschen durch Zufall.
Man muss, solange man lebt, lernen, wie man leben soll.
(Lucius Annaeus Seneca)

Start in eine neue Epoche

Überblick: Worum es in diesem Teil geht

Die ersten beiden großen Schritte liegen also hinter uns. Im ersten Buchteil haben wir das Ziel analysiert, im zweiten die Faktoren, die uns daran hindern, es zu erreichen. Wir wissen also, was Lebenserfolg grundsätzlich bedeutet und aus welchen Bausteinen er sich in der Hauptsache zusammensetzt. Und wir wissen gleichzeitig, welche Entwicklungen und Geschehnisse im Berufs- und Privatleben es immer schwieriger werden lassen, so zu leben, wie man möchte, und die eigenen Lebensvorstellungen in die Tat umzusetzen.

Beides gemeinsam liefert uns die Basis für den dritten Schritt: Die Entwicklung und Formulierung der konkreten Strategie und Realisierungskonzeption, mit der wir die Lücke zwischen Wunsch und Wirklichkeit schließen können und mit der es uns gelingt, unseren Lebenserfolg und unser Lebensglück trotz aller Widerstände und Hindernisse umfassend zu fördern und zu sichern.

Teil III des Buches beschreibt...

- welche speziellen Anforderungen unsere Lösung zu erfüllen hat und welcher Schlüsselfaktor dabei die Hauptrolle spielt,
- warum „Life Excellence" die Antwort auf unsere Fragen ist, also die Leitidee, Strategie und Befähigung, nach der wir suchen,
- was Life Excellence konkret bedeutet und welchen Nutzen uns Life Excellence im Einzelnen liefert.

Der Grad Ihrer Lebensbeherrschung bestimmt das Maß Ihres Lebenserfolges

Lassen Sie uns zur Einstimmung auf alles Folgende die Lage noch einmal kurz zusammenfassen. Welche Erkenntnisse haben wir bisher gewonnen?

Zunächst haben wir uns ein Bild davon gemacht, was Lebenserfolg überhaupt bedeutet und aus welchen Bausteinen er sich im Wesentlichen zusammensetzt. Es kommt darauf an, seine Lebensziele realisieren zu können (in Bezug auf seine Lebenswünsche, seine Lebensweise und seine Lebensleistungen), seine Talente und Anlagen zu entwickeln und auszuschöpfen, seinen zentralen Verantwortungen gerecht zu werden und sich seine Lebensfreude und Lebenszufriedenheit auf Dauer zu erhalten. Gleichzeitig haben wir erkannt, warum es für die meisten von uns nicht nur subjektiv, sondern auch objektiv immer schwieriger wird, genau diese Faktoren und Elemente in ihrem Leben zu fördern und zu sichern. Das Berufsleben wird härter und das Privatleben anspruchsvoller, die Belastungen steigen, die Freiräume schrumpfen. Die Unzufriedenheit wächst ebenso wie das Verlangen nach einer grundsätzlichen Veränderung der Verhältnisse. Es wird immer schwieriger, so zu leben, wie man möchte. Die dritte zentrale Erkenntnis bestand darin, dass viele Menschen selbst einen gehörigen Beitrag dazu leisten, dass Wunsch und Wirklichkeit in ihrem Leben auseinander klaffen, beispielsweise dadurch, dass sie zwar ständig vom Lebenserfolg sprechen, aber letztlich keine Vorstellung davon haben, was sie darunter im Einzelnen verstehen, oder aber, weil sie nur einen Bruchteil der Möglichkeiten nutzen, die ihnen bei der Lebensgestaltung zur Verfügung stehen. Und schließlich hat sich gezeigt, dass uns die üblichen Verhaltensmuster und Konzepte kaum weiterhelfen, wenn es darum geht, unsere Lebensvorstellungen in die Tat umzusetzen. Ein „Weiter so“ bringt Stillstand, Radikalkuren erweisen sich als sinnlos und Resignation verbietet sich von selbst.

Damit aber bestätigt sich nun endgültig die Grundthese, die uns vom Anfang des Buches bis hierher begleitet und auch geleitet hat. Die Förderung und Sicherung des Lebenserfolges und Lebensglücks ist in der Tat kein Vorhaben wie alle anderen. Es ist vielmehr eine einzigartige und unvergleichliche Aufgabe, für die wir eine neue und spezielle Strategie und Kompetenz zu entwickeln und bei uns zu etablieren haben. Lassen Sie uns deshalb auf der Basis unserer bisherigen Gedanken überlegen, auf welche Aspekte wir dabei besonders achten sollten.

Auf wen es ankommt, sind Sie selbst!

Die erste entscheidende Einsicht lautet: *Die Zuständigkeit für Ihren Lebenserfolg und Ihr Lebensglück liegt bei Ihnen ganz persönlich.* Sie bestimmen selbst und Sie bestimmen allein, wie es mit Ihrem Leben weitergeht, wie weit Sie in Ihrem Leben kommen und was Sie in Ihrem Leben erreichen! Die beiden Hauptargumente dafür lassen sich schnell identifizieren.

Lebenserfolg lässt sich nicht delegieren

Erstens gibt es kein anderes Vorhaben, das so eng an Sie als Person gebunden ist. Es sind Ihre Ziele, um die es geht, Ihre Begabungen, Ihre Verpflichtungen und Ihre Lebensfreude und Lebenszufriedenheit. Die Verwirklichung Ihres Lebenserfolges ist deshalb bereits von seinem ureigensten Wesen her ein Vorhaben, für dessen Verlauf und Ergebnis Sie ganz alleine die Gesamtverantwortung tragen und dessen Gestaltung und Gelingen Sie an keinen anderen Menschen delegieren können. Insbesondere ist es auch eine Aufgabe, zu deren Erfüllung niemand außer Ihnen die Mittel und Möglichkeiten besitzt. Auch wenn Sie jemanden finden, der sich bereit erklärt, Ihnen in bestimmten Bereichen den Weg so weit wie möglich frei zu machen und Ihnen die Probleme aus der Bahn zu räumen, so handelt es sich dabei doch um nicht mehr als um eine punktuelle Verbesserung der Ausgangsbedingungen. Sie selbst haben den jeweiligen Weg anschließend zu beschreiten und Sie müssen bei den Möglichkeiten, die er Ihnen bietet, auch selbst zugreifen – und ganz zu Anfang müssen Sie durch Ihr eigenes Verhalten überhaupt erst einmal dafür sorgen, dass die betreffende Person auch tatsächlich bereit ist, Ihnen die erhoffte Unterstützung zu schenken. Andere können es Ihnen also etwas einfacher machen, aber die konkrete Verwirklichung Ihrer Vorhaben und die Realisierung der damit verbundenen Aufgaben liegt letztlich immer bei Ihnen.

Es sind Ihre Einstellung, Ihre Denkweise und Ihr Verhalten, die alles bestimmen

Zweitens sind Sie selbst der einzige „Faktor", an dem Sie innerhalb der Gesamtkonstellation ansetzen können, um die Ergebnisse herbeizuführen, um die es Ihnen geht. Bei den Veränderungen der beruflichen und privaten Rahmenbedingungen handelt es sich demgegenüber gewissermaßen um Veränderungen auf der Ebene des „Gesamtklimas" bzw. der „Umweltbedingungen", in die unser Arbeits- und Privatleben eingebettet ist. Es sind generelle Entwicklungen, die größtenteils außerhalb unserer individuellen Reichweite liegen und die wir in ihrer Gesamtheit und Hauptstoßrichtung kaum verhindern können. Wir müssen uns der Tendenz „Das Berufsleben wird härter" ebenso stellen wie beispielsweise der Tatsache, dass auch im privaten Bereich die Verpflichtungen und die Komplexität im Laufe der Jahre spürbar anwachsen.

Worauf wir aber sehr wohl einen enormen Einfluss haben, das sind wir selbst! Und was wir in jedem Fall bestimmen, anpassen, kultivieren und verbessern können, das sind unsere Einstellung, unsere Denkweise und unser Verhalten – und damit die Art und Weise, wie wir mit den geschilderten Entwicklungen umgehen!

Entscheidende Einsicht

Noch deutlicher: Die Rahmenbedingungen bilden für uns alle mehr oder minder ein fixes Datum. Aber die Art, in der wir sie wahrnehmen und auf uns wirken lassen, die Nachdrücklichkeit, mit der wir unsere Vorhaben verfolgen, die Sorgfalt, mit der wir unsere Aufgaben erfüllen, die Qualität und Eignung der Maßnahmen, die wir ergreifen, die Konzentration, mit der wir zu Werke gehen, die Klugheit, mit der wir unsere Ressourcen verwenden, unsere emotionale Verfassung und Stabilität, die wir an den Tag legen, und insbesondere auch das Maß, in dem wir die Chancen erkennen, erweitern und ausschöpfen, die uns das Leben bietet – alle diese Faktoren (um nur eine ganz kleine Auswahl zu nennen) legen wir letztlich ganz alleine fest!

Das Fazit ist demnach eindeutig. Es wird uns nur dann gelingen, unseren Lebenserfolg und unser Lebensglück zu fördern und zu sichern, wenn wir erkennen und akzeptieren, dass wir ganz allein die Zuständigkeit und Verantwortung dafür besitzen und dass auch nur wir selbst über die entsprechenden Mittel und Möglichkeiten dafür verfügen. Wie immer unsere gesuchte Lösung und Vorgehensweise also auch aussehen wird, sie wird uns nur dann zu unserem Ziel führen, wenn sie in der Hauptsache auf uns selbst gerichtet ist, auf unsere Lebenseinstellung, auf unsere Denkweise und auf unser Verhalten.

Wir brauchen eine Lösung von grundsätzlicher Natur und Wirkung

Unsere Überlegungen liefern uns aber noch eine weitere zentrale Einsicht: Wenn wir unseren Lebenserfolg und unser Lebensglück wirklich fördern und sichern möchten, dann brauchen wir ganz offensichtlich eine Lösung, *die grundsätzlicher und grundlegender Natur und Wirkung ist!* Auch für diesen Gedanken liefern uns unsere Vorüberlegungen zwei schlagende Argumente.

Zum einen hat unsere Zielsetzung eine solche Bedeutung und Größenordnung (und die Hindernisse und Hürden, die ihr entgegenstehen, haben eine solche Höhe), dass wir sie niemals halbherzig, nebenbei oder als ein Projekt neben vielen anderen werden erfüllen können. Wir werden vielmehr nur dann imstande sein, sie zu realisieren, wenn wir sie in den Mittelpunkt unseres Denkens und Handelns stellen, also dann, wenn wir sie zu einem zentralen Lebensthema von uns erheben und wenn wir uns selbst zu einem Experten für alles machen, was mit diesem Thema zusammenhängt.

Zum anderen bildet das Geschehen eine Einheit. Es lassen sich weder die einzelnen Elemente des Lebenserfolges voneinander getrennt betrachten und beeinflussen noch die vielfältigen Entwicklungen auf dem Feld der Rahmenbedingungen. Ein gutes Ergebnis auf einem Gebiet sagt noch nichts darüber aus, wie es in der Summe aussieht, und ein Problem in einem Bereich zieht meist auch alle anderen in Mitleidenschaft. Die Interdependenzen sind also enorm. Mit isolierten Einzellösungen oder der Beschränkung auf Teilbereiche werden wir deshalb nicht weiterkommen. Was wir daher brauchen, ist eine Lösung, deren Ausgangsbasis sozusagen „vor der Klammer" liegt, die sich auf unser Leben in seiner Gesamtheit richtet und die in unserem Denken und Handeln so etwas bewirkt wie eine „positive Automatik".

Damit aber sind wir an einem Punkt angekommen, an dem wir immer deutlicher erkennen können, wovon es letztlich abhängt, in welchem Maße wir unsere Vorstellungen vom Leben werden verwirklichen können.

Wenn es wirklich stimmt, dass wir allein für unseren Lebenserfolg zuständig sind und dass unsere Einstellung, unsere Denkweise und unser Verhalten alles bestimmen, dann besteht der einzige richtige und angemessene Lösungsweg ganz offensichtlich darin, uns tatsächlich auch auf uns selbst zu besinnen und alles daranzusetzen, uns auf eine ganz bestimmte Art und Weise weiterzuentwickeln und ein spezielles „persönliches Eigenschafts- und Fähigkeitenprofil“ bei uns zu etablieren, mit dem wir uns dem Geschehen in unserem beruflichen und privaten Umfeld bestmöglich gewachsen und überlegen zeigen. Und wenn es gleichzeitig stimmt, dass uns nur eine Lösung hilft, die grundsätzlicher Natur ist und die auf unser Leben als Ganzes abzielt, dann wissen wir auch, wo wir dabei anzusetzen haben bzw. auf welches Gebiet sich dieses spezielle „Eigenschafts- und Fähigkeitenprofil“ inhaltlich zu beziehen hat. Es ist der Bereich, der in unserer Definition von Lebenserfolg die Überschrift und Summe bildet und der gleichzeitig am besten repräsentiert, worum es in der Gesamtheit des Lebens geht – die Aufgabenstellung und Zielsetzung, das eigene Leben auf umfassende und sinnvolle Weise zu nutzen!

Der Schlüsselfaktor heißt „Lebensbeherrschung“

Was wir auf den folgenden Seiten zu tun haben, ist deshalb klar: Als Erstes müssen wir uns noch einmal mit der Frage beschäftigen, was „das Leben nutzen“ im Einzelnen bedeutet. Als Zweites werden wir zu klären haben, welcher „persönliche Schlüsselfaktor“ für das „Nutzenkönnen“ des eigenen Lebens letztlich entscheidend ist. Und als Drittes haben wir zu überlegen, wie es uns gelingt, genau diesen Schlüsselfaktor bei uns auf die bestmögliche Weise zu entwickeln und zu etablieren.

Wer sein Leben nutzen möchte, muss erst einmal die Basis dafür schaffen

Lassen Sie uns also damit starten, noch einmal darüber nachzudenken, was „das Leben nutzen“ eigentlich bedeutet. Wie wir gesehen haben, heißt es weit mehr und auch etwas ganz anderes, als im Leben nur auf seinen größtmöglichen Vorteil zu achten und aus allem das Maximum herausholen zu wollen. Zunächst kommt es vielmehr darauf an, sein Leben zu ergreifen und es sich anzueignen, anstatt es beispielsweise der Dominanz anderer oder der Willkür des Zufalls zu überlassen. Gleichzeitig bedeutet es natürlich auch, einen Vorteil und Gewinn aus seinem Leben zu ziehen, aber eben nicht nur in sachlich-materieller Hinsicht, sondern insbesondere in Bezug auf die eigene Lebensqualität, die eigene Verfassung und, besonders wichtig, die Entwicklung und Ausgestaltung der eigenen Persönlichkeit. Damit unmittelbar verbunden ist der Aspekt, sein Leben auf etwas Bestimmtes zu richten, sei es auf bestimmte Träume, Ideale, Aufgaben, Ziele oder Menschen, und es auf diese Weise für etwas Besonderes einzusetzen und zu verwenden. Es geht also darum (das Wortspiel sei erlaubt), sein Leben tatsächlich mit Leben zu erfüllen und ihm einen Inhalt und Sinn zu schenken, anstatt es einfach dahinlaufen zu lassen und den Reichtum an Möglichkeiten, die es einem bietet, zu übersehen und zu verschwenden. Und schließlich bedeutet alles das auch, seiner Heiterkeit, Ausgelassenheit und Lebenslust ausreichenden Raum zu erhalten und sich an seinem Leben zu erfreuen, es zu genießen und auszukosten.

Je länger man nun überlegt, wie viele Facetten die Leitidee „sein Leben nutzen“ hat und welche persönlichen Anforderungen sich mit jedem dieser Aspekte verbinden, desto mehr geht einem auf, dass das „Nutzenkönnen“ des eigenen Lebens keine Befähigung ist, die sich wie von selbst einstellt, sondern dass man sich dafür auf eine ganz besondere Weise konditionieren muss und dass man dafür ganz bestimmte Voraussetzungen zu schaffen hat.

Was als Erstes entscheidet, ist der eigene Wille

Zunächst muss man überhaupt erst einmal *den Willen haben*, sein Leben zu nutzen! Und genau hier stoßen viele von uns bereits auf eine Barriere, die sie nicht zu überwinden bereit oder fähig sind. Sie schwärmen von ihren Plänen und Projekten, sie verkünden, was sie alles erreichen oder verändern wollen, und sie unternehmen auch immer wieder den einen oder anderen Anlauf. Bei genauer Betrachtung aber fehlt ihnen das „feu sacré“, also das innere Feuer, der Antrieb und die Entschlossenheit. Sie beginnen die Dinge, ohne sie zu einem Abschluss zu bringen, sie haben kein echtes Lebensprojekt und keine wahren Lebensziele. Auch wenn sie es nicht zugeben oder nicht erkennen, ihr inneres Motto lautet „vielleicht, später, kommt nicht so drauf an ...“. Und wenn sie doch einmal ein Projekt mit Nachdruck in Angriff nehmen, dann höchstens eine Nebensächlichkeit, ohne jede Bedeutung für ihr Leben insgesamt („Meine vierwöchige Internetrecherche hat ergeben, dass es den neuen GLX-Diesel-Direkteinspritzer bei einem Händler in Südwestfalen um drei Prozent günstiger gibt!“). Sie gleichen einem Menschen, der ein Königreich besitzen könnte (und vielleicht auch ganz gerne besitzen würde), der aber nie über die Grenzen seines Vorgartens hinaus denkt und handelt. Das Tragische dabei ist, dass sich viele der so Handelnden dieser Zusammenhänge gar nicht bewusst sind. Sie glauben, die Außenwelt, die Umstände, die anderen würden sie daran hindern, in ihrem Leben voranzukommen und ihren Lebenserfolg und ihr Lebensglück zu verwirklichen. In Wahrheit sind sie es ganz allein.

Was man als Zweites benötigt, ist das geeignete Know-how

Der Wille alleine genügt aber noch lange nicht. Wenn man etwas auf umfassende und sinnvolle Weise nutzen möchte, benötigt man selbstverständlich als Zweites ein entsprechendes Know-how dafür, also ausreichende Kenntnisse und Fähigkeiten, um mit der betreffenden Sache auch auf eine *„sachgerechte", also professionelle und kompetente Weise umgehen* zu können. Die Liste der dafür relevanten Faktoren ist so umfangreich, dass wir uns an dieser Stelle zunächst auf die Hauptaspekte beschränken sollten.

Ein Element des erforderlichen Know-hows sind beispielsweise ausreichende Kenntnisse über das *Objekt* der Nutzung. Worum handelt es sich eigentlich, wie funktioniert es und was kann man insgesamt damit anfangen? In unserem Falle haben wir uns also unter anderem darüber klar zu werden, was unser Leben überhaupt für uns bedeutet, nach welchen Regeln es sich gestaltet, was uns an ihm wichtig und wertvoll ist und welche Möglichkeiten und Wege es für uns offen hält.

Ein anderes Feld besteht in der Kenntnis der *Rahmenbedingungen*, unter denen die Nutzung stattfindet, und der äußeren Einflussfaktoren, die dabei die größte Rolle spielen. Besonders mit diesem Thema und den damit verbundenen Fragen haben wir uns ja auch schon eingehend beschäftigt. Wie beispielsweise verändert sich die Berufswelt? Wie entwickeln sich die Verhältnisse im privaten Bereich? Und welche dieser Tendenzen haben für uns und unsere Lage die größte Bedeutung?

Ein nächster wichtiger Baustein ist eine ausreichende Vorstellung über das *Ziel* der Nutzung. Was wollen wir mit unserem Leben überhaupt anfangen? Wofür wollen wir es einsetzen? Was möchten wir erreichen und, ebenso wichtig, was wollen wir vermeiden? Nur wer sich mit allen diesen Fragen gleichermaßen beschäftigt, hat eine tragfähige Entscheidungsgrundlage für die Gestaltung seines Lebens.

Der vierte wesentliche Aspekt betrifft weniger den Bereich des Wissens als den des Handelns. Worum es geht, zeigt ein kleines Beispiel. Stellen Sie sich vor, jemand hat den Plan und auch den festen Willen, zum besten Konzertpianisten aller Zeiten zu werden. In diesem Fall hilft ihm auch das größte Wissen über das Klavierspiel und alles, was damit zusammenhängt, wenig, wenn er niemals lernt, das Instrument auch in einer bestimmten Qualität zu spielen. Was also ebenfalls zum unverzichtbaren Know-how gehört, ist die Fähigkeit, den betreffenden Gegenstand auch entsprechend *„bedienen" und „handhaben"* zu können.

Und besonders bei diesem Aspekt bestätigt sich vieles von dem, was wir bereits angedacht haben. Die Verwirklichung des eigenen Lebenserfolges bzw. die umfassende und sinnvolle Nutzung des eigenen Lebens ist in der Tat eine in jeder Hinsicht einzigartige Aufgabe, die spezielle und unvergleichliche Anforderungen an uns stellt. Wenn es darauf ankommt, das, was man in seinem Leben als richtig erkannt hat und was man sich vornimmt, ins eigene Handeln zu übertragen, wenn man also an den Punkt gekommen ist, an dem es um die „Umsetzung" der eigenen Vorstellungen, Vorhaben und Entscheidungen in den Alltag und in das eigene Verhalten geht, dann helfen einem Hurratexte („Jeder ist ein Sieger, also besonders auch du!") oder Alles-ist-einfach-Lösungen („Stecke deine Sorgen in einen rosa Ballon und lass ihn vom Frühlingswind davonwehen") ebenso wenig wie beispielsweise berufliche Fachqualifikation („Bilanzanalyse für Quereinsteiger"). Was man dafür vielmehr benötigt, ist eine besondere Art von Kompetenz, eben im Sinne einer besonderen Art von Handlungs-, Ausführungs- und Umsetzungskompetenz.

Die dritte Bedingung sind ausreichende Machtmöglichkeiten

So mancher mag annehmen, dass Wille und Know-how die einzigen Grundvoraussetzungen dafür sind, um etwas nutzen zu können, und dass sie damit auch genügen, um das eigene Leben auf umfassende Weise auszuschöpfen. Eine Bedingung fehlt aber noch. Man muss auch über die entsprechenden *Machtmöglichkeiten* dazu verfügen! Um bei unserem Beispiel zu bleiben – auch wenn es jemandem gelingen sollte, zum weltbesten Pianisten zu werden, er wird wenig davon haben, wenn ihm kein Instrument zu Verfügung steht oder wenn er Spielverbot erhält.

Worauf es hier also unter anderem ankommt, ist die Reduzierung von Abhängigkeiten, die Erweiterung von Freiheitsgraden, die Schaffung von Wahlmöglichkeiten und damit auch die Steigerung der persönlichen Entscheidungs- und Gestaltungsmacht. Vieles davon werden wir auf direktem Wege und verhältnismäßig schnell erreichen können, anderes wird nur indirekt und mit Hilfe einer langfristigen, strategischen Vorgehensweise gelingen. Auch hier sind die zentralen Ansatzpunkte selbstverständlich wir selbst und unser unmittelbares Umfeld. Unser Leistungs- und Realisierungsvermögen, unsere Überzeugungs- und Durchsetzungsfähigkeit und unsere Widerstandskraft spielen dabei sicher eine ebenso große Rolle wie beispielsweise unser Verhalten im Umgang mit anderen Menschen oder unsere Reaktion auf Rückschläge und Hindernisse. Die Herrschaft über die Welt werden wir also nicht erlangen (wozu auch?), nach der Herrschaft über uns selbst und über unser Leben können wir aber sehr wohl streben.

Was in der Summe zählt, ist der Grad der Lebensbeherrschung

Besonders der letzte Gedanke bringt uns ein großes Stück vorwärts. Ganz offensichtlich sind es also drei zentrale Kriterien, die darüber entscheiden, in welchem Umfang man in der Lage ist, etwas Bestimmtes zu nutzen – die Stärke des eigenen Willens, die Qualität des betreffenden Know-hows und die Machtmöglichkeiten, die man auf diesem Feld zu schaffen in der Lage ist. Wenn wir diese drei Kriterien nun miteinander kombinieren, wenn wir nach einem gemeinsamen Begriff für sie suchen und wenn wir sie auf unser Thema beziehen, dann haben wir den Schlüsselfaktor gefunden, von dem es abhängt, in welchem Maße wir unseren Lebenserfolg und unser Lebensglück fördern und erhalten können: Es ist der Grad unserer „*Lebensbeherrschung*"!

Was damit im Einzelnen gemeint ist und worauf der Begriff konkret abzielt, bedarf aufgrund unserer gedanklichen Vorarbeit eigentlich keiner allzu großen Erklärung mehr.

Zunächst bedeutet Lebensbeherrschung selbstverständlich (und wie bereits ausgesprochen), *die Herrschaft und Verfügungsgewalt über sein Leben* innezuhaben, also über sein Leben selbst zu bestimmen und zu gebieten und es auf seine Weise und für seine Zwecke einrichten und gebrauchen zu können. Gleichzeitig aber kommt die eigene Lebensbeherrschung auch in der *Gewandtheit, Geschicklichkeit und Kunstfertigkeit* zum Ausdruck, mit der man mit seinem Leben und dem, was in diesem Leben geschieht, umzugehen imstande ist. Es bedeutet, sich auf das Leben selbst zu verstehen, sich dem Leben und seinen speziellen Eigenarten und Anforderungen gewachsen zu zeigen und die Funktionen und Rollen, die man in ihm einnimmt, auf überzeugende und angemessene Weise gestalten und ausfüllen zu können.

Bei der Lebensbeherrschung geht es also nicht im Geringsten

darum, sich selbst zu verleugnen, sich in ein starres Verhaltenskonzept zu pressen, sein Leben einer einengenden Disziplin zu unterwerfen oder gar über andere die Macht ergreifen zu wollen, um ihnen eine bestimmte Lebensart aufzuoktroyieren. (Auch diese Assoziationen könnten sich ja im Zusammenhang mit einem Terminus einstellen, der mit „Beherrschung“ zu tun hat, jedenfalls bei denen unter uns, die eher zu einer negativen Interpretation der Dinge neigen!) Das Gegenteil ist der Fall. In seiner Quintessenz bedeutet Lebensbeherrschung, in der Lage zu sein, *sich seine Selbstbestimmung zu erhalten und es in Bezug auf die „Ausübung“ und das „Leben-Können“ dieses Lebens zu einer echten Meisterschaft zu*

Lebensbeherrschung

bringen – und damit eine Position zu erreichen, in der man quasi „über den Dingen steht“ und in der man die Freiheit und das Gestaltungsvermögen gewinnt, die erforderlich sind, um sein Leben so einzurichten, wie es den eigenen Wünschen und Vorstellungen entspricht.

Damit aber liegen der Lösungsweg, den wir zu nehmen haben, und die Schritte, die es dabei auszuführen gilt, klar und deutlich vor uns. Wenn unsere Möglichkeiten, ein erfolgreiches und glückliches Leben zu führen, umso größer sind, je höher der Grad unserer Lebensbeherrschung ist, dann wissen wir, wie die Kardinalstrategie für die Förderung und Sicherung unseres Lebenserfolges aussieht. Sie besteht darin, alles dafür zu tun, um uns selbst zu wirklichen Experten und „Profis“ im Umgang mit unserem Leben (und damit immer auch im Umgang mit uns selbst) zu machen, und alles daranzusetzen, um auf dem Gebiet der Lebensbeherrschung die höchste Stufe der Kompetenz und des Könnens zu erreichen!

Die Lösung heißt „Life Excellence“

Es lohnt sich, einen Moment innezuhalten und unsere letzten Gedanken Revue passieren zu lassen. Unsere Überlegungen zum Wesen und Inhalt des Lebenserfolges und unsere Analyse der Veränderungen und Herausforderungen im beruflichen und privaten Umfeld haben uns gezeigt, wo wir anzusetzen haben, wenn wir so leben möchten, wie es unseren Wünschen, Vorstellungen und Bedürfnissen entspricht. Lassen Sie uns also unsere wichtigsten Einsichten kurz zusammenfassen.

Die erste Erkenntnis lautet, dass die Zuständigkeit und Verantwortung für die Förderung und Sicherung unseres Lebenserfolges bei uns selbst liegen und dass insbesondere auch nur wir selbst über die dafür erforderlichen Mittel verfügen. Die zweite Erkenntnis ist, dass es einen zentralen Faktor gibt, der letztlich bestimmt, wie weit wir dabei kommen. Dieser Schlüsselfaktor ist der Grad unserer Lebensbeherrschung, also der Grad unserer Selbstbestimmung und der Grad unserer Gewandtheit und Geschicklichkeit, mit denen wir mit uns selbst, mit unserem Leben und mit dem, was in diesem Leben geschieht, umzugehen imstande sind. Und damit haben wir drittens auch die Lösungsformel und die Kardinalstrategie gefunden, um die es uns in der Summe geht. Es wird uns dann gelingen, unser Leben auf umfassende und sinnvolle Weise zu nutzen und unsere Lebensvorstellungen zu verwirklichen, wenn wir in Bezug auf unsere Lebensbeherrschung die höchste Stufe der Kompetenz erreichen und wenn wir uns zu wirklichen Experten und Könnern auf diesem Feld entwickeln.

Aus meiner Sicht erscheint nun ein Begriff besonders gut geeignet, um alle diese Gedanken zusammenzuführen und ihnen eine gemeinsame Überschrift zu verleihen, die zudem auch noch als Leitidee für alles Folgende zu dienen vermag. Es ist ein Begriff, der sowohl anschaulich beschreibt, wie man diese „höchste Stufe“ der Lebensbeherrschung benennen kann, als auch treffend wiedergibt, welche Art und welches Niveau der persönlichen Befähigung und Qualifikation man bei sich zu entwickeln und zu etablieren hat, wenn man auf diese Stufe kommen möchte. Und dieser Begriff lautet: *„Life Excellence“!*

Life Excellence ist die Summe aus Selbstmächtigkeit, Erfolgstalent und Lebenskunst

Was aber bedeutet Life Excellence konkret? Was also zeichnet einen Menschen aus (oder anders herum, was benötigt ein Mensch), der, wie wir es gesagt haben, auf treffsichere und elegante Weise mit seinem Leben umzugehen versteht, der sich dem Geschehen als gewachsen und überlegen erweist, der die Weichen so zu stellen vermag, dass er seine Lebensziele umsetzt und seine Lebenswelten in Einklang bringt, der es schafft, sich seine Energie und positive Grundstimmung zu erhalten, und dem es gelingt, die Möglichkeiten, die ihm sein Leben bietet, auszuschöpfen und es damit zu etwas zu machen, das man als ein „gelungenes Gesamtwerk“ bezeichnen könnte?

Auch hier führen uns unsere bisherigen Überlegungen zum Inhalt und Wesen des Lebenserfolges und der Lebensbeherrschung auf die richtige Spur. Wer die Macht über sein Leben gewinnen möchte, der muss zuerst einmal die Macht über sich selbst erlangen. Wer seine Wünsche und Vorstellungen umsetzen will, der darf nicht auf andere setzen, sondern muss die angestrebten Ergebnisse in der Hauptsache auf der Basis seiner eigenen Leistungsfähigkeit und Schaffenskraft verwirklichen können. Und wem es darum geht, seinem Leben eine besondere Form und Qualität zu verleihen, der hat sich automatisch auch auf die Form und Qualität seiner Lebensgestaltung und Lebensführung zu konzentrieren. Alles das gemeinsam zeigt uns nun, aus welchen Elementen sich Life Excellence zusammensetzt und wie wir diese besondere Eigenschaft und Befähigung definieren können:

Life Excellence ist eine Einstellung, eine Denkweise und ein Verhalten, mit denen es gelingt,

- seine **Selbstmächtigkeit** zu erhöhen und sich zu einer eigenständigen, selbstbestimmten und selbstverantwortlichen Persönlichkeit zu entwickeln,
- sein **Erfolgstalent** zu aktivieren und in Bezug auf seine Ziele und Vorhaben das Beste aus seinen Chancen und Handlungsmöglichkeiten zu machen,
- seine **Lebenskunst** zu fördern und sein Leben auf kluge, gekonnte und gewinnbringende Weise zu gestalten und zu führen.

Selbstmächtigkeit, Erfolgstalent, Lebenskunst – alle drei Begriffe erfüllen zwei Funktionen. Zum einen erweisen sie sich als Auffanggefäß bzw. als Anlauf- und Konzentrationspunkte für alles, worüber wir bisher nachgedacht haben. Zum anderen wirken sie wie Türöffner, die uns bereits an dieser Stelle den Blick darauf erlauben, worauf wir achten müssen, wie wir uns verhalten sollten und was wir zu tun haben, um so leben zu können, wie es unseren Bedürfnissen und Vorstellungen entspricht. Alle drei Elemente von Life

Excellence haben es deshalb verdient, dass wir uns näher mit ihnen beschäftigen.

Selbstmächtigkeit ist die Basis

Beim Thema der Selbstmächtigkeit können wir zwei Wege gehen. Selbstmächtigkeit ist (ebenso wie Lebenskunst) ein Begriff aus der Sprache der Philosophie, dessen Wurzeln bis weit in die Epoche der antiken bzw. hellenistischen Denkwelt zurückreichen. Eine Möglichkeit, zudem eine sehr verführerische, bestünde deshalb darin, tiefer in diese Denkwelt einzusteigen und erst einmal so etwas wie eine philosophiewissenschaftliche Grundbestimmung des Begriffes und seiner Verknüpfungen vorzuschalten, bevor wir uns wieder unserem eigentlichen Thema zuwenden. Diese Vorgehensweise hätte bloß einen Haken – sie würde den Rahmen sprengen, der uns zur Verfügung steht, und sie würde uns auch zu weit vom Hauptziel und Hauptgegenstand unseres Buches fortführen. Lassen Sie uns also den zweiten Weg wählen und ohne zusätzlichen Exkurs darüber nachdenken, was Selbstmächtigkeit in der Lebenspraxis und im Lebensalltag bedeutet und weshalb sie so wichtig und unverzichtbar für uns ist (was nicht heißen soll, dass wir auf die Möglichkeit verzichten, an geeigneter Stelle an die Vielzahl der Einsichten anzuknüpfen, die das Feld der Philosophie für uns bereithält).

Selbstmächtigkeit bedeutet, sich selbst zu gehören

Zunächst einmal zum Kern des Begriffes. In der Hauptsache heißt Selbstmächtigkeit, *sich selbst zu gehören*, also *sich das Eigentum an sich selbst und an seinem Leben zu erhalten* und es nicht anderen zu übergeben oder zu überlassen. Selbstmächtigkeit ist damit die eigentliche Basis der Selbstbestimmung und der Befähigung, das eigene Leben so zu gestalten und zu nutzen, wie man es möchte. Gleichzeitig wird deutlich, dass Selbstmächtigkeit ein dualer Begriff ist, der immer in zwei Richtungen wirkt und der im Sinne einer doppelten Autonomie definiert werden kann. Im Blick auf die Außenwelt manifestiert sich diese Autonomie in der Fähigkeit, dem *unerwünschten Zugriff anderer auf die eigene Person und Lebenswelt Einhalt gebieten zu können* und in der Lage zu sein, sich vor einer übermäßigen Fremdbeeinflussung oder gar Fremdherrschaft zu schützen. In der Innenperspektive richtet sich der Blick dagegen in der Hauptsache auf den Aspekt der Förderung und Sicherung der eigenen Selbstständigkeit und Selbstverantwortung. Hier bedeutet Selbstmächtigkeit also, sich als eigenständige Persönlichkeit zu erweisen, *die in sich selbst ruht, die aus sich selbst heraus Kraft schöpft und die insbesondere aus sich selbst heraus zu denken und zu handeln vermag.*

Selbstmächtigkeit, so viel können wir an dieser Stelle schon sagen, hat also sehr viel zu tun mit der Herstellung und Bewahrung der inneren und äußeren Unabhängigkeit, einer Unabhängigkeit, die es erlaubt, die Regeln des eigenen Lebens selbst festzulegen, sich seine Entscheidungs- und Handlungsmacht zu erhalten und über sich selbst als Ausgangsbasis für die Verwirklichung seiner Ziele zu verfügen. Neben dem Aspekt der persönlichen Freiheit gibt es aber noch andere Faktoren, die zeigen, worum es bei Selbstmächtigkeit geht und worauf sie sich gründet.

Selbstmächtigkeit bedeutet, sich seiner selbst bewusst zu sein

Ein weiterer Baustein von Selbstmächtigkeit ist Selbstbewusstsein – wobei aber eben nicht nur der Grad der eigenen Selbst*sicherheit* gemeint ist, sondern insbesondere das Maß der eigenen Selbst*erkenntnis.*

Im ersten Augenblick erscheint ein solcher Hinweis auf das Wissen von und über sich vielleicht überflüssig. „Wenn ich jemanden sehr gut kenne, dann doch wohl mich selbst“, wird so mancher von uns sagen. Aber stimmt das auch? In Wirklichkeit gibt es wohl kaum eine anspruchsvollere Aufgabe als die, das eigene „Ich“ zu erkennen und zu beschreiben. Fehlende Objektivität, die Schwierigkeit, aus sich selbst herauszutreten und sich von außen zu beobachten, festgefahrene Selbst-Vorurteile und eigenes Wunschdenken, alles das erschwert es enorm, zu einem treffenden Bild von sich zu kommen. Dennoch gibt es Möglichkeiten. Eine davon besteht darin, sich einer Antwort auf indirektem Wege zu nähern, beispielsweise mit der

Thales rät

Analyse der eigenen Neigungen und Bedürfnisse, der Beschreibung der Werte und Moralvorstellungen, von denen man sich lenken lässt, oder dem Versuch, aus der eigenen Historie abzuleiten, welche Denkweise und Handlungsmuster bei einem selbst im Vordergrund stehen. Und genau diese Gelegenheiten sollte man sich nicht entgehen lassen. Auch wenn man die Frage „Was bin ich für ein Mensch?" wohl nie zu 100 Prozent wird klären und beantworten können, so erfordert das Prinzip der Selbstmächtigkeit doch, in Bezug auf sich und sein Verhalten mit der größtmöglichen Aufmerksamkeit und Wachheit durchs Leben zu gehen. *„Keiner kann Herr über sich sein, wenn er sich nicht zuvor begriffen hat. Spiegel gibt es für das Antlitz, aber keine für die Seele; daher sei ein solcher das verständige Nachdenken über sich"*, so rät uns Baltasar Gracián.

Selbstmächtigkeit bedeutet, sich selbst zu akzeptieren

Unsere Gedanken zur Bedeutung der Selbsterkenntnis leiten uns direkt zu einem weiteren Bestandteil von Selbstmächtigkeit. Es ist die Befähigung, das, was untrennbar und unauflösbar mit der eigenen Persönlichkeit verbunden ist, *akzeptieren zu können* und gleichzeitig zu erlernen, damit *auf angemessene und sinnvolle Weise umzugehen*. Auch dieser Punkt verdient eine kurze Erläuterung.

Auf der einen Seite gilt, dass die eigenen Entwicklungs- und Veränderungsmöglichkeiten enorm sind. Jeder von uns kann seine Einstellung, seine Denkweise und sein Verhalten überprüfen und ihnen eine neue Qualität verleihen (genau davon handelt ja auch dieses Buch). Auf der anderen Seite sind aber bestimmte Elemente unserer Persönlichkeit feste Größen, wie beispielsweise die Grundzüge unseres Charakters und Wesens oder die Grundrichtung unserer Anlagen und Talente. Wer diese Gegebenheiten nun ignoriert, wer in seinem Leben ein anderer sein will, als er in Wahrheit *ist* oder jemals werden *kann,* der wird niemals zu wirklicher Lebensbeherrschung kommen. Er wird sich einer ständigen Zerreißprobe aussetzen, die er nicht gewinnen kann und die ihn nicht nur seine Selbstmächtigkeit, sondern seine Lebenszufriedenheit und sein Lebensglück insgesamt kosten wird.

Selbstakzeptanz heißt also in keiner Weise, eigene Schwächen einfach hinzunehmen und sich nicht mehr verändern oder weiterentwickeln zu wollen, nach dem Motto: „Da kann man sowieso nichts machen.“ Im Gegenteil. Selbstakzeptanz bedeutet, zu sich selbst zu stehen und sich selbst gelten zu lassen – und damit auch zu einer Übereinstimmung mit sich selbst zu kommen. Und erst diese Selbstanerkennung und dieser Einklang mit sich selbst eröffnen die Möglichkeit, den Grad an Selbst*bewusstsein* im Sinne von Selbstsicherheit zu entwickeln, die man braucht, um die Projekte in Angriff nehmen zu können, mit denen man sich als Persönlichkeit vorwärts bringt und mit denen es gelingt, die eigenen Vorhaben in die Tat umzusetzen.

Selbstmächtigkeit bedeutet, sich selbst zu genügen

Wie stark der Ansatz der Selbstmächtigkeit in der antiken Philosophie verwurzelt ist, haben wir ja bereits erwähnt. Der Schlüsselbegriff in diesem Zusammenhang ist *autárkeia*, also (direkt übersetzt) „Selbstgenügsamkeit“, die bei Sokrates und Plato beschrieben wird als ein „Zustand, bei dem man keines anderen bedarf“, und die (auch in Denkschulen wie denen der Kyniker oder der Stoiker) auf dem Wege einer schlichten, bedürfnislosen und enthaltsamen Lebensführung und mit Hilfe entsprechender Übung (*Askese*, aus gr. *áskesis*) erreicht werden soll. Das Ziel ist auch hier, sich von allem zu trennen, was einen unfrei macht und daran hindert, sich selbst zu gehören. „*Die schönste Frucht der Selbstgenügsamkeit ist Freiheit*“, so sagt es Epikur in einem Satz.

Das antike Modell der Selbstgenügsamkeit ist nun sicher ein Ideal, dem man sich nur höchst unvollkommen wird nähern können. Die wenigsten von uns werden sich wirklich auf die Spuren eines Diogenes begeben wollen, der selbst nach den Ansichten seiner Zeitgenossen „das Leben eines Hundes“ (gr. *„kýon“*) führte und, da er diesen Ruf als persönliche Auszeichnung verstand, auch zum bekanntesten Vertreter der oben genannten Philosophenschule der Kyniker wurde. Dennoch, das Prinzip, der Grundgedanke der Selbstgenügsamkeit, ist gerade in der heutigen Zeit von größter Wichtigkeit für uns. Wie können wir ihn deshalb im Rahmen unseres Themas auslegen und für uns nutzen? Die folgenden Überlegungen liefern vielleicht eine erste Antwort.

Zunächst geht es bei Selbstgenügsamkeit ganz sicher auch in unserem Kontext um die Fähigkeit, *die eigenen Wünsche steuern und im Zaum halten zu können*. Nicht alles haben wollen, nicht alles sofort haben wollen, nicht jeder Mode und jedem Objekt hinterherlaufen, den relativen Wert der (materiellen) Dinge erkennen, verzichten können, sich nicht zum Spielball seiner eigenen Begierden machen zu lassen, der Einfachheit den Vorzug geben – das alles sind dabei zentrale Stichworte, auf die wir, gemeinsam mit weiteren Gedanken, im folgenden Buchabschnitt sicher näher einzugehen haben.

Mindestens genauso wichtig ist die zweite Dimension des Begriffes. Selbstgenügsamkeit bedeutet auch, *sich*, jedenfalls in bestimmter Hinsicht und in bestimmtem Maße, *als Mensch zu genügen*! Worum es hier geht, ist beispielsweise die Fähigkeit, mit sich alleine auskommen, also sich mit sich selbst beschäftigen zu können, Zeit mit sich alleine verbringen zu können oder seine Gedanken und Gefühle mit sich als Partner diskutieren zu können. Wer dagegen ausschließlich in der Gegenwart anderer existieren kann, wer jede freie Minute mit Aktivität füllen muss, wer ständig äußere Reize und Ablenkung sucht, der ist von Selbstgenügsamkeit weit entfernt, ebenso weit wie von der Möglichkeit, jemals zu innerer Ruhe zu finden. Auch diese Gedanken werden wir sicher noch einmal aufgreifen müssen.

Und schließlich ist das Prinzip der Selbstgenügsamkeit in einer dritten Hinsicht für uns von Bedeutung, als *Regulativ für den Umgang mit unseren Zielen und unserem Ehrgeiz*. Es zeigt, dass Perfektionismus nicht immer der beste Ratgeber ist und dass man auch in Bezug auf die eigenen Leistungen bei seinem Anspruchsdenken gewisse Grenzen nicht überschreiten sollte. Selbstgenügsamkeit heißt an dieser Stelle also unter anderem, nicht mit Gewalt auf allen Gebieten alles erreichen zu wollen, sich nicht permanent zu überfordern und in bestimmten Situationen auch einmal mit einem Ergebnis zufrieden zu sein, das unterhalb der ursprünglichen Erwartungen liegt.

Selbstmächtigkeit bedeutet, die Kontrolle über sich in den Händen zu behalten

Selbstmächtigkeit ist ohne Selbstkontrolle nicht möglich. Da „Kontrolle“ nun aber ein Begriff ist, der nicht unbedingt mit positiven Assoziationen belegt ist, sollten wir auch dieses Element der Selbstmächtigkeit ein wenig näher beschreiben.

Lassen Sie uns damit beginnen, zu sagen, worum es *nicht* geht. Selbstkontrolle hat in unserem Zusammenhang sicher nichts zu tun mit Selbstverleugnung oder der Verdrängung bzw. Unterdrückung der eigenen Emotionen oder Bedürfnisse. Sich jede Sekunde im Griff haben zu wollen, den eigenen Gefühlen nie freien Lauf zu lassen und immer nur nüchtern, rational und beherrscht zu handeln, das wäre ein geradezu weltfremder und absurder Anspruch, der mit einem erfolgreichen und glücklichen Leben nie zu verbinden wäre. Worum geht es aber dann?

Ein zentraler Aspekt der Selbstkontrolle ist auf alle Fälle, sich in seinem Denken und Auftreten selbst beobachten und überprüfen zu können, beispielsweise, um die Entwicklung der eigenen Persönlichkeit aktiv und bewusst zu steuern und zu beeinflussen, um in keine negative Verhaltensroutine zu verfallen oder um zu vermeiden, dass man erst von seinen Partnern darauf aufmerksam gemacht werden muss, dass man in bestimmter Hinsicht möglicherweise kein allzu großer Gewinn für die Menschheit ist. Hier spielen demnach auch die Fähigkeiten der *Selbstdistanz* und insbesondere der *Selbstkritik* eine entscheidende Rolle.

Ein anderer Gesichtspunkt besteht darin, sich in seinem Leben innerhalb einer von einem selbst als richtig empfundenen Bandbreite bewegen, also eine bestimmte Linie und einen bestimmten Stil beibehalten zu können, sowohl grundsätzlich als auch in der Vielzahl der speziellen Alltagssituationen. An dieser Stelle kommt damit dann der Faktor der *Selbstdisziplin* ins Spiel.

Und schließlich heißt Selbstkontrolle natürlich auch, über genügend innere Stärke und Stabilität einerseits und ausreichende Flexibilität und Anpassungsfähigkeit andererseits zu verfügen, um sich nicht von jedem Problem oder als negativ empfundenen Ereignis erschüttern und aus dem Gleichgewicht bringen zu lassen. In diesem Falle geht es damit in der Hauptsache um so etwas wie *situative Selbstkontrolle* bzw. um Selbstbeherrschung im klassischen und engen Sinne – sich nicht sofort ärgern, sich nicht sofort ängstigen („keine Panik“ als oberste Regel der Schiffsführung bei Unglücksfällen!), abwarten können, nicht immer sofort reagieren, über den Dingen stehen, das alles sind Stichworte, die hier zu nennen sind.

In einem Satz: Lebenserfolg und Lebensglück sind ohne Selbstmächtigkeit nicht möglich

Sicher gibt es noch weitere Elemente der Selbstmächtigkeit, über die es sich nachzudenken lohnt. Da uns aber noch ein ganzer Buchteil zur Verfügung steht, in dem wir die genannten Aspekte wieder aufgreifen können (und werden), um sie zu erweitern, zu ergänzen und mit neuen Gedanken zu verbinden, sollten wir an dieser Stelle zu einem Fazit kommen. Es fällt ganz knapp aus. Selbstmächtigkeit, das haben wir gesehen, ist die Grundvoraussetzung der Lebensbeherrschung und der erste elementare Baustein von Life Excellence. Nur wer sich selbst gehört, wer in sich selbst ruht und wer sich auf sich selbst besinnen und zurückziehen kann, dem wird es gelingen, bei der Entscheidung über sein Leben das letzte Wort zu behalten und die Weichen so zu stellen, wie er es will.

Erfolgstalent macht den Weg frei

Bestimmte Menschen sind ein Phänomen. Sie starten mit ihren Plänen und Projekten an der gleichen Stelle wie alle anderen, sie finden die gleichen Bedingungen vor, sie sehen sich den gleichen Hindernissen gegenüber und sie müssen mit den gleichen Ressourcen auskommen – und doch erzielen sie Ergebnisse, die völlig anders und weit besser sind als die des Durchschnitts. Aber nicht nur das. Sie kommen nicht nur schneller voran und weiter voran, sondern gleichzeitig auch auf eine andere Art und Weise. So groß die Anstrengungen objektiv auch sein mögen, irgendwie gelingt es ihnen, sich mit einer gewissen Leichtigkeit zu bewegen und sich ihre Freude und ihren Enthusiasmus an der entsprechenden Aufgabe zu erhalten. Während die einen also, bildlich gesprochen, noch auf dem Parkplatz am Fuß des Berges stehen und über die Wetterbedingungen klagen („zu heiß, zu kalt, zu trocken, zu nass") oder die anderen nach drei Vierteln des Weges beschließen, besser umzukehren („Für heute reicht's!"), können diese Menschen bereits den Ausblick vor der Almhütte genießen. Und während die Mehrzahl der Rückkehrer erst einmal erschöpft zu Boden sinkt, halten sie sich kraftvoll auf beiden Beinen und sind mit ihren Gedanken schon bei der Lösung der nächsten Herausforderung.

Natürlich ist dieses Idealbild überpointiert. Seine Botschaft ist aber eine ganz sachliche. Es gibt Menschen, die eine besondere Eigenschaft und Befähigung entwickelt haben und für sich nutzen können. Es ist eine Eigenschaft und Befähigung, die für unser Thema von zentraler Bedeutung ist und die das zweite konstituierende Element von Life Excellence bildet. Sie lautet „Erfolgstalent"!

Erfolgstalent ist „Können an sich"

Lassen Sie uns also versuchen, zu beschreiben, was Erfolgstalent im Einzelnen bedeutet. Wenn man es in einem kurzen Satz zusammenfassen wollte, dann würde die beste Definition lauten, Erfolgstalent bedeutet „*Können an sich*". Was ist nun aber wieder mit „Können an sich" gemeint?

Vielleicht ist es am günstigsten, sich auch hier der Antwort indirekt anzunähern. Wenn vom Können eines Menschen gesprochen wird, dann ist üblicherweise die Rede von einem Können, das sich auf ganz spezielle und inhaltlich fest abgegrenzte Themenfelder bezieht. Besonders deutlich wird dieser Sachverhalt im Berufsleben. Hier geht es bei Können immer um ein fachspezifisches Können, also um die Erfahrungen, Kenntnisse und Fähigkeiten, über die ein Mensch in Bezug auf seine einzelnen Tätigkeitsbereiche und die damit verbundenen Funktionen und Rollen verfügt.

Im Vergleich dazu ist Erfolgstalent bzw. „Können an sich“ etwas völlig anderes. Bei ihm geht es nicht um eine auf einen Einzelbereich ausgerichtete und auf ihn begrenzte Spezialqualifikation, sondern um die Befähigung zum „*Erfolgreich-sein-Können an sich*“, also um die Kenntnis davon, wie man *grundsätzlich* zu denken, zu entscheiden und zu handeln hat, um die eigenen Erfolgsaussichten zu erweitern, das eigene Erfolgspotenzial auszuschöpfen und bei seinen Vorhaben so schnell und so weit wie möglich voranzukommen (und dabei dann eben unter anderem auch seine beruflich-fachliche Kompetenz auf gewinnbringende Weise einsetzen zu können!).

Erfolgstalent bedeutet, die Weichen richtig zu stellen

Noch anschaulicher kann aber selbstverständlich ein Beispiel zeigen, um was es bei Erfolgstalent geht und auf welche Art und Weise sich „Können an sich“ konkret äußert. Stellen Sie sich deshalb bitte einmal einen Menschen vor, der mit einem für ihn wichtigen Projekt beschäftigt ist, und lassen sie uns gemeinsam überlegen, wie er in bestimmten Situationen entscheiden und handeln kann.

Er kann die Aufgabe als Belastung und Bedrohung betrachten oder als Herausforderung und Chance. Er kann furchtsam und zögerlich ans Werk gehen oder mutig und kraftvoll. Er kann es erst einmal auf gut Glück versuchen oder sich gründlich vorbereiten. Er kann sich verzetteln und ablenken oder mit Konzentration bei der Sache bleiben. Er kann Rückschläge als ungerechte Katastrophen empfinden und sich von ihnen lähmen lassen oder sie als Teil der Normalität betrachten und einfach einen neuen Anlauf nehmen. Er kann in wichtigen Situationen auf den Zufall und ein gütiges Schicksal hoffen oder am Ball bleiben und das Ruder fest in beide Hände nehmen. Er kann als überheblicher Einzelkämpfer auftreten oder als liebenswürdiger Partner, der sich bemüht, die

Unterstützung und das Wohlwollen anderer zu gewinnen. Er kann seine Ressourcen nach dem Gießkannenprinzip verteilen oder dort einsetzen, wo sie am meisten gebraucht werden und die größte Wirkung entfalten. Er kann handeln, wann immer es ihm gerade einfällt, oder stets darauf achten, dass auch das Timing stimmt. Er kann bei Entscheidungen und Maßnahmen alles auf eine Karte setzen oder sich Alternativen und Rückzugsmöglichkeiten offen halten. Er kann sich überschätzen und seine Leistungsfähigkeit ruinieren oder Pausen und Regenerationsphasen einplanen, um neue Kräfte zu sammeln. Er kann bei Widerständen verbissen und verbohrt immer wieder gegen dieselbe Stelle anrennen oder irgendwann beginnen, nach neuen Wegen und Ansatzpunkten zu suchen. Er kann für alle Ziele Einheitsmethoden verwenden oder für jede Teilaufgabe ein spezielles Instrumentarium wählen. Er kann nur darauf blicken, was schief gelaufen ist und was noch vor ihm liegt, oder gleichzeitig immer auch darauf, was gut gelungen ist und was er bereits geschafft hat. Und er kann zulassen, dass ihn das betreffende Projekt völlig auffrisst, oder sich um eine ausreichende innere Distanz bemühen, die es ihm erlaubt, sich parallel auch anderen wichtigen Themen und Bereichen in seinem Leben zu widmen.

Erfolgstalent ist die Fähigkeit, die zentralen Grundregeln des Erfolges zu erkennen und für sich zu nutzen

Selbstverständlich ist eine Aufzählung dieser Art immer mit Einschränkungen verbunden. Die Gegenüberstellung der Alternativen überspringt die Zwischentöne, es könnten weit mehr Aspekte genannt werden und die Auswahl und Zusammenstellung folgt letztlich subjektiven Kriterien.

Dennoch zeigt unser Beispiel, was Erfolgstalent bzw. „Können an sich" bedeutet. Ganz offensichtlich ist jedes Vorhaben und Ziel von uns mit einer Vielzahl von Entscheidungs-, Handlungs- und Verhaltensalternativen verbunden, die sich aber alle, von ihrer Folgewirkung her betrachtet, in zwei „Richtungen“ einteilen lassen. Entweder sie schaffen so etwas wie „günstige Umstände“ und machen es uns leichter, uns unserem Ziel zu nähern, oder sie bewirken das Gegenteil davon. Und genau an dieser Stelle spielt das eigene Erfolgstalent die entscheidende Rolle. Es ist die Befähigung, sich so zu entscheiden und zu verhalten, dass man das *Beste aus einer bestimmten Ausgangslage macht*, dass man *auch unter ungünstigen und schwierigen Bedingungen handlungsbereit und handlungsfähig bleibt* und dass es einem gelingt, seine *Chancen und Gestaltungsmöglichkeiten zu erhöhen und zu nutzen.*

Je länger man nun über diesen Kern der Definition von Erfolgstalent nachdenkt, desto deutlicher erkennt man, welche Einzelelemente darin eingeschlossen sind. Die Fähigkeit des strategischen Denkens und Handelns, das Erkennenkönnen der eigenen Stärken und Schwächen (und der Umgang mit ihnen), die Förderung und Erhaltung des eigenen Leistungsvermögens und der eigenen Schaffenskraft, die Kultivierung des eigenen Problemlösungs- und Problemvermeidungsvermögens (wobei es um zwei Bereiche geht – die Lösung von schwierigen Aufgaben und den Umgang mit Belastungsfaktoren), die Stärkung der eigenen Urteilskraft und der eigenen Sehfähigkeit für das, was wirklich zählt, der Wille und die Fähigkeit, sich selbst zu verändern und weiterzuentwickeln, alles das sind zentrale Faktoren, auf denen das eigene Erfolgstalent aufbaut und von denen es abhängt, in welchem Maße man es zu aktivieren vermag.

Erfolgstalent dient allen Lebensbereichen

Es ist an der Zeit, unser Bild abzurunden. Welche Schlussfolgerungen können wir also zum Abschluss aus unseren bisherigen Überlegungen ziehen?

Als Erstes sicher die, dass unsere Definition von „Können an sich" zeigt, dass es eine *universelle Befähigung* ist, die sich auf alle Lebensbereiche bezieht und die allen Lebensbereichen dient. Günstige Umstände zu schaffen und schon im Vorfeld die Weichen richtig zu stellen, die Zahl seiner Chancen zu erhöhen, den Weg von Hindernissen zu befreien, die eigene Schrittlänge und Schrittgeschwindigkeit zu erhöhen und gleichzeitig bei Atem zu bleiben – alles das zu können ist eben nicht nur eine Grundlage für den Erfolg im Berufsleben, sondern auch für die Verwirklichung der Pläne und Projekte im privaten Bereich.

Zweitens sehen wir, dass Erfolgstalent einen stark *heuristischen Charakter* hat. Das Denken in Systemen, das Wissen um die zentralen Erfolgsfaktoren, das Gefühl für die am besten geeignete Vorgehensweise, der Besitz von Entscheidungs- und Handlungskriterien und die Kenntnis und Beherrschung von Grundsätzen, Methoden und (geistigen) Werkzeugen, um alles das geht es also auch, wenn von „Können an sich" die Rede ist.

Und schließlich ist offensichtlich, dass *Erfolgstalent und Selbstmächtigkeit auf das Engste miteinander verknüpft sind* und sich in dem Aspekt „aus sich selbst heraus handeln zu können" bzw. „die eigenen Vorhaben aus sich selbst heraus voranbringen und verwirklichen zu können" geradezu überschneiden. Selbstmächtigkeit, so könnte man aber eine Differenzierung treffen, stellt dabei das Potenzial bereit, während Erfolgstalent die zielgerichtete und gewinnbringende Nutzung dieses Potenzials ermöglicht.

Doch so wichtig Selbstmächtigkeit und Erfolgstalent auch sind und so sehr sie sich gegenseitig stützen und fördern, eine tragende

Säule, eine besondere Eigenschaft und Befähigung muss noch hinzukommen, damit es gelingt, die eigenen Lebensvorstellungen zu verwirklichen und seinen Lebenserfolg und sein Lebensglück fördern und sichern zu können. Und dieser dritte Baustein von Life Excellence ist die Lebenskunst!

Lebenskunst bildet die Klammer

Bei Lebenskunst stehen wir vor derselben Entscheidung wie bei Selbstmächtigkeit. Lebenskunst ist ebenfalls ein Begriff, der seinen Ursprung in der Antike hat und bei dem es sich mehr als lohnen würde, zunächst einmal zu untersuchen, auf welche Weise er in den unterschiedlichen philosophischen Denkschulen über die Epochen der Philosophiegeschichte hinweg interpretiert wird. Aber auch hier gilt, was wir schon beim ersten Element von Life Excellence erkannt haben. So reizvoll (und angesichts der Bedeutung und des Facettenreichtums des Begriffes auch angemessen) eine solche Untersuchung auch wäre, sie würde den anderen Bereichen, die für unser Thema unerlässlich sind, zu wenig Raum übrig lassen. Lassen Sie uns deshalb auch an dieser Stelle den direkten Weg einschlagen und ohne zusätzlichen Exkurs überlegen, weshalb Lebenskunst so wichtig für uns ist und wie wir sie in unserem Kontext am besten definieren können.

Kaum ein Thema wird in seiner Bedeutung für das eigene Leben so unterschätzt wie das der Lebenskunst

Das Erste, was einem im Zusammenhang mit Lebenskunst auffällt, ist, dass es kaum einen anderen Faktor zu geben scheint, der für die Verwirklichung der eigenen Lebensvorstellungen eine so große Bedeutung hat und dem gleichzeitig in den meisten Fällen so wenig Beachtung geschenkt wird. Ganz genau wird dieses Phänomen schon von Lew N. Tolstoi beschrieben: „*Ein Wissen ist besonders wichtig und zuverlässig: das Wissen, wie man leben soll. Und gerade dieses Wissen wird gering geschätzt und als unwichtig und unzuverlässig angesehen.*"

Die einen betrachten Lebenskunst als schlicht überflüssig. Wenn sie überhaupt einmal über Lebenskunst nachdenken, dann sehen sie in ihr eine wertlose und inhaltlich kaum greifbare Sekundärfähigkeit, die niemand wirklich braucht und deren Nutzen für das eigene Berufs- und Privatleben nicht nur schwer erkennbar ist („Was bringt mir das konkret?"), sondern in Wahrheit gegen null tendiert. Lebenskunst ist für sie also eine Banalität und Sinnlosigkeit, etwas, mit dem sich zu befassen und zu beschäftigen nicht weiter lohnt und das reine Zeitverschwendung wäre. Gründe für diese Denkweise gibt es viele. Konzentration auf das, was man sofort greifen kann („Ich will keine Lebenskunst, sondern eine Gehaltserhöhung und 14 Tage Urlaub"), Verachtung von allem, was sich nicht unter den Oberbegriff „hard facts" zusammenfassen lässt („Ein Mann in meiner Position braucht Führungsstärke und gute Umsatzzahlen, sonst gar nichts"), oder schlicht Ignoranz („‚Leben' und ‚Kunst' – wie das schon klingt") sind nur einige davon.

Andere haben durchaus eine gewisse Ahnung, dass Lebenskunst für sie von Bedeutung sein könnte. Sie reduzieren den Begriff in ihrer Vorstellung aber auf etwas, das man vielleicht am besten mit „erfolgreichem Durchwursteln" bezeichnen könnte und das letztlich das Denken und Verhalten eines Menschen umschreibt, dem zwar kaum etwas von dem gelingt, was er sich vornimmt, der sich aber über sämtliche privaten Rückschläge („Andere Mütter haben auch schöne Töchter") und beruflichen Reinfälle („Wie gewonnen, so zerronnen") dadurch hinwegzutrösten vermag, dass er seine Erfüllung in Nebensächlichkeiten sucht und findet („Das Leben ist zu kurz, um schlechten Wein zu trinken"), und der perfekt erlernt, sich in der Rolle des Fuchses zu gefallen, der alles für zu sauer erklärt, was er insgeheim gerne hätte, aber nicht erreichen kann. Lebenskunst wird in dieser Sicht also auf das Klischee des so genannten „Lebenskünstlers" eingeengt, einer Gestalt, die, so in etwa ein mögliches Bild, mit einem Glas Bordeaux in der rechten Hand und einer Zigarette ohne Filter im linken Mundwinkel, vor ihrer leicht verfallenen Finca im mallorquinischen Hinterland sitzt und ohne zu sprechen (und vielleicht auch ohne zu denken) stundenlang lächelnd auf dieselbe Hügelkette zu blicken vermag, die ihren Unterhalt mit dem gelegentlichen Verkauf selbst gemalter Landschaftsaquarelle an Pauschaltouristen zu decken versucht und die ansonsten den lieben Gott einen guten Mann sein lässt („Über 250 Sonnentage im Jahr und einen Schöpfbrunnen vor der Tür, wozu brauche ich da Strom und fließend Wasser?").

Und wieder andere haben den großen Irrglauben, dass sie entweder längst über alles verfügen oder, falls noch erforderlich, sich ohne jeden Aufwand, quasi mit links und nebenbei, alles aneignen könnten, was sie für Lebenskunst benötigen und was mit Lebenskunst zu tun hat. Es sind Menschen, die sehr wohl ein Grundgefühl dafür besitzen, dass Lebenskunst von elementarer Bedeutung ist, und die zudem auch über die genannten Lebenskunst-Klischees hinwegzublicken vermögen, die aber gleichzeitig der festen Überzeugung sind, dass es sich dabei um eine „einfache Angelegenheit" handelt, um eine Eigenschaft und Befähigung, für die ein wenig guter Wille und die Kenntnis einiger sinniger Kalenderweisheiten („Auf jeden Regen folgt die Sonne") völlig ausreichen. Lebenskunst gewissermaßen auf der Ebene von Malen nach Zahlen („Hätte dieser van Gogh auch nicht besser hingekriegt").

Wenn aber nun alle diese geschilderten Einschätzungen der Lebenskunst tatsächlich nicht gerecht werden, wenn also Lebenskunst nicht unwichtig, sondern unerlässlich ist, wenn es bei ihr um etwas anderes und um weit mehr geht als nur darum, sich irgendwie auf clevere und nonchalante Weise an allem vorbeizuschlängeln, was einem im Leben unangenehm erscheinen könnte, und wenn man Lebenskunst nicht en passant erlernen und bei sich etablieren kann, sondern nur dann, wenn man sie als Thema ernst nimmt und sich darauf konzentriert, sie immer wieder aufs Neue zu erproben und zu kultivieren – was bedeutet Lebenskunst dann eigentlich tatsächlich? Lassen Sie uns versuchen, die Antwort schrittweise einzukreisen.

Lebenskunst beruht auf einem aufgeklärten und bewussten Leben

Am klarsten werden wir dann erkennen können, um was es bei Lebenskunst geht, wenn wir beim Begriff selbst ansetzen.

„*Lebens*"-Kunst macht deutlich, dass es sich um eine Befähigung handelt, die sich auf das Leben in seiner Gesamtheit bezieht, auf alle Bereiche, Themen, Aufgabenstellungen, Fragen und Epochen der eigenen Existenz. Bei Lebenskunst geht es also in keiner Weise ausschließlich darum, herauszufinden, was alles zu einem bequemen, amüsanten und leichtgängigen Leben gehört und wie man es schafft, ein solches Leben bei sich einzuführen („Wie werde ich reich, schön und berühmt?"). Im Gegenteil. Auf der einen Seite liegt der Fokus der Lebenskunst selbstverständlich auch auf Elementen wie denen der *Lebensfreude*, der *Lebenslust* und des *Lebensgenusses*. Im Sinne eines umfassenden Leben-Könnens schließt Lebenskunst aber gleichzeitig ebenso die Beschäftigung mit genau den Feldern des Lebens ein, denen man sich üblicherweise nur ungern nähert, die man oft genug verdrängt und mit denen man sich eigentlich so wenig wie möglich konfrontiert sehen möchte. Der Umgang mit den eigenen *Gefühlen*, eben auch mit denen, deren man sich vielleicht schämt oder die man auch vor sich selbst eher leugnet, der Umgang mit den eigenen *Sorgen und Ängsten*, das Ausloten und Erfassen der eigenen *Unzulänglichkeiten und Grenzen* bis hin zu einem Sichvertrautmachen mit der *Endlichkeit der eigenen Existenz*, alles das sind als zentrale Bestandteile des eigenen Lebens automatisch auch zentrale Themen einer wohlverstandenen Lebenskunst.

Am besten kann man diese Art, sich den Dingen des Lebens mit Lebenskunst zu nähern, vielleicht dann erfassen, wenn man als Beispiel einen Faktor heranzieht, der für viele ein Hauptobjekt der Lebenskunst zu sein scheint, den Faktor des eigenen Glücks. Ohne das Vergrößerungsglas der Lebenskunst ist die Fragestellung simpel und direkt: Wie werde ich so schnell wie möglich so glücklich wie

Was ist Lebenskunst?

möglich? Im Kontext der Lebenskunst ergeben sich weit mehr und inhaltlich auch ganz andere Fragen: Was soll „glücklich“ eigentlich heißen? Kann man überhaupt glücklich werden? Führt das Glücklich-werden-Wollen nicht eher dazu, dass man unglücklich wird? Wäre es vielleicht viel klüger, anstelle von „glücklich“ lieber „nicht unglücklich“ werden zu wollen? Und ist es nicht insgesamt eine Hybris, vom Leben zu erwarten und zu verlangen, dass es einen glücklich macht? Alles das sind Fragen und Perspektiven, die ein Denken mit Lebenskunst auszeichnen.

Mit anderen Worten, Lebenskunst bedeutet, *die eigenen Sinne, die eigene Wahrnehmungsfähigkeit und das eigene Denk- und Urteilsvermögen zu aktivieren, zu schulen, zu schärfen und zu nutzen.* Sie bedeutet also beispielsweise, im täglichen Leben eine 360°-Perspektive einzunehmen, die Dinge vorurteilsfrei anzugehen und zu untersuchen, alle relevanten Aspekte mit einzubeziehen, sich nicht von vornherein auf ein bestimmtes Ergebnis zu fixieren, auch das Gegenteil für möglich (und machbar) zu halten, sich auch mit Fragen und Gedanken zu beschäftigen, deren Nutzwert sich nicht bereits im ersten Augenblick erschließt und *einer Sache* auf diese Weise im wahrsten Sinne des Wortes *auf den Grund zu gehen*.

Aber, dieser Gedanke taucht dann natürlich auch auf, macht Lebenskunst dann das Leben nicht etwa noch schwieriger, als es sowieso schon ist? Hat man es nicht viel einfacher, wenn man nicht nach links und rechts blickt, wenn man nur auf die Oberfläche der Dinge schaut und wenn man sich auf simple Antworten beschränkt? Nein. Wer quasi mit Scheuklappen durchs Leben geht, wer in Schwarz-Weiß-Kategorien denkt, wer nach dem Motto „ein Mensch, ein Ziel“ handelt, wer alles ausschließen möchte, was ihm unangenehm vorkommt oder unangenehm werden könnte, der wird auf den ersten Metern vielleicht etwas schneller vorankommen und er wird vielleicht auch etwas schneller ein bestimmtes Ergebnis erreichen können. Das Problem ist bloß, dass es nur in den seltensten Fällen das Ergebnis sein wird, um das es ihm in Wahrheit geht und das ihm wirklich den Nutzen bringt, den er benötigt. Um es also zwar sehr verkürzt und doch wohl recht treffend zu sagen: *Das Leben ist komplex und erst Lebenskunst macht es möglich, dieser Komplexität Herr zu werden!*

Lassen Sie uns zu einem kurzen Zwischenfazit kommen. Würde man nach einer Art „gemeinsamen Nenner“ für alle bislang geschilderten Charakteristika von Lebenskunst suchen, man könnte sicher sagen, dass ein Hauptmerkmal der Lebenskunst darin besteht, das eigene Leben als etwas *Einzigartiges, Besonderes und Pflegenswertes* zu betrachten, mit dem zwar ein spielerischer Umgang nicht nur erlaubt, sondern sogar erwünscht ist, das aber, und hier liegt der entscheidende Punkt, eben nicht verspielt, verschleudert oder sinnlos dahingegeben werden darf, sondern dem es *ein Höchstmaß an Aufmerksamkeit und Wachheit zu schenken gilt und das man auf eine bewusste und klare Weise zu durchdenken und zu leben hat*, anstatt seinen Verlauf der Beliebigkeit und dem Zufall anheim zu stellen und es einfach nur irgendwie dahingehen zu lassen.

Und wenn man nun beides zusammenfasst, den Aspekt „der Schärfung und des Gebrauchs der eigenen Sinne“ und das Merkmal des „bewussten Lebens“, dann kristallisiert sich noch deutlicher heraus, was Lebenskunst bedeutet. Es ist die Befähigung, *sich selbst in Bezug auf sein Leben zu einem „aufgeklärten Menschen“ zu machen* – zu einem Menschen, der sein Leben und die Zusammenhänge in seinem Leben zu durchschauen versucht, der sein Leben selbst in die Hand nehmen möchte, der sich seine Neugier und Unvoreingenommenheit erhält, der sich nicht vom ersten Eindruck oder von Schein-Tatsachen blenden oder bremsen lässt, der sich sein Urteil selbst bildet, der auch andere und anderes gelten lassen kann und der sich damit in den Stand setzt, seinen eigenen, höchst persönlichen Weg zu gehen.

Lebenskunst verbindet konzeptionelles und ausführendes Können

Der zweite Wortbestandteil von Lebens-„*Kunst*" ist ebenso aufschlussreich. Ein *künstlerisches Können* als Voraussetzung für die Verwirklichung der eigenen Lebensvorstellungen, also ein Können, das über die Stufe eines fachlich-technischen Know-hows weit hinausgeht, das eigene Leben als *individuelle Schöpfung*, ja als eigenständiges und einzigartiges Werk, eben als *Kunstwerk*, dem man eine *besondere Qualität und Eigenschaft* zu verleihen hat, und man selbst als derjenige, der in diesem Zusammenhang als *Künstler* denkt und handelt – alle diese Assoziationen stellen sich ein, wenn man die Wortverbindung von Leben und Kunst näher auf sich wirken lässt, und ermöglichen gleichzeitig eine ganze Reihe von Rückschlüssen.

Eine erste Erkenntnis ist die, dass Lebenskunst sowohl ein *konzeptionelles* als auch ein *ausführendes Können* bedeutet. Lebenskunst heißt also zunächst, einen Lebensentwurf anfertigen zu können, der die eigene Persönlichkeit und die eigenen Lebensvorstellungen angemessen widerspiegelt, und diesen Entwurf über die Zeit hinweg auch immer wieder zu durchdenken, zu hinterfragen, zu aktualisieren und neu zu zeichnen, um mit ihm auf der Höhe der Zeit zu bleiben und ihn an die Bedürfnisse und Gegebenheiten der jeweiligen Lebensepoche anzupassen. Und ebenso ist Lebenskunst die Fähigkeit, diesen grundlegenden Visionen, Plänen und Skizzen auch Taten folgen zu lassen, sie also umso stärker mit festen Konturen und feinen Linien zu versehen, je mehr sie am Übergang zur Realität stehen, und sie schließlich auch auf die gewünschte Weise in den Alltag zu übersetzen.

Gleichzeitig zeigen unsere Überlegungen, dass Lebenskunst etwas ganz anderes ist als eine rein ziel- und ergebnisorientierte Methode, bei der jeder Schritt geplant ist und jede Maßnahme mit festen, vorhersehbaren Folgen verbunden zu sein hat. Der Ansatz der Lebenskunst bedeutet im Gegenteil, vieles im eigenen Leben auch erst einmal *in Form eines Versuches zu unternehmen*, also an etwas probeweise heranzugehen und sich dann Schritt für Schritt voranzutasten, um herauszufinden, ob die getroffene Wahl die richtige war und ob sie einen dorthin führt, wo man sein möchte. Lebenskunst bedeutet damit also immer *auch die Bereitschaft, sich auf etwas Neues und Unbekanntes einzulassen*, sich von den Dingen überraschen zu lassen und dabei auch die Möglichkeit des eigenen Scheiterns auf einem bestimmten Gebiet oder bei einem bestimmten Projekt in Kauf zu nehmen. Wer nun meint, Lebenskunst sei damit (wenigstens partiell) etwas für Hasardeure, der irrt. Nur wer bereit ist, sich auf unbekanntes Terrain zu wagen, und nur wer die Sicherungsleinen auch einmal zu lockern vermag, wird in der Lage sein, sich selbst weiterzuentwickeln und das Leben und seine Möglichkeiten wirklich auszuschöpfen.

Das ist aber an dieser Stelle noch nicht alles. Lebenskunst heißt darüber hinaus, *auch etwas zu tun und seine Zeit auch für etwas zu verwenden, was eben keinem (!) konkreten Ziel oder Zweck dient.* Wer ausschließlich aufgabenbezogen denkt, wem es immer um bestimmte „Ergebnisse" geht, wer nur etwas unternimmt, wenn es ihn auf einem bestimmten Feld vorwärts bringt, der überfordert sich auf Dauer nicht nur, sondern er versklavt sich regelrecht. Er lebt im wahrsten Sinne des Wortes „Zweck-gebunden", ein Leben mit Scheuklappen, in der einen Hand die Stoppuhr, in der anderen die Peitsche, die er über den eigenen Kopf schwingt. Der Dauergedanke „Ich muss heute noch ..." treibt ihn ständig vor sich her und die Fixierung auf die Frage „Was bringt mir das?" führt dazu, dass er immer mehr sein Wahrnehmungsvermögen für die Lebensbestandteile einbüßt, die ihm vielleicht keinen unmittelbaren oder sofort messbaren Nutzen liefern, ohne die sein Leben aber irgendwann zur Ödnis wird. Noch mehr. Da er ständig nach außen blickt, auf das, was es unbedingt zu erledigen und zu erreichen gilt, läuft er zudem Gefahr, sich irgendwann selbst aus den Augen zu verlieren. „Zweckfreie" Zeiten und in diesem Sinne auch ein „zielfreies" Handeln sind also in keiner Weise Verschwendung. Sie sind im Gegenteil die Grundvoraussetzung für eine freie, erfüllte und spielerische Existenz und insbesondere auch dafür, sich auf sich selbst besinnen und zu sich selbst finden zu können.

Ein weiterer Aspekt von Lebens-„*Kunst*" ist sicher der, dass sie eine Denk- und Handlungsweise beschreibt, die *der eigenen Intuition und den eigenen Emotionen ausreichenden Raum lässt.* Die Entscheidung über richtig oder falsch, die Einschätzung von Menschen, die Lösung von Problemen, die Gewinnung von Motivation für die Bewältigung der anstehenden Herausforderungen, alles das kann keinesfalls ausschließlich auf rationalem Wege gelingen, sondern nur dann, wenn man zusätzlich zu einem nüchternen und kühlen Abwägen der Argumente auch auf seine Empfindungen hört, wenn man seinem Gespür vertraut, wenn man seiner Inspiration folgt und wenn man sich für etwas zu begeistern vermag.

Ebenso zeigt der Brückenschlag zum Leben als Werk und Kunstwerk, dass Lebenskunst *weder den Anspruch erhebt noch die Zielsetzung verfolgt, das eigene Leben zu einem „idealen und perfekten" Leben zu machen.* Die Gründe dafür sind so vielfältig, dass hier nur zwei genannt werden sollen.

Der erste hängt mit der Identität zwischen „Künstler" und „Werk" zusammen. Während fast alle anderen Bereiche der Kunst die Arbeit an einem gewissermaßen unbeweglichen und gleich bleibenden Gegenstand ermöglichen (ein Bild, eine Skulptur, eine Komposition bilden ja quasi ein festes Ziel, und auch bei modernen Kunstformen ist der Künstler letztlich der „Alleinherrscher") und auch auf ein endgültiges Ergebnis hinauslaufen, ist die Arbeit am eigenen Leben im wahrsten Sinne des Wortes eine Arbeit am lebenden Objekt, das sich ständig verändert, das (so eigentümlich es klingt) auf sich selbst Einfluss nimmt und das auch durch die Einflüsse der eigenen Umwelt niemals gleich bleiben kann. Was aber noch wichtiger ist – die Arbeit am eigenen Leben hat ein „open end", und zwar im doppelten Sinne. Zum einen ist es eine Daueraufgabe, die es täglich neu in Angriff zu nehmen gilt und die sich über einen so langen Zeitraum erstreckt wie das Leben selbst. Zum anderen ist es eine Aufgabe, bei der letztlich nur Momentaufnahmen bzw. Zwischenergebnisse erkennbar sind (und selbst diese können sich im späteren Rückblick als falsch erweisen) und bei der Vorhersagen über den Gesamtausgang, über den Grad des Gelingens an sich, stets mit größter Unsicherheit behaftet sind. Während also z. B. ein Bildhauer bei einer bestimmten Skulptur irgendwann einmal sagen kann: „So habe ich es mir vorgestellt, so ist es perfekt", kann ein Mensch, der auf sein Lebenswerk blickt, höchstens antworten: „Sieht im Augenblick ganz gut aus!"

Der zweite Grund ist prinzipieller Natur und nimmt einen Gedanken auf, über den wir bereits im Zusammenhang mit dem Thema des Lebenserfolges gesprochen haben. Es ist ja ein Hauptmerkmal des menschlichen Lebens, dass es voller Unstetigkeiten, Widersprüche, Mängel, Rückschläge und unbeantworteter Fragen (usw.) ist. Wer versucht, diese Elemente einfach zu ignorieren und auszublenden, und wer den Ansatz hat, das heile und störungsfreie Leben herzustellen, in dem alles auf beglückende Weise gelingt, der folgt einer Utopie, einer Selbsttäuschung, die ihn die Unvollkommenheit der eigenen Existenz noch schmerzhafter spüren lässt und die ihn insbesondere daran hindert, die Möglichkeiten, die er in der Realität *tatsächlich hat*, zu erkennen und zu ergreifen. Lebenskunst, so könnte man diese Gedanken zusammenfassen, ist also die Fähigkeit, *mit der Tatsache der Unvollkommenheit der menschlichen Existenz zurechtzukommen und mit den Unzulänglichkeiten und Widersprüchen im eigenen Leben offen und offensiv umzugehen*, anstatt sie zu leugnen oder zu verdrängen oder sich gar von ihnen umwerfen oder unterkriegen zu lassen.

Lebenskunst heißt, sein Leben auf kluge und gekonnte Weise zu gestalten und zu führen

Worin manifestiert sich nun aber die eigene Lebenskunst? Wovon hängt sie im Lebensalltag ab und wie kommt sie ganz konkret zum Ausdruck?

Der aufgeklärte, bewusste und künstlerische Umgang mit dem eigenen Leben, die Fähigkeit, das Leben als Kunstwerk zu verstehen und zu behandeln, das alles zeigt, dass Lebenskunst ganz offensichtlich sehr viel damit zu tun hat, *seinem Leben eine ganz bestimmte „Beschaffenheit" zu verleihen*, das heißt, seinem Leben eine *besondere Form* und einen *speziellen Inhalt* zu schenken. Und beide, Form und Inhalt, werden wiederum bestimmt und geprägt von der Art der eigenen *Lebensgestaltung* und *Lebensführung*. Lebenskunst, so lässt es sich wohl am besten definieren, zeigt sich deshalb insbesondere in der Fähigkeit, *sein Leben auf kluge und gekonnte Weise zu gestalten und auf geschickte und geglückte Weise zu führen!*

Wollte man es in einem Satz formulieren, man könnte sagen, dass die eigene Lebensgestaltung und Lebensführung festlegen, *„wie man lebt"* und *„wofür man lebt"*. Ein erster Aspekt ist dabei selbstverständlich die Beantwortung der Frage, welche *„Gesamtkonstruktion"*, welche Struktur und welchen Rhythmus das eigene Leben annehmen soll: Welches „Format" soll das eigene Leben erhalten, wie viel will man erreichen und in ihm unterbringen? Wie kann man seine Lebensfelder und Lebenselemente miteinander verknüpfen und aufeinander abstimmen? Welches Gefüge soll dabei entstehen? Welche Geschwindigkeit soll das Leben annehmen, welche Entwicklungen und welche Veränderungen sollen in einem bestimmten Zeitraum stattfinden? In welche Epochen kann man sein Leben einteilen und welche Lebensweise erscheint dann für jeden dieser Abschnitte als die am besten geeignete?

Form braucht aber immer auch Substanz. Damit kommen bei der Lebensgestaltung und Lebensführung automatisch die Fragen ins Spiel, die sich auf die *inhaltliche Ausgestaltung* des eigenen Lebens beziehen: Worum geht es im Leben eigentlich, worin besteht überhaupt der Sinn des eigenen Lebens? Welche Menschen, Themen, Projekte und Aufgaben möchte man in sein Leben einbeziehen? Welche konkreten Lebensvorstellungen und Lebensziele will man verwirklichen? Was soll im Leben nach Möglichkeit nicht geschehen, welche Elemente, Tendenzen oder Ereignisse möchte man vermeiden oder ausschließen? Welche „Wirkung“, sachlich und emotional, soll das Leben haben, auf einen selbst und auf die Personen, die einem nahe stehen? In welche „Verfassung“ möchte man kommen, wie möchte man sich als Mensch entwickeln, was für eine Persönlichkeit möchte man werden?

Alle diese Gedanken zeigen natürlich nur einen kleinen Teil der Fragen, die im Zusammenhang mit der Gestaltung und Führung des eigenen Lebens gestellt und beantwortet werden. Dennoch reichen sie aus, um einen dritten Gesichtspunkt zu beleuchten. Lebensgestaltung und Lebensführung bedeuten auch, *die Kriterien festzulegen, von denen man sich dabei leiten lässt.* Worum es an dieser Stelle der Lebenskunst also (unter anderem) geht, ist die Beachtung und Einbeziehung von Werten, die Gewinnung von grundlegenden *Einsichten und Überzeugungen* (und deren regelmäßige Überprüfung), die Schaffung eines persönlichen *Weltbildes*, die Entwicklung von *Lebensprinzipien* und die Formulierung von *Handlungsmaximen.* Die Größenordnung besonders dieses Aspektes der Lebenskunst sollte auf keinen Fall übersehen werden. Erstens ist er gleichbedeutend mit einem Durchdenken, Durchforschen und Durchleuchten der eigenen Lebenswelt insgesamt. Zweitens führt er unmittelbar zu einer elementaren Arbeit an sich selbst, zu einer Beschäftigung mit Fragen beispielsweise darüber, was man im Leben für gut oder schlecht, für wichtig oder unwichtig, für wertvoll oder bedeutungslos hält und ob man mit seinem eigenen Verhalten selbst der Messlatte genügt, die man in dieser Hinsicht an andere und anderes anlegt. Und drittens ist die Beschäftigung mit allen diesen Themen die Grundvoraussetzung dafür, sich überhaupt im Leben orientieren zu können, eine stabile Position zu finden, Halt zu gewinnen und im Alltag darüber entscheiden zu können, welchen Weg man einschlagen soll. Wer also diese Aufgabenstellung mit Nachlässigkeit behandelt, wer glaubt, sie nebenbei erfüllen oder gar ausklammern zu können, der öffnet nicht nur der Beliebigkeit Tür und Tor, sondern er verhindert ein aufgeklärtes und bewusstes Leben an sich.

Von hier aus bedarf es nur eines kleinen Schrittes, um ein weiteres Kernelement von Lebenskunst zu erkennen. Die kluge, gekonnte und künstlerische Lebensgestaltung und Lebensführung impliziert stets auch *die Aneignung und Ausgestaltung einer besonderen Art der Geisteshaltung und Denkweise*. Über einen Aspekt, die wache Einbeziehung der eigenen Gefühle, haben wir bereits gesprochen. Worum es aber an dieser Stelle geht, das ist die Entwicklung, die Verfeinerung und der Einsatz von *Lebensklugheit*. Da wir uns gerade auch mit ihr im folgenden Buchabschnitt näher beschäftigen werden, sollen an dieser Stelle einige grundlegende Bemerkungen genügen.

Lebensklugheit, so könnte man es (nicht unbedingt streng wissenschaftlich) formulieren, ist in gewisser Weise eine besondere, in eine bestimmte Richtung „verfeinerte“ Ausprägung von Intelligenz. Sie umfasst nicht allein ein scharfes und logisches Denkvermögen, sondern gleichzeitig auch Geistesfähigkeiten wie *Umsicht, Verständigkeit, Vorhersicht, Nachdenklichkeit und Besonnenheit.* Lebensklugheit hat also sehr viel damit zu tun, etwas durchschauen, mitbedenken, abwägen und bewerten zu können (Ideen, Ereignisse, Eindrücke, Argumente, Handlungsmöglichkeiten etc.) und daraus die richtigen, „treffenden“ Schlüsse zu ziehen. Alles das jedoch ist aus dem „hohlen Bauch" heraus und ohne entsprechende Vergleichsmöglichkeiten und Kenntnisse der „Lebenspraxis" kaum möglich. Was deshalb ebenfalls zur Lebensklugheit zählt und für sie unerlässlich ist, das ist die gezielte *Gewinnung und Nutzbarmachung von Erfahrungen.*

Und spätestens hier wird die Größenordnung klar, um die es geht. Die Entscheidung über die Struktur und den Rhythmus des eigenen Lebens, die Bestimmung seiner inhaltlichen Bausteine, die Formulierung der entsprechenden Auswahlkriterien und Handlungsmaximen, die Kultivierung einer geeigneten Denkungsart im Sinne der Lebensklugheit, alle diese Aspekte der Lebensgestaltung und Lebensführung gemeinsam machen es überhaupt erst möglich, einen Überblick über sein Leben zu gewinnen und sein Leben zu handhaben, zu steuern und ihm eine bestimmte Ausrichtung zu geben. Sie sind die Voraussetzung dafür, den unterschiedlichen und oft widersprüchlichen Elementen seines Lebens einen inneren Zusammenhang zu verleihen und ein erkennbares *Lebensmuster*, eine individuelle *Lebensweise* zu schaffen, die die eigene Persönlichkeit zum Ausdruck bringen. Lebensgestaltung und Lebensführung bedeuten in dieser Hinsicht also auch so viel wie *„Selbstgestaltung"* und *„Selbstführung"*, also eine Denk- und Verhaltensweise, mit der man sich selbst „an die Spitze seines Lebens setzt" und mit der es gelingt, selbst zu bestimmen, welche Qualität und Besonderheiten das eigene Leben auszeichnen.

Lebenskunst ist das Verfassen der eigenen Biographie

Alles das zeigt, dass es noch einen ganz anderen Ansatz gibt, um zu beschreiben, was Lebenskunst bedeutet und ermöglicht. Lebenskunst (und hier insbesondere Lebensgestaltung und Lebensführung!), so könnte man sagen, liefert die Anleitung und die Befähigung, *seine eigene Biographie zu verfassen*, und zwar nicht erst im Rückblick, sondern in „Echtzeit", mit der Gegenwart als Ausgangspunkt und der Zukunft als offenem Gestaltungsraum.

Und wenn man sich diese „Biographie" nun im übertragenen Sinne tatsächlich als ein „persönliches Buch vom Leben" vorstellt, dann zeigt Lebenskunst zum einen, dass keineswegs jede Zeile in Schönschrift gestaltet sein muss, dass einzelne Seiten auch eingerissen oder umgeknickt sein können, dass der Text auch Lücken haben darf, dass die Eintragungen nicht immer zueinander passen müssen und dass darin sicher so manches enthalten sein wird, was man, sobald die Tinte trocken ist, am liebsten sofort wieder streichen und neu formulieren würde. Was aber wichtig ist, und genau dafür sorgt Lebenskunst zum anderen, ist, dass der Text mit klarem und wachem Verstand geschrieben wird, dass an jeder Stelle ausreichender Raum für Neues, Unerwartetes und „Mögliches" gelassen wird, dass ein roter Faden eingebaut wird, an dem man sich zu orientieren vermag, dass ein Sinn erkennbar wird, der die unterschiedlichen Absätze und Kapitel miteinander verbindet, und dass sich in der Gesamtschau alles zu einem Werk fügt, das auf einem *individuellen und authentischen Schreibstil* beruht, in dem man *den Verfasser wiedererkennen* kann und bei dem man den Eindruck hat, dass es ihm und *seiner Persönlichkeit von der Form und dem Inhalt her würdig und angemessen ist.*

Selbstmächtigkeit, Erfolgstalent und Lebenskunst sind untrennbar miteinander verwoben

Life Excellence besteht also aus drei großen Bausteinen, aus Selbstmächtigkeit, Erfolgstalent und Lebenskunst. Und jeder dieser Bausteine, das haben wir gesehen, besitzt selbst eine Vielzahl von Facetten, die es zu beachten und mit in seine Beschreibung einzubeziehen gilt. Auf zwei Aspekte sollten wir dabei im Sinne einer Zusammenfassung und Abrundung unserer Überlegungen noch eingehen.

Der Nachholbedarf bei Selbstmächtigkeit, Erfolgstalent und Lebenskunst ist enorm

Der erste abschließende Gedanke ist folgender. Selbstmächtigkeit, Erfolgstalent und Lebenskunst sind keine „abstrakten" oder „theoretischen" Größen, sondern ganz konkrete Befähigungen, die unmittelbar auf den Umgang mit der eigenen Lebenswelt ausgerichtet sind. Das große Problem besteht aber darin, dass wir, jedenfalls die meisten von uns, genau auf diesen existentiell wichtigen Feldern keinerlei „Ausbildung" besitzen. Wir sind auf alles vorbereitet (worden), nur nicht auf die Beantwortung der Frage, wie es gelingt, ein erfolgreiches und glückliches Leben zu gestalten. Auf Teilbereichen sind wir die großen Experten, auf dem eigentlichen Hauptfeld irren wir hilflos herum.

Eine Ursache ist offenkundig die, dass ein „Fach" wie „Lebensbeherrschung" nirgends gelehrt wird, weder in der Schule oder der Universität noch, und hier liegt dann tatsächlich ein Versäumnis, im Elternhaus. Natürlich gibt es eine Vielzahl von situationsgebundenen Hinweisen, Empfehlungen, Ratschlägen usw., aber eine systematische Beschäftigung mit dem Thema findet kaum statt, in der heutigen Zeit sicher noch weit weniger als früher.

Eine zweite Ursache besteht darin, dass Selbstmächtigkeit, Erfolgstalent und Lebenskunst Größen darstellen, die nicht sofort und ohne weiteres Nachdenken greifbar und abgrenzbar sind. Es sind gewissermaßen offene Felder, die sich, wie bereits angesprochen, auf alle Lebensbereiche beziehen und in diese regelrecht eingebettet sind (ähnlich einer „Software", deren Qualität über die Nutzenstiftung eines Computers entscheidet, die aber eben, im Gegensatz zur Hardware, unsichtbar bleibt). Hinzu kommt, dass auch die Wirkung von Selbstmächtigkeit, Erfolgstalent und Lebenskunst nicht „mathematisch exakt" messbar ist, zum einen, weil diese Wirkung oft indirekter Natur ist, zum anderen, weil sie sich häufig erst mit einer zeitlichen Verzögerung offenbart, und schließlich, weil ihr Wert und Nutzen in vielen Fällen gerade darin besteht, dass etwas *nicht* geschieht. Besonders die Lebensklugheit legt regelmäßig nahe, etwas Bestimmtes zu *unterlassen*, um auf diese Weise etwas anderes zu erreichen oder zu vermeiden. Und es liegt auf der Hand, dass sowohl das „Nicht-Tun" von etwas als auch der „Nicht-Eintritt" von etwas alles andere darstellt als einen gut erkennbaren Wirkungszusammenhang.

Die dritte Hauptursache dafür, dass viele Menschen für die entscheidenden Fragen des Lebens nur unzureichend gewappnet sind, ist die weit verbreitete Geringschätzung für alle Themen, die genereller Natur sind und bei denen der so genannte „gesunde Menschenverstand" eine entscheidende Rolle spielt. Etwas genauer. Wenn eine Person über gewisse Kenntnisse auf einem fachlichen Spezialgebiet verfügt und zusätzlich auch noch in halbwegs freier Rede die entsprechenden Fachtermini von sich zu geben vermag, dann schlägt ihm so gut wie immer die ungeteilte Bewunderung aller anderen entgegen, die eben nicht zu dieser speziellen „community" zählen. Ein Fachmann, und dann auch noch ein Fachmann, der solche Wörter kennt! Und diese Hochachtung für fremdes Spezialwissen (gegen die für sich alleine genommen selbstverständlich nicht das Geringste einzuwenden ist!) wird auch noch bestärkt durch den weit verbreiteten (Irr-)Glauben, dass jemand, der auf einem „exotischen" Gebiet gut Bescheid weiß, auf allen „normalen" Feldern erst recht ein Könner sein muss. Sobald es dagegen aber um Themen geht, die sich auf generelle, grundsätzliche und auch noch „Lebenswelt-nahe" Fragen beziehen, ist es mit der Wertschätzung vorbei. Die Verständlichkeit der verwendeten Begriffe, die Nachvollziehbarkeit der Argumentation und der ausgeprägte Realitätsbezug führen dazu, dass sich der Blick abwendet und die Ohren verschlossen werden. „Weiß ich längst, kann ich längst, mache ich längst, brauche ich nicht mehr", so in etwa ist der Gedankengang. Ja wenn es denn so wäre! Meistens ist eben das glatte Gegenteil der Fall. Gerade die Menschen, die behaupten, auf dem Feld des Umgangs mit ihrem eigenen Leben längst alles zu kennen und zu beherrschen, erweisen sich in der Praxis als diejenigen, die fast alles falsch machen, was man nur falsch machen kann. Und umgekehrt, gerade die, die tatsächlich bereits sehr weit gekommen sind, suchen gezielt nach neuen Möglichkeiten, um sich immer weiter zu verbessern.

Und schließlich, diesen Punkt haben wir bereits an anderer Stelle angesprochen, sind wir es selbst, ganz direkt, die für unsere mangelhafte „Ausbildung" auf dem Feld der Lebensbeherrschung die Ursache sind. Wir sind innerhalb der Klammer tätig, anstatt die Weichen grundsätzlich anders zu stellen, wir beschäftigen uns mit Nebenthemen, anstatt die Hauptsachen anzugehen, und wir blicken auf Teilfelder, anstatt unser Leben als Ganzes zu betrachten. Sollten wir doch einmal über uns und unser Leben nachdenken, dann höchstens zufällig, sporadisch und isoliert. Kaum kommt die erste kleine Ablenkung, schon haben wir das Thema wieder vergessen. Der größte Fehler ist aber der, dass wir uns zu wenig um die Kenntnisse und Fähigkeiten bemühen, die für die Verwirklichung unserer Lebensvorstellungen die größte Bedeutung haben. Wir glauben, dass eine Addition unterschiedlicher beruflich-fachlicher Einzelkenntnisse und Einzelfähigkeiten den großen Fortschritt bringt, und erkennen nicht, dass ein erfolgreiches und glückliches Leben eine spezielle und eigenständige Aufgabenstellung ist, die eine ebenso eigenständige und genau auf sie abgestimmte Konzeption und Befähigung erfordert.

Selbstmächtigkeit, Erfolgstalent und Lebenskunst bedingen sich gegenseitig

Nun zum zweiten Teil unseres Fazits. Selbstmächtigkeit, Erfolgstalent und Lebenskunst, auch das ist deutlich geworden, sind untrennbar miteinander verbunden und durchdringen sich gegenseitig. Und erst alle drei gemeinsam ermöglichen das erforderliche Maß an Lebensbeherrschung, eben das, das wir als „Life Excellence" bezeichnet haben. Es lohnt sich deshalb, das Zusammenspiel aller drei Elemente etwas näher unter die Lupe zu nehmen.

Relativ unkompliziert ist das Verhältnis zwischen Selbstmächtigkeit und Lebenskunst. Beide haben wie erwähnt dieselben historischen und inhaltlichen Wurzeln und beide dienen einander. Gerade die antike Philosophie sieht es als eine Hauptaufgabe der Lebenskunst an, Selbstmächtigkeit herzustellen und zu erhalten. Umgekehrt kann man aber sicher auch sagen, dass die Möglichkeiten, den Ideen und Prinzipien der Lebenskunst zu folgen und das eigene Leben „auf kluge und gekonnte Weise zu gestalten und zu führen", umso höher sind, je größer auch die eigene Selbstmächtigkeit ist, je mehr es also gelingt, „sich selbst zu gehören" und sich zu einer eigenständigen und selbstverantwortlichen Persönlichkeit zu entwickeln.

Wie aber passt Erfolgstalent in diesen Zusammenhang, also die Fähigkeit, „in Bezug auf seine Ziele und Vorhaben das Beste aus seinen Chancen und Handlungsmöglichkeiten zu machen"? Ist es denn nicht geradezu ein Hauptmerkmal (und damit vielleicht sogar eine Hauptforderung) von Selbstmächtigkeit und Lebenskunst, sich von jeder Art des Erfolgsdenkens (und auch der Glücksorientierung) zu lösen, eben, um sich von allen Fesseln zu trennen, die einen daran hindern könnten, zu sich selbst und zu einem Leben zu finden, das wirklich „lebenswert" ist? Was im ersten Moment vielleicht als rein akademische Überlegung erscheint, ist in Wahrheit die „Metafrage" unserer Themenstellung überhaupt, die Frage nämlich, ob sich so etwas wie das „richtige, kluge, erfüllte und sinnvolle Leben" und die Suche nach Erfolg und Glück nicht möglicherweise gegenseitig ausschließen.

Sicher besitzt jeder von uns die Freiheit, diese Frage auf seine Weise zu beantworten und auf dieser Antwort auch seinen persönlichen Lebensentwurf aufzubauen. Gleichzeitig gibt es aber eine ganze Reihe von Argumenten, die dafür sprechen, dass ein „richtiges und erfülltes Leben" und ein „erfolgreiches und glückliches Leben" weit mehr Übereinstimmungen als Widersprüche aufweisen und dass die Leitideen der Selbstmächtigkeit und Lebenskunst einerseits und die des Erfolgstalents andererseits sehr wohl zueinander passen und sich insbesondere auch vortrefflich ergänzen. Lassen Sie uns die wichtigsten dieser Argumente bitte kurz betrachten.

Der Wunsch nach Erfolg und Glück ist ein Urwunsch fast aller Menschen. So gut wie jeder von uns strebt in irgendeiner Form danach, etwas Besonderes zu leisten und zu erreichen. Und dabei geht es eben keineswegs nur um das banale Ziel, „die nächste Sprosse" einer irgendwie definierten Erfolgsleiter zu erklimmen, sondern insbesondere auch darum, seine Persönlichkeit und Schöpfungskraft zum Ausdruck zu bringen, sich selbst zu beweisen und, an dieser Stelle passt das Wort, sich zu „verwirklichen". Gleichzeitig liefert kaum etwas im Leben ein solches Maß an Selbstbestätigung, an Selbstbewusstsein, an Lebensfreude und an Erfüllung wie die gelungene Realisierung eines anspruchsvollen Vorhabens und die damit verbundene Überwindung persönlicher Grenzen, die man zuvor als einengende Barriere betrachtet hat. Und umgekehrt, kaum etwas ist im Leben so zerstörerisch, wie unterfordert zu werden. Ein gutes Beispiel liefern die Untersuchungen über die Lage besonders begabter Schulkinder, die dem Unterrichtsstoff ihrer Klasse weit voraus sind und die sich deshalb auch nicht selbst fordern und beweisen können. Man könnte meinen, sie würden es genießen, alles längst zu beherrschen und sich nicht mehr anstrengen zu müssen. Weit gefehlt. Sie sind nicht nur gelangweilt, sondern voller Verzweiflung, die sogar in Aggressivität umschlagen kann.

Das Thema des Erfolges also aus dem Leben ausschließen zu wollen oder zu fordern, dass Selbstmächtigkeit und Lebenskunst mit allem in Zusammenhang gebracht werden darf, nur nicht mit Erfolg (und damit mit „Erfolgstalent“), muss deshalb nicht nur lebensfremd erscheinen, sondern fast schon widersinnig.

Zum einen würde ein solches Verbot ja gegen ein Grundprinzip der Selbstmächtigkeit und Lebenskunst verstoßen, gegen das Prinzip, dass ein Mensch selbst die Befugnis hat, darüber zu entscheiden, wofür er sein Leben verwendet. Selbstverständlich gibt es dabei *keinen Rechtsanspruch auf das Gelingen* eines erfolgreichen und glücklichen Lebens, weder gegenüber einem imaginären Schicksal noch gegenüber den Menschen, mit denen man zusammenlebt. Aber ebenso selbstverständlich gibt es nichts, was einem Menschen das *Recht auf den Versuch (!)*, ein erfolgreiches und glückliches Leben zu führen, absprechen darf. *Erfolgreich (und glücklich) sein zu dürfen (!)*, so könnte man es sagen, ist ein Grundrecht. (Die meisten von uns werden hier sofort das Beispiel der Verfassung der USA vor Augen haben, in der genau dieses Recht ja ausdrücklich angesprochen wird. Wer dabei dann meint, eine solche Passage habe in der Verfassung eines Landes nichts zu suchen, der sei an die verflossenen Staaten kommunistischer oder sozialistischer Prägung erinnert, bei denen der Begriff der „Elite“ verpönt war, es sein denn, er war auf eine systemkonforme, sich selbst begünstigende Machtelite bezogen, deren Hauptanliegen es war, alle anderen Menschen so gleich wie möglich zu machen, um der Welt anschließend zu erklären, das sei Fortschritt und Gerechtigkeit.)

Zum anderen dient die Fähigkeit, erfolgreich sein zu können, in vielen Bereichen den gleichen Zielen wie Selbstmächtigkeit und Lebenskunst, bloß eben aus einer anderen Blickrichtung kommend. Ein solches Ziel ist beispielsweise, wie wir gesehen haben, sich selbst zu einer „autonomen Persönlichkeit“ zu entwickeln, die ein hohes Maß an Selbstbestimmung besitzt und in diesem Sinne Herr der Lage ist. Wenn aber die Fähigkeit fehlt, „erfolgreich“ Einfluss auf die eigene Lebenssituation nehmen zu können, dann wird sich genau dieses Vorhaben nur höchst unvollkommen realisieren lassen. Das Gleiche gilt für das Thema der Lebensgestaltung und Lebensführung. Gerade die „Umsetzung“ der eigenen Gestaltungsideen stößt, wie wir gesehen haben, im Lebensalltag ständig auf Widerstände und Probleme. Wer hier ohne Erfolgstalent unterwegs ist, wird nicht weit kommen.

Das dritte Argument ist sowohl grundsätzlicher als auch praktischer Natur. Selbstverständlich stehen Selbstmächtigkeit und Lebenskunst in einem historischen, geistigen und inhaltlichen Kontext, der es verbietet, sie in ihrer Bedeutung für das eigene Leben auf triviale Zwecke wie das Erreichen einer höheren Einkommensstufe oder die Gewinnung einer neuen Freundin zu reduzieren. Wer einen derartigen Ansatz verfolgen würde, der wäre sicher auch der Ansicht, Lebensweisheit sei dazu da, um ihm zu zeigen, in welchen Kinofilm er morgen gehen sollte. Dennoch, das Leben findet nicht in einem elitären Elfenbeinturm statt. Wenn es einem Menschen tatsächlich gelingt, ein hohes Maß an Selbstmächtigkeit und

Lebenskunst zu entwickeln, wenn er damit auch über ein hohes Maß an Autonomie und Lebensbeherrschung verfügt, wenn er sein Leben auf aufgeklärte und bewusste Weise betrachtet und gestaltet – dann stellt sich ihm in der Lebenspraxis irgendwann die Frage: „Wozu überhaupt das Ganze?" Und wenn dann in der Antwort auf diese Schlüsselfrage nichts vorkommen darf, was mit einem erfolgreichen Berufsleben oder einem glücklichen Privatleben zu tun hat, dann bleibt in der Realität herzlich wenig übrig. Wer den Bezug zum „praktischen Leben" und den „normalen Bedürfnissen" vollständig kappen will, der verhält sich also in etwa wie ein Mensch, der alles daransetzt, (mit der Hilfe von Selbstmächtigkeit und Lebenskunst) ein Höchstmaß an Freiheit zu erreichen, und der gleichzeitig dem Postulat folgt, diese Freiheit niemals für irgendetwas einsetzen zu dürfen, weil sie dadurch ja wieder sofort eingeschränkt werden würde. Auf diese Art der Scheinfreiheit kann man gut verzichten.

Damit zeigt sich aber auch, wo der eigentliche Engpass bzw. die eigentliche „Gefahrenstelle" für den Zusammenhang zwischen Selbstmächtigkeit, Lebenskunst und Erfolgstalent liegt. Es ist die Vorstellung vom dem, was unter Erfolg zu verstehen ist. Wer den Erfolgsbegriff zu schmal definiert, wer sich nur auf sachlich-materielle Aspekte (Karriere, Einkommen etc.) oder gar auf brüchige Klischees (Macht, Geltung etc.) konzentriert, wer keine Sehfähigkeit für das hat, was im Leben wirklich zählt, wer weder den Sinn noch die langfristigen Folgen seines Tuns hinterfragt, der verfolgt tatsächlich eine Spur, die mit der Denkwelt und den Prinzipien von Selbstmächtigkeit und Lebenskunst inkompatibel ist. Aber, und hier schließt sich der Kreis, genau vor diesem zentralen Lebensfehler sollen und können uns die mit Selbstmächtigkeit und Lebenskunst verbundene Einstellung und Denkweise ja bewahren! Sie sollen uns den Blick für das Leben als Ganzes ermöglichen und sie sollen uns zeigen, dass es nicht auf *„Erfolg im Leben"* ankommt, sondern auf „*Lebenserfolg*" – auf die Verwirklichung der eigenen Lebensvorstellungen, auf das Ausschöpfen der eigenen Anlagen, Begabungen und Stärken, auf die Erfüllung der eigenen Verantwortungen und auf die Erhaltung der Lebensfreude und Lebenszufriedenheit. Und wenn man diese ganzheitliche Definition von (Lebens-)Erfolg vor Augen hat, dann kann man sehr wohl zum Schluss kommen, dass die Verknüpfung von Selbstmächtigkeit, Erfolgstalent und Lebenskunst kein Widerspruch ist, sondern eine sinnvolle Verbindung elementarer Fähigkeiten für ein erfülltes, gelungenes und geglücktes Leben.

Life Excellence bedeutet „Souveränität und Vortrefflichkeit im Umgang mit dem eigenen Leben“

Die Bedeutung und den Inhalt von Selbstmächtigkeit, Erfolgstalent und Lebenskunst haben wir also intensiv beleuchtet, ebenso wie ihr Verhältnis untereinander. Eine entscheidende (Doppel-)Frage ist aber noch offen: Welche *Wirkung* haben die Elemente von Life Excellence *insgesamt* und *welchen Nutzen* liefert Life Excellence damit in Bezug auf unsere Möglichkeiten, unsere Lebensvorstellungen in die Tat umzusetzen und unseren Lebenserfolg und unser Lebensglück zu fördern und zu sichern?

Life Excellence ist das Wesensmerkmal der souveränen Persönlichkeit

Je länger man über das Zusammenspiel von Selbstmächtigkeit, Erfolgstalent und Lebenskunst nachdenkt, desto deutlicher erkennt man, worin das Wesen und die Gesamtwirkung von Life Excellence bestehen. Die Entwicklung zu einer eigenständigen, eigenverantwortlichen, in sich selbst ruhenden und aus sich selbst heraus denkenden und handelnden Persönlichkeit, die Fähigkeit, das Beste aus einer bestimmten Ausgangslage zu machen und die eigenen Chancen zu erkennen und zu ergreifen, eine bewusste und aufgeklärte Betrachtung des eigenen Lebens und eine kluge und gekonnte Lebensgestaltung und Lebensführung, alles das fließt ineinander und fügt sich in der Summe zu einer persönlichen Eigenschaft und Befähigung, die sich am besten beschreiben und definieren lässt als *„Souveränität und Vortrefflichkeit im Umgang mit dem eigenen Leben“!*

Mit anderen Worten, Life Excellence charakterisiert das Denken und Handeln einer *„souveränen Persönlichkeit“*, die sich von den Entwicklungen und Ereignissen um sie herum nicht einschränken lässt, die sowohl mit den grundsätzlichen als auch mit den alltäglichen beruflichen und privaten Herausforderungen und Unwägbarkeiten gelassen und treffsicher umzugehen vermag und die es versteht, durch ihre Einstellung und ihr Verhalten im Leben insgesamt eine „überlegene Position“ einzunehmen. Wie sich diese Wirkung bzw. Nutzenstiftung von Life Excellence dabei konkret äußert, lässt sich wie folgt zusammenfassen:

Life Excellence liefert das Leitbild, die Strategie, und die Fähigkeiten, mit denen es gelingt,

- die **Hoheit über sein Leben** zu gewinnen und zu erhalten und **den Inhalt, die Form und die Richtung** seines Lebens selbst zu bestimmen,
- zu erkennen und zu verfolgen, **was im Leben wirklich zählt,**
- seine **Lebensbereiche in Einklang** zu bringen,
- eine **Lebensstimmung und Lebensatmosphäre** zu fördern und zu etablieren, die von **Heiterkeit, Leichtigkeit und Zuversicht** geprägt ist,
- die **Gegenwart zu ergreifen und zu einem Gewinn zu machen,** für den einzelnen Tag und für das Leben in seiner Gesamtheit.

Life Excellence hat eine umfassende Wirkung

Lassen Sie uns die in der Übersicht genannten Punkte im folgenden Kapitel näher betrachten.

Der erste Nutzen: Mit Life Excellence gewinnt man die Hoheit über sein Leben

Die erste große Wirkung von Life Excellence ist die Basis für alles andere. Life Excellence ermöglicht es, *die Hoheit über das eigene Leben zu gewinnen und zu erhalten* und auf diese Weise *den Inhalt, die Form und die Richtung seines Lebens selbst festlegen* zu können. Dabei geht es selbstverständlich nicht darum, in jedem einzelnen Augenblick zu 100 Prozent zu bestimmen, was geschieht, oder sich von allem zu trennen und zu lösen, das die eigene Freiheit in irgendeiner Form reduzieren könnte. Ein solcher Anspruch ließe sich nicht erfüllen und wäre völlig unsinnig. Was Life Excellence vielmehr bewirkt, ist die Fähigkeit, über die *Grundregeln* und den *Grundverlauf* seines Lebens selbst entscheiden zu können und gleichzeitig den persönlichen „*Spielraum*" und damit die persönlichen *Wahlmöglichkeiten und Gestaltungsalternativen* so groß wie möglich zu halten.

Der zweite Nutzen: Man vermag zu erkennen und zu fördern, was im Leben wirklich zählt

Die zweite Wirkung von Life Excellence ist mit der ersten eng verbunden. Mit Hilfe von Life Excellence gelingt es, *zu erkennen und zu verfolgen, was im Leben wirklich zählt.* Über die Bedeutung dieses Punktes haben wir bereits bei unserer Definition von Lebenserfolg gesprochen. Viele Menschen, wenn nicht die meisten, gehen viel zu spät daran, ausreichende Kenntnisse über sich und ihr Leben zu gewinnen. Sie arbeiten mit vollem Einsatz, enormem Ehrgeiz und beispielhafter Entschlossenheit über Jahre hinweg an Plänen und Projekten, ohne sich jemals wirklich die Frage zu stellen, welcher Sinn damit verbunden ist und welcher Nutzen sich daraus für ihr Leben insgesamt ergibt. Erst wenn sie an ihre Grenzen stoßen, wenn bestimmte Wege plötzlich verschlossen sind, dann wachen sie auf. Life Excellence, so kann man es also in diesem Zusammenhang sagen, liefert das Rüstzeug, um sein Leben von Anfang an bzw. so früh wie möglich auf die Felder, Vorhaben und Ziele auszurichten, die es wirklich wert sind, und schützt davor, irgendwann einmal sagen zu müssen: „zu spät“.

Der dritte Nutzen: Man erhält die Fähigkeit, seine verschiedenen Lebensbereiche in Einklang zu bringen

Der dritte große Hauptnutzen von Life Excellence ist die Fähigkeit, *seine Lebensbereiche zusammenführen und in Einklang bringen zu können*. Life Excellence verfolgt damit eine andere und letztlich auch weiter gehende Leitidee als die, die üblicherweise mit „Lebensbalance“ umschrieben wird. Wo die Unterschiede liegen, machen bereits die Begriffe und die mit ihnen verbundenen Assoziationen klar. Balance bedeutet ganz einfach Gleichgewicht, also einen, so die Definition, „ausbalancierten Zustand, in dem sich die entgegengesetzt wirkenden Kräfte aufheben“ (was in Bezug auf das Thema der Lebensgestaltung und des Lebenserfolges sowieso Unsinn ist). Bei Balance geht es also darum, die Dinge gegeneinander aufzuwiegen bzw. aufzurechnen und dann einen „neutralen“ Zustand herzustellen, in dem nach Möglichkeit keinerlei Veränderungen mehr vorkommen, damit nicht alles wieder zusammenstürzt. Balance hat damit viel zu tun mit Statik, mit dem Bewahren einer bestimmten Position, mit Proporz und einem Aufrechterhalten rein formeller Kriterien. Zudem sagt die Balance nichts über die Qualität der betreffenden Situation aus. Wenn in jeder Waagschale ein trockenes Brötchen liegt, dann herrscht perfektes Gleichgewicht, besonderen Genuss wird man aber dennoch nicht empfinden. Dagegen bedeutet „in Einklang bringen", etwas „zusammenzuführen", etwas „aufeinander abzustimmen", etwas „in Übereinstimmung zu bringen" und damit, was das Ergebnis anbetrifft, eine Harmonie, einen Gleichklang und Wohlklang zu schaffen. Und genau darum geht es. Die Verbindung von Berufs- und Privatleben ist ein lebendiger Vorgang, der nie abgeschlossen ist, der eine kontinuierliche Überprüfung und Neugestaltung erfordert und der damit genau das Gegenteil des Bewahrens von etwas einmal Geschaffenem bedeutet. Sie gleicht dem Dirigieren eines Orchesters, in dem auch improvisiert werden darf, in dem es Soloeinlagen gibt, in dem vielleicht bei bestimmten Stücken einzelne Instrumente ganz aussetzen, das auch von Spannungen lebt, bei dem sich aber die *Gesamtkomposition* zu einem stimmigen und deshalb „schönen" Ganzen fügt. So unerlässlich es also auch ist, die Dinge abzuwägen und einen Ausgleich zu schaffen, für eine gelungene Kombination von Berufs- und Privatleben bedarf es weit mehr, eben einer klugen, gekonnten und insbesondere auch „schöpferischen" Lebensgestaltung und Lebensführung.

Der vierte Nutzen: Die Förderung der eigenen Heiterkeit, Leichtigkeit und Zuversicht

Der vierte Hauptnutzen von Life Excellence bezieht sich sowohl auf die eigene Verfassung und Gemütslage als auch auf die eigene Lebensweise und Lebensqualität. Life Excellence ermöglicht es, *eine Lebensstimmung und Lebensatmosphäre zu schaffen und zu erhalten, die sich durch Heiterkeit, Leichtigkeit und Zuversicht auszeichnet.* Auch hier sollten wir sagen, was damit konkret gemeint ist. Es geht weder darum, alles aus dem Leben zu verbannen, was das eigene Befinden beeinträchtigen könnte, und ständig mit einem Grinsen im Gesicht herumzulaufen (darüber haben wir auch bereits an anderer Stelle gesprochen), noch darum, ein seichtes Leben zu führen und alles auf die „leichte Schulter“ zu nehmen. Die Wirkung von Life Excellence zielt vielmehr darauf ab, über seine Gemütslage selbst entscheiden zu können, sich von negativen Umständen und Ereignissen nicht belasten, niederdrücken und lähmen zu lassen und insgesamt eine Lebenshaltung zu entwickeln, in der man die Dinge mit „heiterer Gelassenheit“ betrachten kann. Sehr schön formuliert es Friedrich von Schlegel: *„Es ist unmöglich, jemandem ein Ärgernis zu geben, wenn er es nicht nehmen will.“* Welche Größenordnung dieser Aspekt von Life Excellence hat, erkennt man zudem, wenn man den Brückenschlag zum Thema der persönlichen Energie und Tatkraft herstellt. Nur wenn man sich seine positive Stimmung, seine Unbeschwertheit und seinen Optimismus zu erhalten vermag, dann kann es einem auch gelingen, sich seine Vitalität, Schaffenskraft und Jugendlichkeit zu bewahren!

Und fünftens, in der Summe: Mit Life Excellence wird die Gegenwart zum Gewinn!

Life Excellence hat aber noch eine weitere Wirkung, die in gewisser Weise einer Zusammenfassung aller bisher genannten Punkte entspricht. Selbstmächtigkeit, Erfolgstalent und Lebenskunst liefern die Befähigung, *die Gegenwart zu ergreifen und zu einem Gewinn zu machen, für den einzelnen Tag und für das Leben in seiner Ge-*

samtheit. Genau hier liegt nun ein zentraler Schlüsselfaktor. Die meisten Menschen bringen sich um ihren Lebenserfolg und ihr Lebensglück, weil sie ihre Gegenwart auf geradezu fahrlässige Weise missachten und vernachlässigen. Die einen richten ihren Blick ständig rückwärts und leben mit ihren Gedanken in der Vergangenheit. Entweder sie sind ständig damit beschäftigt, darüber zu klagen, was alles hätte anders laufen können und was sie alles versäumt haben, oder aber sie schwelgen in Erinnerungen an die „guten alten Zeiten", in denen alles besser war. Die anderen, und sie stellen bei weitem die Hauptgruppe, konzentrieren sich ausschließlich auf die Zukunft, auf das, was (vielleicht) irgendwann einmal kommen wird. Für das Heute haben sie keine Zeit, weil sie sich vom Morgen die große Erfüllung versprechen. „Ich muss erst noch Folgendes schaffen ...", so lautet ihr Leitbild. Und die dritte Gruppe, die in diesem Zusammenhang oft übersehen wird, befindet sich gedanklich zwar sehr wohl in der Gegenwart, aber nicht, weil sie um deren Bedeutung weiß, sondern quasi per Zufall, weil ihr nichts anderes in den Sinn kommt, weil sie sich für die Vergangenheit ebenso wenig interessiert wie für die Zukunft. Was dann bleibt, ist eine Art „Oberflächenexistenz", ein Sich-irgendwie-Beschäftigen, ein Dahinleben ohne Tiefgang, Verstand und Ziel. Die Frage nach dem Sinn des Lebens erschöpft sich in der Frage, was man am nächsten Wochenende unternehmen könnte.

Der Philosoph Arthur Schopenhauer beschreibt diesen gesamten Sachverhalt in der ihm eigenen pointierten und anschaulichen Sprache: *„Ein wichtiger Punkt der Lebensweisheit besteht in dem richtigen Verhältnis, in welchem wir unsere Aufmerksamkeit teils der Gegenwart, teils der Zukunft widmen, damit nicht die eine uns die andere verderbe. ... Die, welche, mittelst Streben und Hoffen, nur in der Zukunft leben, immer vorwärts sehen und mit Ungeduld den kommenden Dingen entgegeneilen, als welche allererst das wahre Glück bringen sollen, inzwischen aber die Gegenwart unbe-*

achtet und ungenossen vorbeiziehn lassen, sind, trotz ihren altklugen Mienen, jenen Eseln in Italien zu vergleichen, deren Schritt dadurch beschleunigt wird, dass an einem, ihrem Kopf angehefteten Stock ein Bündel Heu hängt, welches sie daher stets dicht vor sich sehen und zu erreichen hoffen. Denn sie betrügen sich selbst um ihr ganzes Dasein, indem sie stets nur ad interim leben, – bis sie tot sind.“ Und dann kommt seine Schlussfolgerung: „*Statt also mit den Plänen und Sorgen für die Zukunft ausschließlich und immerdar beschäftigt zu sein, oder aber uns der Sehnsucht nach der Vergangenheit hinzugeben, sollten wir nie vergessen, dass die Gegenwart allein real und gewiss ist.*“

Exakt darauf zielt Life Excellence. Die Fähigkeit, sich seiner selbst bewusst zu sein und sich selbst zu gehören, die Sehfähigkeit für das, was im Leben von Bedeutung ist, das Können, die eigenen Vorhaben auch unter ungünstigen Bedingungen voranzubringen, eine umsichtige und lebenskluge Lebensgestaltung (um nur einige Aspekte hervorzuheben), das alles macht es möglich, die Gegenwart auf doppelte Weise zu einem Gewinn für sich zu machen – zum einen dadurch, dass man das, was sie einem an Gelegenheiten bietet, zu erkennen, wertzuschätzen und auszuschöpfen lernt, zum anderen, weil man wachen Geistes und erhobenen Hauptes unterwegs ist und stets auch den Blick dafür hat, mit welchem Verhalten, welchen Entscheidungen und welchen Maßnahmen man in der Gegenwart die Weichen so zu stellen vermag, dass man auch in der Zukunft offene und freie Wege vor sich findet. Life Excellence, so kann es man zusammenfassen, bringt nicht allein die unterschiedlichen Lebensbereiche in Einklang, sondern auch die verschiedenen Lebenszeiten und Lebensepochen.

Teil IV:

Wie Sie Life Excellence gewinnen und im täglichen Leben für sich nutzen

Es gibt bereits alle guten Grundsätze.
Wir brauchen sie bloß anzuwenden.
(Blaise Pascal)

Mission erfüllt – vom Wunsch zur Wirklichkeit!

Überblick: Worum es in diesem Teil geht

Liebe Leserin, lieber Leser, drei von vier großen Realisierungsschritten haben wir also bereits „vollbracht". Im ersten Buchteil haben wir uns das Ziel unserer gedanklichen Reise vor Augen geführt. Wir haben uns bewusst gemacht, was Lebenserfolg überhaupt bedeutet und welche Elemente für ihn unverzichtbar sind. Im zweiten Abschnitt haben wir dann die Hindernisse analysiert, die wir auf dem Weg hin zu diesem Ziel zu überwinden haben. Wir haben erkannt, welche beruflichen und privaten Entwicklungen es in der heutigen Zeit immer schwieriger machen, das Leben so zu gestalten, wie es den eigenen Wünschen, Vorstellungen und Bedürfnissen entspricht. Beides gemeinsam, die Kenntnis des Ziels und das Wissen um die Hindernisse, hat uns die Basis für den dritten Buchteil geliefert. In ihm haben wir herausgefunden, dass Life Excellence die Lösung ist, mit der es uns gelingt, die Lücke zwischen Wunsch und Wirklichkeit zu schließen. Wir haben gesehen, dass Life Excellence die Strategie und Schlüsselkompetenz für ein erfolgreiches und glückliches Leben liefert und wir haben gleichzeitig durchdacht, aus welchen Grundbausteinen sich Life Excellence zusammensetzt.

Damit können wir nun unseren vierten entscheidenden Schritt tun – die Übersetzung und Übertragung von Life Excellence in das eigene Denken und Handeln und damit in den eigenen Lebensalltag. Und genau darum geht es auf den folgenden Seiten.

Teil IV des Buches beschreibt, …

- wie man ein Höchstmaß an Life Excellence gewinnt und bei sich etabliert.

- welche Einstellung, welche Denkweise und welches Verhalten Life Excellence auszeichnen und wie es mit ihnen gelingt, den Inhalt, die Form und die Richtung seines Lebens selbst zu bestimmen.

- was Selbstmächtigkeit, Erfolgstalent und Lebenskunst im Alltag konkret bedeuten und welche praktischen Handlungsempfehlungen und Realisierungsmaßnahmen sich daraus für ein erfolgreiches und glückliches Leben ableiten lassen.

- wie man seine Souveränität im Umgang mit seinem Leben nachhaltig steigert und wie man seine Lebensvorstellungen und Lebensziele konsequent verwirklicht.

Zum inhaltlichen Aufbau des IV. Buchteils: Form Follows Function

Die Funktion des IV. Buchteils haben wir soeben beschrieben. Bitte gestatten Sie mir, auch noch einen kurzen Hinweis zur seinem inhaltlichen Aufbau zu geben.

Wie wir gesehen haben, besteht Life Excellence aus drei Schlüsselfähigkeiten, aus Selbstmächtigkeit, Erfolgstalent und Lebenskunst. Zum einen bilden diese Fähigkeiten eine Einheit und lassen sich kaum voneinander trennen, zum anderen bauen sie aber doch aufeinander auf. Selbstmächtigkeit ist die Basis, Erfolgstalent macht den Weg frei und Lebenskunst umfaßt und durchdringt beide. *Und dieser inneren Logik folgt auch der vorliegende Buchabschnitt.*

Die ersten Kapitel richten sich vor allem auf die Förderung der eigenen Selbstmächtigkeit

Die positive Weiterentwicklung der eigenen Einstellung, Denkweise und Verhaltensmuster, die Nutzung von Life Excellence als Lebensphilosophie und „Navigationssystem", die Stärkung der eigenen Souveränität, die Steigerung der Fähigkeit, zu geeigneten Einsichten und Grundsätzen zu kommen und die richtigen Entscheidungen zu treffen, sowie der Entschluß und Wille, sein Leben selbst zu bestimmen (und alle darin enthaltenen weiteren Themen) – alle diese Bausteine dienen dazu, sich zu einer *eigenständigen und selbstverantwortlichen Persönlichkeit* zu entwickeln. Sie liefern einem das geistige Rüstzeug und die praktischen Instrumente, um die Hoheit über sein Leben zu gewinnen, um „über den Dingen“ zu stehen und um aus seinen Möglichkeiten das Beste zu machen. Sie sind die Basis und Voraussetzung für alles, was man in seinem Leben verändern und erreichen möchte.

Die nächsten Kapitel konzentrieren sich auf die Aktivierung und Nutzung des persönlichen Erfolgstalents

Lebenserfolg und Lebensglück sind selbstverständlich immer mit der Befähigung verbunden, seinem Leben die gewünschte Form und den gewünschten Inhalt schenken und das verwirklichen zu können, was man sich vornimmt. Genau auf diese Bereiche und damit gleichzeitig auf die Aktivierung und Nutzung des eigenen *Erfolgstalents*, richten sich die nächsten Kapitel. Sie beantworten unter anderem die Fragen, welche Bedeutung die Sinnfrage hat und wie man mit ihr umgehen sollte, wie es gelingt, herauszufinden und zu fördern, was im eigenen Leben wirklich zählt, wie man seine Lebensziele definiert und wie man ein Experte und Könner darin wird, seine Pläne und Projekte zu verwirklichen.

Und alle weiteren Kapitel haben insbesondere mit Lebenskunst zu tun

Wie gesagt, die Grenzen sind fließend. Alles, was der Selbstmächtigkeit dient, fördert auch das Erfolgstalent und die Lebenskunst, und umgekehrt. Gleichwohl, die nun folgenden Kapitel sind von ihrem Wesen hauptsächlich auf dem Feld der *Lebenskunst* angesiedelt. Der Umgang mit der persönlichen Freiheit, die Gestaltung einer glücklichen und positiven Stimmung, die Erhöhung der eigenen Zufriedenheit und das Ergreifen und Ausschöpfen der Gegenwart und jedes einzelnen Tages, alles das sind entscheidende Themen für eine kluge, gekonnte und gewinnbringende Lebensgestaltung und Lebensführung.

Das Thema des Buches bestimmt die Reihenfolge der Kapitel

Der inhaltliche Ausblick auf den IV. Buchteil erklärt damit auch, warum die Kapitel genau die Reihenfolge haben, in der sie auftauchen.

Wer sein Leben auf umfassende und sinnvolle Weise nutzen und damit seinen Lebenserfolg und sein Lebensglück sichern möchte, der kann nicht einfach mit der Frage beginnen „Was sind meine Ziele und wie erreiche ich sie?”.

Er hat vielmehr als erstes bei sich selbst anzusetzen und bei den Möglichkeiten, die ihm ganz persönlich zur Verfügung stehen, um sein Leben zu bestimmen. Erst wenn er diese Möglichkeiten kennt (und beherrscht!), verfügt er auch über die „Macht- und Gestaltungsmittel“, die er benötigt, um seine (Lebens-) Ziele zu erkennen, zu wählen und zu verfolgen. Das heißt, die Beschäftigung mit den eigenen Zielen und die Beantwortung der Frage, mit welchem Verhalten und welchen Maßnahmen man sie am besten realisiert, kann erst in einem zweiten Schritt kommen.

Und auf diesen hat dann noch ein dritter zu folgen. Das Erreichen von Zielen ist nur ein Teil von Lebenserfolg und Lebensglück. Erst wenn auch noch der „erfolgreiche“ Umgang mit der eigenen „Lebensqualität“ hinzukommt, dann sind tatsächlich alle Bereiche erfaßt, um die es geht. Dafür aber, und so schließt sich der Kreis, ist als Basis wieder alles das erforderlich, worum es am Anfang ging, also die Kenntnis und die Beherrschung der „Macht- und Gestaltungsmittel“, die man besitzt, um sein Leben eigenständig zu bestimmen!

Mit den richtigen Schritten auf dem richtigen Weg

Beginnen Sie bei Ihrer „EDV“ – bei Ihrer Einstellung, Ihrer Denkweise und Ihrem Verhalten

Das Ziel und die Widerstände, die ihm entgegenstehen, sind uns also bekannt, ebenso wie die Schlüsselfähigkeiten, mit denen es gelingt, die eigenen Lebensvorstellungen zu verwirklichen und den eigenen Lebenserfolg zu sichern. Wie aber lässt sich Life Excellence ins eigene Leben übertragen? Und wie und womit sollten wir dabei starten, um von Anfang an auf die richtige Spur zu kommen? Lassen Sie uns zur Beantwortung dieser Einstiegsfragen ganz einfach direkt an den Einsichten anknüpfen, die wir in den drei ersten Buchteilen gewonnen haben.

Life Excellence, das haben wir dort erkannt, besteht aus drei tragenden Säulen – aus Selbstmächtigkeit, Erfolgstalent und Lebenskunst. Und alle diese drei Fähigkeiten und Eigenschaften haben wiederum eine gemeinsame Basis. Es ist die Art der Einstellung, der Denkweise und des Verhaltens, die man sich im Laufe seines Lebens aneignet. Wenn Sie also ein Höchstmaß an Life Excellence entwickeln und für sich nutzen möchten, dann gibt es eine Regel, die vor allen anderen kommt: *Setzen Sie dort an, wo es am meisten zählt und am meisten bringt – bei sich selbst. Entwickeln und fördern Sie bei sich eine Einstellung, eine Denkweise und ein Verhalten, mit denen Sie Ihren Lebenserfolg sichern und stärken, anstatt ihn zu gefährden und zu schwächen.*

Ihre „EDV“ bestimmt Ihr Leben in seiner Gesamtheit

Wie (alles-)entscheidend Ihre eigene Lebenseinstellung und Ihre persönlichen Denk- und Verhaltensmuster sind, lässt sich aufgrund unserer bisherigen Überlegungen leicht begründen. Erstens haben wir gesehen, dass jeder von uns für die Förderung seines Lebenserfolges und Lebensglücks selbst verantwortlich ist. Es ist eine Aufgabe, die man an niemand anderen delegieren kann, sondern die unmittelbar an die eigene Person und damit an das eigene Denken und Handeln gebunden ist.

Zweitens hat sich gezeigt, dass wir unsere Umwelt und das Geschehen in ihr sehr wohl beeinflussen können, aber eben hauptsächlich auf „indirekte Weise“, gewissermaßen über den Weg über uns selbst. Die äußeren Umstände oder andere Menschen einfach zu „zwingen“, sich so zu verhalten, wie wir es gerne hätten, das wird uns kaum gelingen. Aber unser Denken und Verhalten und unser Können und Geschick im Umgang mit unserem Leben, alles das können wir sehr wohl weiterentwickeln und auf eine „höhere Stufe“ bringen. Und je größer unsere Selbstmächtigkeit, unser Erfolgstalent und unsere Lebenskunst dabei werden, desto größer werden auch unsere Möglichkeiten, das im Leben zu erreichen, was wir uns vornehmen. Vielleicht klingt es an dieser Stelle etwas zu pathetisch, aber die folgenden Gedanken des überragenden Bildhauers, Malers und Baumeisters der Renaissance, Michelangelo Buonarroti, weisen doch die Richtung, um die es dabei geht: *„Die Versprechungen dieser Welt sind größtenteils Trugbilder. Sich selbst vertrauen und etwas Wertvolles werden, ist die beste und sicherste Lebensregel.“*

Und drittens beweist auch die direkte Betrachtung, wie sehr unser Erfolg und Glück von unserer „EDV“ abhängen. Nehmen Sie als ein großes Beispiel die Einstellung und das Verhalten gegenüber anderen Menschen. Wer seinen privaten und beruflichen Partnern mit einer offenen und wohlwollenden Grundeinstellung begegnet, wer ihre Persönlichkeit und Bedürfnisse respektiert, wer nicht nur egoistisch handelt, sondern auch die Interessen anderer bedenkt und wer einen umgänglichen und sympathischen Verhaltensstil an den Tag legt, der wird in seinem Leben eine völlig andere Beziehungsqualität herstellen können als jemand, der genau gegenteilig verfährt. Er wird die Wertschätzung und Unterstützung seiner Umwelt gewinnen und auf diesem Wege seine Freiheit, seine Erfolgschancen und seine Lebensfreude nachhaltig erhöhen. „*Ohne Talent zur Liebenswürdigkeit kein Talent zum Glücklichsein*“, so beschreibt die Dramatikerin und berühmteste deutsche Aphoristikerin Marie von Ebner-Eschenbach einen Aspekt dieses Zusammenhanges.

Ihre „EDV“ bestimmt Ihr Leben im Detail

Was für das Leben in seiner Gesamtheit gilt, gilt ebenso für den Verlauf und die Beschaffenheit des einzelnen Tages. Auch hier bestimmen die eigene Einstellung und das eigene Denken und Verhalten, was geschieht und wie es geschieht.

Seltsamerweise scheint aber gerade dieser Sachverhalt den meisten von uns kaum bewusst zu sein. Im Gegenteil. Viele Menschen sind offensichtlich fest davon überzeugt, dass sowohl das Tagesgeschehen als auch ihr tägliches Befinden größtenteils „fremdgesteuert“ sind, also von äußeren Faktoren abhängen, gegen die sie kaum etwas ausrichten können und deren Willkür sie letztlich hilflos ausgeliefert sind.

Lassen Sie uns den direkten Zusammenhang zwischen dem eigenen Denken und Verhalten einerseits und dem Verlauf eines Tages andererseits deshalb einfach einmal ganz anschaulich in Form von kleinen Beispielen betrachten. Es beginnt bereits morgens und es beginnt bereits bei vermeintlichen Kleinigkeiten, deren Wirkung und Folgen wir oft genug übersehen.

So kann man bis zur letzten Sekunde im Bett ausharren und anschließend durch die Waschungsprozeduren, das Frühstück und die Fahrt zum Arbeitsplatz hetzen oder man kann 15 Minuten eher aufstehen als „eigentlich nötig" und alles mit Ruhe und Gelassenheit erledigen. Man kann seinen Partner schon bei der ersten Tasse Kaffee mit sämtlichen Problemen überfallen, die heute vielleicht auf einen zukommen werden, oder man kann allen Beteiligten ein heiteres und liebevolles Gespräch gönnen, das Kraft und Motivation für die kommenden Stunden liefert. Man kann sich im Berufsverkehr jeden Tag über die Unfähigkeit der Stadtverwaltung („Möchte mal wissen, welcher Trottel diese Ampelschaltungen programmiert") und die Schurkenhaftigkeit der anderen Verkehrsteilnehmer („Der glaubt wohl, nur weil er Fahrrad fährt, kann er sich alles erlauben") beschweren, oder man kann irgendwann die Einstellung gewinnen, dass es sich nicht lohnt, über solche Banalitäten überhaupt nachzudenken. Man kann beim Eintreffen im Büro achtlos an seinen Kollegen vorbeimarschieren und selbst nur mürrische Seitenblicke ernten oder man kann die anderen wach und höflich begrüßen und auf die gleiche Weise empfangen werden. Man kann seinen Tag im Sekundenrhythmus verplanen (Besprechung von 11:11 Uhr bis 12:07 Uhr) oder Reserven einbauen, für das Unerwartete, das man sowieso täglich mit Sicherheit zu erwarten hat. Man kann die Zeiten seiner höchsten Kreativität und die seltenen Phasen der Ungestörtheit für Wichtiges nutzen oder sie mit Kleinkram verplempern. Man kann wie ein Besessener durcharbeiten, bis der eigene Blutzuckerspiegel am Nullpunkt anschlägt, oder man kann seine Schaffenskraft mit kleinen Pausen dauerhaft hoch halten. Und so weiter, und so fort!

Ich bin sicher, dass Ihnen noch viele weitere Beispiele einfallen werden. Die bisher genannten genügen aber, um zu zeigen, worum es geht. Natürlich gibt es so manches im Tagesgeschehen, das wir nicht vorhersehen und beeinflussen können, und selbstverständlich sind darunter auch Aufgaben, Ereignisse oder Begegnungen, die das Potenzial haben, uns zu belasten oder uns die Stimmung zu rauben. Insgesamt betrachtet sind wir es aber selbst, die mit unserer Einstellung und unserem Verhalten bestimmen, wie der betreffende Tag startet, wie er sich Stunde für Stunde weiterentwickelt, welchen Charakter er annimmt, was wir an ihm erreichen und ob es in der Summe ein „guter Tag“, also ein erfolgreicher und glücklicher Tag für uns wird.

Es gibt eine „EDV“, die Ihnen hilft, und eine, die Ihnen schadet

Unsere Überlegungen zeigen zudem, dass es offenbar zwei *Grundrichtungen* gibt, in die wir uns mit unserer „EDV“ bewegen können – entweder in eine Richtung, in der sie uns unterstützt und in der sie es uns erleichtert, unsere Lebensvorstellungen zu verwirklichen, oder aber in eine Richtung, in der sie uns das Leben erschwert und in der sie uns daran hindert, das zu erreichen, wonach wir eigentlich streben.

Nehmen Sie zunächst zwei grundsätzlich verschiedene Arten der *Lebenseinstellung*. Während beispielsweise die einen Menschen mit einer optimistischen und aufgeschlossenen Einstellung an neue Aufgaben und Herausforderungen herangehen („Wäre doch gelacht, wenn wir das nicht schaffen würden!“) und immer sofort ihre Chancen im Auge haben, betrachten andere jede Veränderung oder jedes neue Projekt als Belastung und Bedrohung und sind von vornherein von ihrem Scheitern überzeugt („Damit brauchen wir erst gar nicht anzufangen, klappt nie, da sehe ich völlig schwarz“).

Welche dieser beiden Einstellungen einen weiterbringt und welche einen dann tatsächlich scheitern lässt, liegt auf der Hand.

Ganz ähnlich verhält es sich bei der eigenen *Art zu denken*, z.B. im Zusammenhang mit der Art und Weise, in der man urteilt und zu einer Entscheidung kommt. Während die einen sich selbst und ihre Meinung zu einem bestimmten Thema immer wieder hinterfragen und bereit sind, aus neuen Erfahrungen oder zusätzlichen Informationen etwas zu lernen, halten andere starr und völlig unbeirrbar an jedem einmal in ihrem Leben getroffenen (Vor-)Urteil fest, gemäß dem Motto: „Meine Meinung steht fest, bitte verwirren Sie mich nicht mit den Tatsachen." Auch in diesem Beispiel ist offensichtlich, wer mit seiner Denkweise mehr erreichen wird als der andere. Je weniger ein Mensch willens ist, im Laufe seines Lebens hinzuzulernen, desto eher wird er an seine Grenzen stoßen und umso schmerzhafter wird es für ihn sein, wenn ihn die Fakten letztlich doch zwingen, seine Position neu zu definieren.

Auch das eigene *Verhalten* kann sich in eine vorteilhafte oder nachteilige Grundrichtung entwickeln. Ein schönes Beispiel sind die Toleranz und Großzügigkeit, die Menschen an den Tag legen. Während die einen mit einem Lächeln über spezielle Eigenarten oder vereinzelte Fehler ihrer privaten oder beruflichen Partner hinwegsehen, haben andere die größte Freude daran, ihre Mitmenschen mit Kritik und Besserwisserei zu überfallen. Sobald sich auch nur der kleinste Anlass ergibt, legen sie los: „Na also, das musste ja so kommen, das hätte ich dir gleich sagen können, das ist ja nicht das erste Mal, wann wirst du endlich ..." Man braucht kein Hellseher zu sein, um zu erkennen, wie die Folgen sein werden. Wer anderen ausreichende Freiräume lässt und wer anstelle negativer Kommentare mit Hilfsbereitschaft auf Fehler reagiert, wird stets willkommen sein. Wer dagegen regelmäßig den Oberkritiker spielt, der zieht sich irgendwann nicht nur die Abneigung, sondern fast schon den Hass seiner Umwelt zu.

Ein kurzes Fazit. Selbstverständlich lassen sich die eigene Einstellung, die eigene Denkweise und das eigene Verhalten nicht voneinander trennen. Alle drei „Bereiche“ sind miteinander verwoben und alle drei bedingen und beeinflussen sich gegenseitig. Und ebenso selbstverständlich dominieren in der Realität die Zwischentöne – kein Mensch kann nur Optimist sein, kein Mensch ist vollständig frei von Vorurteilen und niemand kann sich immer und überall mit Kritik zurückhalten (zumal derartige „Extremformen“ wieder ihre eigenen Probleme nach sich ziehen würden).

Das ändert aber nichts an der eigentlichen Einsicht und Empfehlung: Es gibt Einstellungen, Denkweisen und Verhaltensmuster, mit denen Sie Ihren Grad an Life Excellence (also Ihre Selbstmächtigkeit, Ihr Erfolgstalent und Ihre Lebenskunst) steigern und mit denen Sie Ihren Lebenserfolg fördern und sichern, und es gibt Einstellungen, Denkweisen und Verhaltensmuster, mit denen Sie das glatte Gegenteil bei sich bewirken. *Entscheiden Sie sich für die erste Art!*

Machen Sie sich bewusst, wie wichtig es für Sie ist, sich mit Ihrer „EDV“ zu beschäftigen

Über die fundamentale Bedeutung der eigenen „EDV“ sollte deshalb also eigentlich kein Zweifel bestehen. Das *innere Verhältnis*, das man zu den Dingen entwickelt, die *Weltanschauung*, die man sich aneignet, die *Auffassungen und Standpunkte*, an denen man sich orientiert, die Art und Weise, in der man das Geschehen um einen herum *wahrnimmt und bewertet*, die *Urteile*, die man trifft, die *Reaktionen*, die man zeigt, und das eigene *Auftreten, Handeln und Benehmen* – alle diese Faktoren durchdringen die eigene Persönlichkeit und prägen das eigene Leben in jeder Hinsicht, mehr noch, sie *sind* gewissermaßen die eigene Persönlichkeit und sie *sind* gewissermaßen das eigene Leben.

Und sollte es immer noch jemanden geben, der die existentielle Beziehung zwischen der eigenen „EDV", dem eigenen Leben und der eigenen Lebensqualität bestreitet, dann reichen die folgenden Gedanken Arthur Schopenhauers (der uns ja bereits an anderer Stelle geholfen hat) sicher aus, um ihm die Augen zu öffnen: *„Die Welt, in der jeder lebt, hängt zunächst ab von seiner Auffassung derselben, richtet sich daher nach der Verschiedenheit der Köpfe: Dieser gemäß wird sie arm, schal oder flach oder reich, interessant und bedeutungsvoll ausfallen. Während z. B. mancher den anderen beneidet um die interessanten Begebenheiten, die ihm in seinem Leben aufgestoßen sind, sollte er ihn vielmehr um die Auffassungsgabe beneiden, welchen jenen Begebenheiten die Bedeutsamkeit verlieh, die sie in seiner Beschreibung haben: Denn dieselbe Begebenheit, welche in einem geistreichen Kopfe sich so interessant darstellt, würde, von einem flachen Alltagskopf aufgefasst, auch nur eine schale Szene aus der Alltagswelt sein."*

So entscheidend die eigene „EDV" für ein erfolgreiches und glückliches Leben aber auch ist und so eindeutig die geschilderten Zusammenhänge auch sein mögen, so weit sind die meisten Menschen davon entfernt, sich mit diesem Themenbereich gezielt und systematisch zu befassen. Sie denken, wie sie denken, sie handeln, wie sie handeln, sie lassen die Dinge laufen, wie sie sind, ohne sich jemals selbst zu betrachten und sich die Frage zu stellen, ob die Grundrichtung überhaupt stimmt, in die sie sich bewegen, und ohne sich jemals wirklich zu überlegen, was sie vielleicht ändern und verbessern sollten. Würde man sie fragen, für wie wichtig sie die Einstellung und die eigene Art zu denken und zu handeln halten, sie würden mit an Sicherheit grenzender Wahrscheinlichkeit erklären, dass es sich dabei um die zentralen Faktoren überhaupt handelt: „Wenn die Einstellung nicht stimmt, dann stimmt gar nichts", so in etwa könnte die Antwort lauten. Würde man sie aber anschließend bitten, einmal zu erzählen, wie intensiv sie sich in letzter Zeit mit ihrer persönlichen „EDV“ beschäftigt haben, die Antwort wäre wohl ebenso eindeutig: „Gar nicht.“

Wie die erste grundlegende Empfehlung zu lauten hat, ist somit klar: *Machen Sie sich bewusst, dass es keinen größeren Einflussfaktor auf Ihren Lebenserfolg gibt, als die Einstellung, die Denkweise und die Verhaltensmuster, die Sie sich zu Eigen machen. Erklären Sie die positive Weiterentwicklung Ihrer „EDV“ deshalb ab heute zu Ihrer „persönlichen Chefsache“. Verleihen Sie ihr oberste Prio-*

Einstellung, Denkweise, Verhalten: Die Universalschlüssel

rität und schenken Sie ihr größte Aufmerksamkeit. Es gibt kaum eine andere Aufgabe, die von so großer Bedeutung für Sie ist und die Ihnen so viel bringt!

Gehen Sie mit der richtigen Einstellung an die Entwicklung Ihrer Einstellung

So seltsam es sich anhören mag, auch für die Beschäftigung mit der eigenen Einstellung und dem eigenen Denken und Verhalten benötigt man die richtige Einstellung! Wer das Thema lieber verdrängen möchte, wer unentschlossen vorgeht, wer am Wert und Nutzen zweifelt, der wird seine Bemühungen schon bald wieder beenden oder nur einen Bruchteil von dem tun, was ihm eigentlich möglich wäre. Die zweite zentrale Maßnahme für die kluge und gekonnte Weiterentwicklung der eigenen „EDV" besteht deshalb darin, sich *auf angemessene Weise dafür zu konditionieren* und mit einer *angemessenen Grundeinstellung* an das Projekt heranzugehen. Die folgenden Empfehlungen zeigen, worauf es dabei am meisten ankommt.

Stehen Sie dem Thema aufgeschlossen gegenüber

Es gibt viele Menschen, denen die Beschäftigung mit sich selbst höchst unangenehm ist. Sie behandeln ihre Einstellung und ihr Verhalten wie ein „Tabuthema", über das sie besser nicht weiter nachdenken, oder als eine Art „heilige Kuh", der man nicht zu nahe kommen darf. Gründe dafür gibt es viele. Einige betrachten sich und ihr Verhalten als sakrosankt und verbitten sich jedes Wort der (Selbst-)Kritik. Andere scheuen sich davor, sich mögliche Fehler bewusst zu machen und vielleicht erkennen zu müssen, dass sie sich ändern sollten. Und wieder andere haben schlichtweg keine Lust, die dafür erforderlichen Maßnahmen in Angriff zu nehmen.

Lassen Sie eine solche „Verweigerungshaltung“ bzw. derartige „Berührungsängste“ bei sich gar nicht erst aufkommen. Denken Sie vielmehr immer daran, dass Selbstmächtigkeit eine Grundlage für den Lebenserfolg und das Lebensglück ist und dass Selbstmächtigkeit und Selbsterkenntnis untrennbar miteinander verbunden sind. *Wahre Stärke zeigt der, der über seine Schwächen lachen kann – und sie anschließend entschlossen beseitigt*, das sollte Ihr Motto sein!

Trauen Sie sich die Veränderungen zu

Es wird immer wieder darüber diskutiert, inwieweit man sich (von einem bestimmten Alter an) als Mensch überhaupt (noch) verändern kann. Und tatsächlich, der eigene Charakter, das eigene Wesen, die eigene Persönlichkeit, sie sind von ihren Grundzügen her sicher weitgehend vorgegeben bzw. festgelegt. Niemand von uns wird also völlig aus seiner „Haut schlüpfen“ und sich zu einem komplett „neuen Menschen“ machen können. Wozu auch? Die Dinge im Leben aber anders zu sehen und anders anzugehen als bisher, die eigenen Denk- und Verhaltensmuster zu überprüfen und zu verändern, das ist natürlich sehr wohl möglich!

Wer zur Zeit noch als Pessimist durch die Lande zieht, kann entscheiden, in Zukunft den Chancen und positiven Elementen in seinem Leben mehr Beachtung zu schenken. Wer bislang bei seinen Vorhaben alles auf eine Karte setzte, kann lernen, bei kommenden Projekten immer auch über Alternativen und Ausweichlösungen nachzudenken. Wer im Moment keinen Widerspruch erträgt, kann sich darin üben, seinem Partner in Ruhe zuzuhören und künftig auch andere Meinungen gelten zu lassen.

Betrachten Sie Ihre Einstellung, Ihre Denkweise und Ihr Verhalten deshalb nicht als etwas, das aus Granit geschlagen ist und gegen das Sie mit Ihren Veränderungsversuchen sowieso nicht ankommen werden, sondern als offene Angelegenheit, als etwas „Lebendiges", auf das Sie nachhaltigen Einfluss haben und bei dem Sie selbst entscheiden und bestimmen können, in welche Richtung Sie es entwickeln.

Stellen Sie sich darauf ein, dass es eine Daueraufgabe ist

Die Weiterentwicklung der eigenen „EDV" ist natürlich auch in zeitlicher Hinsicht eine offene Angelegenheit. Die erste Ursache dafür ist die Art der Aufgabenstellung. Auf einigen Feldern werden bereits eine klare Analyse und Entscheidung genügen, um ein neues Denken und Handeln einzuleiten, auf vielen anderen Gebieten werden sich die eigenen Denk- und Verhaltensmuster dagegen nur langfristig in die gewünschte Richtung entwickeln lassen. Die zweite Ursache ergibt sich daraus, dass ein „Stillstand" an und für sich ein Ding der Unmöglichkeit ist. Das eigene Älterwerden und die parallel dazu verlaufenden Veränderungen im eigenen Umfeld stellen einen automatisch vor die Aufgabe, die eigene „EDV" immer wieder aufs Neue zu überprüfen und (sofern erforderlich!) auch neu zu justieren.

Lassen Sie sich deshalb nicht dadurch vom Weg abbringen, dass ein „einmaliger Knopfdruck" kaum genügen wird. Betrachten Sie die Beschäftigung mit Ihrem Denken und Verhalten vielmehr als das, was sie ist – ein selbstverständlicher Teil eines aktiv und bewusst geführten Lebens und damit eine unverzichtbare Voraussetzung, dieses Leben umfassend zu nutzen und zu einem Erfolg zu machen. Der Historiker und Geschichtslehrer Leopold von Ranke, der bereits zu Lebzeiten von vielen als der „Begründer der Geschichtswissenschaft" bezeichnet wurde, beschreibt gerade diesen letzten Aspekt mit eindringlichen Worten: „*Stehenbleiben: es wäre der Tod; Nachahmen: es ist schon eine Art von Knechtschaft; eigene Ausbildung und Entwicklung: das ist Leben und Freiheit.“*

Etablieren Sie eine „Arbeitstechnik“, die Ihnen weiterhilft

Die ersten beiden Schritte für die gezielte Beschäftigung mit der eigenen „EDV“ haben wir also kennen gelernt. Sie bestehen darin, sich über die Bedeutung und den Wert der Aufgabe bewusst zu werden und sie mit der richtigen Einstellung anzupacken.

Der dritte Schritt bezieht sich auf die Art der Vorgehensweise. Je systematischer und durchdachter Sie sich mit Ihrer „EDV“ beschäftigen, desto leichter wird es Ihnen fallen, die entsprechenden Veränderungen in die Wege zu leiten. Was Sie deshalb brauchen, ist die geeignete „Arbeitstechnik“. Die folgenden Empfehlungen zeigen, was zu ihr gehört.

Machen Sie die Beschäftigung mit Ihrer „EDV“ zu einem Teil Ihrer Routine

Machen Sie die Beschäftigung mit Ihrer „EDV“ nicht zum großen Ausnahmeereignis, sondern zu einem Teil Ihrer Routine. Entscheiden Sie, welcher Rhythmus und welche Uhrzeit dabei am besten für Sie geeignet sind. Ob Sie jeden Abend den Tag Revue passieren lassen, ob Sie einmal in der Woche oder vielleicht nur einmal im Monat über die entsprechenden Fragen nachdenken, ist gar nicht so entscheidend. Wichtig ist vielmehr, dass Sie es regelmäßig tun und es zu einer Gewohnheit und Selbstverständlichkeit für Sie wird.

Nehmen Sie sich Zeit und Ruhe

Betrachten Sie die Beschäftigung mit sich und den Ereignissen um Sie herum nicht als lästige Pflicht oder als neue Form der Hausaufgaben im Erwachsenenzeitalter, sondern als große Chance. Machen Sie etwas daraus, was Sie genießen. Eine gute Tasse Tee, vielleicht ein schönes Glas Wein, möglicherweise leise Musik: Nutzen Sie alles, was Ihnen hilft, um eine entspannte Atmosphäre zu schaffen, in der Sie kreativ sind. Es geht nicht darum, sich einem strikten „Selbstverhör" zu unterziehen, sondern darum, auf gelassene Weise auf neue Ideen für ein erfolgreiches Leben zu kommen.

Greifen Sie immer zu, wenn sich eine Gelegenheit bietet

Wie oft sitzt man beispielsweise im Zug oder im Flugzeug, wie oft wartet man irgendwo auf irgendetwas, und kann dabei eigentlich nichts tun oder erledigen, was wirklich „dringend" ist? Und wie oft greift man dann einfach zu einer beliebigen Zeitschrift, um sich abzulenken und die Zeit totzuschlagen? In allen diesen Fällen ist es schade um die gute Gelegenheit, über sich und sein Leben ein wenig nachzudenken. Gerade wenn man sich in einer Situation bzw. in einem Umfeld befindet, in dem man vom Alltag etwas losgelöst ist, gewinnt man auch eine ausreichende Distanz und die „innere Gelöstheit", die man braucht, um zu neuen Einsichten oder auf neue Ideen zu kommen.

Halten Sie Ihre Gedanken schriftlich fest

Halten Sie Ihre Gedanken schriftlich fest, am besten in einem speziellen Buch oder Kalender. Testen Sie dabei, welche Form und welcher Umfang der Notizen für Sie am besten geeignet ist. Den einen wird es genügen, am Ende ihrer Gedankengänge das Resultat zu notieren, andere werden lieber umfangreiche Aufzeichnungen anfertigen. Für welche Technik Sie sich auch entscheiden, drei Dinge sollten Sie grundsätzlich aufschreiben: Ihre zentralen *Einsichten in Bezug auf die Lage* („Was läuft positiv, was negativ?“), Ihre zentralen *Entscheidungen in Bezug auf die geplanten Veränderungen* („Was werde ich ab sofort anders machen?“) und Ihre zentralen *Einfälle in Bezug auf die entsprechenden Realisierungsmaßnahmen* („Womit werde ich beginnen, was werde ich im Einzelnen tun?“).

Analysieren Sie Ihre „EDV“ anhand konkreter Ereignisse

Die ersten drei Maßnahmenbereiche für die erfolgreiche Weiterentwicklung der eigenen „EDV“ haben wir also kennen gelernt. Es geht darum, die Wichtigkeit der Aufgabe zu erkennen, mit einer positiven Grundhaltung an sie heranzugehen und sich eine geeignete Arbeitstechnik anzueignen. Im vierten Bereich geht es darum, herauszufinden, mit welchen Fragen es am besten gelingt, sich selbst und das eigene Denken und Verhalten zu analysieren und die richtigen Schlüsse daraus zu ziehen.

Sich einfach hinzusetzen und sich ohne festen Bezugspunkt zu überlegen: „Wie bin ich?“ bzw. „Wie denke und handele ich?“, wird kaum zu den gewünschten Ergebnissen führen. Zum einen ist es (wie wir auch schon bei der Definition von Selbstmächtigkeit bzw. beim Thema der Selbsterkennung gesehen haben) an und für sich bereits schwierig, sich direkt und unmittelbar zu betrachten, zum anderen ist die Fragestellung auch zu abstrakt, um als Ideenauslöser dienen zu können.

Wie wir es besser machen können, rät uns einer der wirkungsmächtigsten Philosophen der Antike, Aristoteles, der zudem auch als eigentlicher Schöpfer der Logik gilt: „*Das Denken für sich allein bewegt nichts, sondern nur das auf einen Zweck gerichtete und praktische Denken.*"

Denken Sie also nicht nur allgemein über Ihre Einstellung und Ihr Verhalten nach, sondern vielmehr anhand *konkreter Entwicklungen und Ereignisse*, die in Ihrem Leben stattgefunden haben oder gerade stattfinden! Je deutlicher Sie sich die betreffende Angelegenheit vor Augen führen, desto besser werden Sie erkennen können, was Sie gedacht und wie Sie gehandelt haben. Und je mehr *Einzelfälle und Einzelbeispiele* Sie auf diesem Wege analysieren, desto treffender und facettenreicher wird Ihr Bild davon werden, wie Sie Ihre „EDV" *insgesamt und grundsätzlich* einzuschätzen haben.

Anders gesagt und auf gut Deutsch – gehen Sie induktiv und schrittweise vor! Überlegen Sie sich zunächst, welches reale Ereignis (ein bestimmter Vorfall in Ihrem privaten Alltag oder ein bestimmtes Geschehen in Ihrem Berufsleben) Ihnen ein gutes Beispiel liefert, um mehr über sich und Ihr Verhalten herauszufinden. *Durchdenken Sie das Ereignis anschließend und stellen Sie sich dabei folgende Fragen*:

- Was an meiner Einstellung, an meinem Denken und an meinem Verhalten hat mir geholfen und was hat mir geschadet? Was hat mich meinen Zielen näher gebracht, was hat mich von ihnen entfernt?
- Welche meiner Urteile und Entscheidungen haben sich als richtig erwiesen, welche als falsch? An welcher Stelle des Geschehens war ich zu optimistisch, wo zu pessimistisch? Wo war ich zu forsch und ungestüm, wo zu furchtsam und unentschlossen? Was wäre aus heutiger Sicht besser gelaufen, wenn ich mich anders verhalten hätte?

- Für welche negativen Entwicklungen oder Ergebnisse war ich mit meinen Entscheidungen und meinem Auftreten selbst der Auslöser? Was ist bei ehrlicher Betrachtung auf mich selbst zurückzuführen, obwohl ich mir bisher eingeredet habe, andere seien verantwortlich? Und was sollte ich mir demgegenüber im positiven Sinne selbst anrechnen?
- Über welche Entscheidungen und Taten freue ich mich in der Rückbetrachtung am meisten? Was an meiner „Denk- und Verhaltensroutine“ hat sich wieder einmal bestätigt? Was hat sich zudem als vorteilhaft erwiesen, obwohl ich davon im ersten Moment nicht ganz überzeugt war und mich entsprechend „überwinden“ musste, es zu tun (oder zu unterlassen)?
- Über was ärgere ich mich am meisten? Welche Denk- und Verhaltensfehler, die ich längst ablegen wollte, habe ich wieder einmal begangen? Und was hat sich als unklug und ungünstig herausgestellt, obwohl ich ursprünglich geglaubt habe, es würde mir helfen?
- Wo liegen also bei meiner „EDV“ die Stärken? Was sollte ich beibehalten und fördern? Was sollte ich darüber hinaus von dem, was ich bisher nur unbewusst oder zufällig mache, zu meinem „Standard“ erheben?
- Und wo liegen bei meiner „EDV“ demgegenüber die Schwächen? Was sollte ich so schnell wie möglich aufgeben und unterlassen? Welche Einstellung und Sicht der Dinge werde ich revidieren? Von welchen Vorurteilen werde ich mich trennen? Welche Denkfehler möchte ich nicht mehr wiederholen? Welches Verhalten werde ich nie wieder an den Tag legen?

Erhöhen Sie Ihren Veränderungswillen

Eines ist klar. Zwischen der reinen *Erkenntnis*, dass es an der Zeit ist, die eigene Einstellung und das eigene Verhalten zu verändern, und der *Realisierung* der tatsächlichen Veränderung besteht ein Unterschied. Man muss das, was man als richtig erkannt und sich vorgenommen hat, auch *wirklich tun*. Die nächste Regel und Empfehlung lautet daher: *Aktivieren und fördern Sie Ihren Veränderungswillen*!

Machen Sie sich klar, dass Sie ohne den entsprechenden Willen niemals etwas erreichen werden

Wir haben schon an anderer Stelle darüber gesprochen, wie wichtig das Thema des Willens für den eigenen Lebenserfolg und das eigene Lebensglück ist. Wer sein Leben nicht einfach nur dahinfließen lassen, sondern es auf umfassende und sinnvolle Weise nutzen möchte, der muss an erster Stelle überhaupt erst einmal willens dazu sein! Und genau das Gleiche gilt für die Veränderung der eigenen „EDV". Wem der entsprechende Wille dazu fehlt, dem wird es nie gelingen, etwas an sich und an seinem Denken und Verhalten zu verändern.

Die meisten Menschen unterschätzen diesen Sachverhalt aber, genauer, sie wollen ihn in Wirklichkeit lieber nicht wahrhaben. Sie liefern einen guten Grund nach dem anderen dafür, warum etwas nicht gelingt, warum sie bei etwas nicht vorankommen, warum die Lücke zwischen Wunsch und Wirklichkeit bestehen bleibt, und weigern sich zu erkennen oder sich selbst gegenüber zuzugeben, dass es ihnen letztlich ausschließlich am Wollen mangelt, an Entschlusskraft und an innerem Antrieb.

Machen Sie sich deshalb grundsätzlich klar, dass Sie ohne ausreichenden Willen niemals im Leben das erreichen werden, was Sie sich wünschen. Irgendwann kommt bei allen Themen (eben auch beim Thema der Veränderung der eigenen Einstellung und des eigenen Verhaltens) der Punkt, an dem es ausschließlich von Ihnen allein abhängt, was geschieht, und an dem Ihnen auch niemand mehr die Aufgabe des „persönlichen Handelns“ abnehmen kann.

Sagen Sie nie wieder: „Die Umsetzung ist aber schwierig“

Es gibt insbesondere einen Satz, einen Einwand, einen Standardtext, der wie eine Wagenladung Chloroform wirkt und der wie kaum ein anderer geeignet ist, jede Veränderung im Keime zu ersticken, insbesondere auch jede Veränderung der eigenen „EDV“. Er lautet: „Die Umsetzung ist natürlich sehr schwierig ...“

Streichen Sie diesen Satz aus Ihrem Denken und aus Ihrem Wortschatz. Vergessen Sie ihn für alle Zeiten. Wiederholen Sie ihn nie wieder. Er ist so gut wie immer nicht nur sachlich falsch, sondern eine reine Alibiformulierung, mit der man die eigene Trägheit, Unlust und Untätigkeit zu kaschieren versucht.

Lassen Sie uns die Zusammenhänge zunächst in Form eines kleinen Beispiels betrachten. Stellen Sie sich vor, ein Fitnessberater erklärt einem überarbeiteten Manager beim ersten gemeinsamen Ausflug, wie er auf einem Mountain-Bike einen steilen Berghang hinunterfahren soll: „Die Augen abwechselnd auf den Weg und auf das Ziel richten, den Kopf immer hoch, den Oberkörper stets nach vorne, den Schwerpunkt so tief wie möglich, bei Löchern leicht aus dem Sattel, Steinstöße abfedern, tiefen Ästen locker ausweichen, bei weiten Sprüngen den Lenker gerade halten, nie aus der Balance kommen ...“ Wenn der bedauernswerte Herr aus der Wirtschaft in einem solchen Fall voller Bangen mit „Die Umsetzung ist aber schwierig“ antwortet, dann ist dagegen sicher nichts einzuwenden. Wenn der Ratschlag des Trainers aber lautet: „Essen Sie mehr Obst und trinken Sie täglich zwei bis drei Liter Mineralwasser", und die Antwort heißt wieder: „Die Umsetzung ist aber schwierig", dann werden wir den Verdacht kaum los, dass nicht die „Umsetzung" das Problem ist, sondern der Wille.

Auf unser Thema übertragen: Natürlich gibt es Fälle und Situationen, in denen es schwierig ist, einen Entschluss oder ein Vorhaben in der Praxis auszuführen bzw. „umzusetzen". Wenn man beispielsweise nicht alleine über die betreffende Angelegenheit bestimmen kann, wenn man auf externe Widerstände trifft, wenn die Ausgangslage komplex und unübersichtlich ist, wenn hinreichende Informationen fehlen, wenn sehr viel und alles auf einmal geschehen muss und wenn man nur einen einzigen Versuch frei hat, dann existieren in der Tat hohe „Umsetzungshürden".

Von Rahmenbedingungen dieser Art kann bei der Veränderung und Weiterentwicklung der persönlichen „EDV" aber nicht die Rede sein. Erstens ist es ein Projekt, dessen Realisierung ausschließlich von uns selbst abhängt. Niemand kann uns unsere Lebenseinstellung vorschreiben und niemand kann uns daran hindern, unsere Denk- und Verhaltensweisen zu überprüfen und neu anzulegen. Zweitens geht es um Bereiche, die wir voll und ganz überschauen können. Wir haben ausreichende Zeit, um uns in Ruhe zu beobachten und um herauszufinden, mit welchen Veränderungen wir uns das Leben selbst erleichtern können. Und drittens müssen wir weder alles auf einmal angehen, noch haben wir nur einen einzigen Versuch! Wir können mit den Themen starten, die uns am meisten am Herzen liegen, und wir können jederzeit einen neuen Anlauf unternehmen oder neue Methoden und Wege testen, wenn wir sehen, dass wir nicht wie erhofft vorankommen. Alles das hängt ausschließlich von uns und von unseren Entscheidungen ab.

Sollten Sie also tatsächlich einmal wieder einer Person begegnen, die Ihnen erklärt: „Jawohl, ich weiß, dass ich meine Einstellung und mein Verhalten ändern sollte, und ich weiß auch in welcher Hinsicht – aber die Umsetzung ist eben so schwierig ...“, dann antworten Sie dieser Person (auch wenn es sich dabei um Sie selbst handeln sollte!) ganz einfach mit einem Satz des (spanisch-)römischen Staatsmannes, Schriftstellers und Dichters Lucius Annaeus Seneca, der unsere Gedanken zu diesem Thema in sieben Worten zusammenfasst: *„Nichtwollen ist der Grund, Nichtkönnen der Vorwand“*!

Denken Sie daran, dass es eine „positive Automatik“ gibt

Das ist aber selbstverständlich noch nicht alles, was man tun kann und tun sollte, um den eigenen Veränderungswillen zu erhöhen. *Ebenso wichtig ist es, sich immer wieder selbst zu motivieren und die eigene Antriebskraft von sich aus mit Energie zu versorgen.* Die erste Empfehlung in diesem Zusammenhang lautet: *Denken Sie daran, dass Ihnen bereits das Nachdenken hilft!*

Erinnern Sie sich also an die alte Regel, dass „Selbsterkenntnis der erste Schritt zur Besserung“ ist – und damit auch zur „Selbstveränderung“. In dem Augenblick, in dem Sie damit beginnen, sich regelmäßig in Ihrem Denken und Verhalten zu beobachten und zu bewerten, setzen Sie so etwas wie eine „positive Automatik“ in Gang, mit der Sie sich auch ohne Ihr bewusstes Zutun in die gewünschte Richtung leiten.

Stellen Sie sich z. B. einen Menschen vor, der die penetrante Eigenschaft hat, anderen das Wort abzuschneiden, um anschließend seine eigene Meinung kundzutun. Sobald er dieses unangenehme Verhalten erst einmal bei sich wahrgenommen hat, sobald es ihn selbst zu stören beginnt und sobald er es abstellen möchte, wird er automatisch beginnen, sich bei jedem erneuten „Ausrutscher“ über sich selbst zu ärgern. „Schon wieder“, so in etwa wird sein Gedanke lauten. Und je häufiger er diesen Ärger verspürt, desto wacher wird er in Gesprächen auf sein eigenes Verhalten achten und desto öfter wird es ihm gelingen, sich selbst zu zügeln und den anderen in Ruhe ausreden zu lassen.

Noch ein Beispiel. Ich kenne einen erfolgreichen Steuerberater, der trotz seiner Leistungen die Angewohnheit hatte, grundsätzlich zuerst einmal den Negativfall anzunehmen. Eines Tages fand er in seinem Briefkasten nach langer Zeit wieder einmal ein Schreiben seines Vermieters. Sein erster Gedanke war: „So, das ist also die Mieterhöhung, die ich schon längst befürchtet habe." Da er sich die Laune nicht noch mehr verderben wollte, legte er den Umschlag ungeöffnet auf ein Sideboard in seinem Wohnungsflur. Es dauerte Tage, bis er sich durchrang, endlich zu lesen, was tatsächlich im Brief stand: „Lieber Herr Dr. …, da die Nebenkosten im vergangenen Jahr weit niedriger waren als angesetzt, möchte ich Ihnen gerne den zu viel bezahlten Betrag zurückerstatten. Bitte teilen Sie mir mit, auf welches Konto ich das Geld überweisen soll." Für meinen Bekannten war das Ereignis ein Augenöffner. Jedes Mal, wenn ihm nun bei einem bestimmten Ereignis eine Negativerwartung durch den Kopf schießt, läutet automatisch eine Art „geistiges Glöckchen", das ihm sagt: „Halt, nicht so pessimistisch, es kann sich genauso gut um etwas Positives handeln!"

Also: Bereits Ihre Entscheidung, sich mit Ihrer persönlichen „EDV" zu beschäftigen, und bereits Ihr regelmäßiges (und systematisches!) Nachdenken über Ihre Lebenseinstellung und Ihre Verhaltensroutine bewirken einen enormen Fortschritt. Sie erhöhen Ihr Wahrnehmungsvermögen dafür, auf welche Weise Sie durchs Leben gehen, sie machen Sie darauf aufmerksam, womit Sie es sich selbst erschweren (bzw. erleichtern!), Ihre Ziele zu erreichen, und sie lösen eine Art „automatische Selbst-Steuerung" aus, durch die Sie sich in Ihrem Denken und Verhalten auf den richtigen Kurs bringen!

Jeder Fortschritt bringt weiteren Fortschritt

Es gibt einen zweiten Gedanken, der vorzüglich geeignet ist, sich in Bezug auf die Weiterentwicklung seiner „EDV“ selbst zu motivieren. Auch er zeigt, dass die Chancen, das zu realisieren, was man sich vorgenommen hat, weit günstiger stehen, als man selbst oft glaubt. Der Gedanke lautet: *Jeder Teilerfolg, den Sie erzielen, führt Sie direkt oder indirekt zum nächsten Teilerfolg.*

Nehmen Sie als ein Beispiel den großen Wunsch vieler Menschen, sich gesünder zu ernähren. Wer nach einem anstrengenden Arbeitstag erschöpft und ausgehungert nach Hause kommt, weiß, wie schwierig es ist, sich auf diesem Gebiet an die eigenen Vorsätze zu halten. Wenn man aber das Abendessen nicht (sofort) umstellen kann, dann doch vielleicht das eigene Frühstück! Zu dieser Zeit des Tages ist man noch ausgeruht und damit disziplinierter, alles liegt noch vor einem und man kann richtig starten. Und wenn man sich erst einmal beim Frühstück daran gewöhnt hat, anstelle dicker Wurstbrote ein frisches Müsli zu essen, dann greift man vielleicht auch tagsüber lieber zu einer Banane oder einem leichten Sandwich anstatt wie zuvor zu einer Tafel Schokolade. Und wenn es einem dann schließlich gelungen ist, sich tagsüber so zu ernähren, wie man es eigentlich insgesamt möchte, wenn man merkt, wie gut man sich dabei fühlt und wie stolz man auf sich und seine Fortschritte ist – dann gelingt es ja vielleicht doch noch, auch den letzten großen Schritt zu tun und auch abends etwas anderes zu sich zu nehmen als eine doppelte Portion Schweinebraten.

Mit anderen Worten: Auch wenn Sie eine bestimmte Denk- oder Verhaltensweise nicht vollständig abstellen und durch eine andere ersetzen können, so können Sie sie doch immer in *Teilbereichen* verändern und verbessern! Und jeder dieser „Teilfortschritte“ beschränkt sich in seiner positiven Wirkung dann eben nicht nur auf sich selbst, sondern schafft darüber hinaus auch *insgesamt eine neue*

Bedingungslage, aus der sich weitere Veränderungs- und Handlungschancen für Sie ergeben.

Halten Sie sich vor Augen, was Sie gewinnen werden

Selbstverständlich gibt es noch eine weitere Methode, sich selbst zu motivieren und seinen Veränderungswillen zu stärken. Die entsprechende Empfehlung lautet: *Machen Sie sich bewusst, wie groß der Nutzen für Sie ist. Führen Sie sich vor Augen, was Sie mit einer Änderung Ihrer Einstellung und Ihres Verhaltens gewinnen werden, und durchdenken Sie ebenso klar, was Sie verlieren werden, wenn Sie weitermachen wie bisher.*

Worum es dabei geht, bedarf keiner langen Erklärung. Je deutlicher man erkennt, wie groß der Nutzen einer Maßnahme für einen selbst ist, desto größer werden der Antrieb und das Durchhaltevermögen, die man bei der Realisierung dieser Maßnahme entwickelt. Stellen Sie sich deshalb bitte bei der Beschäftigung mit Ihrer „EDV“ immer wieder auch folgende Fragen:

- Was habe ich davon, wenn ich meine Einstellung und mein Verhalten auf einem bestimmten Gebiet ändere? Was gewinne ich damit? Welche Möglichkeiten erschließe ich mir? Auf welche Weise erleichtere ich mir mein Leben? In welcher Hinsicht komme ich meinen Zielen näher? Welche Probleme schaffe ich mir vom Hals?

- In welche Situation gerate ich demgegenüber, wenn ich meine Einstellung und mein Verhalten auf diesem Feld nicht ändere? Welche Schwierigkeiten kommen auf mich zu, welche Gefahren? Was werde ich verlieren? Welche meiner wichtigsten Wünsche werde ich mir dann niemals erfüllen können?

- Was hat deshalb für mich oberste Priorität? Womit werde ich sofort beginnen? Was werde ich nicht länger verdrängen oder aufschieben? Wobei werde ich so nachdrücklich und diszipliniert ans Werk gehen wie nur möglich? Was werde ich konsequent verwirklichen?

Ein Fazit

Es ist an der Zeit, ein kurzes Fazit zu ziehen. Unsere Überlegungen in den ersten drei Buchteilen haben deutlich gemacht, dass die üblichen Methoden nicht genügen, um den eigenen Lebenserfolg und das eigene Lebensglück in der heutigen Zeit zu sichern und zu fördern. Was wir vielmehr dafür bei uns zu etablieren haben, ist ein Höchstmaß an *Können und Geschicklichkeit im Umgang mit unserem Leben insgesamt*, also ein Höchstmaß an *Life Excellence* und damit an Selbstmächtigkeit, Erfolgstalent und Lebenskunst.

Alles das zeigt, wie unser erster großer Schritt auszusehen hat. Wenn wir uns zu eigenständigen und selbstbestimmten Persönlichkeiten entwickeln möchten, wenn wir aus unseren Chancen und Handlungsmöglichkeiten das Beste für uns und unsere Lebensvorstellungen machen wollen und wenn es uns gelingen soll, unser Leben auf kluge und gekonnte Weise zu gestalten und zu führen, dann müssen wir zuallererst bei uns selbst ansetzen – bei der Einstellung, der Denkweise und dem Verhalten, die wir uns aneignen und mit denen wir durchs Leben gehen.

Die ersten Empfehlungen lauten deshalb in ihrer Zusammenfassung: Beginnen Sie bei sich selbst! Machen Sie sich bewusst, welchen Einfluss Ihre „EDV“ auf Ihr Leben hat und wie wichtig es ist, sie im positiven Sinne weiterzuentwickeln. Gehen Sie dabei so systematisch wie möglich vor. Stehen Sie dem Thema aufgeschlossen gegenüber, durchdenken Sie Ihre Einstellung und Ihr Verhalten anhand praktischer Beispiele und entscheiden Sie, was Sie ab sofort anders machen werden als bisher. Belassen Sie es nicht nur bei Vorsätzen, sondern aktivieren und stärken Sie Ihren Veränderungswillen. Denken Sie daran, dass Sie ohne ausreichenden Willen kaum eines Ihrer Ziele erreichen werden, und halten Sie sich vor Augen, was Sie gewinnen werden und in welcher Hinsicht sich Ihre Erfolgschancen und Ihre Lebensqualität erhöhen werden, wenn Sie konsequent realisieren, was Sie an Ihrer „EDV“ verändern möchten.

Machen Sie Life Excellence zu Ihrer Lebensphilosophie

Unsere Definition von Lebenserfolg, die Vielzahl der Herausforderungen im beruflichen und privaten Umfeld und der direkte Zusammenhang zwischen der eigenen „EDV“ und dem Grad der eigenen „Lebensbeherrschung“ führen unmittelbar zur nächsten grundlegenden Erfolgsregel und Empfehlung: *Machen Sie Life Excellence zu Ihrer persönlichen Lebensphilosophie!*

Sie benötigen ein „persönliches Navigationssystem“

Es gibt wenige Vorstellungen, die die Menschen seit Urzeiten so sehr faszinieren, wie die, in einem Segelboot die Weltmeere zu überqueren und dabei nur auf sich und das eigene Können zu vertrauen. Ein Grund für diese anhaltende Faszination ist sicher der, dass ein solches Vorhaben geradezu der Inbegriff von Abenteuer und Freiheit ist. Ein weiterer, ganz anderer Grund könnte aber auch darin bestehen, dass viele Menschen auch den Verlauf ihres Lebens mit einer derartigen (Abenteuer-)Reise in Verbindung bringen. Auch im „normalen Leben“ legt man eine bestimmte Wegstrecke zurück, man steuert bestimmte Ziele an, man macht neue Erfahrungen und überraschende Entdeckungen, man gerät in Flauten, Untiefen oder gar Stürme, man ist mit Rücken- oder Gegenwind unterwegs, und genau wie das Boot und das Meer, so muss man, wie wir ausführlich beschrieben haben, auch das Leben „beherrschen“, um auf dem richtigen Kurs zu bleiben. Die wichtigste Parallele aber lautet: Ob auf hoher See oder im Alltag, wohin es auch gehen soll und was immer man auch erreichen möchte, eines benötigt man ganz besonders – ein verlässliches „Orientierungs- und Navigationssystem“, das einem zeigt, wo man sich im Augenblick befindet, und mit dem man erkennen kann, welchen Weg es einzuschlagen und zu verfolgen gilt, damit es eine glückliche und gelungene Reise für einen wird.

Life Excellence ist Fähigkeit, Leitidee und Leitstrategie in einem

Die kurze Allegorie beleuchtet, worum es geht. Wenn wir in den Turbulenzen der heutigen Zeit unseren Lebenserfolg und unser Lebensglück sichern möchten, dann benötigen wir dafür so etwas wie eine stabile und zuverlässige *Leitidee und Leitstrategie,* an der wir uns mit unserem Denken und Handeln orientieren können und die uns sowohl grundsätzlich als auch im konkreten Einzelfall sagt, was zu tun ist und wie etwas zu tun ist. Und genau diese Leitlinie, diesen Denkrahmen und diese Handlungsanleitung liefert uns eine *persönliche Lebensphilosophie.* Sie ist gleichbedeutend mit der *Grundhaltung, die man gegenüber der Welt und dem Geschehen in ihr einnimmt* und dem *Grundstil, in dem man die Dinge in seinem Leben wahrnimmt, bewertet und angeht.*

Was diese Überlegungen in der Praxis bedeuten und warum gerade Life Excellence so vorzüglich als persönliche Lebensphilosophie und damit als „persönliches Navigationssystem“ geeignet ist, beschreibt ein Beispiel selbstverständlich am besten. Ein guter Freund unserer Familie war mit Freude und Erfolg viele Jahre Werbeleiter einer überaus rentablen Tochtergesellschaft eines renommierten und weltweit tätigen Unternehmens. Da sein Können auch in der Muttergesellschaft bekannt war, wurde ihm die Position des Werbechefs für den gesamten Fachbereich des Konzerns angeboten, ein Bereich, der mehrere große Einzelfirmen umfasst. Die meisten Menschen hätten vor Freude sicher einen Luftsprung gemacht. Er hat abgelehnt. Mit folgender Begründung: „Als Werbeleiter für den gesamten Bereich hätte ich mit meiner Frau an den Stammsitz des Konzerns ziehen müssen. In diesem Ort ist jeder Zweite ein Mitarbeiter des Unternehmens. Wir hätten keinen Schritt mehr tun können, ohne nicht jemandem zu begegnen oder von jemandem beobachtet zu werden, der auch dort arbeitet. Und das wollte ich auf keinen Fall."

Vielleicht werden jetzt einige den Kopf schütteln: „Was für ein grausamer Fehler, schon das höhere Einkommen, dann noch der Machtzuwachs, wie kann man denn bei einem solchen Traumjob bloß Nein sagen?" Nun, man kann, sofern einem seine Unabhängigkeit und Privatsphäre wichtiger sind als eine Gehaltssteigerung und ein vermeintlicher Imagegewinn.

Aber das ist hier auch gar nicht die Frage. Was das Beispiel vielmehr zeigt, ist, dass sich unser Protagonist in seinem Denken und Handeln erkennbar *von einer ganz bestimmten Lebensphilosophie hat leiten lassen* und dass diese Philosophie ebenso *erkennbar von Life Excellence als Kernelement geprägt wurde*. Er ist von Anfang an als souveräne und eigenständige Persönlichkeit aufgetreten. Er hat eine Entscheidung getroffen, bei der er sich nicht daran orientiert hat, was die meisten anderen wohl tun oder ihm raten würden, sondern daran, was er für sich und sein Leben selbst für richtig hielt. Er hat nicht nur auf die kurzfristigen Konsequenzen seiner Entscheidung für seinen beruflichen Erfolg geachtet, sondern insbesondere darauf, wie er sich seine Motivation und Leistungsfähigkeit auf Dauer erhalten kann. Und er hat sich von der Erkenntnis leiten lassen, dass die eigene Freiheit und Zufriedenheit für den Lebenserfolg und das Lebensglück eine (mindestens!) ebenso große Bedeutung haben wie Geld und Geltung. „Es war eine meiner besten Entscheidungen überhaupt", so kommentiert es unser Freund aus heutiger Sicht und mit einigen Jahren Abstand selbst.

Die Bedeutung und der Wert von Life Excellence als Lebensphilosophie sind damit sicher klar. Sie ermöglicht es einem, seinem Leben eine klare Linie zu verleihen und besonders auch in einer Zeit, in der die beruflichen und privaten Herausforderungen immer größer werden, zu erkennen und zu verfolgen, was für den eigenen Lebenserfolg und das eigene Lebensglück das beste ist.

Was aber zeichnet eine „Life Excellence-Philosophie" im Einzelnen aus? Welche konkreten Themen und Inhalte sind mit ihr verbunden? Und, am wichtigsten, *welche praktischen Empfehlungen für die eigene Lebenseinstellung und das eigene Denken und Handeln ergeben sich aus ihr?* Lassen Sie uns diese Fragen in diesem und in den folgenden Kapiteln in Form von praktischen Empfehlungen beantworten.

Behalten Sie täglich im Blick, was Lebenserfolg bedeutet

Die Basisempfehlung für die Entwicklung und Nutzung von Life Excellence als persönliche Lebensphilosophie richtet sich direkt auf das Kernthema unseres Buches: *Behalten Sie auch im Alltag im Blick, aus welchen Elementen sich Ihr Lebenserfolg zusammensetzt und wie Sie ihn fördern und sichern können!*

Für viele Menschen sind Lebenserfolg und Lebensglück „ferne Ziele"

Warum gerade diese Empfehlung an erster Stelle kommt, lässt sich auf der Basis unserer bisherigen Einsichten leicht begründen. Wie wir zu Beginn des Buches gesehen haben, sind Lebenserfolg und Lebensglück für die meisten Menschen abstrakte Begriffe, die sie zwar regelmäßig verwenden, mit denen sie aber keine genaue Vorstellung verbinden. Letztlich sind es für sie sowohl zeitlich als auch inhaltlich „ferne Ziele", die irgendwo weit hinter dem Horizont verborgen liegen und die deshalb auf ihr tägliches Denken und Handeln kaum einen Einfluss haben. Die negativen Konsequenzen liegen auf der Hand. Wenn man das Hauptziel nicht kennt oder aus den Augen verloren hat, wenn man nicht weiß, wohin es insgesamt überhaupt gehen soll, dann wird man auch bei seinen aktuellen und kurzfristigen Plänen und Projekten kaum die richtigen Entscheidungen treffen und den richtigen Weg einschlagen können. Man befindet sich vielmehr in der Situation eines Wanderers, der die größten Mühen auf sich nimmt und die schwierigsten Hindernisse überwindet, nur um dabei irgendwann festzustellen, dass er sich die ganze Zeit über im Kreise bewegt hat. („Diesen Baum kenne ich doch, an dem sind wir gestern schon vorbeigekommen!", so lautet ja auch in jedem klassischen Abenteuerfilm der entsetzte Ruf des verzweifelten Helden, der sich, auf der Suche nach irgendwelchen verborgenen Schätzen oder auf der Flucht vor irgendwelchen verkommenen Schurken, ohne Kompass zusammen mit einer Gruppe Fußkranker durch den Dschungel schlagen muss.)

Machen Sie die Bausteine des Lebenserfolges zu Ihren zentralen Leitlinien

Nutzen Sie unsere Beschreibung von Lebenserfolg deshalb dazu, *um auch im Alltag Ihr Leben immer wieder in seiner Gesamtheit zu sehen, zu durchdenken und zu steuern*. Lassen Sie Ihr Wissen von den Bausteinen und vom Wesen des Lebenserfolges nicht einfach in einer geistigen Schublade verschwinden, sondern verwenden Sie es als Grundlage für die Formulierung und Wahl Ihrer konkreten *Ziele und Vorhaben*, als Maßstab für die Bewertung und Bestimmung Ihrer aktuellen *Entscheidungen und Handlungen* und insbesondere als Schlüsselkriterium für die Überprüfung und Weiterentwicklung *Ihrer Einstellung, Ihres Denkens und Ihres Verhaltens*!

Wie Sie dabei am besten vorgehen können, haben wir bereits im vorangegangenen Kapitel besprochen. Nehmen Sie sich regelmäßig Zeit und Ruhe, um über sich und das aktuelle Geschehen um Sie herum nachzudenken. Überlegen Sie, wie die Lage im Augenblick ist und welche Konsequenzen sich daraus in Bezug auf die Sicherung und Förderung Ihres Lebenserfolges ergeben. Die folgenden Fragen liefern Ihnen die Anleitung dafür:

- Was tragen meine gegenwärtigen Aktivitäten, Pläne und Projekte zur *Verwirklichung meiner Lebensziele* bei? Bringen sie mich meinen Zielen näher oder halten sie mich von dem ab, was wichtig für mich ist und was ich erreichen möchte?

- Welchen Teilzielen, Aufgaben und Vorhaben sollte ich deshalb mehr Aufmerksamkeit schenken? Wofür sollte ich mehr Zeit und Kraft einsetzen? Womit sollte ich neu beginnen? Und was sollte ich demgegenüber einschränken oder beenden, weil es mir letztlich kaum etwas bringt und mir nur meine Ressourcen raubt?

- Schöpfe ich meine Anlagen, Begabungen und Stärken mit dem, was ich im Augenblick tue, und mit der Art, in der ich mich im Augenblick verhalte, wirklich aus, oder bleibe ich unter meinen Möglichkeiten? Nutze ich meine Fähigkeiten oder lasse ich sie brachliegen? Entwickle ich mich persönlich und von meinem Können her weiter oder trete ich auf der Stelle?

- In welchen Bereichen sollte ich deshalb meine Einstellung und mein Verhalten ändern? Was sollte ich zusätzlich lernen, in welcher Hinsicht sollte ich mich mehr bemühen, auf welchen Gebieten sollte ich mich verbessern, um meine Möglichkeiten wirklich auszuschöpfen?

- In welchem Maße werde ich meinen *zentralen Verantwortungen* gerecht? Welche Menschen oder welche Aufgaben vernachlässige ich zu sehr? Was übersehe ich? Wo verhalte ich mich zu egoistisch? Wo machen mich meine Eigeninteressen blind für die Bedürfnisse und berechtigten Ansprüche anderer?
- Um wen oder was sollte ich mich deshalb ab sofort stärker kümmern? Was sollte ich nicht länger aufschieben oder verdrängen, weil ich es vielleicht später nicht mehr werde nachholen können? Wie kann ich jetzt die Menschen unterstützen und fördern, die mir am Herzen liegen und für die ich mich verantwortlich fühle?
- Wie wirken sich meine „EDV" und das, womit ich mich zur Zeit beschäftige, auf *mein Befinden und meine Stimmung* aus? Worauf sollte ich in meiner jetzigen Lebensphase achten, welche Entscheidungen sollte ich treffen, was sollte ich tun und was unterlassen, damit ich die Gegenwart besser genießen kann? Und was gilt es für mich zu fördern oder zu verändern, damit ich mir meine Lebensfreude und Lebenszufriedenheit auch langfristig erhalte?
- Wie beurteile ich momentan das „Gesamtgefüge" meines Lebens? Was läuft gut und wo liegen Defizite? Welche grundsätzlichen Korrekturen erscheinen mir deshalb sinnvoll und wichtig?

Ein Fazit

Die ersten beiden Maßnahmenfelder haben wir also durchdacht. Die Grundlage und damit der erste Schritt, um Life Excellence zu gewinnen und im Leben für sich zu nutzen, besteht darin, bei sich selbst anzusetzen und die Einstellung, die Denkweise und das Verhalten, mit denen man durch sein Leben geht, systematisch zu überprüfen und im positiven Sinne weiterzuentwickeln. Der zweite Schritt schließt unmittelbar daran an. Er liegt darin, Life Excellence nicht alleine als Fähigkeit zu betrachten, sondern gleichzeitig auch als persönliche Lebensphilosophie, an der man sich im Sinne eines „individuellen Navigationssystems" orientieren kann und die dem eigenen Denken und Handeln einen bestimmten Grundstil und eine bestimmte Grundrichtung verleiht. Kern dieser Lebensphilosophie ist es, sich auch im Alltag immer wieder bewusst zu machen und in die eigenen Entscheidungen und Taten einfließen zu lassen, was Lebenserfolg ausmacht und wie man ihn auf die beste Weise fördern und sichern kann.

Damit ist das Thema der *persönlichen „EDV"* und insbesondere das Thema von *Life Excellence als persönliche Lebensphilosophie* aber natürlich noch nicht ausgeschöpft. Auch in den folgenden Kapiteln soll es deshalb um die Frage gehen, mit welcher Einstellung, welchem Denken und welchem konkreten Verhalten es gelingt, sein Leben so zu gestalten und zu führen, wie es den eigenen Wünschen und Vorstellungen entspricht.

Erheben Sie „Souveränität" zu Ihrer obersten Maxime

Die dritte umfassende Empfehlung für die Sicherung und Förderung des Lebenserfolges mit Hilfe von Life Excellence setzt unseren bisherigen Gedankengang direkt fort. Sie lautet: *Machen Sie „persönliche Souveränität" zu Ihrer obersten Maxime!*

Souveränität lenkt Ihr Denken und Handeln in die richtigen Bahnen

Es gibt kaum ein anderes Kriterium, das einem so sehr die Augen dafür öffnet, wie man sich zu verhalten hat, um seinen Lebenserfolg und sein Lebensglück zu sichern und zu fördern, wie das der persönlichen Souveränität.

Stellen Sie sich beispielsweise ein Szenario vor, das den meisten von uns bestens vertraut sein dürfte. Es ist Sonntagvormittag und Sie haben mit Ihrer Familie einen schönen Ausflug aufs Land geplant, um sich dort mit Freunden zu einer fest vereinbarten Zeit zum Mittagessen zu treffen. Sie sind gut gelaunt und wollen in wenigen Minuten losfahren. Ein Blick auf Ihre Familienmitglieder zeigt Ihnen aber, dass es mit dem pünktlichen Start kaum etwas werden wird. Während Sie selbst längst fertig sind, sitzt Ihr Sohn noch vor dem Computer und beantwortet dringende E-Mails seiner Freunde. Ihre kleine Tochter verkündet, dass sie unmöglich kommen könne, bevor sie nicht eine bestimmte Puppe gefunden habe, die unbedingt mit müsse. Und Ihre Frau ist noch dabei, die Ersatzkleidung und die Spielzeuge einzupacken, die ebenfalls nicht fehlen dürfen. Kaum ist (auf einen nachdrücklichen Ruf Ihrerseits!) wenigstens Ihr Sohn aufgetaucht, hören Sie auf einmal Wehgeschrei aus dem Zimmer Ihrer Tochter, die Ihrer Frau erklärt, dass sie *dieses* Kleidchen niemals anziehen wird! Sie versuchen, sich der Sache anzunehmen („Sieh mal, das Kleid haben uns unsere Freunde für dich geschenkt, und die würden sich sehr freuen, wenn du es heute einmal anziehst ...), nur um bei einem Blick in den Flur festzustellen, dass Ihr Sohn wieder zu seinem Computer verschwunden ist. Nun reicht es Ihnen! Endlich sprechen Sie ein Machtwort – nur mit dem Ergebnis, dass Sie prompt mit Ihrer Frau in Streit geraten, die Ihnen die (zu allem Überfluss auch noch schwer zu widerlegende) Behauptung entgegenhält, dass alles viel schneller gegangen wäre, wenn Sie nicht einfach nur auf alle gewartet, sondern selbst Teile der Vorbereitung übernommen hätten. Irgendwann schaffen Sie es dann doch noch ins Auto. Endlich kann es losgehen – doch halt, die Tasche mit der Wechselkleidung und den Spielsachen steht noch auf dem Esszimmertisch. Sie springen selbst ins Haus (wer weiß, was Ihrer Frau sonst noch alles einfallen würde, wenn sie erst einmal wieder drinnen ist), dann kommt der zweite Startversuch. Es klappt, Sie fahren los! Kaum haben Sie aber die Einfahrt verlassen, ertönt auch schon das helle Stimmchen Ihrer süßen Tochter: „Mami, ich muss doch noch mal ...“

Wenn Ihnen das Beispiel bekannt vorkommt, dann wissen Sie auch genau, welche unausweichlichen Folgen üblicherweise damit verbunden sind – man beginnt, sich zu ärgern, man verliert die Kontrolle, Vorwürfe fliegen hin und her, es gibt Streit zwischen allen Beteiligten, die Laune ist dahin, man kämpft sich irgendwie zurück in eine halbwegs positive Stimmung und trotzdem ist der halbe Tag verdorben.

In dem Moment aber, in dem Sie *Souveränität zur Ihrer obersten Maxime* machen, verändert sich Ihr Blick auf das Geschehen und damit auch Ihr Verhalten in einer solchen Situation vollkommen. Ihr Gedanke wird nicht mehr sein: „Was fällt denen ein, mich so lange warten zu lassen?“, sondern: „Wie kann ich helfen, damit es schneller geht?“ Ihre Frage wird nicht mehr lauten: „Wann kommen wir endlich los?“, sondern vielmehr: „Wie erhalten wir uns die gute Laune und wie wird es eine schöne Fahrt?“ Und Ihr Ziel wird nicht mehr darin bestehen, unter allen Umständen auch in Ihrer Freizeit auf die Sekunde pünktlich zu sein, sondern die Stunden, die Sie gemeinsam mit Ihrer Familie verbringen können, auf die bestmögliche Weise zu gestalten.

Souveränität erhebt Sie über das Geschehen

Das Beispiel zeigt, warum persönliche Souveränität als oberste Maxime so großen Nutzen bringt. Der Leitstern der Souveränität versinnbildlicht und ermöglicht die Fähigkeit, die für ein erfolgreiches und glückliches Leben die vielleicht wichtigste überhaupt ist – *die Fähigkeit, über den Dingen zu stehen, sich selbst und das Geschehen um sich herum von außen zu betrachten und auf diese Weise zu einem gelassenen und überlegenen Denken und Verhalten zu kommen!*

Zur Erklärung: Fast jeder von uns kämpft fast täglich mit zwei elementaren Schwierigkeiten des Lebens. Die erste besteht darin, dass man regelmäßig in Situationen kommt, in denen man nicht weiß, wie man sich am besten verhalten soll, und bei denen man sich auch im Nachhinein fragt, ob man so gehandelt hat, wie es für einen das Beste gewesen wäre. „Was soll ich jetzt sagen, was soll ich jetzt tun, wie soll ich mich jetzt entscheiden?“ bzw. „Habe ich alles richtig gemacht oder hätte ich mich lieber anders verhalten sollen?“, das sind Standardfragen, die einem, so oder ähnlich, bewusst oder unbewusst, immer wieder durch den Kopf gehen. Was einem also fehlt, ist ein zuverlässiges „Schlüsselkriterium“, das einem auf Anhieb sagt, was „richtig“ und was „falsch“ ist.

Das zweite wiederkehrende Problem liegt darin, dass man mindestens ebenso regelmäßig in Situationen gerät, in denen einen das Geschehen und die eigenen Emotionen fortreißen, in denen man seine Stabilität und seinen Halt verliert und in denen einem der Überblick und die Kontrolle über sein Denken und Verhalten mehr oder weniger entgleiten. Kaum ist anschließend ein wenig Zeit vergangen, kann man über sich und sein Auftreten dann nur noch den Kopf schütteln. „Hätte ich doch nur …" oder „Hätte ich bloß nicht …", so lauten die üblichen Grübeleien in diesem Zusammenhang.

Souveränität als oberste Regel bringt in beiden Fällen die Lösung! *Die Frage an sich selbst: „Wie souverän verhalte ich mich im Augenblick?", führt automatisch dazu, dass man sein Denken und Handeln in die richtigen Bahnen lenkt,* ganz unabhängig davon, wie unübersichtlich, ungewohnt oder emotionsgeladen die Situation auch ist. Sie hilft einem, einen Schritt zurückzutreten, die Lage aus der Distanz zu betrachten und den Blick dafür frei zu bekommen, welches Verhalten, welche Entscheidungen und welche Maßnahmen im betreffenden Fall die beste Lösung sind.

Nehmen Sie ein klassisches Beispiel aus dem Berufsleben. Ein Kollege oder Mitarbeiter hat einen Fehler gemacht, den Sie nun für ihn ausbügeln müssen und der Sie entsprechend unter Druck bringt. Wie reagieren Sie? Machen Sie ihm Vorwürfe („Wie kann man sich nur so dumm anstellen?"), degradieren Sie ihn („Bei Ihnen war ja nichts anderes zu erwarten!"), drohen Sie ihm („Noch mal so was und Sie lernen mich richtig kennen!") oder beginnen Sie zu wehklagen („Womit habe ich solche Partner nur verdient?")? Nun, welche dieser vier Möglichkeiten Sie auch wählen würden, sie würden damit einem Verhaltensmuster folgen, das weit verbreitet ist, für das die meisten Ihrer Mitmenschen Verständnis hätten und für das sich auch plausibel klingende Rechtfertigungen finden ließen („Manchmal muss man eben auf den Putz hauen!"). Souverän wäre aber keine dieser Reaktionen! Vorwürfe, Arroganz, Drohungen und Wehklagen sind höchstens lächerlich. Das souveräne Verhalten bestünde vielmehr darin, sich erst einmal in Ruhe einen Überblick zu verschaffen, zu untersuchen, welche Folgen der Fehler wirklich hat, Schritt für Schritt die entsprechenden Lösungen einzuleiten und gleichzeitig gemeinsam zu besprechen, wie Probleme dieser Art künftig vermieden werden. Und das Entscheidende dabei ist, dass diese souveräne Reaktion automatisch auch die sachlich und inhaltlich richtige ist! Sie führt zu dem Verhalten, mit dem Sie das Problem am schnellsten lösen können und mit dem es Ihnen am besten gelingt, ähnliche Schwierigkeiten künftig zu vermeiden.

Der *Gedanke* an Souveränität bewirkt den *Wunsch* nach Souveränität

Warum aber hat die Frage nach der eigenen Souveränität eine so „durchschlagende" Wirkung? Die Antwort lautet: *Souveränität ist ein Kriterium, das einen unmittelbar berührt und deshalb mitten ins Ziel trifft.*

Im Einzelnen. Wenn man sich in einem bestimmten Zusammenhang fragt: „Handele ich richtig oder falsch?", dann lenkt man seinen Blick hauptsächlich auf die Reaktion der Außenwelt. „Wie komme ich beim anderen an, was denkt er über mich, wird er tun, was ich möchte?", das sind die Fragen, um die es einem eigentlich geht. Zudem lässt das Kriterium „richtig oder falsch" stets ein Hintertürchen offen, durch das man schlüpfen kann, um doch noch eine Ausrede für sein Verhalten zu finden. „Gut, ich hätte ihn anrufen müssen, aber bei dem Arbeitsvolumen kann man so etwas schon einmal vergessen" ist beispielsweise im Zusammenhang mit dem Thema der eigenen (Un-)Zuverlässigkeit eine beliebte Selbstbeschwichtigung.

Die Frage: „*Wie souverän verhalte ich mich im Augenblick?*", geht in eine völlig andere Richtung und hat deshalb auch völlig andere Konsequenzen. Zum einen richtet sie den Blick zuallererst auf einen selbst, auf die eigenen Stärken und Schwächen, und dann erst auf die Außenwelt. Und zum anderen ist es eine Frage, die eine Vielzahl von *Folgefragen* auslöst, die einen als Mensch unmittelbar ansprechen und berühren. „Zeige ich mich der Situation im Augenblick gewachsen?" – „Wie klug und umsichtig verhalte ich mich gerade?" – „Bewahre ich kühlen Kopf oder lasse ich mich von meinen Gefühlen davonreißen?" – „Konzentriere ich mich auf das, was ich erreichen will, oder bin ich in unwichtigen Nebenthemen gefangen?" – „Trete ich so auf, wie ich es von mir selbst erwarte, oder mache ich mich gerade zum Narren?" – alles das sind Fragen, die bei der Betrachtung der eigenen Souveränität mitschwingen und die so eng mit der eigenen Persönlichkeit verbunden sind, dass sie sofort beginnen, das eigene Denken und Verhalten im positiven Sinne zu korrigieren.

Noch deutlicher: Wer das Gefühl hat oder erkennt, dass er gerade einen „Fehler" macht, wird oft genug nur mit einem Schulterzucken reagieren. Wer aber das Gefühl hat oder erkennt: *„Ich bin nicht souverän"*, bei dem wird diese Einsicht den drängenden Wunsch auslösen, sein Denken und Verhalten so schnell wie möglich auf eine andere Stufe zu heben und ein besseres Erscheinungsbild abzugeben als im Augenblick, vor sich und vor allen anderen!

Mit Souveränität übersetzen Sie Life Excellence in den Alltag

Eigentlich reichen unsere Überlegungen aus, um zu zeigen, weshalb man „persönliche Souveränität" zu seiner obersten Maxime machen sollte. Ein Argument ist aber so wichtig, dass wir es nicht übergehen sollten: *Mit Souveränität übersetzen Sie Selbstmächtigkeit, Erfolgstalent und Lebenskunst in den Alltag!*

Unsere Definition von Life Excellence hat gezeigt, dass Selbstmächtigkeit, Erfolgstalent und Lebenskunst nicht etwa Schlagwörter sind, sondern sich durch ganz konkrete Inhalte und „Wirkungen“ auszeichnen. *Selbstmächtigkeit* heißt beispielsweise, seine innere und äußere Unabhängigkeit zu wahren, die Verantwortung für sein Leben zu übernehmen, aus sich selbst heraus zu denken und zu handeln, sich selbst zu beobachten und sich seiner selbst bewusst zu werden, die eigene Persönlichkeit gelten zu lassen, sich auf sich selbst zurückziehen zu können und genügend innere Stärke und Flexibilität zu besitzen, um sich auch selbst zu steuern und zu lenken. *Erfolgstalent* wiederum bedeutet so viel wie „Erfolgreich-sein-Können an sich“ und beruht auf der Fähigkeit, die Grundregeln des Erfolges zu erkennen und für sich zu nutzen, das Beste aus einer Situation zu machen, seine Gestaltungsmöglichkeiten zu erhöhen und auch unter ungünstigen Bedingungen handlungsfähig zu bleiben. Noch tiefer geht der Begriff der *Lebenskunst*. Der bewusste und aufgeklärte Umgang mit dem eigenen Leben, das Fördern seiner Lebensfreude und seines Lebensgenusses einerseits und die Beschäftigung mit seinen Schwächen und Ängsten andererseits, die Verknüpfung von konzeptionellem und ausführendem Können und insbesondere die Aktivierung der eigenen Lebensklugheit und die Fähigkeit zu einer gekonnten Lebensgestaltung und Lebensführung, alle diese Elemente verleihen ihr eine überragende Bedeutung für den eigenen Lebenserfolg. So facettenreich und vielschichtig alle drei Begriffe aber auch sind, so haben sie doch einen gemeinsamen Nenner. Sie alle erfassen und beschreiben letztlich den *Grad der Souveränität*, den ein Mensch in seinem Leben an den Tag legt.

Mit anderen Worten: *„Persönliche Souveränität“ ist nahezu ein Synonym für Selbstmächtigkeit, Erfolgstalent und Lebenskunst bzw. so etwas wie die Quintessenz von ihnen.* Und genau das ist bereits ein entscheidender Grund dafür, Souveränität zur obersten Regel für sich zu machen. Je stärker Sie Ihre Lebenseinstellung, Ihr

Denken und Ihr Verhalten am Kriterium der Souveränität ausrichten, desto stärker werden Sie automatisch auch Ihre Selbstmächtigkeit, Ihr Erfolgstalent und Ihre Lebenskunst erhöhen und im praktischen Leben nutzen.

Auch hier zeigen aber Beispiele die Zusammenhänge am besten. Zunächst zur *Selbstmächtigkeit*. Stellen Sie sich vor, Sie werden von einem Bekannten oder Freund gebeten, ihm zu helfen und eine bestimmte Aufgabe für ihn zu übernehmen, weil er selbst keine Zeit dafür hat. Das Problem: Auch Sie haben im Augenblick kaum Zeit und würden Sie ihm die Bitte erfüllen, dann würde bei Ihnen alles zusammenbrechen. Am liebsten würden Sie deshalb absagen. Aber wie wird Ihr Bekannter dann über Sie denken, wird er sich verletzt fühlen, wird er sich über Sie ärgern? Sobald Sie sich überlegen, welche Entscheidung eine souveräne Entscheidung ist, haben Sie die Antwort. Absage, verbunden mit einer höflichen Erklärung. Wenn Ihr Bekannter es nicht verstehen will, wenn er den Beleidigten spielt oder Ihnen gar Vorhaltungen macht, dann ist sowieso fraglich, ob er Ihre Hilfe verdient hätte.

Oder das Thema des *Erfolgstalentes*. Sie erhalten das Angebot, bei einem wichtigen beruflichen Meeting einen Vortrag zu halten. Auf der einen Seite ist es eine große Chance, auf der anderen fürchten Sie, dass Sie sich dabei blamieren könnten. Was sollen Sie tun? Nun, was würde jemand tun, der souverän denkt und handelt? Er würde seine Hemmungen beiseite schieben, die Chance ergreifen, zusagen und sich dann auf die bestmögliche Weise auf seinen Auftritt vorbereiten!

Und schließlich *Lebenskunst*. Ein wundervoller Abend in einem schönen Restaurant mit Ihrem Partner. Dann das Unglück – eine ungeschickte Bewegung des Obers, und das Glas Rotwein ergießt sich über Ihr Lieblingskleidungsstück. Aus, trotz aller Entschuldigungen des Restaurantchefs und seines Angebots, die Kosten zu übernehmen, das war es. Nicht nur die Kleidung ist ruiniert, sondern auch der restliche Abend – oder vielleicht doch nicht? Ein Gedanke an die eigene Souveränität sollte genügen, um die gute Laune zurückzugewinnen. Es gibt wirklich Schlimmeres und irgendwann hätte sich die Mode sowieso geändert!

Aktivieren Sie Ihr Souveränitätspotenzial

Über die Bedeutung, den Nutzen und den Inhalt von Souveränität als Bestandteil einer persönlichen Lebensphilosophie und als „obersten Leitstern" für das eigene Denken und Verhalten bzw. für die Entwicklung von Life Excellence haben wir ausführlich gesprochen. Lassen Sie uns deshalb zur Abrundung noch darüber nach-

Wer wagt, gewinnt!

denken, *wie es gelingt, die eigene Souveränität im Umgang mit seinem Leben zu erhöhen.* Zum einen geschieht dies selbstverständlich im Wechselspiel mit allen anderen Maßnahmen zur Gewinnung und Nutzung von Life Excellence. Zum anderen gibt es aber auch Empfehlungen, die auf direktem Wege wirken. Die erste von ihnen lautet: *Glauben Sie daran, dass es Ihnen gelingen wird, im Leben auf souveräne Weise zu denken und zu handeln!*

Warum ist die Empfehlung so wichtig? Nun, Souveränität hat selbstverständlich immer auch etwas mit persönlicher Stärke zu tun. Wer sich ständig mit Selbstzweifeln zerfleischt und wer glaubt, dass ihm sowieso nie etwas gelingen wird, der wird es auch schwer haben, das Prinzip der Souveränität für sich zu entdecken und es für sich zu nutzen.

Glauben Sie deshalb an Ihre Stärken und daran, dass es Ihnen möglich ist, als souveräne Persönlichkeit aufzutreten und eine Position im Leben zu gewinnen, in der Sie „über den Dingen" stehen. Lassen Sie sich von der Maxime der Souveränität auch nicht dadurch abbringen, dass so manches im Leben nicht auf Anhieb klappt oder anders ausgeht, als gewünscht. Mit der Entwicklung persönlicher Souveränität ist es genau wie mit allen anderen Bereichen der persönlichen Entwicklung – die ersten Schritte fallen noch schwer, mit der Wiederholung kommt die Übung, mit der Übung kommt die Routine, und irgendwann handelt es sich für einen um eine reine Selbstverständlichkeit.

Insbesondere aber lehrt die Erfahrung, dass das eigene *„Souveränitätspotenzial"* weit größer ist, als man es selbst vermutet hätte und als man es selbst je für möglich halten würde. Sollten Sie daran zweifeln, dann kann Sie vielleicht das folgende Beispiel überzeugen. Es belegt, welchen Grad an Souveränität Menschen gerade dann entwickeln, wenn sie sich in einer für sie ungewohnten oder sogar bedrohlichen Situation befinden. Vor ein paar Jahren fing direkt vor einem Strand Südafrikas ein großes Kreuzfahrtschiff Feuer. An Bord waren viele hundert Passagiere. Innerhalb kürzester Zeit tauchten die ersten Hilfsschiffe auf, ebenso wie einige Helikopter. Der Erste, den der Kapitän (seine Nationalität verschweige ich hier, er stammt aus einer südeuropäischen Seefahrernation) ausfliegen ließ, war er selbst (als er deshalb später vor Gericht stand, erklärte er, er habe vorgehabt, die Hilfe von außen zu überwachen). Wer aber sollte nun an Bord eine Panik verhindern und wer sollte die Rettung der Passagiere leiten? Die Schiffsoffiziere? Kaum, die hatten ihren Kapitän sofort bei seiner Flucht begleitet. Es war der englische Zauberkünstler (!), der das Kommando übernahm. Eigentlich war er engagiert, um am abendlichen Bordprogramm mitzuwirken, nun ergriff er von sich aus die Initiative. Er organisierte die Verteilung der Passagiere auf die Rettungsboote („Frauen und Kinder zuerst!“), er stand per Funk mit den herbeieilenden Rettungskräften in Verbindung und er sorgte dafür, dass darauf geachtet wurde, dass niemand zurückblieb. Das Ergebnis: Alle Passagiere wurden gerettet und er selbst erhielt für seine Tapferkeit und Souveränität einen Orden.

Von außen erkennen Sie am meisten

Die zweite Empfehlung für die Förderung der eigenen Souveränität im Leben lautet: *Machen Sie es sich zur Gewohnheit, Ihr eigenes Denken und Verhalten mit einem kritischen Blick von außen zu betrachten.*

Nach meiner Überzeugung ist das eine der wichtigsten Erfolgsregeln überhaupt. Die meisten Menschen sind in ihrem Denken und Handeln den gesamten Tag über vollständig gefangen. Sie eilen von hier nach dort, sie erledigen ihre Aufgaben, sie folgen ihrer Routine, sie bemühen sich, andere zu beeindrucken, sie hecheln ihren Bedürfnissen hinterher – und kommen dabei so gut wie nie auf die Idee, einmal in ihrem Tun innezuhalten, gedanklich einen kleinen Schritt zurückzutreten, ihren Blick auf sich selbst zu richten und sich zu fragen: *„Was treibe ich hier eigentlich gerade?"*

Ein wirklicher Unterlassungsfehler. Alle, die so handeln, verpassen die Möglichkeit, zur Besinnung zu kommen und damit auch zu Ruhe und Gelassenheit. Sie verzichten auf die Gelegenheit, mehr über sich und ihr tatsächliches Verhalten zu lernen. Sie berauben sich der Chance, ein wenig Abstand zum Geschehen zu gewinnen, auf sich selbst einzuwirken, zu einem souveränen Denk- und Verhaltensstil zu finden. Der irische Dramatiker George Bernhard Shaw hat die ganze Tragik dieses Verhaltens erfasst: *„Der rastlose Arbeitsmensch von heute hat tagsüber keine Zeit, sich Gedanken zu machen – und abends ist er zu müde dazu. Alles in allem hält er das für Glück."*

Machen Sie es anders. Sprengen Sie den Rhythmus der unreflektierten Hetze durch den Tag. Gewöhnen Sie sich an, immer wieder einmal eine Art „spontane Situations- und Selbstanalyse" durchzuführen, in der Sie versuchen, sich, Ihre Gedanken, Ihre Gefühle und Ihr Handeln aus der Sicht eines wohlwollenden, aber dennoch möglichst neutralen „Dritten" zu sehen. Was würde er zu Ihnen und zu Ihrem Verhalten im Augenblick sagen? Und was würden Sie daraufhin ändern? Nur wenn Sie so vorgehen und wenn Sie sich solche Fragen stellen, nur dann können Sie in „Echtzeit" erkennen, was vor sich geht, und nicht erst im Rückblick, wenn es viel zu spät ist, um noch Einfluss zu nehmen.

Dass es dabei nicht darum geht, alle paar Minuten alles stehen und liegen zu lassen, um sich selbst zu betrachten, liegt auf der Hand. Wichtig ist eine derartige „Selbstanalyse" vielmehr insbesondere gerade dann, wenn man sich wieder einmal in einer Situation befindet, die einen völlig in Beschlag nimmt. Stellen Sie sich beispielsweise vor, Sie sind mitten in einer wichtigen Geschäftsbesprechung. Es geht um viel, und jemand greift Ihre Argumente an. Widerspruch, Gegenwiderspruch, und aus einer sachlichen Diskussion wird ein hitziges Gefecht! Exakt in einer solchen Lage ist es wichtig, Abstand zu gewinnen, sich selbst in Ruhe anzuschauen und sich die folgenden „*Souveränitätsfragen*“ durch den Kopf gehen zu lassen (von denen wir einige auch schon kurz angesprochen haben):

- Was mache ich gerade? Womit beschäftige ich mich, was nimmt mich gedanklich und zeitlich gefangen?
- Beherrsche ich das aktuelle Geschehen oder werde ich von ihm beherrscht? Stehe ich über den Dingen oder gehe ich in ihnen unter?
- Konzentriere ich mich auf das, was wirklich wichtig ist, oder verstricke ich mich in Nebensächlichkeiten und Nebenkriegsschauplätze?
- Wie verhalte ich mich im Augenblick? Verhalte ich mich insbesondere auf eine Art und Weise, über die ich mich auch morgen noch freuen werde? Oder bin ich dabei, etwas zu tun, das ich schon bald bereuen und als großen Fehler empfinden werde?
- Wie wirke ich momentan auf die anderen Anwesenden mit dem, was ich sage, und mit dem, was ich tue? Welches Bild gebe ich ab und welchen Eindruck müssen die anderen von mir gewinnen?
- Wie würde ich mich denn im Augenblick am liebsten verhalten und wie würde ich im Augenblick am liebsten wirken?
- Was muss ich jetzt tun, von welchen Gedanken sollte ich mich leiten lassen, um in der aktuellen Situation weiterhin souverän zu bleiben oder um meine Souveränität so schnell wie möglich wieder zurückzugewinnen?

Wie wichtig alle diese Fragen sind, kann zur Abrundung ein Beispiel am besten zeigen. Stellen Sie sich bitte einmal eine der typischen Politiker-Diskussionsrunden vor, so wie wir sie regelmäßig im Fernsehen bewundern können. Es gewinnt immer der Teilnehmer die Gunst und Zustimmung des Publikums (und letztlich auch die Stimmen der Wähler), der souverän, gelassen, freundlich (und heiter!) auftritt. Wer dagegen seine Contenance verliert, wer den anderen ständig Vorwürfe macht, wer herumtobt, der hat nicht den Hauch einer Chance, so gut sein Fachwissen und so treffend seine Argumente auch sein mögen. Und was für das Fernsehen und für die Politik gilt, gilt genauso für das wirkliche Leben, beruflich und privat: Souveränität siegt immer!

Keine Souveränität, kein Erfolg

Humor und Souveränität sind untrennbar

Wie wir gesehen haben, ist persönliche Souveränität direkt verknüpft mit der Fähigkeit, sich vom Geschehen nicht überfahren zu lassen, den Abstand, den man halten möchte, selbst zu bestimmen, den Überblick über die Lage zu behalten und sich seine Gelassenheit und positive Stimmung zu bewahren.

Alle diese Elemente zeigen, dass es eine weitere Empfehlung dafür gibt, wie es gelingt, seine Souveränität zu sichern und zu fördern: *Nehmen Sie sich, Ihr Leben und das, was um Sie herum geschieht, nicht zu ernst. Betrachten Sie die Dinge mit der nötigen Portion Humor und Selbstironie!*

Um den wahren Wert dieser Empfehlung zu erkennen, sollten wir uns vielleicht kurz daran erinnern, in welchem Kontext sie steht. Wer seinen Lebenserfolg und sein Lebensglück sichern möchte, der muss, das haben wir gesehen, zunächst einmal zwei große Schritte tun. Zum einen hat er bei sich selbst anzusetzen, bei der Weiterentwicklung seiner „EDV“, und zum anderen gilt es für ihn, Life Excellence zu seiner „persönlichen Lebensphilosophie“ zu machen, von der er sich in seinem Denken und Verhalten leiten lässt. Und genau an diesem Punkt ist das Thema einer „humorvollen Weltsicht“ von zentraler Bedeutung. Der Dichter Christian Morgenstern zeigt uns den Zusammenhang: *„Humor ist äußerste Freiheit des Geistes. Wahrer Humor ist immer souverän.“* Die Fähigkeit zu einem souveränen und freien (und damit zu einem erfolgreichen und glücklichen!) Leben und die Fähigkeit, die Dinge mit Humor zu nehmen, sind also direkt miteinander verbunden.

So weit, so gut. Aber warum ist Humor überhaupt so unverzichtbar für die eigene Souveränität? Und, noch wichtiger, wie gewinnt man überhaupt ein „ausreichendes Maß“ an Humor im Umgang mit seinem Leben?

Die erste Frage ist einfach zu beantworten. Humor ist deshalb so wichtig, weil er wie ein Schutzmantel wirkt. Erich Kästner bezeichnet ihn als *„Regenschirm der Weisen"*. Wer die Dinge mit Humor nimmt, den treffen sie weit weniger oder überhaupt nicht. Aber das ist noch nicht alles. Humor relativiert und nimmt einem negativen Vorfall sein Gewicht und damit seine Wirkung. Er erhält die Sehfähigkeit für das, was „trotz allem" positiv ist und lenkt den Blick automatisch auf die komischen Seiten des Vorfalls oder der Situation.

Das große Problem ist bloß, dass viele Menschen nur dann so etwas Ähnliches wie Humor an den Tag legen, wenn es um andere geht. Die Torte im Gesicht des Tischnachbarn, ja, das gibt großzügiges Gelächter, aber wehe, ein Sahnespritzer trifft dabei die eigene Krawatte. Dann verwandelt sich Heiterkeit in Entrüstung. Bei genauer Betrachtung zeigt sich also, dass viele Menschen in Bezug auf sich selbst und das, was ihnen widerfährt, nicht den Hauch von Humor entwickeln können. Im Gegenteil. Sie scheinen geradezu besessen davon zu sein, die Dinge im negativen und „humorlosen Sinne" wahrzunehmen und zu interpretieren.

Ein kleines Beispiel. Ich kenne den Leiter der großen Weinabteilung eines renommierten Feinkostgeschäftes, einen jederzeit höflichen, kultivierten und freundlichen Menschen. Bei einem Einkauf habe ich miterlebt, wie ihm eine Kollegin ein kleines Zettelchen vom Rücken löste, das jemand dort mit einem Klebestreifen befestigt hatte und auf das der übliche Text „Wer das trägt ist doof" oder Ähnliches gekritzelt war. Zugegeben, kein besonders anspruchsvoller Scherz, der Bewunderung oder Beifall verdient, aber sicher auch kein Anschlag auf Leib und Leben. Dennoch genügte der Vorfall für eine Verwandlung à la Dr. Jekyll & Mr. Hyde. Aus dem charmanten Gentleman wurde in Sekundenschnelle ein schäumender Wüterich: „So eine Unverschämtheit, so eine Frechheit, wenn ich den erwische, wenn ich den zu fassen kriege ..." Noch nach Minuten gellte sein Wut- und Rachegeheul aus den Tiefen des Weinkellers.

Das Beispiel zeigt aber nicht nur das Problem, sondern auch, wo wir anzusetzen haben, um es zu lösen. Der wahre Grund für die humorfreie Existenz vieler Menschen liegt offensichtlich darin, dass sie sich und das, was sie tun, auf eine geradezu verbissene Weise wichtig nehmen. Sie sehen sich als Nabel der Welt und beziehen alles, was um sie herum geschieht, unmittelbar auf sich und ihre Grundposition im Leben. Und das wiederum führt dazu, dass sie sich bereits von Kleinigkeiten zutiefst erschüttern lassen. Sie empfinden einen harmlosen Scherz nicht als harmlosen Scherz, eine fremde Meinung nicht als fremde Meinung, eine kurzfristige Schwierigkeit nicht als kurzfristige Schwierigkeit, sondern als direkten Angriff auf sich und ihre Würde. (Alles das erklärt übrigens auch die direkte Korrelation zwischen Humorlosigkeit und Rechthaberei!)

Wenn wir also zu einer humorvollen und damit souveränen Weltsicht kommen wollen, dann müssen wir vor allem eines bei uns entwickeln und fördern – unsere *Fähigkeit zur Selbstironie, also unsere Fähigkeit, uns nicht zu wichtig und nicht zu ernst zu nehmen und zu erkennen, dass vieles (nicht alles, aber doch vieles!) von dem, was wir tun, was wir wollen und was uns widerfährt, immer auch gewisse Elemente der Komik und des Absurden enthält, die uns eigentlich zum Lachen oder doch wenigstens zum Schmunzeln bringen sollten.*

Auch dazu ein Beispiel. Ein Bekannter von uns, Unternehmer und inzwischen ein älterer Herr, war von Jugend an fanatischer Anhänger einer gewissen deutschen Sportwagenmarke. Kaum konnte er sich die entsprechenden Fahrzeuge leisten, machte er bei seinen Fahrten keinerlei Zugeständnisse mehr – in diesem Auto und in keinem anderen. Das änderte sich auch dann nicht, als er in den späten 60er Jahren längst verheiratet war und drei halbwüchsige Töchter hatte. Bei einer Reise zu fünft, der beengte Flitzer war sardinendosenvoll, ging es in Richtung Côte d’Azur. Mitten in den französischen Alpen begann ein Reifen Luft zu verlieren. Für ihn als routinierten Sportwagenfahrer kein Problem! Mit einem Lächeln raus auf einen freien Standplatz gekurvt, Sprung aus dem Auto, den Ersatzreifen hervorgeholt, nur eine Angelegenheit von Minuten, dann würden sie die rasante Talfahrt fortsetzen können. Aber – wo war denn dieser verflixte Wagenheber? Während sich unser Held immer tiefer in den kleinen Kofferraum wühlte, stieg nun auch seine Frau aus dem Fahrzeug. Sie, ruhig: „Was suchst du denn?“ Er, laut: „Den Wagenheber!“ Sie, sanft: „War der in so einer blauen Hülle?“ Er, brüllend: „Ja!“ Sie, noch sanfter: „Du, die habe ich rausgenommen, um mehr Platz für unser Gepäck zu bekommen.“ Er, Rumpelstilzchen im Augenblick der Explosion: „– – –“ (Text von der Zensur gestrichen).

Das Beispiel verdeutlicht, worum es geht. Selbstverständlich ist es nicht angenehm, ohne Werkzeug einen Autoreifen wechseln zu müssen. Es funktioniert auch gar nicht. Wenn man aber nur einen kleinen Blick für den Hintergrund und damit die komischen, ja absurden Bestandteile des Geschehens hat, dann dürfte man sich eigentlich auch dann ein Lachen kaum verkneifen können, wenn man in die Angelegenheit selbst involviert ist. Zu fünft plus Urlaubsgepäck in einem Auto unterwegs, das Platz für zwei und eine Aktentasche bietet (bzw. damals geboten hat), als Folge davon im verzweifelten Kampf um ein wenig mehr Platz den Gegenstand entfernt, von dem man annimmt, dass man ihn sowieso nie brauchen würde, und als Folge davon wiederum gestrandet mitten in den französischen Alpen – die Situation, man kann es drehen und wenden, wie man will, hat durchaus etwas von Slapstick. (Übrigens hielt kurze Zeit später ein anderer Autofahrer, der glücklicherweise neben Hilfsbereitschaft auch einen Wagenheber vorweisen konnte.)

Lassen Sie sich deshalb von den folgenden Empfehlungen dabei unterstützen, Ihre Selbstironie zu aktivieren und die Dinge auf humorvolle und entspannte Weise zu betrachten. Es hilft Ihnen, auf eine höhere Stufe der Souveränität zu kommen:

- Treffen Sie die Entscheidung, sich selbst und das, was Sie tun, etwas weniger wichtig und ernst zu nehmen. Das soll natürlich nicht bedeuten, auf einmal das Niveau Ihrer Ansprüche oder Leistungen zu senken und allem gleichgültig gegenüberzustehen. Es kommt vielmehr darauf an, zu erkennen, dass es im Leben nicht ständig um alles oder nichts geht und dass man nicht der Einzige ist, dessen Ziele, Meinung oder Befinden zählen. Der spanische Jesuitenpater und Weisheitslehrer Baltasar Gracián y Morales hat es mit der ihm eigenen Tiefgründigkeit erkannt und gesagt: „*Die eine Hälfte der Welt lacht über die andere, und Narren sind alle. Jedes ist gut, und jedes ist schlecht, wie es die Stimmen wollen. Was dieser wünscht, hasst jener. Ein unerträglicher Narr ist, wer alles nach seinen Begriffen ordnen will.*“

- Interpretieren Sie nicht alles, was Ihnen zustößt, was sich Ihnen entgegenstellt oder was Sie an Rückschlägen erleben, als persönliche Attacke und Beleidigung. Lassen Sie die Dinge nicht so dicht an sich heran. Sie können nicht erwarten, dass alles immer so läuft, wie Sie es sich wünschen, oder dass sich alle immer so verhalten, wie Sie es wollen. Die Missgeschicke, die Ihnen passieren, und die Schwierigkeiten, auf die Sie stoßen, sind Teil jedes normalen Lebens und Tausenden von anderen Menschen ebenso vertraut wie Ihnen.

- Beziehen Sie auch nicht alles auf sich selbst. Steigern Sie sich nicht in Negativphantasien. Stellen Sie sich beispielsweise vor, Sie treffen einen guten Bekannten, der Sie aber nur knapp und unverbindlich grüßt und dann weiterzieht. Die eine Möglichkeit besteht darin, dass Sie sich darüber erregen („Wie kann der mir gegenüber so unhöflich sein?“) oder sich davon erschüttern lassen („Was ist passiert? Was habe ich falsch gemacht? Wodurch habe ich ihn verärgert? Wem gegenüber habe ich mich noch falsch verhalten? Habe ich es mir jetzt mit allen verdorben?“). Die andere (souveräne) Reaktion ist aber die, zu erkennen, dass das Problem wohl nicht bei Ihnen, sondern bei Ihrem Bekannten liegen wird, der mit größter Wahrscheinlichkeit gerade selbst von einem negativen Thema besetzt war oder kurz zuvor eine Begegnung hatte, die ihm seine Stimmung geraubt hat. Hätten Sie ihn also nicht in diesem speziellen Moment getroffen, er hätte sich Ihnen gegenüber so liebenswürdig verhalten wie gewohnt.

- Versetzen Sie sich gedanklich ein wenig in die Zukunft. Vieles von dem, was heute einen Wutanfall auslöst, bewirkt morgen bereits einen Heiterkeitsausbruch, nach dem Motto: „Weißt du noch, damals, als wir versucht haben, das Klavier in den ersten Stock zu tragen ...?“ Was also werden Sie in einigen Tagen oder Wochen zu der Angelegenheit sagen? Und warum versuchen Sie nicht einfach, diese Sicht der Dinge bereits heute zu gewinnen?

- Betrachten Sie das Geschehen mit den Augen eines Dritten. Was würden Sie sich selbst raten, wenn Sie sich gerade beobachten könnten? Würden Sie sich tatsächlich „zustimmen“, dass Ärger und Betroffenheit im Moment die einzig richtige Reaktion sind, oder würden Sie sich vielleicht mit einem Lächeln sagen: „Immer mit der Ruhe, es ist doch gar nicht so schlimm“?

- Versuchen Sie, immer auch die humoristischen Seiten der betreffenden Lage wahrzunehmen. Was ist bei genauer Betrachtung nicht nur „tragisch“, sondern gleichzeitig auch „komisch“? Worüber könnten Sie eigentlich auch ebenso gut lachen? Und was würde bei Ihnen vielleicht sogar größte Heiterkeit auslösen, wenn es nicht Ihnen, sondern einem anderen passiert wäre?

- Heben Sie sich Ihren Ernst für die Bereiche, Themen und Ereignisse auf, bei denen er wirklich angebracht ist! Es gibt genügend davon. Aber hören Sie auf, den Umgang mit der Vielzahl der kleinen Ereignisse und Herausforderungen, die den normalen Alltag eines jeden von uns prägen, als einen Kampf mit Riesen zu betrachten, den Sie nur gewinnen können, wenn Sie ihn mit versteinerter Miene führen. Wenden Sie vielmehr auf sich selbst eine Erkenntnis und Regel an, die der griechische Universaldenker Demokrit schon vor 2500 Jahren für ein glückliches Leben aufgestellt hat: *„Heiter machen, heilt!“*

Ein Fazit

Bitte erlauben Sie mir, das Fazit mit zwei Zitaten zu gestalten. Das erste kommt vom russischen Schriftsteller Lew N. Tolstoi, von dem wir schon etwas im Zusammenhang mit dem Thema der Lebenskunst gelesen haben, und der uns nun zeigt, welche Bedeutung die wache Beschäftigung mit den eigenen Gedanken besitzt: *„Der Gedanke ist der Anfang von allem. Die Gedanken jedoch kann man lenken. Deshalb ist die Hauptsache der Vervollkommnung, seine Gedanken zu bearbeiten.“* Das zweite Zitat knüpft inhaltlich unmittelbar daran an und schlägt die Brücke zum eigenen Verhalten und zu den eigenen Taten. Es stammt ebenfalls von einem Schriftsteller, dem Engländer Aldous Huxley: *„Was wir denken, bestimmt das, was wir sind und tun, und umgekehrt bestimmt das, was wir sind und tun, das, was wir denken. Falsche Gedanken ergeben schlechte Handlungen; und wem schlechtes Handeln zur Gewohn-*

heit wird, der begrenzt dadurch sein Bewusstseinsfeld und macht es sich selbst unmöglich, gewisse Gedanken fassen zu können."

Beide Überlegungen gemeinsam zeigen, warum es so wichtig war, dass wir uns in den vergangenen Kapiteln mit den Themen beschäftigt haben, um die es dort ging. Was immer wir auch im Leben verändern und erreichen möchten, wir müssen dafür zuallererst bei uns selbst ansetzen, bei unserer Einstellung, unserer Denkart und unseren Verhaltensweisen. Und exakt auf diese Bereiche haben unsere bisherigen Empfehlungen gezielt. Die systematische Überprüfung und Weiterentwicklung der eigenen „EDV", die Nutzung von Life Excellence als Lebensphilosophie und die Stärkung der eigenen Souveränität, sie alle sind unabdingbar für die Verwirklichung der eigenen Lebensvorstellungen und bilden gemeinsam den ersten großen Schritt für die Sicherung und Förderung des eigenen Lebenserfolges und Lebensglücks.

Aktivieren und nutzen Sie Ihre „geistigen Werkzeuge"

Liebe Leserin, lieber Leser, das Kapitel, mit dem wir gerade beginnen, hat eine Doppelfunktion. Es rundet unsere bisherigen Gedanken und Empfehlungen in bestimmter Hinsicht ab und es legt gleichzeitig bereits das Fundament für alle folgenden. Die zentrale Botschaft lautet: *Erkennen, aktivieren und nutzen Sie die „geistigen Werkzeuge", die Ihnen für die Gestaltung Ihres Lebens zur Verfügung stehen.*

Worauf es ankommt, ist die Qualität Ihrer Einsichten, Prinzipien und Entscheidungen

In unseren Überlegungen zur Bedeutung der eigenen „EDV", zur Nutzung von Life Excellence als Lebensphilosophie und zur Förderung der eigenen Souveränität schwingt eine zentrale Erkenntnis mit, die wir bisher nur indirekt angesprochen haben. Wenn wir unseren Erfolg und unser Glück auf Dauer sichern möchten, dann brauchen wir dazu ganz offensichtlich so etwas wie *„geistige Werkzeuge"*, die uns den klugen und gekonnten Umgang mit unserem Leben erleichtern.

Das erste dieser Werkzeuge sind die *Einsichten*, die wir im Laufe der Zeit gewinnen und die es uns überhaupt erst ermöglichen, das Geschehen und die Zusammenhänge um uns herum zu durchschauen, Lebenserfahrung zu entwickeln und uns im Leben zurechtzufinden. Das zweite Werkzeug sind *die Regeln, Prinzipien und Maximen*, die wir uns zu Eigen machen, an denen wir uns orientieren und die wir unserem Denken und Handeln zugrunde legen. Und die dritte Art von Werkzeugen, das sind die *Entschei-*

dungen, die wir treffen und mit denen wir, ob im Großen oder im Kleinen, auf unserem Lebensweg eine Weichenstellung nach der anderen vornehmen. Ohne diese drei Instrumente sind wir letztlich hilflos. Wir haben weder die Möglichkeit, uns persönlich weiterzuentwickeln, noch die, unsere Ziele zu verfolgen und ein selbstbestimmtes und selbstmächtiges (und damit freies und glückliches) Leben zu führen.

Wenn uns die Fähigkeit fehlt, zu ausreichenden Erkenntnissen und Einsichten darüber zu gelangen, was richtig oder falsch ist, was uns hilft oder uns schadet, was zu uns passt oder aber ungeeignet für uns ist, dann werden wir ein Leben lang auf der Stelle treten. „Schon wieder daneben, schon wieder derselbe Fehler, schon wieder gegen dasselbe Hindernis gestoßen“, diese Gedanken würden uns ständig begleiten.

Das Gleiche gilt für das Hilfsmittel der Maximen und Lebensregeln. Sie sind, wie es der französische Denker Joseph Joubert treffend sagt, *„der Faden im Labyrinth, der Kompass in der Nacht“*. Wer in seinem und für sein Leben keine Prinzipien und Regeln entwickeln kann oder möchte, der wird es also kaum schaffen, festen Grund unter die Füße zu bekommen. Zum einen fehlen ihm zuverlässige Handlungsanleitungen, die ihm sagen, wie er in einer unübersichtlichen und schwierigen Situation zu verfahren hat, um das Richtige zu tun und auf die gewünschte Weise voranzukommen. Zum anderen (und dieser Punkt ist fast noch wichtiger) beraubt er sich der Möglichkeit, stabile Überzeugungen und Grundsätze zu entwickeln, die ihm helfen, seine Position zu wahren und sein Wohlergehen zu sichern, wenn er sich in einer Phase eigener Schwäche befindet oder wenn von außen Widerstände, „Einflüsterungen“ oder „Verführungen“ auf ihn zukommen, die ihn von seinem Weg abzubringen drohen. Wem dieser Gedanke zu abstrakt ist, der möge beispielsweise einfach einmal an den schon angesprochenen Wunsch vieler Menschen denken, einen gesunden Lebensstil zu entwickeln und weniger Alkohol zu trinken oder mit dem Rauchen aufzuhören. Ohne entsprechende Regeln und Prinzipien (und zuvor Einsichten!) wird aus diesen Vorhaben niemals etwas werden.

Ebenso deutlich lässt sich beschreiben, welche negativen Folgen es hat, wenn das dritte geistige Werkzeug unterentwickelt ist. Wenn es im Leben an klaren und eindeutigen Entscheidungen fehlt bzw. wenn es an der Entscheidungsfähigkeit und Entscheidungskraft mangelt, dann fehlt es auch an allem anderen, was damit verbunden ist. Ohne Entscheidung bleibt man ohne Chance, etwas zu beenden, etwas zu beginnen und etwas zu verändern. „Vielleicht, vielleicht auch nicht“, so lautet das eigene Motto. Man läuft los, um sofort wieder stehen zu bleiben oder die Richtung zu wechseln. Man befindet sich in einem Zustand dauerhafter Halbherzigkeit, Beliebigkeit und Unsicherheit. Man gleicht einem Mann, der mit wehendem Mantel und flatternden Nerven in ein Taxi springt und dem Chauffeur zuruft: „Schnell, folgen Sie dem Auto“ – und der anschließend auf die konsternierte Frage: „Welchem?“, antwortet: „Egal, einfach einem hinterher!“

Die meisten Menschen tun nur so, als ob sie ihre geistigen Werkzeuge nutzen

Warum aber kommt der Hinweis auf die Bedeutung und die Unverzichtbarkeit der genannten geistigen Werkzeuge gerade an dieser Stelle unseres Gedankenganges? Zum einen: Weil es ein Thema größter Wichtigkeit ist. Selbstmächtigkeit, Erfolgstalent und Lebenskunst und damit die Verwirklichung der eigenen Lebensvorstellungen sind ohne die Entwicklung von Einsichten, Grundsätzen und Entscheidungen nicht möglich. Und zum anderen: Weil es gleichzeitig ein Thema ist, mit dem sich die meisten von uns kaum beschäftigen!

Ganz deutlich: Ob es um die Gewinnung von Erkenntnissen über sich und das eigene Leben geht, um die Entwicklung und Einhaltung sinnvoller und tragfähiger Prinzipien und Grundsätze oder das Treffen und die Durchsetzung bewusster, klarer und verbindlicher Entscheidungen, die meisten Menschen vernachlässigen diese Bereiche nicht nur, sondern sie ignorieren sie fast vollständig. Was ihnen an Erkenntnissen aufgeht, geht ebenso schnell wieder unter, was sie an Grundsätzen festlegen, übergehen Sie bereits am nächsten Tag, und was Sie als verbindliche Entscheidung bezeichnen, erweist sich als Schritt auf gut Glück, verbunden mit einer Rolle rückwärts.

Ein kleines Beispiel. Wir alle werden wohl schon einmal erlebt haben, wie unsinnig es ist, beim Auftauchen eines Problems oder Ärgernisses schlagartig zu reagieren, ohne sich einen Überblick über die Lage zu verschaffen oder inneren Abstand zu gewinnen. Die entsprechende persönliche Einsicht könnte man wohl so formulieren: „Jedes Mal, wenn ich mich über etwas ärgere und sofort reagiere, löse ich damit nur noch schlimmeren Anschlussärger aus." Und daraus könnte man dann die passende Maxime für das eigene Verhalten festlegen: „Bei Ärger niemals sofort in Aktion treten, sondern immer erst etwas Zeit verstreichen lassen. Dann sieht die Angelegenheit völlig anders aus und dann kann ich ruhig, souverän und angemessen reagieren!" Wie gesagt, den meisten von uns sollten diese Erkenntnis und diese Erfolgsregel eigentlich bekannt sein. Aber wie viele von uns sind sich wirklich darüber im Klaren? Und, insbesondere, wie viele halten sich dann an das, was sie wissen und als richtig erkannt haben? Kaum kommt ein Ärgernis, dann folgen auch schon der Zorn und die unbedachte Handlung – und anschließend, mit entsprechendem Abstand, die Reue, das schlechte Gewissen und der (kurzlebige) Gedanke: „Beim nächsten Mal wird alles anders…" Bis beim nächsten Mal alles wieder genauso wird.

Entwickeln Sie sich zu einem Experten für den Umgang mit Ihren Einsichten und Grundsätzen

Wie die Schlussfolgerung und Empfehlung zu lauten hat, ist deshalb klar: Berauben Sie sich nicht selbst der Möglichkeiten, die Ihnen Ihre geistigen Werkzeuge bieten, um Ihre Lebensziele zu verwirklichen. *Lassen Sie das Instrumentarium der Gewinnung von Einsichten, der Entwicklung von Grundsätzen und des Treffens von Entscheidungen und Weichenstellungen nicht einfach brachliegen, sondern machen Sie sich zu einem Experten für seine gezielte und systematische Nutzung.* Die folgenden Gedanken sollen Sie dabei unterstützen.

Machen Sie sich die Zusammenhänge bewusst

Machen Sie sich als Erstes überhaupt erst einmal bewusst, wie wichtig das Thema für Sie ist, mit dem wir uns im Moment beschäftigen. Gehen Sie es nicht länger zufällig an, sondern betrachten Sie es als eine Hauptaufgabe von sich, Ihren Fundus an Lebenserkenntnissen und Lebensregeln kontinuierlich zu erweitern und zu aktualisieren. Denken Sie gleichzeitig daran, dass die drei Arten der geistigen Werkzeuge aufeinander aufbauen. Die Erkenntnisse, die Sie über sich und Ihr Leben gewinnen, sind die Basis für die Maximen, an denen Sie sich orientieren können, und diese wiederum schaffen die erforderliche Grundlage für Ihre Entscheidungen. Je höher also die Qualität Ihrer Einsichten und Prinzipien ist, desto einfacher und schneller werden Sie in einem bestimmten Fall zu einer richtigen Entscheidung kommen. Und je höher wiederum die Qualität dieser Entscheidung ist, desto leichter werden Sie sie anschließend auch durchsetzen und realisieren können.

Gehen Sie täglich auf Beutezug

Selbstverständlich findet man zentrale Lebenseinsichten und Lebensregeln nicht an jeder Straßenecke. Man kann sie auch nicht ohne weiteres einfach „herbeidenken“. Sie stellen sich vielmehr meist überraschend ein, nach Art eines besonderen und wertvollen Geistesblitzes. Man beschäftigt sich mit einem Thema, einer Aufgabe, einem Problem, man erinnert sich an ein Gespräch oder Ereignis, und auf einmal kommt die entsprechende Erkenntnis: *So also ist der Zusammenhang, das sind die eigentlichen Hintergründe und die wahren Verhältnisse!* Genauso verhält es sich mit der Entdeckung und Formulierung persönlicher Regeln und Prinzipien. Man bemüht sich auf einem bestimmten Gebiet, man will ein spezielles Vorhaben verwirklichen, man überlegt, woran man bisher gescheitert ist und wie man es besser machen könnte, und plötzlich hat man die Eingebung: *Jawohl, das ist es, daran muss ich mich halten, so muss ich handeln, wenn ich es „richtig“ machen möchte und mein Ziel erreichen will!*

Das entscheidende Problem ist aber, dass wir alle dazu neigen, die so gewonnenen Einsichten und Grundsätze sofort wieder zu vergessen. Wir wenden sie vielleicht noch im Zusammenhang mit dem Fall an, der sie bei uns ausgelöst hat, dann aber versinken sie schon wieder im Dunkel unseres Unterbewusstseins. Was für ein Verlust! Machen Sie es von heute an anders:

- Stellen Sie sich bei dem, was Sie tun und womit Sie sich beschäftigen, immer auch die Frage, welche *grundsätzlichen Einsichten* Ihnen der Fall liefert und welche *grundsätzlichen Regeln* für Ihr Denken und Verhalten Sie aus ihm ableiten können. Betrachten Sie also eine bestimmte Angelegenheit nicht nur als isoliertes Einzelereignis, sondern immer auch als Ideenquelle, um mehr über Ihr Leben zu erfahren.

- Notieren Sie die Einsichten und Grundsätze, die Sie gewonnen bzw. formuliert haben, sofort. Was Sie nicht schriftlich festhalten, geht Ihnen wieder verloren. Legen Sie am besten ein eigenes Notizbuch dafür an, in dem Sie immer wieder einmal blättern können. Es genügt, wenn Sie Ihre Gedanken zunächst einfach chronologisch festhalten. Sollten Sie später einmal die Zeit dafür finden oder Lust darauf bekommen, können Sie sie immer noch nach Themen gliedern.

- Notieren Sie gleichzeitig in kurzen Worten, warum Sie auf den betreffenden Gedanken gekommen sind bzw. was der Auslöser für ihn war. Erstens verankern Sie die entsprechende Einsicht bzw. Maxime dadurch stärker in Ihrem Bewusstsein, zweitens verleihen Sie ihr eine größere Nachhaltigkeit und drittens erleichtern Sie es sich, bestimmte „Muster“ in Ihrem Leben zu entdecken und herauszufinden, welche Themen, Ereignisse, Abläufe, Probleme oder Fragestellungen so häufig auftauchen, dass es sich lohnt, grundsätzliche Lösungen für sie zu finden.

- Wie eingangs gesagt, grundlegende Lebenseinsichten lassen sich nur schwer auf Knopfdruck gewinnen oder zu Bewusstsein bringen. Dennoch gibt es Quellen, die Ihnen helfen. Nutzen Sie beispielsweise Ihr Tagesresümee oder die Analyse eines gerade abgeschlossenen beruflichen oder privaten Projektes, um auf entsprechende Ideen zu kommen. Was haben Sie dabei *Neues* gelernt? Welche *Erfahrungen* haben Sie gemacht? Welche *Erkenntnisse* haben sie gewonnen? Und welche *Regeln* für Ihr Denken und Verhalten in ähnlichen Fällen können Sie ableiten?

Stellen Sie Ihre Einsichten und Maximen regelmäßig auf den Prüfstand

Unsere Umwelt ändert sich kontinuierlich, wir stoßen regelmäßig auf neue Herausforderungen und wir selbst entwickeln uns ebenfalls ständig weiter. Alles das beeinflusst selbstverständlich auch die Art, in der wir das Geschehen um uns herum wahrnehmen und bewerten. *„Im Laufe der Zeit lernen wir die Dinge lieben, die wir einst gehasst haben, und die Dinge ablehnen, die wir einst verehrt haben"*, so sagt es der schottische Schriftsteller Robert Louis Stephenson.

Mindestens ebenso wichtig wie die Gewinnung und Entwicklung von Einsichten und persönlichen Prinzipien ist deshalb ihre regelmäßige Bewertung und Überprüfung. Auch für diese Aufgabe lassen sich konkrete Empfehlungen finden:

- Lassen Sie Ihre Einsichten und Prinzipien nicht verstauben. Machen Sie aus Ihnen auch kein Dogma, an dem Sie zum Schrecken Ihrer Umwelt (z. B. Ihrer Familie) und zu Ihrem eigenen Nachteil verbissen festhalten. Erhalten Sie Ihren Fundus an Erkenntnissen, Überzeugungen und Maximen vielmehr dadurch lebendig, dass Sie ihn regelmäßig durchdenken und überprüfen.

- Trennen Sie sich konsequent von allem, was sich durch die Veränderungen in Ihrem Leben überholt hat und was Ihnen inzwischen eher schadet als nutzt. Wenn Sie im Laufe der Jahre im Berufsleben immer mehr Verantwortung übernehmen müssen, werden Sie einen anderen Blick auf die Dinge benötigen, als wenn Sie nur für schmale Bereiche zuständig sind. Ähnliches gilt für den Privatbereich. Achtung! Dabei geht es nicht darum, die eigenen Einsichten und Lebensregeln nach Belieben zu wechseln. Worauf es aber ankommt, ist, mit der eigenen Denkwelt nicht hinter die reale Welt zurückzufallen.

- Trennen Sie sich insbesondere von den Überzeugungen und Regeln, die sich als falsch erwiesen haben! Halten Sie nicht an ihnen fest, nur um Ihrer Umwelt zu zeigen, dass Sie ein Mensch von Prinzipien sind, oder weil Sie beweisen wollen, dass Sie auf bestimmten Gebieten vielleicht doch Recht haben.

- Stellen Sie sich dazu folgende Fragen: Welche meiner vermeintlich richtigen Erkenntnisse und Einsichten haben sich letztlich als fragwürdig oder falsch erwiesen? Wo erkenne ich immer wieder, dass möglicherweise auch das Gegenteil richtig sein könnte? Welche meiner Prinzipien und Grundsätze helfen mir bei genauer Betrachtung kaum weiter? Was benutze ich als Leitlinie und Begründung für mein Denken, mein Auftreten und meine Entscheidungen, obwohl ich damit immer wieder an Grenzen stoße?

- Fragen Sie sich ebenso regelmäßig, auf welchen Gebieten Ihnen zentrale Einsichten und Grundregeln fehlen. Wo geraten Sie immer wieder ins „Schwimmen“? Zu welchen Themen können Sie sich keine richtige Meinung bilden? Bei welchen Aufgaben oder Zielen kommen Sie nicht voran, weil Sie keine stabile gedankliche Basis für Ihre Entscheidungen und Taten besitzen?

Wenden Sie Ihre Einsichten und Prinzipien auch an!

Die vielleicht wichtigste Empfehlung in diesem Zusammenhang überhaupt! Es gibt viele Menschen, die sehr wohl über einen breiten Erfahrungsschatz verfügen, die zu klaren Einsichten gekommen sind und die eine ganze Liste persönlicher Prinzipien nennen können. Aber – sie wenden alles das so gut wie gar nicht an! Sie übergehen es, sie verdrängen es, sie machen eine „Ausnahme“ nach der anderen. Ein Beispiel und Beweis dafür? Der Hinweis auf die wiederkehrenden „guten Vorsätze“ am 31. Dezember jedes Jahres sollte genügen! Bitte beherzigen Sie deshalb die folgenden Empfehlungen:

- Wenden Sie die Einsichten und Maximen, von denen Sie erkannt haben, dass sie für sich und Ihr Leben richtig sind, auch an! Betrachten Sie sie als wertvolle Werkzeuge, von denen Sie nur dann etwas haben, wenn Sie sie auch tatsächlich einsetzen.

- Verstoßen Sie insbesondere nicht bewusst und klaren Blickes gegen Ihre Einsichten und Maximen. Wenn Sie wissen, dass Ihnen etwas Bestimmtes schadet, dann unterlassen Sie es! Und wenn Sie wissen, dass Ihnen etwas Bestimmtes hilft, dann tun Sie es! Denken und handeln Sie nicht nach dem Motto: „Eigentlich ist mir klar, aber …“

- Ziehen Sie Ihre gesicherten Einsichten und erprobten Lebensregeln nicht grundlos in Zweifel. Überprüfen Sie sie mit wachem Blick, aber stehen Sie anschließend zu ihnen. Schwanken Sie auch nicht wie ein Fähnchen im Wind, wenn Ihnen jemand erklärt, dass er die Dinge anders sieht als Sie und dass für ihn andere Regeln gelten. Kann sein. Er ist ja auch ein anderer Mensch!

- Machen Sie Ausnahmen nur dann, wenn es sich auch wirklich um Ausnahmefälle handelt. Verstoßen Sie nicht regelmäßig gegen Ihre Grundsätze, nur um anschließend ebenso regelmäßig festzustellen, dass Sie sich doch besser an sie gehalten hätten.

Entwickeln Sie sich zu einem Experten für den Umgang mit Ihren Entscheidungen

Was für das Thema der Lebenseinsichten und Lebensregeln gilt, gilt genauso für das Thema der Anbahnung und des Treffens von Entscheidungen. Auch dieser Bereich ist von größter Bedeutung für die Verwirklichung der eigenen Lebensvorstellungen und auch hier gibt es eine Vielzahl von Möglichkeiten, um das eigene Können zu erhöhen.

Der ewige Vorsatz

Ihre Entscheidungen sind die Eintrittskarte für das Leben, das Sie führen möchten

Viele Menschen zucken nur kurz mit der Schulter, wenn sie das Wort „Entscheidung“ hören. „Klar, Entscheidungen sind wichtig“, so oder so ähnlich lautet ihr lapidarer Kommentar. Innerlich aber sind sie der Überzeugung, dass ihnen die Beschäftigung mit diesem Thema wenig bringt. Sie glauben, das Treffen von Entscheidungen sei ein automatischer Vorgang, der nebenher abläuft und den sie längst in ausreichendem Maße beherrschen. Sie erkennen also weder die Bedeutung des Themas noch, dass die Förderung der persönlichen Entscheidungskompetenz eine der wichtigsten Aufgaben im Leben überhaupt ist.

Der erste Schritt besteht deshalb wie so häufig darin, erst einmal die richtige Grundeinstellung zu finden. Machen Sie sich also bewusst, um welche Größenordnung es geht. Eine Entscheidung zu treffen bedeutet, etwas Bestimmtes zu durchleuchten und zu durchdenken, die Dinge gegeneinander abzuwägen, sich eine Meinung zu bilden, zu einem Urteil zu kommen, zwischen unterschiedlichen Möglichkeiten zu wählen, sich selbst in Bezug auf etwas festzulegen und, auch das zählt sicher noch dazu, die innere Bereitschaft zu entwickeln, das, wofür man sich entschieden hat, auch zu verwirklichen. Alle diese Elemente zeigen bereits, dass das Treffen von Entscheidungen mitnichten eine triviale Angelegenheit ist, der man keine große Aufmerksamkeit zu schenken braucht.

Das ist aber noch nicht alles. Wenn man die Funktion der eigenen Entscheidungen für sein Leben betrachtet, dann sieht man, dass sie der Startschuss für alles andere sind. Sie sind, bildlich gesprochen, die Eintrittskarte in die Verwirklichung der eigenen Pläne und Projekte und damit in das Leben, das man sich wünscht. Ob es Ihnen darum geht, die Verhältnisse zu verändern, Ihre Lebensqualität zu erhöhen oder Ihre Ziele zu erreichen, ohne die geeigneten und richtigen Entscheidungen und damit ohne das geeignete und richtige Entscheidungsverhalten werden Sie davon kaum etwas realisieren können. Beide spielen im Gesamtprozess Ihrer Lebensgestaltung und Lebensführung eine Schlüsselrolle.

Jede Entscheidung, die Sie treffen (oder nicht treffen!) ist eine Weichenstellung

Mit anderen Worten: Mit jeder Entscheidung stellen Sie die Weichen in Ihrem Leben in eine bestimmte Richtung. Sie bestimmen, ob Sie freie Fahrt haben oder ob ein Haltesignal nach dem anderen auftaucht. Sie wählen, ob es im Eilzugtempo vorangeht oder in Bimmelbahngeschwindigkeit. Sie legen fest, ob Sie dorthin kommen, wohin Sie möchten, oder ob Sie auf Schienen geraten, die weit am Ziel vorbeiführen.

Und alles das gilt eben nicht allein für die so genannten „großen“ Entscheidungen, sondern genauso für die kleinen, unscheinbaren Alltagsentscheidungen, die in ihrer Summe das eigene Leben mindestens ebenso prägen. Ein Beispiel. Stellen Sie sich vor, es ist 22:00 Uhr, Sie haben einen langen und anstrengenden Tag hinter sich und einen ähnlichen vor sich, und Sie überlegen, wie Sie den restlichen Abend verbringen können. Eigentlich sind Sie müde und möchten sich hinlegen. Endlich einmal früh genug ins Bett, Zeit genug, um noch in einem guten Buch zu lesen, sich zu entspannen und richtig auszuschlafen. Aber – vielleicht läuft ja doch noch etwas Spannendes im Fernsehen. Also, eine schnelle Entscheidung und Sie setzen sich hin. Nur kurz! Nun, spannend ist eigentlich nichts, aber Sie können ja umstellen und der Mix aus 20 Kanälen, den Sie sich zusammenzappen, der hat doch irgendetwas Fesselndes. Dann kommt, trotz eines ausgiebigen Abendessens, noch einmal Heißhunger auf. Ein oder zwei Flaschen Bier (später die dritte), eine Türe Chips, und Sie fühlen sich ganz wohl. Halt, dieser Film könnte jetzt was sein, nein, doch nicht, aber der auf dem Nebenkanal, nein, der auch nicht. Eigentlich reicht es Ihnen nun, aber jetzt Sie sind viel zu erschöpft, um einfach aufzustehen. Irgendwann dröhnt Ihnen der Kopf so sehr, dass Sie sich doch einen Ruck geben und aus der Couch hochwuchten. Verflixt, der Blick auf die Uhr zeigt es, schon weit nach Mitternacht, schon wieder so spät! Erst noch alles aufräumen, dann endlich, endlich hinein ins Bett. Kaum sind Sie eingeschlafen, klingelt auch schon der Wecker. Oh je, das wird wieder ein Tag werden …

Kennen Sie solche Situationen? Eine kleine, vermeintlich unwichtige Entscheidung, und schon ist nicht nur ein Abend vergeudet, sondern auch die Stimmung und die Leistungsfähigkeit für

Gelungener Abend …

den ganzen folgenden Tag ruiniert. Und wenn man nun noch bedenkt, dass dieser betreffende Tag im Leben einmalig ist und dass er nie wiederkommen wird, dann sieht man, welche Wirkung die eigenen Entscheidungen im Leben haben und was alles von ihnen abhängt.

Lassen Sie uns also im Folgenden sehen, was man tun kann, um im Umgang mit seinen Entscheidungen (und damit im Umgang mit seinem Leben!) auf das Niveau zu kommen, auf dem man sich eigentlich befinden sollte.

Achten Sie auf alle Arten Ihrer Entscheidungen

Die ersten Empfehlungen beziehen sich deshalb auf die Aufmerksamkeit und Sorgfalt, die man den eigenen Entscheidungen zuteil werden lassen sollte:

- Denken Sie daran, dass Ihr Leben aus einer Abfolge von Entscheidungen besteht. Je bewusster und wacher Sie Ihre Entscheidungen treffen, desto bewusster und wacher gestalten und führen Sie Ihr Leben insgesamt.

- Denken Sie gleichzeitig daran, dass jede Ihrer Entscheidungen mit einer konkreten Wirkung verbunden ist. Egal, was Sie tun oder was Sie unterlassen, es hat Folgen. Machen Sie sich deshalb immer klar, was Sie mit einer bestimmten Entscheidung tatsächlich bewirken werden. Übersehen oder verdrängen Sie es nicht.

- Achten Sie insbesondere weit stärker als bisher auf Ihre Alltagsentscheidungen. Vielleicht hat jede dieser Entscheidungen für sich alleine genommen keine langfristigen oder nachhaltigen Konsequenzen. In ihrer Addition sind es aber die kleinen, normalen und alltäglichen Entscheidungen, die Ihre Lebensqualität bestimmen und die festlegen, ob und wie schnell Sie Ihre Ziele erreichen.

- Treffen Sie keine vorschnellen Entscheidungen, die Ihnen das Leben im Augenblick vielleicht ein wenig erleichtern, aber in der Zukunft massiv erschweren. Ein Beispiel. Stellen Sie sich vor, Sie erhalten den Anruf eines Geschäftspartners, der mit Ihnen einen verbindlichen Termin in einigen Monaten vereinbaren will. Kein Problem, so weit weg, da ist der Kalender noch leer. Sie sagen ohne groß zu überlegen zu, und ernten dadurch den Dank Ihres Partners. Aber – wie wird die Lage sein, wenn es so weit ist? Haben Sie den Termin für eine Zeit vereinbart, in der Ihre Arbeitsbelastung erfahrungsgemäß den Jahreshöhepunkt erreicht oder der ausgerechnet in die Woche fällt, in der Sie sich einmal hätten frei nehmen können? Beachten Sie also nicht nur, wie eine Entscheidung, jetzt, im Moment, auf Sie wirkt, sondern auch, was Sie von ihr halten werden, wenn Sie sich irgendwann später mit ihren Folgen werden auseinander setzen müssen.

Entscheiden Sie sich, zu entscheiden

Viele von uns aber stolpern bereits, bevor sie überhaupt losgelaufen sind. Sie scheitern nicht etwa daran, dass sie *falsche*, sondern dass sie *überhaupt keine* Entscheidungen treffen. Und wenn sie dann doch einmal eine fällen, dann höchstens eine halbherzige. Auf ein lautes „ich werde ...“ folgt kurz darauf ein gemurmeltes „... oder auch nicht“. Es geht ihnen also gar nicht darum, zu einer echten Entscheidung und Lösung zu kommen, sondern vielmehr darum, die betreffende Angelegenheit erst einmal vor sich herzuschieben. Die „endgültige“ Entscheidung, so der Gedanke, die kann man ja dann fällen, wenn es „so weit ist“, wenn man sich also entscheiden muss, weil die Umstände nichts anderes mehr zulassen. Dass diese Vorgehensweise wenig vorteilhaft ist, sagt uns schon Napoleon Bonaparte: *„Das Schlimmste an allen Dingen ist die Unentschlossenheit."*

Die zweite große Empfehlung lautet daher: *Entscheiden Sie sich deshalb, sich von jetzt an in Ihrem Leben zu entscheiden! Machen Sie sich bewusst, dass Entscheidungsunfähigkeit Sie niemals weiterbringt!*

Beseitigen Sie die Ursachen Ihrer Eigenlähmung

Viele Menschen glauben, dass ihre Scheu vor Entscheidungen eine Veranlagungssache ist, also etwas, gegen das sie kaum etwas unternehmen können. Völlig abwegig ist dieser Gedanke natürlich nicht. Je sensibler und nachdenklicher ein Mensch ist, desto empfänglicher wird er auch für Signale sein, die ihm sagen, warum etwas schwierig ist oder vielleicht nicht gelingen wird, und desto länger wird er dementsprechend benötigen, um sich zu einer Entscheidung durchzuringen. Dennoch, in den meisten Fällen hat die eigene Entscheidungsunfähigkeit (und damit die eigene Handlungsunfähigkeit!) ganz praktische Gründe. Und diese kann man sehr wohl erkennen und beseitigen!

Beschäftigen Sie sich deshalb immer dann, wenn Sie zu keiner klaren Entscheidung kommen können oder wenn es Ihnen schwer fällt, die ersten Realisierungsschritte einzuleiten, mit den folgenden Themen und Fragen. Sie helfen Ihnen, die Ursachen Ihrer Eigenlähmung aufzuspüren und die geeigneten Gegenmaßnahmen zu ergreifen.

- *Befürchtungen:* die Hauptursache. Wer sich fürchtet, ist gelähmt. Welche konkreten Befürchtungen haben Sie also? Was könnte aus Ihrer Sicht Negatives geschehen, wenn Sie eine bestimmte Entscheidung treffen? Wie wahrscheinlich ist es aber überhaupt, dass sich diese Befürchtungen bewahrheiten? Was ist realistisch daran und was sind reine Negativphantasien? Und was können Sie unternehmen, welche Erfahrungswerte gibt es für Sie, um zu einer nüchternen und klaren Einschätzung der Gefahren zu kommen?

- *Mangelnde Informationen:* Welche Informationen und welche Kenntnisse fehlen Ihnen, um die anstehende Entscheidung zu treffen? Wo sind Sie unsicher? Was müssten Sie noch herausbekommen? Wer kann Ihnen dabei helfen, welche Quellen gibt es, die Sie dafür nutzen können?

- *Fehlende Erfahrung:* An welchen Punkten könnte mangelnde Erfahrung die Ursache für Ihr Zögern sein? Wo fehlt Ihnen das „Gefühl" dafür, was richtig oder falsch ist? Aus welchen anderen Bereichen könnten Sie die entsprechenden Erfahrungen ableiten? Welche Fragen, Ereignisse, Aufgaben oder Probleme der Vergangenheit weisen Parallelen auf? Wen gibt es in Ihrem Bekanntenkreis, der die entsprechenden Erfahrungen bereits gemacht hat und Ihnen helfen kann?

- *Unklare Zielsetzung:* Wer das Ziel nicht kennt, der kann den Weg nicht finden! Wo also mangelt es an der Zielbeschreibung? Was ist unscharf formuliert? Wo fehlen eindeutige Angaben? An welcher Stelle müssten qualitative Aussagen durch Zahlen ersetzt werden? Was ist zu tun, um die Zielsetzung zu präzisieren oder zu vervollständigen?

- *Keine Vorstellung über die Alternativen:* Wenn man nicht weiß, was es noch für Möglichkeiten gibt, dann wird man ewig hin- und hergerissen sein. Auf der einen Seite befürchtet man, dass man alles verliert, wenn man sich nicht endlich für die Möglichkeit A entscheidet, auf der anderen Seite hat man die Sorge, dass es vielleicht doch noch eine bessere Möglichkeit B geben könnte.

Machen Sie sich deshalb ein klares Bild von Ihren Alternativen. Welche gibt es? Wie realistisch sind sie? Was würden sie Ihnen wirklich bringen? Was müssen Sie tun, um mehr über sie herauszufinden? Wie lange würde es dauern, bis Sie das entsprechende Wissen haben? Ist es dann möglicherweise insgesamt zu spät, um sich zu entscheiden und zu handeln?

- *Falsche „EDV“:* Hier schließt sich der Kreis! Selbstverständlich sind auch eine „falsche“ Einstellung, Denkfehler und Verhaltensmängel eine Ursache für fehlende Entscheidungsfähigkeit. Was also sehen Sie vielleicht zu negativ? Welche Vorurteile und falschen Vorstellungen behindern Sie? Was gehen Sie zu lässig an? Wo fehlt Ihnen der Sinn für Dringlichkeit? Welche Hürden und Barrieren, die Sie an der Entscheidung hindern, haben Sie selbst aufgebaut?

Verzichten Sie auf die „ideale Lage“

Die Hauptgründe für das Ausbleiben klarer Entscheidungen haben wir also durchdacht, ebenso wie die Gedanken und Fragen, die einem helfen, einen höheren Grad an Stabilität und Wissen zu erlangen, und damit auch ein höheres Maß an Sicherheit und Entschlossenheit. Aus all dem lässt sich nun auch direkt die nächste Empfehlung ableiten: *Verzichten Sie auf den Anspruch einer „idealen Lage“!*

Im Einzelnen. Ein (weiterer) Hauptgrund für die mangelnde Entschlusskraft vieler Menschen besteht darin, dass sie auf „ideale Verhältnisse“ warten, die Ihnen die Möglichkeit bieten, ohne jeden Druck so etwas wie die perfekte Entscheidung zu treffen. Genau diese Traumlage wird aber nie eintreten, jedenfalls nicht im Zusammenhang mit den Entscheidungen, auf die es im Leben ankommt. Befürchtungen, fehlende Informationen und Erfahrungen, unscharfe Ziele und unklare Alternativen werden sich niemals vollständig ausschließen lassen. Irgendeinen „Haken“ hat die Angelegenheit immer. Noch mehr. Oft genug besteht das Problem ja gerade darin, dass man zwischen zwei Möglichkeiten zu wählen hat, die beide bestimmte Vorteile und bestimmte Nachteile besitzen. Wer hier die letzte Gewissheit haben möchte, der wird noch am Sankt-Nimmerleins-Tag hin- und herschwanken. Der Schweizer Schriftsteller und Philosoph Henri Frédéric Amiel sagt es deutlich: *„Wer auf völliger Klarheit vor einem Entschluss besteht, wird sich nie entscheiden.“*

Warten Sie deshalb nie auf die perfekte Entscheidungssituation. Es gibt sie nicht und es kann sie nicht geben. Denn würde es sie geben, wir müssten überhaupt keine Entscheidung mehr treffen.

Entscheiden Sie früher – viel früher!

Natürlich hat das Treffen von Entscheidungen immer auch mit dem richtigen Timing zu tun und selbstverständlich gibt es voreilige und vorschnelle Entschlüsse. Oft mag die direkte Wahl, spontan und aus dem „Bauch heraus“, die richtige sein, oft aber eben auch nicht. Mehr als darauf hinzuweisen, dass es hier immer auf den Einzelfall ankommt, lässt sich dazu kaum raten.

Eine Einsicht und damit Regel gibt es aber doch. *Die Erfahrung zeigt, dass wir besonders die großen Entscheidungen im Leben viel zu spät treffen.* Wir schleppen ein Problem jahrelang mit uns herum, wir schieben ein Ziel jahrelang vor uns her, bevor wir endlich entscheiden und handeln. Und während dieser Zeit finden wir Dutzende von Gründen, warum wir nicht schon längst mit den Veränderungen begonnen haben. Ja, wir scheinen in dieser Zeit sogar auf der Suche nach Negativargumenten zu sein, die uns bestätigen, dass es „jetzt noch nicht geht“. Kaum aber liegt die Entscheidung dann hinter uns, kaum haben wir gehandelt, kaum existiert die Lage, von der wir so lange geträumt haben, da wissen wir selbst schon nicht mehr, warum alles so ungeheuer lange gedauert hat. Die Befürchtungen, die Unsicherheit, die großen Klippen und Gefahren, sie alle sind schlagartig vergessen. Und der Satz, den wir dann mit größter Lässigkeit von uns geben, während wir uns voller Stolz über die gelungene Veränderung auf die Schulter klopfen, er lautet: „War alles kein Problem. Das hätte ich schon viel früher machen sollen.“

Ein kleines Beispiel dazu. Wir haben einen guten Freund, einen Rechtsanwalt, den das so genannte Pensionsalter in keiner Weise interessiert und der immer noch voller Elan zusammen mit seinen Kollegen in seiner Kanzlei tätig ist. Ein Problem hat er aber doch. Anders als seine jüngeren Partner ist der Computer für ihn kein Gegenstand, mit dem er aufgewachsen ist. Jahrelang hat er sich deshalb geweigert, mit derartigen Geräten zu arbeiten und ebenso lange hat er gleichzeitig darüber geklagt, dass er am Wochenende handlungsunfähig sei, da sich niemand bereit erkläre, ihm am Samstag und Sonntag die Texte zu tippen, die er gerade an diesen beiden Tagen in Ruhe diktieren kann. Für meinen wiederholten Rat: „Schreibe doch einfach selbst an einem schönen PC“, hatte er nur ein Kopfschütteln übrig: „Ich beherrsche zwar das Zehnfingersystem, aber ich kann meine Texte nur diktieren. Selbst Schreiben an einem PC würde mich wahnsinnig machen.“ Nun, irgendwann hat ihn seine Abhängigkeit von Schreibkräften noch wahnsinniger gemacht. Er kaufte sich den neuesten und schicksten Laptop und, niemand mochte es glauben, ließ ihn auch noch ans Internet anschließen. Seitdem ist er ein anderer Mensch. „Endlich frei zu arbeiten wie und wann ich will! Kein Warten auf die getippten Texte mehr! Alles viel einfacher, alles viel schneller! Die Bedienung habe ich in wenigen Tagen gelernt. Eine tolle Entscheidung!“ Stimmt, eine tolle Entscheidung – aber eben eine, die er auch Jahre früher hätte treffen können. (Für seine jüngeren Kollegen ist die Lage dadurch nicht unbedingt besser geworden. Während er ihnen zuvor mit seinen

Klagen über sein Schreibproblem auf die Nerven ging, quält er sie nun mit dem neuesten Internetwissen: „Ich war gerade wieder im Netz. Habe da eine äußerst interessante Homepage entdeckt. Kommen Sie mal, die muss ich Ihnen gleich zeigen!“) Lassen Sie uns also versuchen, auch zu diesem Aspekt einige konkrete Empfehlungen zu geben:

- Treffen Sie insbesondere die großen Entscheidungen in Ihrem Leben nicht erst mit einer zeitlichen Verzögerung, die sich nach Jahren bemisst. Machen Sie sich bewusst, dass Sie das, was Sie schon ewig vor sich herschieben, längst hätten realisieren können und dass Sie mit größter Wahrscheinlichkeit irgendwann sagen werden, dass Sie es auch weit früher hätten realisieren sollen.

- Stellen Sie sich die Frage, ob Sie die betreffende Entscheidung sowieso irgendwann fällen werden und die betreffende Veränderung sowieso irgendwann durchführen werden oder durchführen müssen. Warum dann aber nicht schon eher? Und insbesondere, warum dann nicht schon jetzt?

- Eine Ursache für das Aufschieben größerer Entscheidungen und Veränderungen ist natürlich die, dass die betreffende Angelegenheit oft mit einem entsprechenden Kraftakt verbunden ist. Man bringt einfach nicht die Zeit und Energie auf, die nötig wären, um die betreffenden Maßnahmen zusätzlich zu dem, was man sowieso schon am Halse hat, in die Wege zu leiten. Aber auch hier gilt, dass man die erforderlichen Anstrengungen meist überschätzt. Das, was wirklich Mühe bereitet, das ist der Start. Hier sind die Beharrungskräfte und Widerstände am größten. Sobald der Start aber geschafft ist, gewinnt das jeweilige Projekt automatisch an Fahrt. Lassen Sie sich deshalb auch nicht von negativen Phantasievorstellungen über den erforderlichen Aufwand für eine Entscheidung und ihre Realisierung bremsen. Denken

Sie vielmehr daran, wie positiv die Lage sein wird und wie viel Sie gewonnen haben werden, wenn die betreffenden Veränderungen erst einmal geschafft sind!

- Machen Sie eine Liste der wichtigen Entscheidungen und Veränderungen, über die Sie schon seit Wochen, Monaten und gar Jahren nachdenken. Was davon ist längst überfällig? Was hätten Sie schon lange in Angriff nehmen sollen? Und was werden Sie nicht weiter aufschieben, sondern jetzt entscheiden und verändern?

Halten Sie ein Gleichgewicht zwischen Konsequenz und Selbstkritik

Die nächste Empfehlung für das Treffen und die Realisierung von Entscheidungen zielt in zwei Richtungen gleichzeitig. Ihr erster Teil lautet: „*Bleiben Sie Ihrer Entscheidung treu*“ und ihr zweiter: „*Gestehen Sie es sich ein, wenn es eine Fehlentscheidung war.*“

Konkret. Viele Menschen zeigen ein eigentümliches Verhalten. Sie nehmen enormen Anlauf und sammeln eine Vielzahl von Argumenten für eine bestimmte Entscheidung. Anschließend verkünden Sie diese Entscheidung anderen und sich selbst gegenüber mit klingenden Fanfaren: „So wird es gemacht und nicht anders, volle Kraft voraus!“ Sobald es aber nicht exakt so läuft wie geplant, lautet ihr Kommando sofort und unter ebenso lautem Getöse: „Stopp, alle Mann zurück, wir machen etwas anderes!“ Viele Menschen verfallen aber auch in das genaue Gegenteil. Was immer auch passiert, sie halten an einer einmal getroffenen Entscheidung fest, als ob die Welt sonst aus den Fugen geraten würde. „Nein, wir haben das so entschieden, es gibt kein Zurück, wir können das jetzt nicht mehr ändern“ – „Ja, aber es funktioniert doch nicht und wir bekommen riesige Probleme dadurch!“ – „Das spielt keine Rolle, eine Entscheidung ist eine Entscheidung!“ Es liegt auf der Hand, dass beide Verhaltensweisen falsch sind. *Es ist ebenso unsinnig, seine Entschlüsse ständig über den Haufen zu werfen, wie auch, sie als unabänderliches Dogma zu betrachten.* Vermeiden Sie deshalb solche Extreme:

- Vertrauen Sie auf der einen Seite vielmehr auf sich und Ihre Überlegungen. Bleiben Sie Ihren Entscheidungen treu. Schenken Sie den Dingen genügend Zeit und Raum, um sich zu entwickeln.

- Rudern Sie nicht beim ersten Gegenwind zurück. Sollten überraschende Hindernisse und Widerstände auftauchen, dann überprüfen Sie, welche Ausweichmöglichkeiten und Alternativen Sie besitzen, um Ihr Vorhaben doch zu verwirklichen. Werfen Sie nicht den gesamten Plan über den Haufen, nur weil sich Teile von ihm vielleicht nicht realisieren lassen.

- Geben Sie Ihre Entscheidung, Ihr Ziel und Ihre Vorgehensweise auch nicht deshalb auf, weil Ihnen andere erklären, dass daraus „niemals etwas werden wird“. Die Zahl der Schwarzseher und Bedenkenträger ist bekanntermaßen größer als die Zahl der Enthusiasten und derjenigen, die fähig und willens sind, sich auf Chancen und Lösungsmöglichkeiten zu konzentrieren.

- Erklären Sie aber andererseits Ihre Entscheidungen nicht zu Heiligen, denen man sich nur mit Ehrerbietung und gesenktem Haupte nähern darf. Behalten Sie bei allem Enthusiasmus immer den Blick für mögliche Denkfehler und Trugschlüsse.

- Beharren Sie insbesondere nicht dann auf einer Entscheidung, wenn Sie innerlich selbst spüren oder wissen, dass sie falsch war. Geben Sie den Fehler zu. Lieber ein Ende mit Schrecken als ein Schrecken ohne Ende.

- Machen Sie sich zudem klar, dass auch das persönliche Beharrungsvermögen irgendwann ein Ende haben sollte. Wenn etwas noch nie funktioniert hat und nichts darauf hindeutet, dass es künftig jemals funktionieren wird, und Sie versuchen es dennoch immer wieder, dann ist das nicht konsequent, sondern närrisch.
- Und bleiben Sie auch nicht nur deshalb bei einem bestimmten Plan, nur weil Sie schon Zeit oder Geld in ihn investiert haben. Ich kenne Menschen, die in einem Restaurant mit größtem Widerwillen und größter Selbstüberwindung etwas aufessen, das ihnen in keiner Weise schmeckt, nur, weil sie es bestellt haben. Sie bezahlen also nicht nur mit ihrem Geld für ihren Fehler der falschen Wahl, sondern auch noch mit ihrem körperlichen Unwohlsein. Schwachsinn!

Ohne Taten sind Einsichten, Grundsätze und Entscheidungen wertlos

Zwei von drei Aspekten des Themas der „geistigen Werkzeuge“ haben wir damit besprochen. Wir haben die Bedeutung und Funktionen von Einsichten, Grundsätzen und Entscheidungen betrachtet und wir haben überlegt, wie es gelingt, im Umgang mit ihnen ein höheres Maß an Können zu gewinnen. Ein Aspekt ist aber noch offen. Die eigenen Einsichten, Grundsätze und Entscheidungen können von höchster Güte sein – ohne Taten bleiben sie wertlos. Johann Wolfgang von Goethe formuliert es präzise: *„Es ist nicht genug zu wissen, man muss auch anwenden; es ist nicht genug zu wollen, man muss auch tun.“* Und genau hier liegt bei vielen von uns der größte Engpass überhaupt: *Ihre Ziele sind Riesen und ihre Taten sind Zwerge!*

Die einen sind Ankündigungsweltmeister

Die eine große Gruppe haben wir schon kurz angesprochen. Es sind, so könnte man sie nennen, die „Ankündigungsweltmeister“ unter uns. Aussagen wie „man müsste“, „man sollte“ und „von jetzt an werde ich“ gehören zu den Standardbausteinen ihrer Gedankengebäude. Sie nehmen sich pünktlich zweimal im Jahr die komplette Umstellung ihrer Lebensweise vor (wie erwähnt Neujahr, plus Geburtstag). Sie diskutieren ihre Vorhaben nächtelang mit Freunden oder mit Verwandten, die den Text der entsprechenden Deklamationen längst auswendig können und deren jahrelanges Training sie befähigt, auch im Halbschlaf exakt an der richtigen Stelle Mitleid zu spenden („Mein armer Schatz …“) oder Applaus zu liefern („Bravo, dieses Mal wirst du es schaffen!“). Stark sind aber immer nur die Ankündigungen, die Taten bleiben schwach. Aus dem „von jetzt an werde ich“ wird nichts, der gute Vorsatz des aktuellen Geburtstags bleibt dem nächsten Wiegenfest als Motto erhalten und die nächtlichen Standardmonologe mit den ewig gleichen Inhalten erreichen Wiederholungszahlen, die denen der besten Boulevardstücke auf dem Berliner Ku’damm in keiner Weise nachstehen.

Die anderen sind begnadete Anfänger

Auch die zweite große Gruppe haben wir bereits zwischen den Zeilen erwähnt. Wollte man auch für sie einen Namen finden, so wäre „begnadete Anfänger“ wohl der treffende. Es sind diejenigen, die es regelmäßig schaffen, in die Startphase Ihrer Vorhaben einzutreten, ohne diese aber jemals zu vollenden.

Nach Jahren der Vernachlässigung der eigenen Fitness kommt es beispielsweise endlich zum Gang ins Sportgeschäft („Wenn nicht jetzt, dann nie!“). Schuhe und Laufkleidung sind anschließend auf dem neuesten Stand, selbst ein Pulsmesser spannt sich über Brust und Handgelenk. An einem schönen Sommertag geht es dann los in den Park, natürlich unter strikter Beachtung aller Regeln der Laufkunst („Am Anfang drei Minuten leichtes Gehen, dann drei Minuten lockerer Trab, dann wieder …“). Zurück zu Hause werden die Fortschritte sofort bekannt gegeben („Ein tolles Körpergefühl, das sage ich dir!“). Aber dann – es kommt eine Schlechtwetterfront („Bei

Eine Ausrede findet sich immer…

dem Wetter würde man ja nicht mal einen Hund vor die Tür jagen!"), eine Phase intensiver Büroarbeit („Solange der Zimmermann-Vertrag nicht unter Dach und Fach ist, muss ich mit meinen Kräften haushalten") oder der Heißhunger auf Entspannung und ein kühles Getränk („Heute lieber in den Biergarten, wäre ja verrückt, wenn ich mir nicht auch einmal etwas gönnen würde"). Jeden Tag also ein guter Grund, das Experiment und Vorhaben zu unterbrechen, so oft, bis man es völlig zu Grabe trägt. („War sowieso idiotisch, mit hängender Zunge durch den Park, vorbei an all den Hunden und Spinnern mit ihren Kommentaren über mein Tempo!").

Und dieses Verhalten hat Methode, ob beruflich oder ob privat. Immer dann, wenn der Erfolg nicht auf Anhieb und in Riesenschritten kommt, wenn es zu lange dauert, wenn nicht alles wie von alleine weitergeht, dann erlischt die Energie und erstirbt die Motivation. Die Entscheidung bzw. das Ziel verblasst, gerät in den Hintergrund, wird vergessen und geht schließlich in der Routine des Alltags vollständig unter. Na immerhin, das liefert wenigstens genügend Freiraum, um einmal auf einem anderen Feld einen Startversuch zu unternehmen!

Treffen Sie nie eine Entscheidung, ohne Taten folgen zu lassen

Die Beispiele zeigen, was vielen fehlt. Es sind die Taten und das Realisierungsvermögen. Es sind der *Wille*, die *Entschlossenheit* und die *Beharrlichkeit*, die erforderlich sind, um aus einer Entscheidung auch ein Ergebnis zu machen. Wie aber können wir uns auf diesen Feldern verbessern?

Nun, einen gewissen Teil der Arbeit haben wir bereits geleistet. Die Maßnahmen zur Weiterentwicklung der eigenen „EDV", zur Nutzung von Life Excellence als Lebensphilosophie und zur Stärkung der eigenen Souveränität, sie alle zielen ja immer auch auf die

Steigerung der Fähigkeit, das eigene Leben auf kluge, gekonnte und aktive Weise zu gestalten und damit die eigenen Lebensvorstellungen zu verwirklichen. Und das Gleiche gilt für die Empfehlungen aus dem Kapitel, in dem wir uns gerade befinden. Je tiefer die Einsichten sind, die wir in unser Leben haben, je mehr Grundsätze und Richtlinien wir für unser Handeln besitzen und je schneller wir zu unseren Entscheidungen finden, desto leichter wird es automatisch werden, auch unsere Vorhaben schnell und zielsicher zu verwirklichen.

Da das Thema des persönlichen Realisierungsvermögens damit aber natürlich noch nicht abgeschlossen ist, wird es uns auch in den folgenden Kapiteln weiter begleiten, zum Teil mit direkten Hinweisen und zum Teil mit indirekten. Lassen Sie uns deshalb unsere Überlegungen an dieser Stelle mit einigen grundlegenden Empfehlungen abrunden.

Erstens: Treffen Sie nie eine Entscheidung, ohne Taten folgen zu lassen. Machen Sie aus beiden eine Einheit. *„Nur Taten geben dem Leben Stärke“*, so sagt es der deutsche Schriftsteller und Aphoristiker Johann Paul Friedrich Richter unter seinem Pseudonym Jean Paul. Alles, was Sie durchdenken, planen und sich vornehmen, hat nur dann einen Sinn, wenn Sie es anschließend auch verwirklichen.

Zweitens: Denken Sie daran, dass ein anderer für Sie entscheiden und handeln wird, wenn Sie es nicht selbst tun. Nur wenn Sie sich die Entscheidungs- und Handlungshoheit erhalten, dann erhalten Sie sich auch die Hoheit über Ihr Leben insgesamt.

Und drittens: Erinnern Sie sich immer an die Empfehlungen zum Thema der Realisierung von Veränderungen, über die wir bereits zu Beginn dieses Buchabschnittes im Zusammenhang mit der Weiterentwicklung der eigenen „EDV“ gesprochen haben.

- *Machen Sie sich also klar, dass Sie ohne den entsprechenden Willen nie ein Vorhaben zum Abschluss bringen werden.*

- *Bauen Sie die Hindernisse auf dem Weg dorthin nicht selbst auf,* indem Sie sich und anderen ständig erzählen, was vielleicht nicht funktionieren wird und welche Probleme Sie noch überwinden müssen, bis Sie Ihr Ziel erreicht haben. Trennen Sie sich ein für alle Male von der Floskel: „Die Umsetzung ist aber schwierig." Konditionieren Sie sich vielmehr positiv und lenken Sie Ihren Blick auf Ihre Chancen und Gestaltungsmöglichkeiten.

- *Denken Sie daran, dass Sie nicht alles auf einmal realisieren müssen.* Gehen Sie in Schritten vor. Beginnen Sie mit den Maßnahmen, die Sie ohne großen Aufwand sofort verwirklichen können. Jede neue Stufe, die Sie erreichen, eröffnet Ihnen einen neuen Blick auf die Lage und damit auch neue Handlungsideen und Handlungsmöglichkeiten.

- *Achten Sie besonders auf den Start.* Er ist in doppelter Hinsicht ein Engpass. Zum einen ist er das entscheidende Nadelöhr für Veränderungen an sich und zum anderen ist er stets mit einer Phase der Instabilität verbunden. Gehen Sie deshalb gerade beim Start mit besonderem Nachdruck vor. Fällen Sie keine halbherzige, sondern eine klare und verbindliche Entscheidung und bleiben Sie mit Konzentration und Ausdauer bei der Sache. Erinnern Sie sich an unser Beispiel mit dem Dauerlauf. Bei einem solchen Vorhaben würde gerade in den ersten Wochen und Monaten die Regel gelten: „Keine Ausrede erlaubt, im Zweifel ab auf die Joggingstrecke!" Und diese Regel würde (mindestens) so lange gelten, bis das Laufen zu einer Gewohnheit geworden ist, die man nicht mehr missen möchte.

- Und schließlich: *Erhalten Sie sich Ihren inneren Antrieb.* Verlieren Sie nie aus den Augen, warum Sie das betreffende Ziel erreichen wollen und welcher Nutzen damit für Sie verbunden ist.

Ein Fazit

Wenn wir einen kleinen Schritt „zurücktreten“ und die Gesamtzusammenhänge betrachten, dann wird noch einmal klar, um was es geht. Der Wille und die Fähigkeit, Erkenntnisse über sich und sein Leben zu gewinnen, Grundsätze und Regeln für sein Denken und Handeln zu entwickeln und klare, verbindliche Entscheidungen zu treffen, sind ein elementarer Bestandteil von Selbstmächtigkeit, Erfolgstalent und Lebenskunst. Sie sind eine unverzichtbare Voraussetzung dafür, die eigenen Lebensvorstellungen zu verwirklichen und die eigenen Lebensziele zu erreichen. Life Excellence ist ohne sie nicht möglich. Betrachten Sie also die Beschäftigung mit Ihren „geistigen Werkzeugen“ nicht als theoretisches Thema oder abstrakte Aufgabenstellung, sondern als das, was es ist: die Basis dafür, um ein freies, erfolgreiches und glückliches Leben gestalten und führen zu können!

Treffen Sie die Entscheidung, Ihr Leben selbst zu bestimmen

Wenn es eine Schlussfolgerung und Empfehlung gibt, in der sich alles bündelt und zum Ausdruck kommt, über was wir bisher nachgedacht haben, dann ist es die folgende: *Treffen Sie die Entscheidung, Ihr Leben selbst zu bestimmen!*

Ihre Möglichkeiten sind größer, als Sie glauben

Auf der einen Seite, das haben wir speziell im zweiten Buchteil gesehen, gibt es im Berufs- und Privatleben Tendenzen, denen wir uns kaum zu entziehen vermögen. Der zunehmende Leistungsdruck, die sinkende Motivationskraft der Rituale der modernen Wirtschaftskultur, die Länge und die Windungen des eigenen Karriereweges und die Kollisionsgefahr zwischen beruflichen Verpflichtungen und privaten Interessen, alle diese Entwicklungen und Gegebenheiten formen so etwas wie einen allgemein gültigen Handlungshintergrund.

Auf der anderen Seite aber, das haben wir ebenso klar erkannt, liegt es letztlich an uns selbst, am Grad unserer Selbstmächtigkeit, unseres Erfolgstalentes und unserer Lebenskunst, auf welche Weise wir mit den entsprechenden Entwicklungen umgehen, ob wir uns ihnen gewachsen und überlegen zeigen, und ob wir aus ihnen das Beste zu machen verstehen. Unsere Art der Einstellung, des Denkens und des Verhaltens, das Maß unserer Souveränität und die Qualität unserer Einsichten, Grundsätze und Entscheidungen, alle diese Faktoren entscheiden in Wahrheit darüber, wie weit wir kommen, welche Lebensqualität wir gewinnen und ob wir unsere Ziele und Vorstellungen verwirklichen können.

Machen Sie sich deshalb bewusst und akzeptieren Sie es auch innerlich, dass Ihr Lebenserfolg und Ihr Lebensglück von Ihnen selbst abhängen. Ganz gleich, wie die Rahmenbedingungen auch aussehen, Ihre Machtmöglichkeiten und Ihr Einfluss sind enorm.

Nur wenn Sie Ihr Leben bestimmen wollen, werden Sie es auch bestimmen können

Warum ist es aber überhaupt so wichtig, die bewusste Entscheidung zu treffen, sein eigenes Leben selbst zu bestimmen?

Die Antwort darauf haben wir schon im Zusammenhang mit dem Thema der Lebensbeherrschung durchdacht. *Was immer man im Leben auch nutzen oder tun möchte, man muss überhaupt erst einmal den Willen dazu entwickeln!* Und genau das ist bei vielen Menschen der zentrale Engpass, wenn es um ihre Lebensgestaltung und Lebensführung geht. Sie klagen mit dem Anschein größter Verbitterung darüber, dass sie von externen Ereignissen, von negativen Zufällen oder von anderen Menschen daran gehindert werden, das zu tun, was sie wirklich wollen, und sie erklären ebenso häufig, wie sehr sie sich nach einem größeren Einfluss auf ihr Leben sehnen. Sobald man ihnen aber vor Augen führt, dass sie die entsprechenden Machtmöglichkeiten längst besitzen und sobald man darauf hinweist, was sie von sich aus alles unternehmen und verändern können, reagieren sie nicht etwa erfreut, sondern voller Entrüstung und Ablehnung. Sie stimmen nicht etwa zu, sondern beginnen sofort zu erklären, warum sie in Wahrheit eben doch keine Chance haben, zu leben, wie sie möchten. So sehr sie sich also über die Verhältnisse beschweren, so wenig wollen sie in Wahrheit hören, dass der Haupteinfluss auf ihren Erfolg und ihr Glück von Ihnen selbst ausgeht. „Alles, bloß das nicht!“, so lauten ihre Gedanken in etwa, wenn ihnen klar wird, dass sie selbst die Schlüssel in den Händen halten.

Die Gründe dafür haben wir zum Teil schon angesprochen. Die einen sind zu bequem. Sie beschweren sich über die Verhältnisse, sind aber zu träge und zu lustlos, um die Mühen auf sich zu nehmen, die mit Veränderungen nun einmal verbunden sind. Den anderen fehlt Entschlossenheit. Man könnte ja ..., man sollte vielleicht ..., man müsste eigentlich ..., so lautet ihre Devise. Über die Theorie kommen sie dabei niemals hinaus. Wieder andere haben mit ihrer Furcht zu kämpfen. Sie glauben nicht wirklich daran, dass ihnen gelingen wird, was sie sich vornehmen, sie konzentrieren sich auf die Hindernisse, sie schwelgen in Gefahrenvorstellungen, so lange, bis sie doch lieber alles beim Alten belassen. Und schließlich gibt es noch diejenigen, die nur deshalb nichts davon hören wollen, dass der Haupteinfluss auf ihr Leben von ihnen selbst ausgeht, weil sie sich sonst vielleicht eingestehen müssten, dass auch bestimmte Ereignisse der Vergangenheit und ihre gegenwärtige Situation hauptsächlich auf sie selbst zurückzuführen sind.

Mit anderen Worten: *Nur wenn Sie Ihr Leben bestimmen wollen, dann werden Sie es auch bestimmen können!* Solange Sie glauben (oder glauben möchten!), dass Sie der Spielball anderer sind und dass Sie am Lauf der Dinge sowieso kaum etwas verändern können, solange werden Sie sich die Ketten selbst anlegen. Es wird Ihnen nie gelingen, Ihre Freiräume und Ihr Potenzial zu entdecken und sie auszuschöpfen. Im Gegenteil. Sie werden immer eine Vielzahl von Gründen dafür finden, warum etwas nicht funktionieren wird, warum etwas zu schwierig ist und warum es sich nicht lohnt, sich stärker zu bemühen. Die Umstände sind schuld, Sie haben nicht genügend Unterstützung, Ihre Mittel reichen nicht aus, es ist eben auch Glückssache, so oder so ähnlich werden Ihre Gedanken und Aussagen lauten.

In dem Augenblick aber, in dem Sie die Entscheidung treffen, Ihr Leben selbst zu bestimmen, gewinnen Sie einen völlig neuen Blick auf die Welt. Da Sie die Verantwortung für Ihr Leben nicht mehr an andere delegieren können und da Sie die Begründung dafür, dass Ihnen vielleicht etwas nicht gelingt, nicht mehr so ohne weiteres auf externe Faktoren schieben können, bleibt Ihnen (und das ist positiv gemeint!) gar nichts anderes mehr übrig, als alles zu unternehmen und alles zu versuchen, um das Beste aus Ihren Möglichkeiten zu machen! Sie werden also Ihre Ziele nicht mehr halbherzig ansteuern, sondern entschlossen und nachdrücklich. Sie werden nicht darauf warten, dass andere Ihnen die Hindernisse aus dem Weg räumen, sondern Sie werden selbst die Initiative ergreifen. Sie werden bei Schwierigkeiten oder Fehlern die Schuld nicht immer bei Dritten suchen, sondern überlegen, was Sie vielleicht falsch

Das Team der Scheinriesen:
Zufall, Schicksal, Andere, Umstände

gemacht haben und wie Sie es künftig besser machen können. Sie werden sich nicht länger auf die Probleme konzentrieren, sondern auf die Lösungen. *Sie werden, so könnte man es zusammenfassen, die Führung in Ihrem Leben selbst übernehmen!*

Lassen Sie uns diesen Gedankengang durch ein Beispiel ergänzen. Einer der bedeutendsten Naturwissenschaftler der Geschichte ist der 1791 in England geborene Chemiker und Physiker Michael Faraday, ohne dessen pionierhafte Experimente, Erkenntnisse und Erfindungen auf dem Gebiet der Elektrizität und des Magnetismus unsere gesamte Elektrotechnik nicht denkbar wäre (was aber nur einen Bruchteil seiner großen Leistungen beschreibt). Aus heutiger Sicht würde man annehmen, dass die Laufbahn (modern: Karriere) eines Forschers dieses Kalibers von Anfang an vorgezeichnet gewesen sein müsste, z. B. aufgrund des Standes und der Bildung seiner Eltern. Weit gefehlt. Faraday wurde als eines von zehn Kindern eines armen Hufschmiedes geboren und ging deshalb (in London) nur zur Volksschule. Lesen, Schreiben, Rechnen, mehr lernte er zunächst nicht. Anschließend machte er (als 14-Jähriger) eine Buchbinderlehre – und stieß bei dieser Arbeit zum ersten Mal auf naturwissenschaftliche Werke, die er begeistert las. Sein Traum stand fest, er wollte selbst Wissenschaftler werden. Aber wie? Er versuchte es mit einem Schreiben an den Präsidenten der Royal Society mit der Bitte, eine bescheidene Hilfstätigkeit ausüben zu dürfen. Es kam nicht einmal eine Antwort. Aber er ließ nicht locker. Wenigstens erlaubte ihm sein Lehrherr, in seiner freien Zeit die Vorlesungen des damals berühmten Chemikers Professor Hubert Davy zu besuchen. Während einer Vorlesung kam Faraday dann die Idee, wie er sein Ziel doch erreichen könnte. Er fertigte aus seinen Aufzeichnungen der Unterrichtsstunden eine saubere Reinschrift an, versah sie mit genauen farbigen Abbildungen, band alles kunstvoll in Leder (er war ja Buchbinder!) und schickte das Werk als Geschenk an Professor Davy, erneut verbunden mit der Bitte um eine Gehilfenanstellung. Diesmal hatte er Erfolg! Davy war so angetan, dass er Faraday einstellte. Zunächst war er tatsächlich nur Gehilfe, als Laborassistent, Sekretär und Kammerdiener. Bald aber war er berühmter als sein Mentor. Elf Jahre nach Antritt seiner Hilfsstelle wurde er schon Vollmitglied der Royal Society, bald darauf Direktor des Laboratoriums und schließlich selbst Professor.

Bitte durchdenken Sie das Beispiel einmal vor dem Hintergrund unseres Themas. Wenn man die Ausgangssituation von Michael Faraday sieht, man würde kaum glauben, dass er es schaffen könnte, trotz des wissenschaftlichen Genies, das in ihm verborgen lag. Sein Elternhaus, die Armut, die einfache Schulbildung, alle diese realen Faktoren würden gegen ihn sprechen, insbesondere in der damaligen Zeit! Hätte er also nach der Ablehnung seiner ersten Bitte um eine Gehilfenstelle aufgegeben, mit den Argumenten, es sei eben alles „zu schwierig“, er habe „keine ausreichende Unterstützung“, ihm fehle „das Geld“ und „die Umstände“ würden es ihm einfach nicht erlauben, seine Ziele zu erreichen, die meisten von uns würden ihm wohl verständnisvoll zugestimmt haben. Das alles hat er aber eben nicht getan. Er hat, so kann man es sicher interpretieren, die Entscheidung getroffen, sein Leben selbst zu bestimmen. Und dieser Entschluss hat bei ihm eine Einstellung, eine Denkweise und ein Verhalten bewirkt, mit denen er seine Vorstellung von seinem Leben doch verwirklichen konnte.

Es geht nicht um 100 Prozent

Spätestens das Beispiel sollte die Bedeutung unseres Themas gezeigt haben. Ich kann mir aber gut vorstellen, dass es den einen oder anderen gibt, der bei aller Zustimmung doch noch zwei zentrale Einwände hat, mit denen er das Gesagte relativieren möchte.

Nichts im Leben funktioniert immer und überall

Sein erster Einwand würde wohl lauten: „Moment, das mag alles sein, aber in jeder Hinsicht, immer und überall, wird man sein Leben nicht alleine bestimmen können."

Dieser Gedanke ist selbstverständlich richtig und wir haben ja auch schon mehrfach über ihn gesprochen. Es gibt immer wieder Entwicklungen und Ereignisse, die uns massiv berühren und die wir weder vorhersehen noch in irgendeiner Weise beeinflussen oder abfedern können. Wir werden regelmäßig mit unseren Machtmöglichkeiten und mit unserer Freiheit an bestimmte Grenzen stoßen. Und es wird uns längst nicht alles gelingen, was wir uns wünschen und vornehmen.

Aber – um diese absolute Macht über das eigene Leben geht es ja auch gar nicht. Worauf es vielmehr ankommt, sind die *Machtverhältnisse*! Worauf es also ankommt, ist die Frage, wer in der *Mehrzahl der Fälle* die Fäden in der Hand hält und was *in der Summe gesehen* den Ausschlag darüber gibt, wie sich das eigene Leben entwickelt. Und diese Frage haben wir klar beantwortet. Ob es die Beschaffenheit des einzelnen Tages oder die Beschaffenheit des Lebens als Ganzes ist, der Haupteinfluss und die eigentliche Entscheidungs- und Handlungsmacht liegen bei uns selbst.

Mit anderen Worten: Zu „100 Prozent" werden wir tatsächlich in kaum einer Phase die Herrschaft über unser Leben und über das aktuelle Geschehen haben – zu 70, 80 oder vielleicht 90 Prozent (bildhaft gesprochen) aber doch fast immer, je nach Thema und Umständen. Und wenn man bedenkt, wie komplex die Verhältnisse sind, in denen wir leben, dann wird einem klar, dass diese 70, 80 oder 90 Prozent ein sehr hoher Anteil sind und enorme Chancen eröffnen. Worum es deshalb geht, worauf es für uns alle im Kern ankommt und was letztlich auch Ihren Lebenserfolg entscheidet, ist, *genau diese Einflussmöglichkeiten und diesen Gestaltungsspiel-*

raum zu erkennen und so weit wie möglich auszuschöpfen! Der Satz, der es präzise sagt, stammt vom preußischen General Carl von Clausewitz: „*Wer über dem Unmöglichen das Mögliche versäumt, der ist ein Tor.*“

Ohne Können kein Erfolg

Der zweite Einwand geht in eine ähnliche Richtung. Er würde wohl so klingen: „Wie gesagt, das mag alles sein, aber die Entscheidung allein, sein Leben zu bestimmen, reicht noch nicht aus.“

Auch diese Relativierung ist selbstverständlich richtig und auch sie haben wir deshalb bereits in vorangegangenen Kapiteln angesprochen (in Teilen übrigens schon zu Beginn des Buches). Ohne Können, ohne Taten, ohne Fleiß und ohne Durchhaltevermögen werden wir nie erreichen, was wir uns vornehmen. Aber – auch das spricht nicht etwa gegen die Wichtigkeit der eigenen Grundsatzentscheidung, sein Leben selbst in die Hand zu nehmen, sondern bestätigt sie höchstens noch. Das Können, die Taten, der Fleiß und das Durchhaltevermögen, sie alle müssen zuerst einmal „aktiviert“ werden und sie alle müssen auch immer wieder „reaktiviert“ werden, wenn man sie bei sich entwickeln und im Alltag beweisen möchte. Und genau diesem Zweck, der Aktivierung und der regelmäßigen Reaktivierung der eigenen Fähigkeiten und des eigenen Willens, dient die Entscheidung, sein Leben selbst zu bestimmen. Sie ist das unverzichtbare Fundament für alles, was folgt.

Reden Sie sich nicht ein, bei Ihnen sei alles besonders schwierig

Einen Teil der Ursachen, die viele Menschen daran hindern, ihr Leben selbst in die Hand zu nehmen und ihre Machtmöglichkeiten auszuschöpfen, haben wir bereits genannt. Bequemlichkeit, Unentschlossenheit, Furcht oder Verdrängung, alles das sind Faktoren. Es gibt aber eine weitere. Es ist die Überzeugung, es weit schwerer zu haben als andere – so schwer, dass es sich nicht lohnt, überhaupt zu versuchen, das eigene Leben selbst zu bestimmen.

Viele glauben, ausschließlich sie hätten Hürden zu überwinden

Konkret. Bei der Bewertung der persönlichen Lebenslage spielt immer auch der Vergleich mit der Umwelt eine Rolle. Solange man den Eindruck hat, dass die eigene Situation ganz normal ist und von vielen Menschen geteilt wird, sieht man die Dinge mit ausreichender Gelassenheit. Die Überlegung „so ist das Leben eben" vermittelt einem die Sicherheit und innere Ruhe, die man benötigt, um sich ungestört auf seine Ziele und Vorhaben konzentrieren zu können.

Wehe aber, man hat das Gefühl, man sei vom Schicksal härter getroffen als andere! In diesem Augenblick verändert sich alles. Das Gewicht der Probleme scheint sich zu verdoppeln. Man sieht seine Situation auf einmal weit düsterer als zuvor und insbesondere auch weit düsterer, als sie in Wirklichkeit ist. Anstatt sich entschlossen mit seinen Möglichkeiten und Chancen zu beschäftigen, verbringt man nun seine Zeit hauptsächlich damit, die Ungerechtigkeit der Welt zu beklagen und Erklärungen darüber abzugeben, wie weit man schon wäre und was man alles unternehmen würde, wenn man es denn nur so einfach hätte wie alle anderen.

Und genau hier liegt für uns der entscheidende Punkt. Besonders bei den Faktoren, die für den Lebenserfolg und das Lebensglück entscheidend sind, neigen viele Menschen zur Ansicht, sie seien die einzigen, die vor echten Herausforderungen und Hürden stünden. Sie deprimieren und lähmen sich selbst, indem sie fest daran glauben, nur in ihrem eigenen beruflichen und privaten Umfeld gäbe es Turbulenzen, nur sie selbst hätten mit bestimmten Schwierigkeiten zu kämpfen und nur ihre persönlichen Ziele seien so anspruchsvoll, dass sie sich nicht von heute auf morgen erreichen ließen. Je länger sie aber an diesem Irrglauben festhalten, desto mehr gehen ihnen die Stabilität, die Zuversicht und der Antrieb verloren, die sie brauchen, um ein selbstbestimmtes Leben zu führen.

Es geht allen so

Unsere Analyse der Tendenzen im Berufs- und Privatleben beweist aber, dass die Überzeugung „nur mir geht es so“ völliger Unsinn ist. Denken Sie bitte einmal an Ihren eigenen Bekanntenkreis.

Wen gibt es wirklich, der kein besonderes und erfolgreiches Leben führen möchte, der in einer Branche oder in einem Beruf arbeitet, in dem er druckfrei tätig sein kann, bei dem alles wie von alleine läuft, für den Belastungen und Sorgen Fremdwörter sind, der stets über großzügige Zeit- und Kraftreserven verfügt, der seine Berufs- und Privatwelt ohne Schwierigkeiten miteinander verbinden kann und der niemals das Verlangen verspürt, so manches in seinem Leben zu verändern? Ich kenne fast niemanden. Und selbst diejenigen unter uns, die es nach gängigen Erfolgsklischees eigentlich „geschafft“ haben sollten und die nach herrschender Meinung eigentlich alles hinter sich gelassen haben müssten, was sie an einem erfüllten, unkomplizierten und zufriedenen Leben hindern könnte, selbst diese Personen sind im Normalfall in den Widrigkeiten und Problemen des Alltags gefangen. Eine hohe berufliche Position,

Geltung und Geld alleine (!) bringen keine Lösung, auch das haben wir bei unserer Analyse längst erkannt. Für die knappe Beschreibung der Lage reicht deshalb die (mit einem kurzen und hellen Auflachen verbundene) Antwort einer guten Bekannten von mir auf die Frage, wie es ihr und ihrer Familie denn im Augenblick ginge, völlig aus: „Wie immer, der ganz normale Wahnsinn …"

Erhalten Sie sich den Blick für die wahren Verhältnisse

Reden Sie sich deshalb nicht ein, nur bei Ihnen sei alles schwierig. Bremsen und entmutigen Sie sich nicht selbst, belasten Sie sich nicht noch zusätzlich, indem Sie darauf beharren, Sie seien der Einzige im Universum, der es nicht leicht hat, dessen Lebensumstände nicht völlig seinen Idealvorstellungen entsprechen und der regelmäßig auf Hindernisse trifft, die ihm im ersten Moment fast unüberwindlich erscheinen.

Erhalten Sie sich vielmehr Ihre Sehfähigkeit für die wahren Verhältnisse. Blicken Sie nicht nur auf sich selbst, sondern auch auf die Situation, in der sich fast alle Ihrer Mitmenschen befinden. Auch wenn es Ihre eigene Lage nicht auf direktem Wege verbessert, so doch auf indirektem. Es schützt Sie davor, Ihre eigenen Verhältnisse düsterer zu sehen, als sie es tatsächlich sind, und es hilft Ihnen, sich den Mut und die Energie zu erhalten, die Sie benötigen, Ihr Leben selbst zu bestimmen und das Geschehen selbst in die Hand zu nehmen. Welche Größenordnung und Reichweite diese Lebensregel hat, zeigt ein Gedanke des in seiner Art, die Dinge zu erfassen, sicher einzigartigen deutschen Physikers, Mathematikers und Aphoristikers Georg Christoph Lichtenberg in seinen vor über 200 Jahren verfassten „Sudelbüchern": *„Sich recht anschauend vorstellen zu lernen, dass niemand vollkommen glücklich ist, ist vielleicht der nächste Weg, vollkommen glücklich zu werden."*

Wie sehr einem ein kurzer Seitenblick auf andere aber auch gerade im praktischen Alltag helfen kann, zeigt das folgende Beispiel. Es handelt sich dabei um ein Erlebnis, das ich irgendwann einmal während meiner Gymnasialzeit hatte. Für einige Tage unterrichtete uns ein junger und unerfahrener Aushilfsmathematiklehrer, dessen holprigen Erklärungen ich manchmal kaum zu folgen vermochte. In einer Unterrichtsstunde war es besonders schlimm. Während ich selbst aber kaum mitkam und an meinem Verstand zu zweifeln begann, schrieben alle meine Klassenkameraden eifrig und kopfnickend mit. Irgendwann hielt ich es nicht mehr aus und fragte meine Nachbarn neben und hinter mir, ob sie denn alles verstünden. „Kein Wort“, kam die Antwort wie aus einem Munde. Nachdem ich auf einmal wusste, dass ich nicht der Einzige war, dem der Kopf schwirrte, kostete es mich keine Überwindung mehr, mich zu melden und den Lehrer zu bitten, mir (und allen anderen) die ganze Sache noch einmal zu erklären.

Konzentrieren Sie sich auf das, was wirklich zählt

Unsere Gedanken zur Regel „Treffen Sie die Entscheidung, Ihr Leben selbst zu bestimmen“ sind damit aber noch nicht abgeschlossen. Eine zentrale Empfehlung fehlt noch. Sie lautet: *Konzentrieren Sie sich in Ihrem Leben auf das, was wirklich zählt!*

Vielleicht erscheint dieser Ratschlag im ersten Moment nicht unbedingt nötig. „Natürlich, man muss sich um die wichtigen Dinge kümmern, um was sonst?“, so wird vielleicht der eine oder andere sagen. Genau hier aber liegt der entscheidende Engpass. Die meisten Menschen tun genau das gerade nicht. Im Gegenteil. Sie finden für alles ausreichende Aufmerksamkeit, Zeit und Energie, nur nicht für die Elemente in ihrem Leben, die wirklich von Bedeutung sind.

Sie sprechen zwar regelmäßig über ihre Sorgen und sie verkünden auch oft genug ihre Wünsche, denken in Wahrheit aber nicht weiter darüber nach, was ihren Lebenserfolg und ihr Lebensglück ausmacht und was sie tun können oder tun sollten, um beide zu fördern und zu sichern. Anstatt sich auf ihre persönliche Entwicklung zu konzentrieren und zu analysieren, was in ihrem Leben Bedeutung hat und was nicht, richten sie ihren Blick lieber auf eine Vielzahl von Unwichtigkeiten.

Damit aber nehmen sie sich selbst jede Möglichkeit, ein selbstbestimmtes Leben zu führen und das zu erreichen, um was es ihnen eigentlich geht. Wer sich nur mit Nebensächlichkeiten beschäftigt, der übersieht die Hauptsachen. Wer die Hauptsachen nicht kennt, der hat keine (oder die falschen) Ziele. Wem die Ziele fehlen, der weiß auch nicht, wohin er gehen muss. Er tritt auf der Stelle, er dreht sich im Kreis, er richtet seine Energie auf etwas, das ihn nicht vorwärts bringt, ja das ihm insgesamt nichts bringt.

Es lohnt sich deshalb, einmal näher zu betrachten, auf welche Weise sich viele von uns von den Dingen im Leben ablenken und abbringen, auf die sie sich eigentlich konzentrieren sollten.

Die Zahl der Ersatzthemen geht gegen unendlich

Die folgenden Beispiele mögen etwas überzeichnet sein, doch wie immer, zu weit von der tatsächlichen Lage entfernt befinden wir uns mit der Beschreibung sicher nicht.

Die einen führen eine Art virtuelles Dasein in übergeordneten Sphären und sehen sich im Brennpunkt der Weltpolitik und des globalen Geschehens. Anstatt über ihr tatsächliches Leben nachzudenken, diskutieren sie ausführlich darüber, was sie als Papst, Bundeskanzler oder Präsident der USA alles anders machen würden. Sie wissen, wie man die Arbeitslosigkeit beseitigt und den Benzinpreis senkt. Sie sind Experten für soziale Gerechtigkeit und die Aufstellung der Fußballnationalmannschaft. Sie finden Lösungen für das Miteinander aller Völker und gegen das Abschmelzen der Polkappen. Nur zu verständlich also, dass die Lösungen und Verbesserungen für ihr eigenes Leben und in ihrem eigenen Umfeld deshalb noch ein klein wenig warten müssen. Man kann sich schließlich nicht um alles auf einmal kümmern.

Andere dagegen machen das Leben ihrer Mitmenschen zum Mittelpunkt ihres eigenen Lebens. Sie verfolgen halb bewundernd, halb neidvoll die Berichte über Firmengründer, Supermanager, Finanzmagnaten oder Hightech-Pioniere und wünschen sich, auch einmal diese Bedeutung zu erlangen. Sie studieren hingebungsvoll das Auftreten und Wirken von Sportstars oder Filmschönheiten und träumen davon, ebenfalls zu denen zu gehören, die im Mittelpunkt der Öffentlichkeit stehen und die überall mit ausgebreiteten Armen empfangen werden. Noch häufiger aber fällt ihr Blick auf Personen in ihrer unmittelbaren Nähe, also auf Kollegen, Vorgesetzte, Bekannte oder Verwandte. Dann betrachten sie die Eigenheiten und das Verhalten des betreffenden Menschen allerdings nicht mehr zur Hälfte mit Bewunderung, sondern vollständig mit Kritik. Und das wiederum bietet ihnen schließlich auch in diesem Zusammenhang die Möglichkeit, sich ausführlich und kompetent zu äußern – über die Fehler des anderen, über seine Unzulänglichkeiten, über seine ungerechtfertigten Erfolge und über sein viel zu großes Auto, das sie sich selbst dann nicht kaufen würden, wenn sie könnten (sie würden selbstverständlich ein noch größeres nehmen!).

Damit sind wir bei einer dritten Gruppe von Personen angekommen. Es sind diejenigen, die ihre Aufmerksamkeit hauptsächlich den materiellen Segnungen dieser Welt schenken. Ihr Leben besteht vornehmlich aus dem, was sie schon haben, nun aber nicht mehr möchten, und aus dem, was sie noch nicht besitzen, ab sofort aber brauchen. Relativ glücklich können sich dabei noch die fühlen,

Ein Traum jagd den anderen

deren Objekte der Begierde sich durch eine spontane Abhebung vom eigenen Bankkonto problemlos erwerben lassen. Schwierig wird es dagegen für all jene, die ihr Auge auf eine Finca auf Mallorca oder eine Yacht in Miami geworfen haben und die diesem Traum nun für den Rest ihres Lebens geistig und finanziell hinterherlaufen müssen.

Und schließlich gibt es die eigentliche Hauptgruppe. Es sind die Menschen, die sich von der Flut der täglichen Kleinkramthemen fortreißen lassen. Ob es die unbedachte Äußerung des Ehepartners beim Frühstück ist (über die sie sich Stunden später noch erregen), der morgendliche Stau bei der Fahrt ins Büro (der ihnen für den gesamten Tag die Kräfte raubt), das anschließende Treffen mit einem ungeliebten Kunden (das sie an der Berufswahl insgesamt zweifeln lässt) oder aber die Unordnung im Kinderzimmer nach der Rückkehr ins eigene Heim (die ihnen den letzten Rest gibt) – immer gibt es ein Thema oder Ereignis, auf das sie sich mit ganzer Kraft werfen und das ihre Aufmerksamkeit fesselt und Emotionen bindet, obwohl es sich bei genauer Betrachtung um reine Nebensächlichkeiten oder kurzfristige Angelegenheiten handelt, die keinerlei Relevanz für das Leben insgesamt besitzen.

Natürlich könnte man einwenden, dass sich niemand in „Reinkultur" auf eine der beschriebenen Arten verhalten wird. Und ebenso könnte man entgegenhalten, dass keine der geschilderten Verhaltensweisen für sich alleine betrachtet wirklich „schlimm" ist – schließlich beweist die Beschäftigung mit der Weltpolitik einen wachen Geist, schließlich sind das Interesse an anderen und materielle Träume höchst menschliche Wesenszüge und schließlich ist es tatsächlich schwierig, alles leicht und locker zu nehmen, was einem an Stacheln und Stolpersteinen im Alltagsgeschehen begegnet.

In der Summe betrachtet zeigt sich aber auch hier, wo das eigentliche Problem liegt. Wenn unser Leben als Ganzes das Thema sein soll, dann haben wir fast nie die Zeit und Kraft, um uns angemessen mit ihm zu beschäftigen. Sobald es aber um Nebensächlichkeiten geht, dann sind wir Feuer und Flamme, dann ist uns kein Weg zu weit und keine Hürde zu hoch, dann werden wir aktiv, dann sind wir wach, energiegeladen und einfallsreich.

14 Tage Ferien werden minutiös geplant, das Leben als Ganzes wird dem Zufall überlassen

Wer (immer noch) daran zweifelt, der möge einmal an ein weiteres Beispiel denken, an eines, das uns allen bestens bekannt ist und das jährlich wiederkehrt – die Gestaltung der sommerlichen Urlaubsreise. Für diese zwei oder drei Wochen im Jahr setzen die meisten von uns alles an Ressourcen ein, was nur möglich erscheint. Die Vorbereitungen beginnen in der Regel schon Monate vorher, mit der entschlossenen Beschaffung der neuen, noch druckfrischen Ferienprospekte. Anschließend werden die entsprechenden Angebote wochen- und nächtelang gewälzt und akribisch miteinander verglichen, während man sich zusätzlich noch im Internet auf der Jagd nach möglichen Schnäppchen befindet („Du, das könnte was sein!"). Die möglichen Zielorte werden zum Gegenstand endloser Familienkonferenzen, die an Einsatzfreude und Emotionen historischen Schlachten wie der um die Erweiterung der Startbahn West des Frankfurter Flughafens oder der um die Einführung des Frauenwahlrechts im Kanton Appenzell kaum nachstehen. Wenn dann endlich eine Entscheidung gefallen ist, geht es schlagartig in die nächste Runde. Nun müssen die eigene Garderobe und alle anderen Reiseutensilien der Destination angepasst werden („Mein Bikini ist längst aus der Mode" – „Aber du hast ihn doch letztes Jahr gekauft" – „Eben!"), was eine Vielzahl von Stadt- und Kaufhausbesuchen unumgänglich macht. Gleichzeitig erhebt sich der hausinterne Machtkampf um die Detailplanung der Aktivitäten am Ferienort. Er nimmt an Härte zu, je mehr man sich dem Abreisetermin nähert („Sofort die Inselrundfahrt, dann haben wir gleich einen Überblick" – „Das kannst du vergessen, die erste Woche kriegt mich vom Pool keiner weg"). Und wer nun glaubt, dass die gesamte Angelegenheit mit der Reise selbst abgeschlossen werden würde, der sieht sich getäuscht. Nach der Rückkehr geht es im exakt selben

Nur noch $9^1/_2$ Wochen bis zum Urlaub ...
(oder: Vorfreude ist die schönste Freude)

Rhythmus weiter, meist mit einem Sprint ins nächstgelegene Photogeschäft oder mit der Herstellung der entsprechenden Werke am eigenen PC. Die einen wollen anhand der Bilder herausfinden, was sie alles erlebt haben und ob ihnen die Reise gefallen hat, die anderen planen mit ihnen einen beglückenden Diaabend für ihre Freunde (die sich jedoch mit Einladungen zu ihrem eigenen Diaabend auf hinterhältige Weise zu rächen wissen), und wieder andere benötigen die Aufnahmen, um ihrer Klageschrift auf Rückerstattung der Reisekosten die nötige Durchschlagskraft zu verleihen. Wie auch immer, kurz darauf beginnen dann schon die ersten Diskussionen darüber, wie es am besten gelingt, sich von dem gerade Erlebten so schnell wie möglich zu erholen. Vielleicht ist ja eine spontane Kurzreise in den Herbstferien die rettende Idee – also schnell hin zum Reisebüro, die neuen Kataloge sind gerade druckfrisch in die Regale gekommen!

Und nun vergleichen Sie bitte diesen Aufwand, diese Sorgfalt, diese Hingabe und diesen Zeiteinsatz mit dem Engagement, das üblicherweise dem Durchdenken und der systematischen und umfassenden Weiterentwicklung des eigenen Lebens zuteil wird. Wäre es nicht so traurig, man könnte sich vor Lachen schütteln.

Beenden Sie die Selbstablenkung

Wie gesagt, für sich alleine betrachtet ist die Hinwendung zu den üblichen Themen des Alltags sicher kein Problem. Mehr noch, ohne eine angemessene Beschäftigung mit ihnen wäre ein im positiven Sinne „normales" und auch freudvolles Leben kaum möglich.

Der entscheidende Fehler liegt vielmehr darin, dass für die eigentlich relevanten Bereiche und Aufgaben kaum noch etwas an Raum, Aufmerksamkeit und Zeit übrig bleibt. Die Wahrnehmung und Definition der Elemente, die wirklich von Bedeutung sind, die Förderung und Sicherung der Faktoren, die den Lebenserfolg auf Dauer bestimmen, oder die aktive und sinnvolle Gestaltung des eigenen Lebens als Ganzes, alle diese existentiellen Themen werden bewusst oder unbewusst, gewollt oder ungewollt völlig in den Hintergrund gedrängt. Sie werden von der Flutwelle der Nebenthemen und vom Sturzbach des Alltäglichen aus dem eigenen Bewusstsein herausgespült. Und wenn man sich doch einmal mit ihnen beschäftigt, dann höchstens sporadisch, zufällig und ohne echte Konsequenz. Und genau deshalb bleibt es dann auch bei vielen Menschen bei einer allgemeinen und schwammigen Sehnsucht nach Veränderungen, der Taten nie folgen können und nie folgen werden.

Beenden Sie deshalb die Selbstablenkung. Beschäftigen Sie sich nicht nur mit der Entwicklung von Leitlinien und Grundsätzen für die Weltpolitik, sondern ebenso mit der Entwicklung von Leitlinien und Grundsätzen für Ihr Leben. Denken Sie weniger über das nach, was andere tun und erreichen, und mehr darüber, welche Ziele Sie selbst haben und was Sie zu unternehmen haben, um ihnen näher zu kommen. Schwelgen Sie nicht ausschließlich in materiellen Wunschvorstellungen, sondern achten Sie weit stärker darauf, welche immateriellen Werte und Güter Ihr Leben lebenswert machen. Und widmen Sie Ihre Aufmerksamkeit, Zeit und Kreativität nicht länger irgendwelchen Nebenthemen, sondern konzentrieren Sie sich mit Ihrem Denken und Handeln auf die Bereiche, Inhalte und Aufgaben, die wirklich von Bedeutung sind und die es wirklich verdienen.

Ein Fazit

Lassen Sie uns auch hier ein kurzes Fazit ziehen, bevor wir unseren Gedankengang mit den Themen des Lebenssinns und der Lebensziele in den folgenden Kapiteln direkt fortsetzen.

Die Entscheidung, sein Leben selbst zu bestimmen, ist eine der wichtigsten Entscheidungen überhaupt. *Sie ist die Voraussetzung und der Schlüssel dafür, die Verantwortung für sein Leben zu übernehmen, seine Ziele konsequent zu verfolgen, seine Möglichkeiten umfassend auszuschöpfen und sich auch von Widerständen und Rückschlägen nicht aus der Bahn werfen zu lassen.*

Aber das ist noch nicht alles. Bei genauer Betrachtung ist sie auch die Basis für die Sicherung der eigenen Freiheit. Wer sich entschließt, sein Leben selbst in die Hand zu nehmen, der wird sich von einer Vielzahl innerer und äußerer Zwänge lösen können. *Kaum etwas fördert den Willen, die Stärke und die Fähigkeit zu einem freiheitlichen Leben so sehr wie die bewusste und klare Entscheidung: „Ich bestimme mein Leben ab heute selbst." Sie gleicht einer persönlichen Unabhängigkeits- und Souveränitätserklärung.* Wer diese Entscheidung dagegen nicht trifft, der wird sich der Herrschaft der Umstände nie entziehen können. „Was denken andere über mich, was erwarten sie von mir, was muss ich tun, um mich ihnen anzupassen, welche Probleme bekomme ich, wenn ich meinen eigenen Weg gehe?", alle diese Fragen und Befürchtungen werden ihn ständig begleiten und letztlich dazu bringen, sich im Zweifel nicht nach sich selbst und seinen eigenen Bedürfnissen und Zielen zu richten, sondern nach den Erwartungen und (vermeintlichen) Forderungen seiner Umwelt.

Machen Sie sich also bewusst, wie viel von dieser Entscheidung abhängt. Vertrauen Sie auf sich und Ihr Können und nehmen Sie Ihr Leben entschlossen selbst in die Hand. Und sollten Sie noch zögern oder unsicher sein, dann denken Sie an eine Weisheit und einen Rat, der von dem griechischen Strategen und Staatsmann Perikles stammt, der vor über 2.500 Jahren in Athen die Demokratie zum Sieg und die Wirtschaft und Kunst zu einzigartiger Blüte geführt hat, und nach dem die Glanzzeit der Stadt als perikleisches Zeitalter bezeichnet wird: *„Das Geheimnis des Glücks ist die Freiheit, deren Geheimnis aber ist der Mut."*

Die Sinnfrage ist die Schlüsselfrage

Lassen Sie uns zu Beginn kurz festhalten, an welcher Stelle des Gedankenganges wir uns im Augenblick befinden. Die Beschäftigung mit der eigenen Einstellung, Denkungsart und Verhaltensweise, die Nutzung von Life Excellence als Lebensphilosophie, die Steigerung der eigenen Souveränität, die Aktivierung der eigenen „geistigen Werkzeuge“ und die Entscheidung, das eigene Leben selbst zu bestimmen, alles das sind wirkungsvolle Schritte und Maßnahmen, um seine Selbstmächtigkeit zu steigern und sein Leben so gestalten und führen zu können, wie man möchte.

Spätestens die Empfehlung, sich auf das zu konzentrieren, was im Leben wirklich zählt, hat aber bereits den fließenden Übergang zu den Themen eingeleitet, bei denen schwerpunktmäßig das eigene Erfolgstalent im Mittelpunkt steht, also die Fähigkeit, die zentralen Grundregeln des Erfolges zu erkennen und für sich zu nutzen, und die Fähigkeit, in Bezug auf die eigenen Pläne und Projekte das Beste aus seinen Chancen und Handlungsmöglichkeiten zu machen.

Und genau an dieser Stelle knüpft das nun folgende Kapitel an. Wer sich entschieden hat, seinen Lebenserfolg und sein Lebensglück selbst in die Hand zu nehmen und das zu fördern und zu sichern, was im Leben wirklich zählt, der wird vor allem zu klären haben, worin für ihn überhaupt der Sinn seines Lebens liegt!

Ohne Sinn ist das Leben sinnlos

Vielleicht ist es am besten, wenn wir uns dem Thema des Lebenssinns mit einem Beispiel nähern. Es spielt am frühen Abend in einem kleinen und schönen Bistro auf dem Münchner Flughafen, in dem meine Frau und ich noch die Wartezeit vor einer gemeinsamen

Reise verbrachten. Wir hatten gerade die Rechnung bestellt, als sich ein Herr an unseren Nebentisch setzte. Es war einer der renommiertesten deutschen Film- und Theaterschauspieler, der schon zur Zeit des Schwarzweißfernsehens in Krimis und Spielfilmen auftrat. Da ich ihn und seine Art als Schauspieler sehr schätze, wollte ich ihm gerne ein Kompliment machen. Also sagte ich ihm, dass er einer meiner wirklichen Lieblingsschauspieler sei und dass die Filme, in denen er mitwirke, immer sehr gute und interessante Filme seien (was übrigens auch den Tatsachen entspricht!). Seine Antwort erstaunte mich. Er schien sich über meine Bemerkung nicht recht freuen zu können, sondern reagierte eher mit leichter Resignation: „Ja, man muss sich in meinem Alter schon anstrengen, wenn man vor sich selbst bestehen will." Auf meine Frage, wie er das meine, sagte er mit einem Anflug von Traurigkeit: „Na ja, andere sind in meinem Alter Ärzte oder Wissenschaftler und wenn man dann die ganzen Clowns und Spinner sieht, die das Gleiche machen wie ich …"

Sein Verhalten gab mir zu denken. So erfolgreich und erfahren er auch war, so viel Bestätigung und Anerkennung er regelmäßig in Filmkritiken erhielt, so sehr er auch mit Sicherheit wusste, dass er als vorzüglicher und beliebter Schauspieler galt, so weit war er innerlich doch davon entfernt, zufrieden oder gar glücklich zu sein. Was ihn anstelle dessen plagte, und was durch ein kleines Kompliment in keiner Weise gemildert werden konnte, das waren tiefe Zweifel, Zweifel an sich, an der Qualität seiner Arbeit und insbesondere am Sinn dessen, was er aus seinem Leben gemacht hatte.

Erst der Sinn verleiht dem Leben Richtung, Form und Inhalt

Das Beispiel beleuchtet, worum es geht. Es gibt kaum ein Thema, das für unseren Lebenserfolg und unser Lebensglück einen solchen Stellenwert hat, wie das des Lebenssinns.

Wenn man sich mit dem Inhalt und der Herkunft des Wortes auseinander setzt, dann wird diese Einsicht noch verstärkt. „Sinn" wird (im Duden) unter anderem bezeichnet als „geistiger Gehalt einer Sache". Der Sinn ist also das, was einer Sache (z. B. dem eigenen Leben!) überhaupt erst seine Bedeutung und seinen Zweck verleiht. Und „Bedeutung" und „Zweck" wiederum können beispielsweise übersetzt werden mit „der Substanz, der Wichtigkeit und dem Wesen einer Sache" bzw. mit „dem Ziel, der Absicht und der Bestimmung einer Handlung". Ebenso interessant ist die etymologische Betrachtung. Sie zeigt, dass der Begriff des Sinns sehr viel zu tun hat mit dem Verb „sinnen". Und „sinnen" ist zurückzuführen auf Begriffe und Inhalte wie „eine Richtung nehmen, eine Fährte suchen, reisen, nach etwas streben, etwas begehren".

Der Sinn definiert also, worum es im eigenen Leben überhaupt geht! Er zeigt und legt fest, was im Leben Wert hat, er liefert die Begründung für das, womit man sich in seinem Leben beschäftigt, er ist die Voraussetzung für Zufriedenheit und Erfüllung, er schenkt Kraft und Antrieb und er schützt davor, sein Leben mit Nebensächlichkeiten zu verschwenden. Ohne echten Lebenssinn gibt es keine echten Lebensziele. Er ist, so könnte man es bildlich sagen, Kompass, Maßstab, Zieldefinition und Wegbeschreibung in einem.

Der Sinn ist der Mittelpunkt eines erfolgreichen und glücklichen Lebens

Je länger man über die geschilderte Bedeutung des Sinns im Leben nachdenkt, desto mehr geht einem auf, wie wichtig es ist, sich mit der Sinnfrage zu beschäftigen. Der Lebenssinn ist der „Dreh- und Angelpunkt" für ein erfolgreiches und glückliches Leben. Die Sinnfrage ist die Frage vor der Klammer aller anderen Lebensfragen.

Der Sinn zeigt, was im Leben Wert hat

Die erste entscheidende „Funktion" des Sinns für den eigenen Lebenserfolg und das eigene Lebensglück besteht also darin, *dass nur er den Dingen wahren Wert verleiht.*

Wer nicht darüber nachdenkt, worin für ihn der eigentliche Sinn seines Lebens liegt, der wird nie oder viel zu spät herausfinden, welche Elemente und Ziele wirklich von Bedeutung für ihn sind. Er wird damit kaum eine Möglichkeit haben, das in seinem Leben zu erkennen, zu fördern und zu genießen, „was wirklich zählt" und auf was er sich konzentrieren müsste, wenn er sein Leben umfassend nutzen und ausschöpfen möchte.

Ein Beispiel. Vor einigen Jahren hielt ich einen Vortrag für die Führungskräfte und deren Lebenspartner eines bekannten Dienstleistungsunternehmens. Danach gab es ein festliches Abendessen, bei dem meine Frau und ich mit einem der Teilnehmer und seiner Frau zusammensaßen. Es war eine sehr fröhliche Unterhaltung. Irgendwann kamen wir dann auf das Thema „Kinder" zu sprechen und die Ehefrau des Direktors erzählte uns, dass sie beide einen inzwischen erwachsenen Sohn hätten. Während sie heiter weitersprach, war ihr Mann schlagartig verstummt und blickte wie versteinert düster vor sich hin. Nach einer Weile sagte seine Frau mit einem

Seitenblick auf ihn: „Na ja, mein Mann hat unseren Jungen die ersten zehn, zwölf Jahre so gut wie gar nicht gesehen.“ Nun brach es aus unserem Gastgeber hervor: „In dieser Zeit habe ich mich nur auf den Aufbau meiner Vertriebsregion konzentriert. Ich war ständig verreist. Das war das Einzige, was mich damals interessiert hat. Inzwischen verstehen wir uns gut, aber in seiner Kindheit haben mein Sohn und ich nichts voneinander gehabt.“ Es war ihm anzusehen, wie sehr er seine Entscheidungen und sein Verhalten aus der Vergangenheit bereute. Er hatte sich selbst das verpassen lassen, von dem er nun wusste, dass es für ihn das Wichtigste gewesen wäre.

Auch dieses Beispiel zeigt, wie wesentlich es ist, sich intensiv mit dem Thema des Sinns auseinander zu setzen. Viele Menschen,

Bestimmte Dinge lassen sich nicht nachholen

wenn nicht die meisten, erfassen erst dann, was für sie an oberster Stelle steht, wenn es ihnen verloren gegangen ist. Sie greifen eher beiläufig danach und müssen feststellen, dass ihre Hand ins Leere geht. Zu spät! Und erst dieses Erschrecken führt zum Erwachen und damit zur Erkenntnis. Hätten sie sich früher und stärker damit befasst, was ihrem Leben den Sinn schenkt und was damit in ihrem Leben von Wert ist, sie hätten die Weichen noch rechtzeitig anders stellen können. So aber bleibt ihnen nur, sich dem Urteil eines der berühmtesten Tragiker (Dichter) aus der Blütezeit Athens zu stellen, Sophokles, der Zeitgenosse des bereits zitierten Perikles war, und gemeinsam mit diesem zudem zeitweilig auch einer der Strategen, das heißt einer der Feldherren der Stadt: *„Ein Tor erkennt, was er in den Händen hielt, als trefflich erst, wenn es verloren ist.“*

Nur mit Sinn gibt es Erfüllung und Zufriedenheit

Was immer wir auch aus unserem Leben machen, was immer wir auch in ihm erreichen, *es wird uns nur dann Erfüllung und Zufriedenheit liefern, wenn wir das Gefühl haben, dass es sich lohnt und dass es mit einem echten Zweck und Nutzen verbunden ist.*

Und genau hier liegt die zweite entscheidende Bedeutung des Sinns für unseren Lebenserfolg und unser Lebensglück. Erst wenn wir uns mit dem Sinn beschäftigen, dann werden wir auch eine Antwort darauf erhalten, *„warum überhaupt“* wir ein bestimmtes Ziel verfolgen, eine bestimmte Aufgabe erfüllen und eine bestimmte Leistung erbringen sollten und welchen *„eigentlichen Grund“* und *„eigentlichen Anlass“* wir haben, unser Leben so zu gestalten und zu führen, wie wir es tun bzw. tun möchten. Ohne Sinn gibt es keine Begründung, ohne Sinn bleibt alles beliebig. Ob etwas gelingt oder nicht, letztlich zählt es nicht.

Wer die Sinnfrage ignoriert, den wird deshalb irgendwann eine umfassende Hilflosigkeit ereilen. Ganz gleich, womit er sein Leben ausfüllt und was er in seinem Leben zustande bringt, er wird irgendwann an einen Punkt gelangen, an dem er alles mit einem existentiellen Fragezeichen versieht. „Warum und wozu mache ich das alles, lohnt sich das alles überhaupt, ist es das schon, war es das etwa?“, Gedanken dieser Art werden ihn packen und nicht mehr loslassen. Aber nicht nur das. Er wird auch schon davor immer wieder von grundlegenden Zweifeln an seinem Tun und Handeln ergriffen werden, auf deren Ursache, die ungeklärte Sinnfrage, er dabei möglicherweise gar nicht kommt. Wer also bei der Sinnfrage ins Stolpern gerät, der wird seinen aufrechten Gang kaum mehr zurückgewinnen. Der chinesische Philosoph Laotse (was übrigens kein Eigenname ist, sondern ein Ehrentitel, der so viel heißt wie „alter Sohn“), der rund 600 Jahre v. Chr. den Taoismus begründete, sagt es uns klar und eindringlich: *„Ist der Sinn verloren, dann das Leben.“*

Umgekehrt, unter positiven Vorzeichen hat die Beantwortung der Sinnfrage aber natürlich eine ebenso starke Wirkung! Wer den Sinn in seinem Leben kennt und wer eine Antwort auf die Frage: „Warum überhaupt?“, besitzt, der verfügt über die Basis für alles, was er für ein erfolgreiches und glückliches Leben benötigt. Er weiß, welche Grundrichtung er im Leben einzuschlagen hat und welche Elemente, Ziele und Aufgaben es verdienen, dass er ihnen seine Zuwendung und Zeit schenkt. Er kann aus dem, was er tut und erreicht, echte Befriedigung schöpfen und er gewinnt die innere Stärke, die er braucht, um seine Vorstellungen und Wünsche zu verwirklichen. Der Philosoph Friedrich Nietzsche, der sicher in keiner Weise dazu neigte, die Dinge im Leben zu einfach zu sehen, war sich dieser Art der Wirkung des Sinns auf das eigene Sein selbstverständlich völlig bewusst. *„Wer ein Warum zu leben hat, erträgt fast jedes Wie“*, so lauten seine Worte dazu.

Der Sinn schenkt Motivation, Kraft und Antrieb

Die ersten beiden Bedeutungen des Sinns für ein erfolgreiches und glückliches Leben führen damit direkt zu einer dritten. Wenn man eine konkrete Vorstellung davon hat, was im eigenen Leben wichtig und wertvoll ist, und wenn man die Erfüllung und Zufriedenheit verspürt, die mit einem „sinnvollen" Leben verbunden sind, dann wird man automatisch auch *über die Motivation, die Kraft und den Antrieb verfügen, um die Herausforderungen zu meistern, die in der heutigen Zeit auf einen zukommen.*

Betrachten Sie als ein Beispiel den typischen Tagesablauf vieler junger Frauen, die eine gute Berufsausbildung haben und die nach einer gewissen Zeit des reinen „Mutterdaseins" wieder arbeiten. Ihr Rhythmus ist beeindruckend. Morgens die Kinder in den Kindergarten oder in die Schule bringen, dann ins Büro sausen und dort ständig mit dem Druck arbeiten, alles erledigt haben zu müssen, bis es Zeit ist, die Kinder wieder abzuholen. Also auf den letzten Drücker aus dem Büro, zum Kindergarten oder zur Schule und dann ab nach Hause. Dort folgen Essen, Kinderbetreuung (mit Hausaufgaben) und vielleicht ein Besuch im Supermarkt. Inzwischen ist es fast Abend. Begrüßung, Verköstigung und seelische Pflege des Ehemanns, der das Heim mit seinem traditionellen Satz: „Na, das war heute vielleicht wieder ein Tag!", betritt. Da er sich zu geschafft fühlt, um die Kinder ins Bett zu bringen, bleibt ihr auch noch diese Aufgabe. Und schließlich der Versuch, in der Wohnung wenigstens den Anschein von Ordnung zu schaffen und, es ist schon spät, dann doch noch einige wenige Minuten für sich selbst zu haben. Wer das alles tut, ohne einen Sinn darin zu entdecken, der ist schlichtweg verloren. Wer aber seinen Beruf als etwas betrachtet, das ihm die Möglichkeit gibt, seine Begabungen auszuschöpfen und sein Können zu zeigen, und wer gleichzeitig die Zuwendung seinen Kindern gegenüber als Kern seines Lebens betrachtet, den werden die geschilderten

Herausforderungen vielleicht zeitweilig belasten, unterkriegen werden sie ihn aber nicht. Es mag nicht immer ganz einfach sein, aber es lohnt sich!

Natürlich ist das nur ein Beispiel von vielen. Wem es zu alltäglich oder „brav" ist, der möge einfach an die Taten der so genannten „großen Entdecker" der Menschheitsgeschichte denken, wie Kolumbus, Magellan oder Cook. Wann immer Menschen im Leben wirkliche Begeisterung für etwas entwickeln, wann immer sie sich zu großen und bedeutenden Leistungen aufschwingen und wann immer sie

Aus dem Leben einer berufstätigen Mutter…

auch scheinbar unüberwindliche Hindernisse und Probleme entschlossen bewältigen, dann ist es der Sinn, den sie in ihrem Tun entdecken, der ihnen die Motivation, die Kraft und den Antrieb dafür liefert.

Der Sinn schützt vor dem Versinken in Ersatzthemen

Die Bedeutung des Sinns für den Lebenserfolg und das Lebensglück geht aber noch weiter. Auch wenn es vielen Menschen vielleicht nicht bewusst ist, so strebt doch letztlich jeder von uns nach einem Sinn, also nach etwas, für das er sich einsetzen kann, das sein Leben ausfüllt und das ihm das Gefühl und die Bestätigung liefert, dass er sein Leben nicht verschwendet, sondern sich mit etwas Wertvollem beschäftigt und etwas Besonderes leistet.

Das Fehlen eines „echten" Sinns hinterlässt deshalb ein „Sinn-Vakuum", das sich innerhalb von kürzester Zeit wie von selbst mit Ersatzthemen, Ersatzbeschäftigungen und Ersatzzielen füllt. Im ersten Augenblick könnte man meinen, das alles sei nicht besonders problematisch, besser ein „Ersatzsinn" als gar keiner. Weit gefehlt!

Das Gefährliche an den Ersatzthemen und Ersatzbeschäftigungen ist, dass sie die gewünschte Wirkung eben doch nicht haben. Sie rauben einem zwar Zeit und Kraft, schenken einem aber nicht die Befriedigung und das Glück, die man sich von ihnen erhofft. Die Folge davon ist, dass man ihrer bald überdrüssig wird und sich mit ganzer Energie auf neue Ersatzthemen stürzt, die einen erneut zunächst besetzen und anschließend enttäuschen. Und dieses Wechselspiel von Enthusiasmus und Überdruss geht schließlich immer schneller und häufiger vonstatten, so dass man irgendwann völlig die Fähigkeit verliert, zu erkennen, was im eigenen Leben von Bedeutung ist. *Sinnlosigkeit generiert neue Sinnlosigkeit*, so könnte man es in einem Satz sagen. (Genau dieser „Mechanismus" ist übrigens eine der Hauptursachen dafür, dass sich viele Menschen in ihrem Leben, so wie wir es beschrieben haben, „mit allem beschäftigen, nur nicht mit dem, was wirklich zählt".)

Mit anderen Worten: *Wer sich nicht aktiv und bewusst mit dem Sinn in seinem Leben beschäftigt, der wird irgendwann so sehr von Nebensächlichkeiten überflutet sein, dass er völlig in ihnen versinkt.* Er wird ein „pseudoerfülltes" Leben führen, in dem eine Scheinbeschäftigung die andere jagt und das letztlich doch voller Frustration und Langeweile bleibt. Wem diese Schilderung nun zu weit hergeholt oder gar zu dramatisch erscheint, der möge einfach nur einmal an die überbordende Vergnügungssucht unserer so genannten Spaßgesellschaft denken. Sinnlosigkeit und Sinnleere, so weit das Auge reicht.

Nur der Sinn ermöglicht ausreichende Orientierung

Besonders der letzte Satz beleuchtet eine weitere entscheidende Bedeutung des Sinns. *Nur der Sinn liefert uns die Orientierung, die wir brauchen, um uns in der Welt zurechtzufinden.* Was ist damit gemeint?

Wir alle leben in einer Zeit, in der es immer schwieriger wird, den Überblick zu behalten, sich ein klares Urteil zu bilden, zu festen Standpunkten zu kommen und, in der Summe, zu sich selbst zu finden. Die Gründe dafür sind ebenso zahlreich wie unterschiedlich.

Eine Ursache sind beispielsweise die geschilderten Entwicklungen im beruflichen und privaten Umfeld und die mit ihnen verbundene steigende Komplexität der persönlichen Lebensverhältnisse. Eine andere ist der Stil, in dem die Veränderungen ablaufen. Was früher mit einer gewissen Kontinuität und in überschaubaren Schritten vor sich ging, erfolgt heute in Sprüngen und mit rasender Geschwindigkeit. Ein weiterer Faktor ist die Steigerung der Wahlmöglichkeiten. Je weniger gesellschaftliche Normen und Regeln das eigene Handeln einschränken, je größer unsere Freiheit an sich wird und je mehr der Satz gilt: „Alles ist machbar", desto schwieriger wird es (und das ist die Kehrseite der Medaille), unter der Vielzahl an Optionen die richtige herauszufinden und im Leben zu Entscheidungen zu kommen, die einen dauerhaft zufrieden stellen. Kaum hat man das eine, will man auch schon das andere. Aber damit ist die Liste noch nicht abgeschlossen. Denken Sie an die Flutwelle an Informationen und Daten, die täglich über uns hereinbricht und in der das Wichtige vom Unwichtigen und das Geistreiche vom Geistlosen und Trivialen längst verdrängt wurde, oder an die Herrschaft von Moden und Trends in fast allen Lebensbereichen, die eine immer kürzere Halbwertszeit haben und die jeden, der nicht sofort „mitmacht", altbacken und rückständig aussehen lassen.

Man muss also beileibe kein „Kulturpessimist" oder notorischer Schwarzseher sein, um zum Schluss zu kommen, dass es immer schwieriger wird, zu erkennen, was für einen selbst richtig oder falsch, was lohnenswert oder überflüssig ist und wofür man sein eigenes Leben einsetzen sollte und wofür nicht.

Das einzige Hilfsmittel, das hier Halt und Orientierung liefert und das es einem ermöglicht, sich den Entwicklungen zu entziehen und über ihnen zu stehen, das ist die Beschäftigung mit der Sinnfrage. Wer sie geklärt hat und wer weiß, was in seinem und für sein Leben wirklich wichtig ist, dem können die geschilderten Verhältnisse kaum mehr etwas anhaben. Er hat eine Leitlinie für sein Denken und Verhalten, er kann erkennen, wo seine Prioritäten liegen und auf welche Bereiche seines Berufs- und Privatlebens er seine Ressourcen konzentrieren sollte, er verfügt über ein zuverlässiges Kriterium für seine Entscheidungen und er ist weitgehend immun gegen die Störungen, Ablenkungen und Nichtigkeiten, die von außen auf ihn eindringen.

Der Lebenssinn ist die Basis für die Lebensziele

Sicher lassen sich noch weitere Begründungen dafür finden, warum der Lebenssinn für unseren Lebenserfolg und unser Lebensglück von so herausragender Bedeutung ist. Ein Argument ist aber so wichtig, dass es verdient, den Abschluss dieses Kapitels zu bilden und damit besonders hervorgehoben zu werden: *Lebensziele sind Sinnziele. Wer seinen Lebenssinn nicht kennt, wird seine Lebensziele nie finden.*

Die Erklärung dafür ist nach unseren bisherigen Überlegungen ganz einfach. Wir alle haben bestimmte Vorstellungen davon, was zu einem erfolgreichen und glücklichen Leben gehört, und wir alle leiten daraus bestimmte Lebensziele ab, die wir unbedingt erreichen möchten. Ob diese Vorstellungen aber überhaupt zutreffen oder ob wir uns selbst in die Irre leiten, ob wir alles erfassen oder nur Teilbereiche, ob wir das Wichtigste an die erste Stelle setzen oder uns auf Nebensächlichkeiten konzentrieren und ob die Ziele, nach denen wir streben, tatsächlich diejenigen sind, mit denen es uns gelingt, unseren Lebenserfolg zu fördern und zu sichern, alles das steht völlig in den Sternen, solange wir uns nicht eingehend mit der Frage nach dem „Sinn von allem“ beschäftigt haben. Erst wenn wir wissen, was in unserem Leben wirklich Wert hat und was aus unserem Leben ein zufriedenes und erfülltes Leben macht, dann erst haben wir das geistige Rüstzeug, um unsere Lebensvorstellungen und Lebensziele auf angemessene Weise überprüfen und formulieren zu können.

Die meisten Menschen denken erst dann über die Sinnfrage nach, wenn sie keine Zeit mehr haben, um sie zu beantworten

Alle diese Gedanken zeigen mehr als deutlich, warum die Beschäftigung mit dem Sinn für ein erfolgreiches und insbesondere glückliches Leben unerlässlich ist und weshalb sich auch Life Excellence als Lebensstrategie und Lebensphilosophie niemals von ihr trennen lässt. Im Vergleich zu seiner Bedeutung wird das Thema des Lebenssinns aber von den meisten Menschen auf geradezu fahrlässige Weise ignoriert. „Macht es Sinn, heute noch in die Waschanlage zu fahren, obwohl es morgen regnen soll?“, auf diesem Niveau bewegen sich in etwa die wenigen „Sinnfragen“, die sie sich überhaupt stellen (und die zudem in dieser Formulierung auch noch sprachlich reiner Unsinn sind).

Gründe gibt es auch hier genug. Die meisten übersehen schlichtweg die Bedeutung des Themas. Sie verhalten sich beispielsweise so, wie wir es im vorangegangenen Kapitel beschrieben haben – der Verlauf eines Urlaubs wird akribisch durchdacht, der Verlauf des Lebens wird der Willkür des Zufalls überlassen. Andere empfinden die Frage nach dem Sinn als zu abstrakt oder als etwas, das außerhalb ihres eigentlichen Lebens angesiedelt ist und bei der deshalb sowieso nichts Verwertbares herauskommt. „Das wissen doch nur die Götter“, so in etwa lautet ihre Einstellung. Wieder andere glauben, das Thema sei zwar wichtig, nicht aber dringlich, und schieben es ewig vor sich her. „Ja, der Lebenssinn, das ist wirklich eine interessante Frage, aber erst einmal muss der Jahresabschluss über die Bühne“, so könnte es bei dieser Gruppe klingen. Und schließlich gibt es diejenigen, die sehr wohl erkennen, worum es geht und die sehr wohl versuchen, Antworten zu finden, aber nicht wissen, wie sie dabei vorgehen sollen.

Welcher Grund auch immer der Auslöser ist, die Folgen sind

nicht angenehm. Wer die Sinnfrage übergeht, der wird nie oder viel zu spät herausfinden, was in seinem Leben wirklich wichtig für ihn ist, er wird regelmäßig mit mangelnder Erfüllung und Zufriedenheit kämpfen, es wird ihm immer wieder an Motivation und Antrieb mangeln und er wird der Flut der Ersatzthemen und Ersatzbeschäftigungen weitgehend hilflos gegenüberstehen. Insbesondere aber, und hier ist der Schaden vielleicht am größten, er wird seine Lebensziele auf gut Glück formulieren müssen. Ob das, wonach er strebt, und das, was er erreicht, tatsächlich seinem Lebenserfolg dient, das wird er erst dann ausreichend beurteilen können, wenn alles bereits hinter ihm liegt.

Schieben Sie die Sinnfrage nicht länger vor sich her

Schenken Sie der Sinnfrage deshalb die Aufmerksamkeit, die sie verdient. Schieben Sie sie nicht länger vor sich her. Sie liefert Ihnen die Basis für alles, womit Sie sich in Ihrem Leben beschäftigen und was Sie in Ihrem Leben erreichen möchten. Wie aber können wir uns der inhaltlichen Beantwortung der Sinnfrage annähern? Welche Vorgehensweise und welche Gedanken sind dafür am besten geeignet?

Die Sinnfrage ist eine praktische Frage

Zunächst sollten wir uns klar machen, dass die Sinnfrage selbstverständlich in zwei unterschiedliche Richtungen gehen kann. Wer sich fragt, worin der Sinn des menschlichen Lebens *„an sich"* besteht, der wird tatsächlich sehr weit greifen müssen und der wird sich ohne die Hilfe der Religion oder Philosophie keiner Antwort annähern können. Und selbst dann wird er so etwas wie eine „abschließende Gewissheit" nur schwerlich erlangen können. In unserem Zusammenhang, in Bezug auf das Thema des Lebenserfolges und Lebensglücks, handelt es sich aber um eine Frage, die hauptsächlich praktischer Natur ist. Wer zu einem klaren Verständnis davon kommen möchte, worin der Sinn des Lebens *für ihn persönlich* liegt, der hat vor allem auf sich selbst zu blicken und seine reale Lebenswelt zu durchdenken (was natürlich nicht heißt, dass er sich dabei nicht der Hilfestellung der oben genannten Bereiche bedienen kann!).

Damit zeigt sich natürlich auch, dass die Sinnfrage eine höchst *subjektive Angelegenheit* ist, bei der die üblichen Klischees von Erfolg und Glück nur begrenzte Aussagekraft haben. Es *kann* sein, dass die klassische Karriere oder die traditionelle Familienkonstellation einen Teil des persönlichen Lebenssinns ausmachen, *es kann aber eben auch nicht sein*. Wer sich hier also an den Normen oder Vorbildern anderer orientiert, anstatt auf sich selbst zu hören, der wird bei seinen Klärungsversuchen nicht weit kommen.

Erschließen Sie Ihre „Sinnquellen"

Die zweite zentrale Erkenntnis ist sicher die, dass der Sinn nicht nur auf einem Einzelfaktor beruht, sondern dass es quasi ein *„Sinngebäude"* gibt, das aus einer Vielzahl von Elementen aufgebaut ist, die aus ganz unterschiedlichen Lebensbereichen stammen. Und genau hier finden wir die Antworten auf unsere Fragen. Wenn wir herausfinden möchten, was für uns wirklich von Wert ist, dann müssen wir uns den verschiedenen *„Sinnquellen"* zuwenden, die wir im Leben haben. Unsere Beziehungen zu anderen Menschen, unser Beruf, unsere Visionen und Aufgaben, unsere Persönlichkeit, alles das sind Beispiele für Bereiche, aus denen der Lebenssinn erwächst.

Machen Sie eine umfassende Sinnanalyse!

Machen Sie also eine umfassende Sinnanalyse. Überlegen Sie, welche „Sinnquellen“ es in Ihrem Leben gibt und welche Sinnelemente sich daraus ableiten lassen. Die folgenden Gedanken und Fragen sollen Sie dabei unterstützen.

Was würden Sie anderen zum Thema des Sinns im Leben sagen?

Die erste Maßnahme zur Gewinnung von Antworten auf die Sinnfrage ergibt sich aus einer zentralen Kreativitätsregel. Solange man überlegt, was man auf einem bestimmten Feld *selbst* unternehmen könnte, um voranzukommen oder Lösungen zu finden, fällt einem relativ wenig ein. In dem Moment aber, in dem man die Perspektive wechselt und sich fragt, *welche Ratschläge und Regeln man anderen auf diesem Gebiet geben würde*, lösen sich alle gedanklichen Blockaden. „Also, wenn mich jemand fragen würde, wie er dieses Ziel am besten erreicht, dann würde ich ihm Folgendes antworten ...“, so in etwa beginnt der eigene Ideenfluss.

Nutzen Sie diese Vorgehensweise auch als Einstieg in die Beantwortung der Sinnfrage bzw. als erste Sinnquelle. Stellen Sie sich beispielsweise einmal vor, ein guter Freund würde Sie bitten, bei seiner Geburtstagsfeier eine kleine Rede darüber zu halten, was aus Ihrer Sicht den Sinn des Lebens ausmacht. *Was würden Sie ihm und Ihren anderen Freunden und Bekannten dann als zentrale Botschaften liefern?*

- Was würden Sie als das Wichtigste im Leben überhaupt bezeichnen? Welche fünf „Dinge und Elemente“ würden Sie konkret nennen?

- Worauf sollten Ihre Freunde besonders achten? Was sollten sie im Leben besonders fördern? Was sollten sie stärker tun oder nutzen, als es üblicherweise getan wird? Was sollten sie von dem, was sie bereits haben, schützen und bewahren?
- Welche Dinge werden aus Ihrer Sicht von ihrer Bedeutung her im Leben von vielen Menschen überschätzt? Was halten die meisten für außerordentlich erstrebenswert und wichtig, obwohl es eher nebensächlich ist? Wovon sollte man sich also nicht länger den Blick auf das verstellen lassen, was wirklich zählt?
- Und was würden Sie Ihren Freunden zum Abschluss über sich selbst sagen? Was macht für Sie ganz persönlich den Sinn Ihres Leben aus? Was ist das, was für Sie im Leben an oberster Stelle steht?

Welche Menschen sind für Sie besonders wichtig?

Auf welche Weise wir uns der inhaltlichen Beantwortung der Sinnfrage am besten annähern können, haben wir damit gesehen. *Wenn wir überlegen, wie wir uns anderen Menschen gegenüber zum Sinn des Lebens äußern würden, dann finden wir automatisch heraus, was wir uns selbst sagen sollten!*

Um welche Sinnquelle es als Nächstes zu gehen hat, liegt auf der Hand. Wir können im Leben alles ersetzen, nur nicht die Menschen, die uns nahe stehen und die wir lieben! Wenn also etwas wirklich Wert in unserem Leben hat und im Zentrum des Lebenssinns steht, dann sind es unsere Beziehungen zu anderen Menschen. Der preußische Gelehrte und Staatsdiener Wilhelm von Humboldt, Bruder des Naturforschers und „Wissenschaftsreisenden“ Alexander von Humboldt und im Laufe seines Lebens auch Berater und

Mitarbeiter von Schiller und von Goethe, sagt es ganz deutlich: „*Im Grunde sind es doch die Verbindungen mit Menschen, welche dem Leben seinen Wert geben.*“

Gerade auf diesem Feld offenbaren aber viele von uns deutliche Schwächen. Obwohl sie wissen (oder wissen müssten), wie wertvoll ein bestimmter Mensch für ihr Leben ist, vernachlässigen sie ihn immer wieder. Nehmen Sie als ein Beispiel den weit verbreiteten Umgang mit dem eigenen Lebenspartner. Solange man noch nicht eng mit ihm verbunden ist, scheut man keinen Aufwand, um ihn für sich zu gewinnen. Die eigene Kreativität und der eigene Einsatz kennen keine Grenzen. Kaum aber ist man fest liiert, betrachtet

Wem sollten Sie Ihre Zuneigung häufiger zeigen?

man die Beziehung auch schon als reine Selbstverständlichkeit. Anstatt sich weiter zu bemühen, wird die eigene Nachlässigkeit immer größer. Man verhält sich so, als könne nichts die Beziehung beeinträchtigen und als könne man das, was man heute versäumt oder falsch macht, mühelos in der Zukunft nachholen oder korrigieren. Was für eine Fehleinschätzung! Umso wichtiger erscheint es also, die folgenden Fragen in Ruhe zu durchdenken:

- Welche Menschen sind in Ihrem Leben für Sie die wichtigsten?
- Wen lieben und brauchen Sie am meisten? In der Gegenwart welcher Menschen fühlen Sie sich glücklich?
- Auf wen würden Sie niemals verzichten wollen, wessen Glück und Wohlergehen hat für Sie oberste Priorität?
- Über welche Kontakte außerhalb des engsten Personenkreises freuen Sie sich am meisten? Wen schätzen und mögen Sie?
- Wem werden Sie in Zukunft mehr Aufmerksamkeit, Zuwendung und Zeit schenken? Wen werden Sie nicht mehr vernachlässigen? Wem werden Sie es sagen und mit Ihrem Verhalten zeigen, wie viel er Ihnen bedeutet?

Welche Sinnelemente sind mit Ihrem Beruf verbunden?

Auch bei unserer dritten Sinnquelle kommen wir nicht umhin, uns einige Vorgedanken zu machen.

Auf der einen Seite ist der eigene Beruf selbstverständlich einer der entscheidenden Sinnlieferanten überhaupt. Die Fähigkeiten, die man dort zeigt, die Leistungen, die man erbringt, die Ergebnisse, die man erzielt, sie alle sind tragende Sinnelemente. *„Tätigkeit ist der wahre Genuss des Lebens, ja das Leben selbst“*, so formulierte es vor rund 200 Jahren der deutsche Dichter (und gleichzeitig auch Kritiker und Theoretiker) der Frühromantik, Friedrich von Schlegel. Wer auch nur ansatzweise daran zweifelt, der möge einfach an das Thema der Arbeitslosigkeit denken. Nicht der finanzielle Verlust, sondern der Sinnverlust und damit der Verlust des Selbstwertgefühls sind bei ihr bekanntermaßen das größte Problem. Ganz Ähnliches gilt für das Thema der Pensionierung. Das tiefe „Loch", in das viele nach dem Abschluss ihres Berufslebens fallen, ergibt sich eben nicht nur daraus, dass sie nun keine Tagesbeschäftigung mehr haben, sondern dass ihnen der Sinn ihres Lebens insgesamt verloren gegangen ist.

Auf der anderen Seite scheinen aber viele Menschen besonders im Zusammenhang mit ihrem Berufsleben Schwierigkeiten zu haben, zu einer klaren Einschätzung des Sinns zu kommen. Noch mehr, für viele scheint sich genau auf diesem Feld eine zentrale Sinnlücke aufzutun, die ihnen ihre Motivation und Zufriedenheit raubt. Die Gründe dafür können ganz unterschiedlich sein. Meistens ist es aber nur ein Einzelfaktor, der ihnen alles verdirbt und sie unfähig macht, die positiven Seiten ihrer Tätigkeit zu erkennen. Die schlechten Beziehungen zu einem ungeliebten Kollegen oder Vorgesetzten, das Gefühl, in einer bestimmten Hinsicht ungerecht behandelt zu werden, die Furcht, etwas nicht zu schaffen, alles das können Auslöser dafür sein, ein insgesamt negatives Bild zu zeichnen und völlig zu übersehen, wie viele Elemente der eigenen Tätigkeit einen wichtigen Beitrag zum persönlichen Lebenssinn liefern.

Und schließlich, auch das erschwert ein klares Urteil, stecken im eigenen Beruf oft genug ungenutzte „Sinnpotenziale", die man leicht erschließen könnte, würde man nur mit einer etwas veränderten Sichtweise an die Dinge herangehen. Ein Beispiel ist der Nutzen, den man seinen beruflichen Partnern mit seinen Leistungen liefert. Wer über diesen Aspekt nicht weiter nachdenkt und wer sich deshalb mit Durchschnittsergebnissen begnügt, der wird es tatsächlich schwer haben, seiner Tätigkeit großen Sinn abzugewinnen. Wer dagegen mit Engagement und Enthusiasmus an seine Aufgaben herangeht, wer sich vor Augen hält, welche Unterstützung er anderen liefert und wer deshalb alles daransetzt, „persönliche Spitzenleistungen" zu erbringen, der wird über den Sinn dessen, was er tut, nicht lange grübeln müssen.

Die Beantwortung der Sinnfrage im Berufsleben hat deshalb mehrere Funktionen. Erstens dient sie natürlich dem Hauptzweck, herauszufinden, was uns auf diesem Feld besonders wichtig ist. Zweitens soll sie ans Licht bringen, welche Sinnelemente wir bisher möglicherweise übersehen haben, weil wir uns zu sehr auf das konzentrieren, was uns an unserer Tätigkeit weniger gefällt. Und drittens liefert sie uns einen Hinweis darauf, was wir vielleicht anders oder besser machen könnten, um bislang ungenutzte „Sinnpotenziale" für uns zu erschließen.

Insgesamt zeigt sich also auch an dieser Stelle, wie wichtig die Sinnfrage ist. Wer sich mit ihr beschäftigt, der schärft sein Sehvermögen für die positiven Aspekte seiner Tätigkeit. Er übt seinen Beruf bewusster aus, er erkennt den Wert seiner Leistungen, er erhöht seine Motivation und er gewinnt den Antrieb, das Beste aus seinen Möglichkeiten zu machen. Durchdenken und beantworten Sie deshalb die folgenden Fragen:

- Welchen Nutzen bieten Sie anderen Menschen mit Ihrer Arbeit – Ihren Mitarbeitern (in Ihrer Rolle als Führungskraft), Ihren Kollegen (als Partner), Ihrem Vorgesetzten (als „Unterstützer") oder Ihren Kunden (als „Erfolgslieferant")?

- Auf welchen Gebieten bringen Sie andere Menschen voran, wo helfen Sie ihnen, was ermöglichen Sie ihnen? Was können andere mit Ihrer Hilfe erreichen?

- Welche Vorteile bietet Ihnen Ihr Beruf selbst? Was könnten Sie in Ihrem Leben nicht mehr tun, wenn Sie Ihren Beruf nicht mehr ausüben würden?
- Was schätzen Sie an Ihrer Arbeit besonders? Was ist für Sie von großem Wert? Auf welche Elemente möchten Sie nicht verzichten?
- Über welche Aufgaben freuen Sie sich am meisten? Was motiviert Sie? Was bereitet Ihnen den größten Spaß?
- Auf welche Ihrer Leistungen und Ergebnisse sind Sie besonders stolz? Was haben Sie getan, was haben Sie erreicht, worüber Sie sich besonders freuen?
- Stellen Sie sich vor, Ihr Berufsleben wäre schon bald abgeschlossen. Was würden Sie dann am meisten vermissen? Was würde Ihnen fehlen? Für welche Aspekte und Bereiche ließe sich nur schwer „Ersatz“ finden?
- Mit welchen Menschen arbeiten Sie am liebsten zusammen? Wen mögen, schätzen und achten Sie am meisten? Wer liefert Ihnen die größte Unterstützung? Auf wen würden Sie als Partner nur höchst ungern verzichten?
- Welche Ihrer Ziele, Pläne und Projekte faszinieren Sie besonders? Was ist für Sie am interessantesten? Wofür lohnt es sich, sich einzusetzen?
- Welche Verbesserungspotenziale gibt es, um die Möglichkeiten, die Ihnen Ihr Beruf bietet, besser zu nutzen, als Sie es bisher bereits tun? Was könnten Sie anders machen, womit sollten Sie anfangen, was sollten Sie beenden, in welcher Hinsicht sollten Sie Ihre Einstellung, Ihr Denken und Verhalten verändern?

Was ist für Sie in Ihrem Leben von größtem Wert?

Drei „Sinnquellen" haben wir also schon untersucht. Als Einstieg die Frage, wie wir andere auf diesem Gebiet beraten würden, als Nächstes unsere Beziehungen zu anderen Menschen und schließlich unser Berufsleben. Um aber alle Quellen und Elemente des Lebenssinns zu erfassen, sollten wir bei unserer vierten Sinnfrage eine noch etwas weitere Perspektive wählen. Lassen Sie uns deshalb als Nächstes auf direktem Wege und ohne thematische Vorauswahl darüber nachdenken, was uns in unserem Leben besonders wichtig und wertvoll erscheint. Scheuen Sie sich nicht, vielleicht bei der einen oder anderen Frage etwas zu wiederholen, was Sie bereits weiter oben genannt haben. Eine Wiederholung ist nichts anderes als die Bestätigung dafür, wie wichtig der betreffende Faktor für Sie ist!

- Welche *Vorhaben und Ziele* möchten Sie in Ihrem Leben unbedingt verwirklichen? Was ist Ihnen besonders wichtig? Warum? Was bringt es Ihnen, was erreichen Sie damit?
- Was wollen Sie in Ihrem Leben *verändern*? Warum? Was ist der eigentliche Beweggrund dafür? Was erhoffen Sie sich, welche neue Situation soll dadurch entstehen?
- Welche *Themenbereiche* sind für Sie in Ihrem Leben besonders interessant? Worüber denken Sie gerne nach? Worüber sprechen und diskutieren Sie gerne? Worüber möchten Sie mehr erfahren und lernen?
- Womit *beschäftigen* Sie sich am liebsten? Was tun Sie wirklich gerne? Was bereitet Ihnen tiefe Freude oder macht Ihnen ganz einfach großen Spaß? Und was ist es genau, was Sie daran so sehr schätzen?

- Was *motiviert* Sie ihn Ihrem Leben am stärksten? Worüber und worauf freuen Sie sich am meisten? Was schenkt Ihnen Kraft und Antrieb?
- Was kommt für Sie in Ihrem Leben an *oberster Stelle*? Was wollen Sie vor allem anderen fördern oder schützen? Auf was wollen Sie niemals verzichten, was sollte Ihnen niemals verloren gehen?

Welche Sinnelemente können Sie aus Ihrer Persönlichkeit ableiten?

Es gibt eine weitere Sinnquelle, die wir nicht übersehen sollten – uns selbst! Nur wenn wir auch über uns selbst nachdenken, dann können wir vollständig erkennen, was uns im Leben wichtig ist und was uns im Leben bewegt. Nehmen Sie als ein Beispiel den Unterschied zwischen einem eher einzelgängerisch veranlagten Menschen und jemandem, der erst dann aufblüht, wenn er mit anderen zusammen ist. Würde man die beiden befragen, was für sie im Leben wichtig ist, es kämen auf vielen Feldern wohl ganz unterschiedliche Prioritäten heraus. Der eine würde als ein zentrales Sinnziel wahrscheinlich die Wahrung seiner Unabhängigkeit nennen, der andere eher den Aufbau und die Pflege eines engmaschigen Beziehungsnetzes. Oder betrachten Sie den Bereich der persönlichen Werte. Wer einer eher calvinistischen Sicht der Dinge folgt, wird seinen Lebenssinn ganz anders definieren als jemand, der der Ansicht ist, das Leben sei zu kurz, um es mit Arbeit zu verschwenden.

Betrachten Sie deshalb zur Abrundung der Sinnfrage auch sich selbst und nutzen Sie dabei auch die Erkenntnisse, die Sie in den vorangegangenen Kapiteln über sich und Ihre Art zu denken und zu handeln gewonnen haben:

- Welche Ihrer *Lebenseinsichten und Lebensregeln* kommen für Sie an oberster Stelle? Welche Erkenntnisse und Maximen würden Sie nie vernachlässigen?

- Welche *Werte* sind Ihnen besonders wichtig? Wie lauten auf diesem Feld Ihre entscheidenden *Überzeugungen*? Was halten Sie im Leben für unverzichtbar, was halten Sie für grundlegend falsch?

- Auf welche Ihrer *Fähigkeiten* sind Sie besonders stolz? Wo fühlen Sie sich stark? Was möchten Sie in Zukunft fördern und ausbauen?

- Welche persönlichen *Schwächen* möchten Sie überwinden? Auf welchen Gebieten? Warum, was haben Sie davon? Und was müssen Sie dafür tun?

- Welche *Begabungen und persönlichen Anlagen* schätzen Sie bei sich am meisten? Was möchten Sie in Zukunft weit stärker nutzen als bisher?

- Auf welche Ihrer bisherigen *Erfolge* im Leben sind Sie besonders stolz? Was liefert einen erkennbaren Beitrag zu Ihrem Selbstbewusstsein?

- Welche *persönlichen Fortschritte* möchten Sie in Ihrem Leben erzielen? Auf welchen Gebieten und in welcher Hinsicht?

- Was *mögen Sie in Ihrem Leben besonders*? Bei welchen Beschäftigungen und in welchen Situationen fühlen Sie sich glücklich?

- Welche zentralen *Befürchtungen* haben Sie? Was wollen Sie in Ihrem Leben unbedingt vermeiden?

- Worüber *freuen Sie sich* im Alltag immer wieder? Wann sind Sie heiter und ausgelassen?

- Wie lautet aus Ihrer Sicht die *ideale Situation* in Ihrem Leben? Welche Bedingungslage müsste herrschen, was müssten Sie erreicht haben, damit Sie ein erfülltes und zufriedenes Leben führen können?

Gestalten Sie Ihr persönliches Sinngebäude

Die Fragen zeigen, welchen Charakter die Beschäftigung mit der Sinnfrage letztlich hat. Es geht weniger darum, eine präzise und bis ins letzte Detail ausgefeilte Hierarchie von Themen und Faktoren aufzustellen, als mehr darum, einen ausreichenden Überblick und ein ausreichendes Gefühl dafür zu gewinnen, was im eigenen Leben tatsächlich wichtig ist, worauf man besonders zu achten hat, wofür es sich zu kämpfen lohnt und was es wert ist, dass man sich ihm mit ganzer Energie zuwendet und widmet. Es geht also darum, mit den Elementen seines Lebens vertraut zu sein, die man niemals vernachlässigen sollte und die gleichzeitig den Rahmen und den eigentlichen Inhalt für die Formulierung der eigenen Lebensziele und Lebensaufgaben bilden.

Und genau aus diesem Grunde ist es auch so wichtig, das Sinnthema von so vielen unterschiedlichen Perspektiven und mit so vielen unterschiedlichen Fragen anzugehen. Jede Frage beleuchtet einen anderen Aspekt und mit der Beantwortung jeder Frage wächst das eigene Verständnis für das, was im Leben für einen selbst wirklich von Wert ist.

Versuchen Sie deshalb nicht, so etwas wie eine „perfekte Sinnliste“ anzulegen, in der Sie, exakt nummeriert, alles ganz genau gliedern. Versuchen Sie vielmehr, so etwas wie ein „lebendiges Sinngebäude“ zu gestalten, in dem das, was für Sie wichtig ist, einen angemessenen Platz erhält, und bei dem auch die Möglichkeit besteht, immer wieder einmal zu „renovieren“, wenn sich herausstellt, dass die eine oder andere Einschätzung und Bewertung vielleicht doch nicht die richtige war. Die folgenden Fragen (es sind die letzten in diesem Kapitel, versprochen!) sollen Ihnen deshalb dabei helfen, die Quintessenz dessen herauszufiltern, was Sie bisher durchdacht haben, und damit die „tragenden Säulen" für Ihr Sinngebäude zu finden:

- Welche drei Ratschläge würden Sie Ihren besten Freunden in Bezug auf den Umgang mit dem eigenen Sinn im Leben geben? Worauf sollten sie achten, woran sollten sie sich halten?
- Welche Menschen haben für Sie im Leben oberste Priorität? Wessen Wohlergehen ist für Sie wichtiger als alles andere?
- Welchen Beitrag zu Ihrem Lebenssinn liefert Ihnen Ihr Beruf? Was macht Ihren Beruf für Sie so wertvoll?
- Welche drei Lebensziele (!) sind für Sie die wichtigsten? Was wollen Sie erreichen, verändern oder bewahren?
- Wenn Sie etwas nennen sollten, was für Sie persönlich (unabhängig von anderen Menschen) das Wichtigste in Ihrem Leben überhaupt ist, was wäre es?

Ein Fazit

Wollten wir die Bedeutung des Lebenssinns in einem einzigen Satz zusammenfassen, dann wäre kaum ein anderer besser dafür geeignet, als der des französischen Adligen, Politikers und Denkers François de La Rochefoucauld, der in seinen „Maximen" bereits im 17. Jahrhundert ein pointiertes Bild der menschlichen Psychologie gezeichnet hat: *„Die höchste Klugheit besteht darin, den Wert der Dinge genau zu kennen."*

Und genau deshalb ist es für uns so wichtig, uns regelmäßig mit unserem Lebenssinn und den damit verbundenen Fragen zu beschäftigen. Er ist der eigentliche Dreh- und Angelpunkt für ein erfolgreiches, erfülltes und glückliches Leben und zudem die unverzichtbare Basis für die Aufgabe, um die es in den folgenden Seiten geht – die Auswahl, Formulierung und Realisierung der persönlichen Lebensziele!

Bringen Sie Ihre Lebensziele entschlossen voran

Die Stärkung der eigenen Selbstmächtigkeit, die Konzentration auf das, was im Leben zählt und die Definition des persönlichen Lebenssinns, sie alle sind die Basis für etwas, das man sowohl als Aufgabe als auch als Fähigkeit bezeichnen kann: die Verwirklichung der eigenen Lebensziele!

Die Qualität Ihrer Ziele bestimmt die Qualität Ihres Lebens

Welche Bedeutung die Verwirklichung der eigenen Ziele für ein erfolgreiches und glückliches Leben besitzt, liegt auf der Hand. Alles, was wir uns vornehmen, was wir ändern wollen, was wir erreichen möchten, lässt sich letztlich als Ziel betrachten und formulieren. In dieser Hinsicht, und auch hier zeigt sich die enge Verbindung zum Lebenssinn, spiegeln die eigenen (Lebens-)Ziele also auf praktischer Ebene die Quintessenz dessen wider, worum es einem im Leben geht und worauf man im Leben hinaus will. „*Ohne Ziel ist jeder Schuss ein Treffer*", so beschreibt eine militärische Regel ironisch die Lage von Menschen, die sich keine Ziele setzen. Wesentlich umfassender und dramatischer (wie auch sonst) sagt es Friedrich Schiller: „*Es ist nichts als die Tätigkeit nach einem bestimmten Ziel, was das Leben erträglich macht.*"

Damit aber wird die Größenordnung des Themas sichtbar. Letztlich entscheidet die Art und Weise, in der wir mit unseren Zielen umgehen, nicht allein über unsere Erfolge, sondern auch über unsere Lebensqualität. Jedes Ziel, das wir wählen und dem wir uns widmen, hat unmittelbare Auswirkungen auf unseren Lebensrhythmus und unser Lebensgefühl. Es legt fest, welchen konkreten *„Inhalt"* wir unserem Leben verleihen, welche *Gedanken* uns beschäftigen, wofür wir *unsere Zeit, Energie und Schaffenskraft* einsetzen (und wofür nicht!) und ob wir uns *in die Richtung bewegen*, in die wir eigentlich möchten. Ein Ziel, das „richtig" gewählt ist, bei dem wir vorankommen und das einen erkennbaren Beitrag zu etwas Sinnvollem leistet, macht uns zufrieden und glücklich, ein Ziel, das sich als Fehlgriff erweist, das uns in eine Sackgasse führt oder an dem wir regelmäßig scheitern, hinterlässt nur Ärger und Frustration.

Betrachten Sie den Umgang mit Ihren Zielen als eigenständiges Aufgabenfeld

Im Vergleich zu seiner Bedeutung gehen viele Menschen das Thema des Umgangs mit ihren Zielen eher nachlässig an. Sie möchten ihre Ziele erreichen, natürlich, aber sie machen sich zu wenige Gedanken darüber, was dafür erforderlich ist und was sie brauchen, um auf diesem Feld insgesamt auf ein höheres Niveau des Könnens zu gelangen. Lassen Sie uns deshalb im Folgenden sehen, welche Grundfehler besonders häufig gemacht werden und was wir daraus für unser eigenes Verhalten lernen können.

Es fehlt die Frage: „Warum überhaupt?"

Die erste Erkenntnis und Regel ergibt sich direkt aus dem, was wir im vorangegangenen Kapitel durchdacht haben. Die meisten Menschen verfolgen ihre Ziele, ohne sich die Frage nach dem „Warum überhaupt?" zu stellen.

Konkret. Unser Leben wimmelt geradezu von Zielen. Und für

fast jedes haben wir auf Anhieb eine gute Begründung parat. „Wenn ich A nicht erreiche, dann gelingt mir auch B nicht. Wenn mir aber B nicht gelingt, dann schaffe ich wiederum C nicht. Wenn ich jedoch C nicht schaffe, na dann wird es auch nichts mit …“, so erklärt sich ein Ziel aus dem nächsten, und so ergibt sich dann auch ein Projekt aus dem anderen.

An einem Punkt der Entwicklung kommen aber viele von uns mit ihren Erklärungen regelmäßig ins Stocken. Und dieser Punkt ist die *abschließende Begründung*, also die Beantwortung der Frage, *welchem eigentlichen Hauptziel, also welchem Lebensziel das Ganze eigentlich dienen soll bzw. welchen konkreten Beitrag es zu diesem Lebensziel liefert*. Die einzelnen Stufen, die auf der Leiter vor uns liegen, die können wir also genau beschreiben, aber was wir machen möchten, wenn wir „ganz oben“ mit unseren Bemühungen angekommen sind, wohin uns also die ganze Kletterpartie überhaupt führen soll, das bleibt nebulös und ist höchstens in Umrissen erkennbar. Die Zusammenhänge erinnern damit an das Verhältnis zwischen der Definition von Erfolg und der von Lebenserfolg, über das wir im ersten Buchabschnitt gesprochen haben. Was sie unter Erfolg verstehen, können die meisten von uns relativ schnell sagen. Was für sie aber Lebenserfolg bedeutet, also die Erfolgsart, die am meisten zählt und der alle anderen Erfolge dienen sollten, darauf können die wenigsten eine klare Antwort liefern.

Erklärungen dafür finden sich genug. Die einen, das haben wir gesehen, unterlassen es insgesamt, sich mit ihrem Lebenssinn zu beschäftigen, mit der Folge, dass ihnen auch ein entsprechendes „Oberziel“ fehlt, an dem sie alle anderen Ziele ausrichten könnten. Die anderen, und diese Gruppe ist wohl ebenso groß, versäumen es, zwischen Ihren „Sinnzielen“ und ihren „normalen Zielen“ die Brücke zu schlagen. Sie haben eine Idee, sie entdecken ein verlockendes Vorhaben, sie sehen eine Chance, und schon stürzen sie sich auf die damit verbundenen Aufgaben und Zielsetzungen. Die

Frage: „Lohnt sich das überhaupt, oder sollte ich meine Ressourcen nicht besser für etwas anders verwenden?“, kommt nie oder viel zu spät.

Ein kleines Beispiel. Wir alle erhalten im Berufsleben immer wieder Angebote, die im ersten Moment außerordentlich verführerisch klingen und mit großen Vorteilen für uns verbunden zu sein scheinen. Bei vielen dieser Angebote werden wir uns aber nur dann richtig entscheiden können, wenn wir über den vordergründigen Nutzen hinaus auch über die Sinnhaftigkeit der ganzen Angelegenheit nachdenken. Stellen Sie sich z. B. vor, Sie werden gefragt, ob Sie innerhalb Ihres Unternehmens an einem bestimmten Projekt mitwirken wollen, das großes Renommee besitzt. „Wir würden uns freuen, einen Fachmann von Ihrem Kaliber dafür zu gewinnen“, so würde man auf Sie zukommen. Im ersten Moment fühlen Sie sich geschmeichelt und möchten zusagen. „Die fragen nicht jeden“ und „Wer weiß, was sich daraus noch alles ergibt“, so lauten Ihre Argumente vor sich selbst. Aber – wie *sinnvoll* wäre Ihre Teilnahme wirklich? Die Zusage kostet Sie nur eine Sekunde, aber wie viel Zeit und Kraft müssen Sie anschließend in die Arbeit investieren? Und wie wahrscheinlich ist es überhaupt, dass die von Ihnen erhofften Vorteile dann auch eintreten? Hilft Ihnen Ihre Teilnahme tatsächlich, Ihre Ziele im Leben zu erreichen, oder verschwenden Sie nur Ihre Ressourcen, die Ihnen dann an anderer Stelle fehlen (vielleicht auch im privaten Bereich)? Erst die Frage: „Wie sinnvoll ist das Ganze wirklich?“, liefert Ihnen den inneren Abstand, den Sie brauchen, um den Wert einer Sache richtig einschätzen zu können, um die Gesamtlage zu erkennen und um damit zu einer richtigen Entscheidung zu kommen.

Die Konsequenz ist klar. Wie viele Ziele wir auch im Leben entwickeln, welchen Aufgaben wir uns auch zuwenden, *was wir vor allem anderen im Blick zu behalten haben, was wir immer als Erstes definieren und anschließend bei allen Zielentscheidungen beachten sollten, das sind unsere Lebensziele.* Erst sie liefern uns die Richtlinie und das Kriterium, das wir brauchen, um auch unsere kurz- und mittelfristigen Ziele auf kluge und geeignete Weise wählen und formulieren zu können.

Es fehlt die „Realisierungskompetenz"

Es gibt einen zweiten Grundfehler. Viele Menschen übersehen, dass der Umgang mit Zielen und insbesondere das Realisieren von Zielen ein eigenständiges Aufgabengebiet sind, für das man auch ein eigenständiges Know-how benötigt. Sie gehen davon aus, dass ihr beruflich-fachliches Wissen und ihr normales Denken völlig genügen, um ihre beruflichen und privaten Ziele und Vorhaben zu verwirklichen. Dass diese Annahme nicht stimmt, wusste man aber schon lange vor unserer Zeit. *„Aller Eifer, etwas zu erreichen, nutzt freilich gar nichts, wenn du das Mittel nicht kennst, das dich zum erstrebten Ziele trägt und leitet"*, so sagt es uns Marcus Tullius Cicero, Politiker, Philosoph und größter Redner im Rom der Zeit Cäsars vor über 2000 Jahren.

Eine Folge dieser Fehleinschätzung ist ein Glaube, auf den wir bereits ganz zu Beginn des Buches eingegangen sind: der Glaube, dass Planung und die mit ihr verbundene immer weiter gehende Aufteilung der eigenen Ziele die Hauptlösung für das meiste, wenn nicht für alles sei. „Machen Sie einen Lebensplan, dann einen Lebensabschnittsplan, dann einen Jahresplan, dann einen Monatsplan, dann einen Wochenplan, dann einen Tagesplan – und dann sind Sie auch schon am Ziel!", so in etwa lautet die Konzeption. Mit anderen Worten, die eigenen Ziele sollen in immer kleinere Einheiten aufgespalten werden, so lange, bis die Realisierung der letzten Einheit nur noch Formsache ist.

Vieles an dieser „Technik" ist auch richtig, sinnvoll und hilfreich.

Wer so vorgeht, der denkt automatisch über sich und sein Leben nach, er systematisiert sein Handeln, er definiert klare Ziele und Vorgaben, er sucht die bestmögliche Vorgehensweise und vieles mehr. Aber, und das ist der springende Punkt, *es reicht eben in keiner Weise aus!* Nur einige Gründe dafür. Planung erfolgt immer auf Basis bestimmter Informationen und Annahmen, die, das zeigt jede Erfahrung, niemals vollständig und auch niemals vollständig richtig sein können. Zudem ist die Welt an sich voller Imponderabilien. Die Bedingungslage ändert sich, wir ändern uns, es gibt Umschwünge und Strukturbrüche, also eine Vielzahl von Faktoren, die jeden Plan schnell aus den Angeln heben können. „Sofort ein neuer Plan!“, könnte die Antwort lauten. Aber auch dann. *„Die größten Schwierigkeiten liegen da, wo wir sie nicht suchen“*, so beschreibt schon Johann Wolfgang von Goethe den zentralen Engpass für jede Art der Vorhersage dessen, was geschehen wird, wenn wir zu handeln beginnen. Ob sich die anderen so verhalten, wie wir es im Plan festgelegt haben, ob die Umstände eintreten, von denen wir ausgegangen sind, und ob insbesondere *wir selbst alles das zu tun und zu realisieren vermögen*, was wir uns vorgenommen haben, das steht auf einem völlig anderen Blatt als jeder Plan.

Auch hier ist die Schlussfolgerung eindeutig. Worauf es in Wahrheit ankommt, das ist das eigene *„Erfolgstalent“*, also, wir haben es ja bereits im dritten Buchabschnitt definiert, *„die Kenntnis davon, wie man grundsätzlich zu denken, zu entscheiden und zu handeln hat, um die eigenen Erfolgsaussichten zu erweitern, das eigene Erfolgspotenzial auszuschöpfen und bei seinen Vorhaben so schnell und so weit wie möglich voranzukommen“*. Und eingeschlossen in dieses Erfolgstalent ist dann selbstverständlich auch etwas, das man wohl am besten mit *„persönlicher Realisierungskompetenz“* bezeichnen könnte, *der Fähigkeit, das, was man sich vorgenommen hat, auch entschlossen und konsequent in die Tat umzusetzen und zum Abschluss zu bringen.*

Drei Schritte bringen uns weiter

Alles das zeigt, welche Schritte uns weiterhelfen. *Der erste besteht darin, zu einer möglichst klaren Vorstellung über unsere Lebensziele zu kommen*, zum einen, um den Brückenschlag zu unseren Antworten auf die Sinnfrage zu machen, zum anderen, um eine Leitlinie und einen Maßstab für die Wahl unserer Ziele und Aufgaben im Alltag zu gewinnen. *Im zweiten Schritt geht es darum, unser Können im Umgang mit unseren Ziele an sich zu erhöhen*, z. B. indem wir darüber nachdenken, welche positiven und negativen Einflussfaktoren es auf unsere Erfolgsfähigkeit gibt. *Und der dritte Schritt dient dazu, konkrete Realisierungsregeln zu formulieren*, die uns helfen, bei der Erfüllung einer Aufgabe und dem Erreichen eines Ziels so gut und schnell wie möglich vorwärts zu kommen.

Machen Sie Ihren Lebenserfolg zum Leitbild für Ihre Lebensziele

Die erste grundlegende Erkenntnis könnte man also wohl so zusammenfassen: *Alles steht und fällt mit der Wahl und der Qualität unserer Lebensziele.* Wenn es uns gelingt, unsere Lebensziele richtig zu wählen und auf treffende und anschauliche Weise zu beschreiben, dann werden wir auch bei unseren normalen Zielen den richtigen Weg beschreiten.

Wie aber sollten wir bei der Formulierung unserer Lebensziele am besten vorgehen? An welchen *Kriterien* sollten wir uns orientieren? Was liefert uns einen geeigneten *Leitfaden* für unsere Ideensammlung? Die Antworten darauf sind aufgrund unserer bisherigen Überlegungen ganz klar.

Das erste Kriterium für Ihre Lebensziele sind die Elemente des Lebenssinns

Das entscheidende Auswahlkriterium sind selbstverständlich die Erkenntnisse, die wir bei der Beantwortung der *Sinnfrage* gewonnen haben. Was immer Sie auch an Lebenszielen formulieren, es muss sich an den Elementen orientieren und auf die Elemente beziehen, die in Ihrem Leben den größten Wert besitzen und die in Ihrem „persönlichen Sinngebäude" (über das wir am Ende des vorangegangenen Kapitels gesprochen haben) das Fundament und die tragenden Säulen bilden. Die Frage: „Wie lauten meine Lebensziele?", hat also immer zu beginnen mit der Frage: „Was ist für mich im Leben wirklich von Bedeutung und was kommt für mich im Leben an oberster Stelle?" *Die Sinnfrage ist die Frage, der alles standhalten muss!*

Das zweite Kriterium für Ihre Lebensziele sind die Bausteine Ihres Lebenserfolges

Spätestens an dieser Stelle schließt sich der Kreis, den wir im ersten Buchabschnitt zu zeichnen begonnen haben. *Wenn es einen Maßstab und konkreten Leitfaden dafür gibt, über unsere Lebensziele nachzudenken und sie so präzise wie möglich zu formulieren, dann ist es unsere Definition von Lebenserfolg.* Die Bausteine des Lebenserfolges zeigen, auf welche Gebiete wir zu achten haben, was wir einbeziehen müssen und um welche Themen es letztlich geht. Sie liefern quasi den Rahmen für alles das, worauf sich unsere Lebensziele richten sollten.

Nutzen Sie deshalb die anschließenden Fragen, um Ihre Lebensziele in Ruhe zu durchdenken und zu beschreiben. Behalten Sie als oberstes Kriterium die Antworten auf Ihre persönliche Sinnfrage im Hinterkopf und gehen Sie Schritt für Schritt die Elemente und Felder durch, von denen wir erkannt haben, dass sie den Kern eines erfolgreichen und glücklichen Lebens darstellen. Sollte sich dabei herausstellen, dass Sie die eine oder andere Antwort in ähnlicher Form bereits im „Sinnkapitel“ notiert haben, umso besser. Es zeigt Ihnen, dass Sie tatsächlich einen Faktor gefunden haben, der für Sie in Ihrem Leben von höchstem Wert ist.

Wofür möchten Sie Ihr Leben nutzen?

Die erste Frage bezieht sich auf die Quintessenz unserer Definition von Lebenserfolg. „*Lebenserfolg bedeutet, das eigene Leben auf umfassende und sinnvolle Weise zu nutzen*“, so lautete die Überschrift des Hauptkapitels im ersten Buchteil. Wofür also möchten Sie Ihr Leben einsetzen?

- Was möchten Sie aus Ihrem Leben *insgesamt* machen? Was möchten Sie tun und welche Bedingungslage möchten Sie herstellen, um Ihr Leben auszuschöpfen?

- Welche *Elemente* sind aus Ihrer Sicht für ein erfolgreiches und glückliches Leben *unverzichtbar*?

- Auf was möchten Sie einmal *zurückblicken können*? Was müssen Sie erreichen, was sollte Ihnen gelingen, damit Sie mit dem, was Sie aus Ihrem Leben gemacht haben, zufrieden sein können?

Welche sachlichen und materiellen Lebenswünsche wollen Sie sich erfüllen?

Vielleicht erinnern Sie sich daran, dass wir den Begriff der Ziele auch in unserer Definition von Lebenserfolg verwendet haben, aber mit einer anderen inhaltlichen Gewichtung. *„Lebenserfolg bedeutet, seine Lebensziele in die Tat umzusetzen"*, so lautete die Formulierung. Gleichzeitig aber haben wir sofort gesehen, dass es dabei eben nur um einen *Teil dessen geht*, was den Lebenserfolg ausmacht, und dass der Zielbegriff auf dieser Ebene drei unterschiedliche Bereiche umfasst – die eigenen *Lebenswünsche* (das, was man in seinem Leben erreichen oder erwerben möchte), die eigene *Lebensweise* (also die eigene Lebensart, den eigenen Lebensstil, die eigenen Lebensumstände) und schließlich die eigenen *Lebensleistungen* (also das, was man im Leben „erschaffen" möchte). Unsere Frage: „Welche Lebenswünsche wollen Sie sich erfüllen?", zielt also auf den ersten dieser drei Teilbereiche. Im Einzelnen:

- Welche *beruflichen Ziele* sind für Sie entscheidend? Welche *„Karriere"* möchten Sie machen? Welche *Position* möchten Sie erreichen? In welchem Zeitraum?

- Welche *Einkommensziele und Vermögensziele* haben Sie?

- Welche *„privaten Träume"* haben Sie? Was wollen Sie sich leisten können? Was möchten Sie unbedingt haben? Warum?

Welche Lebensweise möchten Sie verwirklichen?

Mit dieser Frage kommen wir zum zweiten Element der Lebensziele im „engeren Sinne". Bei ihm geht es darum, herauszufinden, welche Lebensart die ist, die zu Ihnen passt und die Sie verwirklichen möchten. Ein praktisches Beispiel ist der angestrebte Wohnort. Unzählige Menschen in großen Städten sehnen sich nach einem Leben auf dem Lande (jedenfalls so lange, bis sie tatsächlich dorthin gezogen sind) und umgekehrt. Doch lassen Sie uns auch hier alles in Form von Fragen darstellen.

- Nach welcher *Lebensweise* sehnen Sie sich? Wovon träumen Sie immer wieder, wenn Sie sich die *Gestaltung und den Ablauf Ihres Alltags* vorstellen?

- Welcher *Lebensrhythmus* wäre für Sie der beste? Wie viel Zeit möchten Sie Ihrem Berufsleben, wie viel Ihrem Privatleben widmen? In welchem Maße und in welcher Hinsicht soll Ihr Leben „aufregender und abwechslungsreicher" werden, in welcher Hinsicht „ruhiger und besser überschaubar"?

- *Was fehlt Ihnen in Ihrem Leben besonders?* Für welche Themen, Aufgaben und Beschäftigungen möchten Sie mehr Zeit und Kraft gewinnen?

- Was betrachten Sie als *Verschwendung Ihrer Ressourcen*? Was wollen Sie einschränken oder beenden?

- Welche *private bzw. familiäre Situation* wünschen Sie sich? Wie sieht für Sie auf diesem Gebiet die ideale Konstellation aus?

- In welchem *räumlichen Umfeld* möchten Sie leben?

- Welchen „körperlichen Zustand“ möchten Sie erreichen? Welche Ziele haben Sie in Bezug auf Ihre *Gesundheit und Fitness*?

- Was möchten Sie *an Ihrem Verhalten und Ihrer Routine* verändern? Was wollen Sie aufgeben, was möchten Sie verstärken, was möchten Sie neu beginnen?

- Welche Lebenssituation und welche Lebensumstände sollten *auf keinen Fall eintreten*? Was möchten Sie auf alle Fälle verhindern und vermeiden?

Welche Leistungen möchten Sie in Ihrem Leben erbringen?

Auch diese Frage zählt noch zum Lebenserfolg-Baustein „Ziele verwirklichen“. Bei ihr geht es darum, zu beschreiben, durch welche Leistungen und Taten man sich im Leben auszeichnen möchte.

- Welche Leistungen möchten Sie in Ihrem *Berufsleben* erbringen? Welche Ergebnisse möchten Sie erzielen? Welche „Werke“ wollen Sie schaffen?

- Welche Leistungen möchten Sie in Ihrem *Privatleben* erbringen? Welche Taten und Ergebnisse sind Ihnen wichtig?

- Für welche beruflichen und privaten Leistungen und Resultate möchten Sie *Anerkennung und Beifall* gewinnen? Wofür wollen Sie bekannt sein? Für welche Fähigkeiten und für welches Können?

- Auf welchen Gebieten, bei welchen Tätigkeiten möchten Sie *besser sein als die meisten anderen*? Auf welchem Feld möchten Sie besonders stolz auf sich sein können?

Welche Ihrer Anlagen, Begabungen und Stärken möchten Sie weiterentwickeln und ausschöpfen?

Die ersten beiden Bausteine des Lebenserfolges haben wir damit also bereits als Leitfaden für das Finden und Formulieren unserer Lebensziele durchdacht. Der dritte Baustein ist nicht minder wichtig. „*Ein Mensch führt dann ein erfolgreiches Leben, wenn es ihm gelingt, seine Anlagen, Begabungen und Stärken nachhaltig zu entwickeln und intensiv von ihnen Gebrauch zu machen*", so lautete unsere Einsicht im ersten Buchabschnitt.

Begründungen gab es auch an dieser Stelle genug. Nur wer seine Fähigkeiten nutzt und sein Potenzial ausschöpft, kann die Chancen ergreifen, die ihm das Leben bietet, kann sich selbst zur „Entfaltung" bringen und kann aus dem, was er zustande bringt, echte Befriedigung schöpfen. Wer sich dagegen unterfordert, der beraubt sich nicht nur eines Teils seiner Möglichkeiten, sondern auch eines Teils seiner Freiheit. Bitte überlegen Sie deshalb auch in diesem Zusammenhang, welche entscheidenden Ziele Sie für Ihr Leben formulieren können:

- Welche *besonderen Stärken* besitzen Sie – im Zusammenhang mit Ihrem Beruf, mit Ihrer konkreten Tätigkeit oder im Umgang mit anderen Menschen? Worauf sind Sie stolz? Was wollen Sie weiter fördern?

- Welche Ihrer Anlagen und Begabungen *liegen bisher brach*? Was nutzen Sie zu wenig? Was sollten Sie stärker entfalten?

- Was setzen Sie bisher *nur nebenbei* oder von Zeit zu Zeit ein, anstatt es auszubauen und regelmäßig anzuwenden? Was machen Sie „hobbymäßig“, obwohl Sie es ebenso gut auch auf eine „professionelle“ Ebene heben könnten?

- Was *unterschätzen* Sie möglicherweise bei sich? Wo sind Sie vielleicht viel stärker und besser, als Sie es selbst glauben? Was können Sie tun, um die entsprechenden Fähigkeiten zu testen?

- *Welche Möglichkeiten bietet Ihnen Ihr Beruf, um Ihre Begabungen und Stärken noch besser zu nutzen als im Augenblick*? Bei welchen Aufgaben und Tätigkeiten könnten Sie Ihre Fähigkeiten besonders gut zur Geltung bringen? Auf welche Gebiete sollten Sie sich deshalb künftig konzentrieren?

- *Was fehlt Ihnen noch?* Was müssen Sie lernen, auf welchen Feldern müssen Sie Ihr Wissen und Ihre Fähigkeiten erweitern oder komplettieren, um aus einer Begabung eine Stärke zu machen? Wo sind Sie im Augenblick „gut“, obwohl Sie auch „sehr gut“ sein könnten?

Welchen zentralen Verantwortungen möchten und sollten Sie in Ihrem Leben gerecht werden?

Auch über diesen Baustein des Lebenserfolges haben wir im ersten Buchabschnitt ausführlich nachgedacht. Von welcher Seite man es auch betrachtet, erst die Einbeziehung unserer Verantwortungen in unser Denken und Handeln ermöglicht ein erfülltes und glückliches Leben. Stellen Sie sich deshalb bitte die folgenden Fragen:

- *Für welche Menschen tragen Sie in Ihrem Leben besondere Verantwortung*, in Ihren privaten Beziehungen, aber auch in Ihrem Berufsleben?

- Wie sehen diese Verantwortungen *im Einzelnen* aus? Worum geht es, menschlich, immateriell oder materiell?

- *Was haben Sie konkret zu tun, um der betreffenden Verantwortung gerecht zu werden?* Welche Aufgaben müssen Sie erfüllen? Was haben Sie zu leisten? Welches Ergebnis, welche Bedingungslage müssen (bzw. möchten) Sie herstellen?

- Wie lauten deshalb die *entscheidenden Verantwortungen* in Ihrem Leben? Worauf haben Sie bei Ihren Planungen, Entscheidungen und Taten unbedingt zu achten? Was sollten Sie auf keinen Fall übergehen oder vernachlässigen, weder in der Gegenwart, noch in der Zukunft?

- Und schließlich: *Welche Verantwortungen haben Sie sich selbst gegenüber?* Was haben Sie zu tun, was müssen Sie verändern, um sich selbst ein erfolgreiches, erfülltes und glückliches Leben zu ermöglichen?

Worauf kommt es an, damit Sie sich Ihre Lebensfreude und Lebenszufriedenheit auf Dauer erhalten können?

Lebenserfolg und Lebensglück sind ohne Lebensfreude und Lebenszufriedenheit nicht möglich. Beide bilden das abschließende Element unseres Leitfadens für das Finden und Formulieren unserer persönlichen Lebensziele:

- *Was bereitet Ihnen im Leben die meiste Freude*? Mit welchen Menschen sind Sie besonders gerne zusammen? Welche Themen und Aufgaben sind für Sie spannend? Welche Beschäftigungen und Tätigkeiten liefern Ihnen Erfüllung und Zufriedenheit?

- *Was motiviert Sie im Leben?* Was liefert Ihnen Kraft und Antrieb?

- *Was bringt Sie in eine positive, heitere und ausgelassene Stimmung*?

- *Was bewirkt das glatte Gegenteil davon?* Was also nimmt Ihnen Ihre Lebensfreude und Lebenszufriedenheit, was raubt Ihnen Ihre Energie, was beeinträchtigt Ihre Stimmung?

- *Welche Bedingungslage müssen Sie deshalb herstellen?* Was müssen Sie in Ihrem Leben fördern und was müssen Sie einschränken? Welche Einflussfaktoren auf Ihr Leben gilt es zu erhalten und zu stärken, welche zu schwächen oder auszuschließen? Wem oder was sollten Sie künftig mehr Zeit und Aufmerksamkeit schenken und was sollten Sie aus Ihrem Alltag nach Möglichkeit verbannen?

Bereiten Sie den Boden für die Realisierung

Sicher ist Ihnen aufgefallen, dass wir versucht haben, jeden Bereich von so vielen Seiten wie möglich zu beleuchten, und dass wir die Frage nach den Zielen auch oft indirekt formuliert haben. Dafür gibt es einen guten Grund. Je mehr Aspekte wir betrachten, je spezieller wir dabei werden und je häufiger wir den Blickwinkel wechseln, desto mehr lösen die Fragen bei uns aus und desto konkreter, anschaulicher und vielfältiger werden die Antworten, die wir erhalten.

Die nächste Maßnahme besteht selbstverständlich darin, unsere Ergebnisse so „aufzubereiten", dass wir uns die Realisierung so einfach wie möglich machen. *Auf vier Aufgaben kommt es dabei besonders an:* Wir sollten die Ziele zusammenfassen, wir sollten ihren Stellenwert überprüfen und sie nach Prioritäten ordnen, wir sollten überlegen, auf was wir bei ihrer Verwirklichung besonders zu achten haben, und wir sollten nie vergessen, uns selbst zu motivieren!

Fassen Sie Ihre Ziele zusammen

Lassen Sie uns also als Erstes zu einer Zusammenfassung kommen. So wie es im vorangegangenen Kapitel darum ging, so etwas wie ein „Sinngebäude" zu formen, so geht es an dieser Stelle darum, ein entsprechendes „Zielgebäude" zu konstruieren. Beantworten Sie deshalb bitte die folgenden Fragen, um Ihre Gedanken zu bündeln und Ihre Lebensziele so präzise wie möglich zu formulieren:

- Was muss ich tun und erreichen, um mein Leben umfassend zu nutzen? Worauf möchte ich bei der Betrachtung meines Lebens einmal stolz sein? Was macht mein Leben zu einem erfüllten Leben?

- Welche Position(en) und welchen Status möchte ich in meinem Berufsleben erreichen? Wie lauten meine zentralen Karriereziele?

- Wie soll sich meine finanzielle Situation entwickeln? Was möchte ich im Jahr verdienen? Welches Vermögen (auch in Sachwerten) möchte ich innerhalb eines bestimmten Zeitraums aufbauen?

- Zu welcher Lebensweise möchte ich finden? Welchen Lebensstil und welchen Lebensrhythmus möchte ich entwickeln?

- Welche beruflichen und privaten Lebensleistungen sind für mich am wichtigsten? Was möchte ich schaffen und „auf die Beine stellen"?

- Welche meiner Anlagen, Begabungen und Stärken möchte ich umfassend entwickeln und nutzen? Auf welche Tätigkeiten möchte ich mich deshalb konzentrieren?

- Welche entscheidenden Ziele ergeben sich aus meinen zentralen Verantwortungen? Was möchte ich in dieser Hinsicht leisten und erreichen?

- Wovon hängen meine Lebensfreude und Lebenszufriedenheit besonders ab? Worauf sollte ich achten, welche Bedingungslage muss ich herstellen, um beide auf Dauer zu sichern?

Bringen Sie Ihre Ziele in die richtige Reihenfolge

Bei der zweiten Maßnahme zur Vorbereitung und Erleichterung der Realisierung geht es darum, die eigenen Lebensziele richtig zu gewichten und nach Prioritäten einzuteilen. Stellen Sie sich deshalb bei jedem einzelnen Ziel die folgenden Testfragen:

- Welche Bedeutung hat das Ziel für mich? Wie wichtig ist es mir wirklich?

- Welche Gründe und Argumente habe ich für diese Bewertung? Was gewinne ich, welchen Nutzen habe ich davon, wenn ich das Ziel erreiche?

- Welche Note würde ich dem Ziel geben: 1 (lebenswichtig, unbedingt erreichen), 2 (sehr wichtig, hohe Priorität), 3 (wichtig), 4 (wichtig, kann aber auch warten) oder 5 (bei genauer Betrachtung doch nicht so wichtig, wie gedacht, wäre schön, muss aber nicht sein!)?

- Welche Ziele stehen deshalb für mich an oberster Stelle? Auf was werde ich mich konzentrieren? Wofür werde ich meine Ressourcen einsetzen?

- Womit werde ich jetzt ganz konkret beginnen? Welche Ziele werde ich sofort in Angriff nehmen?

Überlegen Sie, wie Sie bei der Realisierung am besten vorgehen können

Die dritte Maßnahme bezieht sich auf die Frage, was Sie bei der Realisierung Ihrer jeweiligen Lebensziele besonders beachten sollten, um die Weichen von Anfang an richtig zu stellen. Die Fragen dazu lauten wie folgt:

- Welchen Zeithorizont habe ich bei diesem Ziel? In welchem Zeitraum kann ich bzw. möchte ich das Ziel erreicht haben?

- Wie lauten die zentralen Hindernisse, die ich dabei überwinden muss?

- Welche konkreten Schritte und Maßnahmen kann oder sollte ich deshalb ergreifen?

- Was kann ich selbst unternehmen? Wofür brauche ich die Unterstützung anderer? Von wem?

- Womit sollte ich beginnen? Wie lautet der „beste erste Schritt"?

- Was kann ich sofort tun? Was kann ich kurzfristig voranbringen bzw. realisieren?

- Was dauert länger? In welchen Bereichen, für welche Teilziele ist ein „Stufenplan" erforderlich?

- Auf welche Engpässe und Probleme sollte ich mich jetzt schon einstellen? Worauf muss ich mich vorbereiten?

- Was kann mir besonders dabei helfen, mein Ziel zu erreichen? Welche meiner Kenntnisse und Fähigkeiten? Welche meiner anderen Ressourcen (Erfahrungen, Machtmittel, Kontakte etc.)?

- Was hat mich in der Vergangenheit daran gehindert, das betreffende Vorhaben anzugehen bzw. zu verwirklichen? Woran bin ich „hängen geblieben"? Was hat sich inzwischen geändert? Oder was sollte ich ändern, damit ich mein Ziel diesmal erreiche?

- Welche Einstellung, Denkart und Handlungsweise sollte ich entwickeln, damit meine Erfolgschancen so groß wie möglich werden?

Achten Sie auf Ihre Motivation

Es versteht sich von selbst, dass sich gerade die großen Ziele im Leben kaum von einem Tag auf den anderen werden erreichen lassen und dass es auf dem Weg zu ihnen auch immer wieder einmal Schwierigkeiten oder Rückschläge geben wird. Umso wichtiger ist es, sich die eigene Motivation auf Dauer zu erhalten. Ein Teil von ihr ergibt sich dabei sicher bereits aus der Art unserer Vorgehensweise. Je mehr uns der Sinn dessen bewusst ist, was wir tun und erreichen möchten, und je klarer wir unsere Lebensziele identifizieren und beschreiben können, desto größer werden automatisch auch unser Enthusiasmus, Engagement und Durchhaltevermögen sein. Gleichzeitig sollte man sich aber auch immer wieder ganz direkt vor Augen halten, welcher Nutzen mit einem bestimmten Ziel verbunden ist. Und genau deshalb lohnt es sich für Sie, auch die folgenden Fragen zu beantworten:

- Wie verändert sich mein Leben, wenn ich das Ziel erreiche? Worüber werde ich mich dann am meisten freuen?

- Wie sieht die Verbesserung ganz konkret aus? Was gewinne ich an Zufriedenheit, an Freiheit, an Lebensqualität und an Glück?

- Was haben auch die Menschen davon, die mir besonders viel bedeuten? Weshalb werden auch sie sich freuen?

- Welche negative Entwicklung verhindere ich, indem ich mein Ziel erreiche? Welche Nachteile würden entstehen, wenn ich mein Vorhaben verfehle und aufgebe?

- Wie lauten deshalb die drei Hauptgründe, aus denen ich mich mit Mut, Entschlossenheit, Kraft und Disziplin für mein Ziel einsetzen werde?

Ein Fazit

Liebe Leserin, lieber Leser, lassen Sie uns auch an dieser Stelle ein kurzes Fazit ziehen. Nachdem wir uns in den ersten Kapiteln des vierten Buchteils insbesondere auf die Steigerung der eigenen Selbstmächtigkeit konzentriert haben, befinden wir uns inzwischen längst in dem Bereich, in dem das eigene Erfolgstalent im Vordergrund steht. Unser aktuelles Kapitel hat uns dabei in zweifacher Hinsicht vorangebracht.

Zum einen hat es uns gezeigt, welche *Bedeutung unsere Ziele* für unseren Lebenserfolg haben und *mit welchen drei „Entwicklungsschritten" es uns gelingt, unsere Ziele zu erreichen*. Im ersten Schritt geht es für uns darum, unsere Lebensziele zu definieren und ihnen gedanklich den „Weg frei zu machen", im zweiten, unser Können im Umgang mit unseren Zielen insgesamt zu erhöhen, und im dritten, konkrete Realisierungsregeln und -techniken zu entwickeln und anzuwenden.

Zum anderen hat sich unser jetziges Kapitel dann bereits auf die inhaltliche Darstellung des „ersten Schrittes" konzentriert. *Es hat uns ein umfassendes System geliefert, mit dem wir erkennen und beschreiben können, um welche Lebensziele es uns geht, und worauf wir zu achten haben, um sie so schnell und konsequent wie möglich in die Tat umzusetzen.*

Und genau daran wird das nun folgende Kapitel anknüpfen. Es soll uns zeigen, welche Regeln und Verhaltensweisen wir zu berücksichtigen haben, *um den „zweiten und dritten Schritt" auszuführen und uns zu wirklichen „Realisierungsexperten" zu entwickeln*!

Machen Sie sich zu einem Realisierungsexperten

Das vorangegangene Kapitel hat uns ein umfassendes System für die Entwicklung und Formulierung unserer persönlichen Lebensziele geliefert. In diesem Kapitel geht es nun um die direkte Fortsetzung des Gedankenganges. Es soll uns zeigen, worauf wir zu achten haben, wie wir uns verhalten sollten und wie wir ganz konkret vorgehen können, um unsere Ziele und damit unsere Lebensvorstellungen zu verwirklichen. In einem Satz: Es soll uns zeigen, wie wir zu echten *„Erfolgs- und Realisierungsexperten"* werden.

Konditionieren Sie sich für Ihren Erfolg

Die erste entscheidende Maßnahme besteht darin, *die eigene „Erfolgsfähigkeit" an sich zu steigern*! Zwei Aspekte stehen dabei im Vordergrund. Zum einen geht es darum, sich selbst in eine ganz bestimmte *„persönliche Verfassung"* zu bringen, die es einem erleichtert, seine Vorhaben konsequent zu verfolgen. Zum anderen kommt es darauf an, *eine spezielle Art des Umgangs mit seinen Zielen bei sich zu etablieren, mit der es einem gelingt, genau das zu tun, was einem wirklich weiterhilft.* Bitte studieren Sie deshalb die folgenden Gedanken, Empfehlungen und Fragen.

Gehen Sie mit Selbstvertrauen, Enthusiasmus und Entschlossenheit an Ihre Ziele

Die erste Empfehlung liegt quasi vor der Klammer aller anderen. Ganz gleich, was Sie erreichen möchten, *Sie werden es nur dann schaffen, wenn Sie mit Selbstvertrauen, Enthusiasmus und Entschlossenheit an die betreffende Aufgabe herangehen.*

Übertragen Sie deshalb Ihren Entschluss, Ihr Leben selbst zu bestimmen und die damit verbundene Einstellung auch auf Ihr Verhalten Ihren Zielen gegenüber. Alles das, worüber wir dort nachgedacht haben und was wir dort erkannt haben, gilt „eins zu eins“ auch für das Erreichen Ihrer Ziele. Ihre Machtmöglichkeiten sind größer, als Sie glauben! Es sind keine „fremden Mächte“, die über das Ergebnis Ihrer Bemühungen entscheiden, sondern Sie selbst, mit Ihrer Einstellung, Ihrer Denkart und Ihren konkreten Taten. Sie haben es selbst in der Hand, wie weit Sie kommen.

Sollten Sie daran zweifeln, dann gibt es zwei Sätze, die mehr sagen als lange Argumentationen und die von zwei Personen stammen, auf deren Hilfe wir schon an anderer Stelle zurückgegriffen haben. Der erste stammt von Wilhelm von Humboldt und kann als Maxime für alles gelten, was man sich vornimmt: *„Man soll nicht bloß handeln, sondern es auch mit der Zuversicht tun, als hänge der Erfolg lediglich von einem selber ab.“* Der zweite kommt von Marie von Ebner-Eschenbach, einer der bedeutendsten Erzählerinnen des 19. Jahrhunderts und der ersten Frau überhaupt, der in Österreich (im Jahr 1898) der höchste zivile Orden, das „Ehrenzeichen für Kunst und Wissenschaft“, verliehen wurde: *„Wenn es einen Glauben gibt, der Berge versetzen kann, so ist es der Glaube an die eigene Kraft.“*

Treffen Sie deshalb auch bei Ihren Zielen innerlich die Grundsatzentscheidung, dass Sie selbst bestimmen, was Sie erreichen. Erhalten Sie sich gleichzeitig Ihren Enthusiasmus und Ihre Entschlossenheit. (Über die Bedeutung des eigenen Veränderungs- und Gestaltungswillens haben wir aus gutem Grund bereits im ersten Kapitel des vierten Buchteils gesprochen – lesen Sie auch dort noch einmal nach!) Behalten Sie im Blick, welche Vorteile Sie davon haben, wenn Sie Ihr Ziel erreichen. Und betrachten Sie Schwierigkeiten, Engpässe oder Probleme nicht als Katastrophe oder ungerechtes Schicksal, sondern als einen Teil der Normalität. Kein Ziel, das diesen Namen verdient, lässt sich ohne Mühe und Durchhaltevermögen erreichen!

Bedenken Sie die Größenordnung (und den Zeitaufwand)

Besonders der letzte Satz schafft die direkte Verbindung zur nächsten Empfehlung. *Vergessen Sie nie, dass Lebensziele auch Lebensaufgaben sind, deren Verwirklichung entsprechende Zeit kostet.*

Viele von uns begehen im Umgang gerade mit Ihren wichtigen Zielen einen verständlichen, aber folgenschweren Grundfehler. Sie unterschätzen die Gesamtzeit, die sie benötigen, bis sie alles erreicht haben. Ein Beispiel dafür haben wir ja schon im zweiten Buchteil betrachtet, im Kapitel „Die Karriere wird als Kurzsprint geplant und als Dauermarathon durchlaufen". Was hier gilt, gilt aber eben auch für die meisten der anderen großen Vorhaben im Leben. Es dauert länger, als man glaubt, genauer, es dauert wesentlicher länger, als man glaubt. Das Streben nach einer bestimmten Position im Berufsleben, der Wunsch nach einer gewissen finanziellen Sicherheit, der Tag, an dem die eigenen Kinder auf eigenen Beinen stehen (wenn es so etwas überhaupt geben sollte!), der Traum vom eigenen Haus, alles das sind Ziele, die einen längeren Atem erfordern, als man es geplant hat. Ganz deutlich spricht darüber, im Zusammenhang mit dem eigenen Lebensglück, der Philosoph Arthur Schopenhauer: *„Sodann fällt es (das menschliche Leben) … doch für die gemachten Pläne zu kurz aus; da deren Ausführung immer sehr viel mehr Zeit erfordert, als angenommen war"*, und verwendet diese Erkenntnis gleichzeitig als eine (von mehreren) Begründungen für seinen Ratschlag, sein Glück im Leben nicht auf ein zu *„breites Fundament“* zu bauen, das heißt sein Glück nicht von zu vielen Zielen abhängen zu lassen. Seine Empfehlung ist aber sicher nicht die einzige, die sich aus unseren Gedanken ableiten lässt:

- *Wählen Sie besonders Ihre Lebensziele mit Sinn und Verstand.* Verzichten Sie nicht auf etwas, das Ihnen wirklich wichtig ist, *aber „packen“ Sie nicht zu viel auf einmal in Ihr Leben.* Denken Sie daran, dass Ihnen im Leben ein bestimmtes Maß an Zeit und Kraft zur Verfügung steht. Überlegen Sie deshalb (mit Hilfe der Fragen aus den vorangegangenen Kapiteln) genau, was wirklich im Leben für Sie an oberster Stelle steht.

- *Achten Sie speziell bei Ihren Zeitplänen auf eine realistische Sichtweise.* Diese Regel gilt für alle Arten von Zielen. Schieben Sie die Dinge nicht auf, handeln Sie nicht mit Laisser-faire, aber verdrängen Sie auch nicht, welcher zeitliche Aufwand wirklich erforderlich ist. Wie wichtig diese Regel ist, sagt der französische Philosoph, Historiker und Staatsrechtler Charles de Montesquieu (der, neben vielen anderen bedeutenden Leistungen, im 18. Jahrhundert mit seinen Arbeiten über die Gewaltenteilung die Grundlagen für den modernen Verfassungsstaat geschaffen hat) ganz deutlich: *„Der Erfolg der meisten Dinge hängt davon ab, dass man weiß, wie lange es dauern wird, bis sie gelingen.“*

- *Rauben Sie sich nicht selbst die Zufriedenheit mit dem Erreichten.* Es ist Unsinn, ständig darüber zu klagen, dass man „noch nicht so weit ist“, wenn man sich längst auf dem Weg befindet. Viele Dinge dauern eben. Nutzen Sie vielmehr das, was Sie geschafft haben, als Ansporn für Ihre weiteren Taten.

- *Blicken Sie auch einmal zurück.* Wie war die Situation vor drei oder fünf Jahren? Wahrscheinlich werden Sie feststellen, dass Sie inzwischen ein gutes Stück vorangekommen sind, und wenn nicht, dass Sie doch so viele Erfahrungen gewonnen haben, dass es in Zukunft einfacher für Sie werden wird.

- *Hetzen Sie sich nicht über Jahre hinweg selbst.* Der Ehrgeiz, schnell voranzukommen, ist eine Sache, die Zerstörung der Gegenwart eine andere. Führen Sie also nicht über Jahre hinweg einen, sich selbst gegenüber erbarmungslosen Kampf, nur um vielleicht etwas eher Ihre Vorhaben zu realisieren. Denken Sie vielmehr daran, dass Sie die „augenblickliche" Gegenwart nie werden nachholen können.

Kultivieren Sie Ihre Geduld

Es gibt kaum eine Fähigkeit und Tugend, die für den eigenen Erfolg so wichtig ist und gleichzeitig so sehr vernachlässigt wird. *Erst Geduld macht es möglich, auf Probleme gelassen zu reagieren, seine Vorhaben langfristig zu verfolgen und bei seinen Entscheidungen und Taten das richtige Timing zu finden.* Ungeduld ist dagegen eine Hauptquelle für das eigene Scheitern. Mangelnde Vorbereitung, unüberlegtes Handeln, überhastete Aktionen, voreilige Schlüsse, zu viel auf einmal, falsche Ziele und falsche Entschlüsse, sie alle hängen damit zusammen, dass man die Dinge schneller vorantreiben möchte, als es in der betreffenden Situation von der Sachlage her angemessen wäre.

Geduld ist aber nicht allein ein Element des eigenen Erfolgstalents, sondern ebenso eines der persönlichen Lebenskunst. Ohne sie gibt es keine Lebensqualität und kein Lebensglück. Ein Mensch, der ständig ungeduldig ist, ist auch ein Mensch, der ständig unzufrieden ist und der kaum eine Chance hat, der täglichen Hetze und Hektik zu entrinnen. Das kleinste Hindernis, und schon bricht der Ärger in ihm los. Fünf Minuten Verspätung (im Auto, in der Bahn, im Flugzeug, im Büro, im Leben), und er fühlt sich bereits unter Druck. Der Satz: „Was, das ... (beliebiger Inhalt) ... ist noch nicht fertig?“, ist sein Kriegsschrei – den er auch dann noch ausstößt, wenn man ihn nach seinem Nervenzusammenbruch (oder Schlimmerem) auf der Bahre zum Krankenbett trägt.

Kultivieren Sie deshalb Ihre Geduld. Lassen Sie sich nicht vom vorherrschenden Motto unserer Zeit: „Ich weiß, was ich will, und ich will es sofort!“, mitreißen. Denken Sie daran, dass der, der mit Geduld und Ruhe den richtigen Weg beschreitet, insgesamt sicherer, bequemer und schneller (!) vorankommt als der, der mit rasender Geschwindigkeit eine falsche Abkürzung nach der anderen ausprobiert. *Halten Sie sich an die Einsicht, dass jedes Vorhaben mit einem bestimmten Aufwand verbunden ist, dass viele Dinge im Leben erst reifen müssen, und dass es für alles so etwas wie einen „besten Zeitpunkt“ gibt, den man schlichtweg nicht vorziehen oder vorverlegen kann.*

Überprüfen Sie, ob das Ziel tatsächlich hält, was Sie sich von ihm versprechen

Jedes Ziel bindet Ressourcen. Umso wichtiger ist es, nicht nur seine Lebensziele, sondern insbesondere immer auch seine normalen Alltagsziele, Alltagswünsche und Alltagsvorhaben mit einem kritischen Blick zu überprüfen. *Dabei kommt es insbesondere darauf an, die Dinge wirklich vollständig und umfassend zu durchdenken und zu hinterfragen und dann die entsprechenden Konsequenzen zu ziehen – entweder, indem man das Ziel mit aller Entschlossenheit weiterverfolgt, oder, indem man sich ebenso entschlossen von ihm trennt.* Die erste Regel in diesem Zusammenhang lautet: *Denken Sie darüber nach, ob das Ziel tatsächlich hält, was Sie sich von ihm versprechen.*

Wir haben weiter oben gesehen, wie wichtig es ist, die eigenen Ziele mit Enthusiasmus und Nachdruck anzugehen. Gleichzeitig sollte man aber selbstverständlich immer darauf achten, dass man sich nicht zu stark an seinen eigenen Vorstellungen berauscht, die man mit dem Erreichen des Ziels verbindet. Behalten Sie also bei der Beurteilung Ihrer Ziele auch immer einen kühlen Kopf. Fragen Sie sich, was an Ihren Vorstellungen realistisch ist und was Sie sich möglicherweise nur vormachen.

- Was also bringt Ihnen ein bestimmtes Ziel im Einzelnen an Vorteilen?

- Was erreichen Sie mit ihm ganz konkret?

Qualitätsprüfung: Was sind Ihre Ziele wirklich wert?

- Wie wahrscheinlich ist es, dass diese Vorteile dann auch eintreten? Was ist daran hauptsächlich Wunschdenken und was Realität?

Denken Sie darüber nach, ob Sie das, was Sie mit Ihren Zielen anstreben, auch wirklich brauchen

Vielleicht klingt diese Empfehlung im ersten Moment ein wenig seltsam. „Natürlich brauche ich es, sonst würde ich es ja auch nicht haben wollen!“, könnte die entsprechende Entgegnung lauten. Ganz so einfach ist es aber nicht. Gerade bei materiellen Zielen schätzt man die Lage nach einer gewissen „Abkühlungsphase“ oft ganz anders ein als am Anfang. Die Analyse des Menschenbeobachters, Literaten und Mitgliedes der Académie Française, Jean de La Bruyère zeigt, dass der erstaunliche Unterschied zwischen den eigenen Wünschen und der nachfolgenden Wirklichkeit bereits im 17. Jahrhundert gut bekannt war: *„Es gibt Güter, die wir leidenschaftlich begehren und deren bloße Vorstellung uns schon hinreißt und entzückt; haben wir das Glück, sie zu erlangen, so nehmen wir sie gelassener auf, als wir gedacht hätten; wir erfreuen uns kaum an ihnen und verlangen sogleich nach größeren.“*

Das ist aber noch nicht alles. Sehr oft denken wir bei unseren Zielen ausschließlich an die positiven Folgen, ohne darauf zu achten, *ob mit dem Erreichen des Ziels nicht möglicherweise auch Nachteile verbunden sind*, die das Gesamtergebnis unserer Bemühungen weit weniger erstrebenswert machen, als es uns im Augenblick erscheint. Nehmen Sie als ein Beispiel den Wunschtraum fast jedes Menschen, das Ferienhaus im sonnigen Süden. Herrlich, man kann hinfahren, wann immer man will, man muss kein Hotel mehr bezahlen und keine anderen Gäste stören einen! Wirklich so herrlich? Nicht nur das Hotel kostet, sondern auch das Haus, und zwar voraussichtlich weit mehr, als man im Moment glaubt. Service gibt es dort auch keinen. Auf einmal ist man an einen Ort gebunden. Und wer kümmert sich um das Anwesen, wenn man in der Heimat ist? Wer schützt es vor Einbrechern, wer hält es instand? Wie immer auch die eigene Entscheidung ausfällt, erst die Einbeziehung von Fragen dieser Art lässt einen erkennen, ob man das, was man möchte, wirklich benötigt.

Und es gibt einen weiteren Faktor. *Jedes Ziel verursacht Opportunitätskosten.* Wenn wir unsere Zeit, unsere Kraft und unsere finanziellen Mittel für das Ziel A einsetzen, müssen wir vielleicht auf Ziel B verzichten. Wenn wir also herausfinden wollen, ob sich ein bestimmtes Ziel lohnt, dann haben wir uns immer auch zu fragen, ob uns ein anderes Ziel nicht möglicherweise viel mehr (oder das Gleiche bei geringerem Aufwand) bringen würde. Bitte durchdenken Sie alle diese drei Aspekte deshalb mit Hilfe der folgenden Fragen:

- Wie sehr brauchen Sie das, wonach Sie streben, wirklich? Wie lange wird es Ihnen von Nutzen sein, wie lange werden Sie sich darüber freuen, wenn Sie es erreicht haben?

- Welche Veränderungen werden stattfinden bzw. stattgefunden haben, bis Sie Ihr Vorhaben verwirklicht haben? Herrscht dann möglicherweise eine ganz andere Bedingungslage, in der Ihnen das, was Sie heute unbedingt zustande bringen möchten, weit weniger wichtig erscheint?

- Welche Nachteile bzw. negativen Nebenwirkungen sind möglicherweise mit dem Erreichen des Ziels verbunden? Welche finanziellen oder zeitlichen (Folge-)Kosten werden entstehen? Welche Mühen kommen auf Sie zu? Was geht Ihnen an Freiheit verloren? Was also sollten Sie in die Gesamtbeurteilung mit einbeziehen?

Wirkung und Nebenwirkung: Die Dinge zu Ende denken!

- Auf welche anderen Vorhaben müssen Sie verzichten, wenn Sie dieses Ziel erreichen möchten? Was könnten Sie anstelle dessen tun, welche anderen Möglichkeiten hätten Sie noch, wenn Sie auf das Ziel verzichten?

Passen Sie Ihre Vorhaben Ihren Erkenntnissen an

Unsere nächste Empfehlung ist quasi die Schlussfolgerung aus den vorangegangenen. Passen Sie Ihre Ziele und Vorhaben an Ihre Erkenntnisse an. Im Einzelnen:

- *Übertreiben Sie es nicht.* Achten Sie darauf, dass Ihre Ziele Ihre Ressourcen nicht übersteigen. Sie können nicht auf allen Gebieten und an allen Fronten alles auf einmal erreichen.

- *Trennen Sie sich von den Zielen, die Ihnen nichts bringen!* Sie werden Ihre wichtigen Vorhaben nur dann verwirklichen, wenn Sie Ihre Zeit und Kraft nicht für das verschwenden, was keinen echten Nutzen für Sie hat. Wenn Sie also erkannt haben, dass ein Ziel mehr verspricht, als es halten kann, oder dass Sie das, was Ihnen das Ziel liefert, eigentlich kaum brauchen, dann verabschieden Sie sich von ihm. Kämpfen Sie nicht nur deshalb weiter um dieses Ziel, weil Sie schon Zeit und Kraft in es gesteckt haben oder weil Sie in Teilbereichen ein Stück vorangekommen sind. Entweder das Ziel lohnt sich oder es lohnt sich nicht.

- *Gehen Sie bei den Zielen, die Sie ausgewählt haben, umso entschlossener voran.* Spätestens jetzt haben Sie die Gewissheit, dass es die Ziele sind, die einen echten Beitrag zu einem erfolgreichen und erfüllten Leben liefern und die es wert sind, dass Sie sie verfolgen!

Beherzigen Sie die entscheidenden Realisierungsregeln

Lassen Sie uns zum nächsten Baustein unseres Systems für die Verwirklichung unserer Vorhaben kommen. Begonnen haben wir beim Thema des Lebenssinns, dann ging es um die Definition unserer Lebensziele, und anschließend, bereits in diesem Kapitel, um die Ausrichtung unseres Denkens und Handelns auf unseren Erfolg. *Was nun folgt, ist die Beschäftigung mit den entscheidenden Realisierungsregeln.*

Betrachten Sie jedes Ziel als eigenständiges Projekt

Sie werden Ihr Ziel umso besser handhaben und umso schneller realisieren können, desto schärfer die Konturen sind, die Sie ihm verleihen, und desto klarer Sie es in Einzelelemente und Einzelschritte zerlegen können. *Betrachten und führen Sie Ihre Ziele deshalb als Projekte.* Der „Projektansatz" erleichtert es Ihnen, den Überblick zu behalten, das Geschehen zu steuern und Ihre einzelnen Handlungen und Maßnahmen systematisch aufeinander abzustimmen. Die Empfehlungen im Einzelnen:

- *Verleihen Sie wichtigen und langfristigen Zielen einen speziellen Projektnamen*, so wie z. B. die NASA in den 60er-Jahren ihrem Vorhaben, den ersten Menschen auf den Mond zu bringen, den Namen „Apollo-Programm" gegeben hat. Ein Name motiviert enorm. Er macht aus einem allgemeinen Ziel eine (bildlich gesprochen) „eigenständige Persönlichkeit". Er symbolisiert die Bedeutung und den inhaltlichen Kern dessen, worum es geht. Er ermöglicht es Ihnen, Ihre Gedanken auf einen konkreten Punkt zu konzentrieren. Und, was ebenfalls nicht unterschätzt werden sollte, er verleiht der ganzen Angelegenheit (sofern er richtig gewählt ist!) eine gewisse Leichtigkeit.

- *Durchdenken Sie das Projekt in seiner Gesamtheit:* Nehmen Sie sich gerade zu Beginn die Zeit, Ihr Ziel in seiner Gesamtheit zu durchdenken. Was gehört alles dazu? Wie lauten die zentralen Erfolgsfaktoren? Wo liegen die größten Schwierigkeiten oder Gefahren? Worauf haben Sie besonders zu achten? Was brauchen Sie, wen brauchen Sie, um Ihre Pläne realisieren zu können?

- *Entwickeln Sie einen Stufenplan:* Gehen Sie schrittweise vor. Entwickeln Sie als Erstes eine *Gesamtkonzeption* und anschließend die entsprechenden *Teil- bzw. Zwischenziele.* Der Satz, dass man auch einen Elefanten verspeisen kann, wenn man ihn nur in ausreichend kleine Stücke zerteilt, mag zwar altbekannt sein (und auch unser Mitgefühl mit Elefanten wecken), richtig ist er trotzdem!

- *Setzen Sie sich auch in zeitlicher Hinsicht Ziele:* Überlegen Sie, welchen zeitlichen Aufwand das betreffende (Zwischen-)Ziel erfordert, und erstellen Sie einen entsprechenden Zeitplan. Achten Sie dabei darauf, sich weder zu überfordern noch zu unterfordern. Wählen Sie Termine, die Sie realistisch erreichen können, wenn Sie konsequent „am Ball bleiben".

Achten Sie auf Ihre Kommunikation

Ganz gleich, welches Ziel sie erreichen möchten, Sie sind dabei immer mit anderen Menschen verbunden. Überlegen Sie deshalb genau, mit wem Sie über Ihre Vorhaben sprechen sollten, und mit wem nicht. Drei Regeln sind entscheidend:

- *Informieren Sie die Menschen, die Ihnen nahe stehen:* Besprechen Sie Ihre Ziele mit den Personen, die Ihnen wichtig sind und nahe stehen und die deshalb von dem, was Sie tun und vorhaben, ganz automatisch berührt werden. Zum einen können Sie nur dann die Hilfe und das Verständnis von jemandem, z. B. Ihrem Lebenspartner, gewinnen (und erwarten!), wenn er weiß, was Sie erreichen möchten und warum Sie es erreichen möchten. Und zum anderen ist es ganz einfach ein normaler Bestandteil eines offenen, fairen und, auf die entsprechenden Personen bezogen, liebevollen Umgangs miteinander. Alles andere wäre absurd.

- *Stellen Sie rechtzeitig einen Kontakt zu den Personen her, deren Unterstützung Sie benötigen:* Sie werden nur sehr wenige Vorhaben im Alleingang verwirklichen können. Denken Sie deshalb rechtzeitig darüber nach, wessen Unterstützung Sie brauchen. Wenn Sie die Beziehungen erst dann herstellen oder den Kontakt erst dann aufnehmen, wenn die Zeit bereits drängt, ist es zu spät. Sie bringen sich und den anderen unter Druck und sie nehmen sich jede Ausweichmöglichkeit, wenn er Ihnen Ihr Anliegen nicht erfüllen kann oder erfüllen möchte.

- *Achten Sie ansonsten auf strikte Diskretion!* Teilen Sie Ihre Ziele nur dem oben genannten Personenkreis mit und bewahren Sie ansonsten Stillschweigen. Mangelnde Diskretion bringt nichts als Nachteile. Erstens erschweren Sie sich völlig grundlos Ihr Leben. Sie geben Ihre Gedanken preis, Sie machen sich zum Beobachtungsobjekt und Gesprächsthema („Mal sehen, ob er das schafft!") und Sie bauen einen enormen Erwartungsdruck auf. Zweitens gefährden Sie sich auch. Sie riskieren es, dass Sie den Neid oder die Missgunst anderer wecken oder dass Sie jemanden zu Aktivitäten oder auf Lösungsideen bringen, mit denen er Ihnen anschließend Konkurrenz macht. Und drittens nehmen Sie Ihrem Ziel einen großen Teil seines Wertes und seiner Strahlkraft. Wenn Sie ständig über ein bestimmtes Vorhaben sprechen, dann haben Sie es irgendwann zerredet. Die Spannung ist raus, anstelle einer großen Aufgabe ist es nur noch eine triviale Angelegenheit. Mit einem Satz: Machen Sie Verschwiegenheit zu Ihrer Maxime im Umgang mit Ihren Zielen, aber auch sonst im Leben!

Erhalten Sie sich Ihre Energie und Schaffenskraft

Wie wichtig es ist, seine Motivation und Tatkraft zu stärken, haben wir ja bereits angesprochen. Eine Maßnahme besteht, wie gesehen, darin, sich den Nutzen des Ziels immer wieder deutlich und bildhaft vor Augen zu halten. Aber es gibt natürlich noch andere wichtige Aspekte und Empfehlungen, um sich seine Stimmung, seine Kraft und seinen Antrieb zu erhalten:

- *Achten Sie auf Ihre persönliche Schrittlänge:* Jeder von uns hat so etwas wie eine „persönliche Schrittlänge", die bestimmt, welches Volumen an Aufgaben und Arbeiten er innerhalb eines bestimmten Zeitraumes bewältigen kann. Wer dieses „Maß" zu oft überschreitet, der wird das Gegenteil von dem erreichen, was er möchte. Er wird ins Straucheln kommen, er wird sich selbst „auspowern" und er wird die Qualität seiner Leistungen beeinträchtigen. Er wird nicht etwa schneller vorankommen, sondern langsamer. *Versuchen Sie deshalb nicht, sich selbst zu überholen.* Halsen Sie sich nicht mehr auf, als Sie tragen können, weder was die Gesamtzahl Ihrer Ziele angeht, noch was Ihr angestrebtes Arbeitsvolumen im Rahmen der Realisierung betrifft. Halten Sie die Zahl der Kraftakte, mit denen Sie sich an den Rand der Erschöpfung bringen, in Grenzen. Es bringt nichts, wenn Sie einige Monate (oder gar Jahre) auf Hochtouren laufen, um anschließend nur noch im Kriechgang vorwärts zu kommen.

- *Bauen Sie Pausen ein:* Viele Menschen glauben, dass Pausen Zeit kosten. Falsch. Pausen bringen Zeit. Pausen bedeuten nicht nur Erholung und Kräfteschöpfen, sondern geben Ihnen die Möglichkeit, zur Besinnung zu kommen. Sie ermöglichen es Ihnen, das Gesamtbild zu betrachten, neue Ideen zu entwickeln und neuen Antrieb zu gewinnen. Und noch mehr. Während Sie eine

Pause machen, arbeitet Ihr Unterbewusstsein weiter. Es löst die Probleme, über denen Sie vielleicht wochenlang ohne Ergebnis gebrütet haben. Erst die Entspannung, die mit der Pause verbunden ist, lässt Ihrer Kreativität ausreichenden Freiraum, um sich zu entfalten. Schämen Sie sich deshalb nicht, Pausen zu machen. Bauen Sie sie vielmehr bewusst und gezielt in Ihren Tagesablauf und Ihr Gesamtprojekt mit ein.

- *Nutzen Sie Ihre Pausen auf sinnvolle Weise:* Auch das gehört dazu! Wenn Sie sich schon Pausen gönnen, dann gestalten Sie sie auch so, dass sie Ihnen Nutzen bieten und weiterhelfen! Verplempern Sie also Ihre Pausen beispielsweise nicht dadurch, dass

Nicht alles auf einmal!

Sie anstelle auf den Bildschirm Ihres Computers nun auf die Mattscheibe Ihres Fernsehers starren. Verfallen Sie aber auch nicht ins Gegenteil. Versuchen Sie nicht, in einer einzigen Pause oder einem Kurzurlaub alles das an Aktivitäten nachzuholen, auf was Sie wochenlang verzichtet haben. Es hilft wenig, wenn Sie nach der Arbeitsunterbrechung erschöpfter sind als vor ihr.

- *Konzentrieren Sie sich auf das, was aktuell zu tun ist:* Der frühere Bundeskanzler Helmut Kohl wurde einmal gefragt, wie er es in Zeiten größter Belastung geschafft habe, sich seine Energie zu bewahren. Seine Antwort lautete sinngemäß: „*Man muss geistige Schubladen haben. Ich habe mich immer nur auf das konzentriert, worum es gerade ging. Alles andere habe ich in solche Schubladen gepackt und sie zugemacht, bis das betreffende Thema anstand.*" Folgen Sie (in dieser Hinsicht) seinem Beispiel. Denken Sie nicht ständig daran, was Sie in den nächsten Tagen und Wochen (und Monaten!) noch alles zu tun haben, bis Sie eine Aufgabe bewältigt oder Ihr Ziel erreicht haben werden. Wer sich ständig das Gesamtprogramm vor Augen hält, wird irgendwann irre werden. Machen Sie einmal einen Grundplan und lenken Sie Ihr Augenmerk anschließend auf die Aufgaben, um die es jetzt geht. Alles andere kommt danach.

Meiden Sie den Kontakt zu zerstörerischen Zeitgenossen

Auch diese Empfehlung gehört noch zum Bereich der Sicherung der persönlichen Motivation und Schaffenskraft. Sie ist aber so wichtig, dass sie ein eigenes Kapitel verdient.

Kaum etwas hat eine so starke Wirkung auf die eigene Stimmung wie der Umgang mit anderen Menschen. Es gibt Begegnungen und Gespräche, nach denen man voller Optimismus und Tatendrang ist, und es gibt Kontakte, nach denen man jede Hoffnung verloren hat und die einem die eigene Leistungsfähigkeit auf Stunden hinaus rauben. Und diese Kontakte sollten Sie meiden!

Ein Beispiel sind die so genannten Bremser, die Ihnen ein Argument nach dem anderen dafür liefern, warum etwas, das Sie vorhaben, niemals funktionieren wird: „Klappt nie. Geht nicht. Geht nicht immer. Geht nicht bei jedem“, so lauten ihre Sprüche. Ein anderes Beispiel sind Personen, die einen mit Befürchtungen überhäufen: „Da habe ich Bedenken. Da bekommen Sie Ärger. Wer weiß, was Ihnen dann passiert ...“, das sind deren Texte. Ein drittes Beispiel sind diejenigen, die einen als Abladeplatz für ihre Probleme, Sorgen und Frustrationen missbrauchen. Kaum haben sie sich unter dem Vorwand eingeschlichen, einen Rat erbitten zu wollen, starten sie auch schon ihre endlose Litanei der Klagen über die Welt, so lange, bis sie alles an negativen Gedanken auf einen übertragen haben. Dann ziehen sie lachend davon, während man selbst zu keiner Regung mehr fähig ist. Die vielleicht gefährlichste Gruppe für die eigene Motivation und Energie ist aber die vierte. Es sind die Menschen, die einem mit größter Heiterkeit und Lässigkeit erklären, wie leicht doch alles ist und wie es ihnen „mit links“, ohne jede Mühe und Kraftanstrengung gelingt, aus Wasser Wein zu machen. „Na ja, wenn man sich ein wenig bei den Aktienfonds auskennt, dann ist ein großer Immobilienbesitz eigentlich schnell aufgebaut.“ Sätze dieser Art produzieren sie mit absoluter Selbstverständlichkeit am Fließband, während man selbst zu grübeln beginnt, was man für ein Volltrottel sein muss, dass man es im Leben nicht längst schon viel weiter gebracht hat.

Tun Sie alles, um Begegnungen mit solchen Menschen zu vermeiden. Nehmen Sie niemals von sich aus Kontakt zu ihnen auf. Sollten Sie ihnen begegnen, dann führen Sie keine langen Unterhaltungen oder Diskussionen. Bleiben Sie höflich, aber liefern Sie ihnen keine Stichwörter, um das Gespräch immer weiter auszudehnen. Erzählen Sie insbesondere niemals, wie es Ihnen geht oder was Sie vorhaben. Verbannen Sie sie aus Ihrem Leben oder doch wenigstens aus Ihrem normalen Alltag.

Verbessern Sie Ihre Realisierungsgeschicklichkeit

Die abschließenden Empfehlungen zur Realisierung der eigenen Ziele beziehen sich auf die Geschicklichkeit, mit der man dabei vorgeht, und damit auch auf die Schnelligkeit, mit der man zu einem gewünschten Ergebnis kommen kann. Anders formuliert: Es sind Empfehlungen, die der Verbesserung der persönlichen „Realisierungstechnik" dienen!

- *Machen Sie aus Ihren Anläufen keine Kunstwerke:* Es gibt Menschen, die nach einer Entscheidung wochen- oder monatelang Kreise drehen, bevor sie endlich mit der Realisierung beginnen. Sie gleichen Piloten, die längst die Starterlaubnis haben, aber mit ihrem Flugzeug nur die Rollbahn auf und ab fahren, anstatt endlich abzuheben, und finden eine Ausrede nach der anderen, warum sie mit der eigentlichen Arbeit noch nicht beginnen können. Wenn sie dann endlich losgelegt haben, können sie selbst kaum mehr erklären, warum es so lange gedauert hat. Verzichten Sie auf diesen Fehler. Durchdenken Sie Ihre Ziele und überprüfen Sie Ihre Vorhaben in aller Ruhe – aber wenn Sie sich entschlossen haben, ein bestimmtes Ziel zu verfolgen, dann legen Sie Ihre letzten Zweifel ab und gehen Sie mit aller Kraft und allem Nachdruck an die Verwirklichung.

- *Verwechseln Sie Hektik nicht mit Taten:* Es kommt auf Ihre Ergebnisse an, nicht auf den zeitlichen Aufwand, den Sie betreiben. Ein erfolgreicher Tag ist kein Tag, der voll gepackt und voller

Hetze ist, sondern einer, bei dem Sie mit Ihren Bemühungen ein Stück vorankommen. Vermeiden Sie deshalb jede Form von Aktionismus. Tun Sie etwas nicht nur, um überhaupt etwas zu tun. Konzentrieren Sie sich ausschließlich auf die Dinge, die wirklich etwas zur Realisierung beitragen, und lassen Sie sich nicht von den Menschen blenden, die im Laufschritt an Ihnen vorbeihasten. Denken Sie vielmehr an einen weiteren Satz des bereits erwähnten Georg Christoph Lichtenberg: *„Die Leute, die niemals Zeit haben, tun am wenigsten.“*

- *Keine Ersatzbeschäftigungen:* Ersatzbeschäftigungen sind die kreative Flucht vor echter Arbeit. Erst noch Ordnung schaffen, Erlebnisse erzählen, Diskussionen beginnen, die Telefonliste abklappern, Surfen im Internet – alles das sind Beispiele für Tätigkeiten, deren unterbewusstes Ziel oft darin besteht, mit ihnen genau so viel Zeit zu verschwenden, dass der Rest nicht mehr ausreicht, die wirklichen Aufgaben heute noch erledigen zu können. Schluss damit!

- *Erledigen Sie unangenehme Aufgaben zuerst.* Schieben Sie insbesondere die Aufgaben, die Ihnen unangenehm sind, nicht lange vor sich her. Je länger Sie warten, desto größer wird das Gewicht der betreffenden Angelegenheit und desto mehr werden Sie gedanklich von Ihren anderen Arbeiten abgelenkt. Am besten erledigen Sie Dinge dieser Art als erste am Tag. Die Vorteile sind enorm. Sie werden den Druck los, Sie gewinnen Ihre Freiheit und Handlungsfähigkeit zurück, und die Freude über die schnelle Bewältigung der Aufgabe verleiht Ihnen einen enormen Motivationsschub für alles, was noch ansteht.

- *Versinken Sie nicht im Perfektionsstreben:* Der Wunsch nach Perfektion ist wie Treibsand. Kaum hat man eine Bewegung gemacht, kaum hat man eine Verbesserung erzielt, versinkt man noch tiefer in ihr. Hüten Sie sich deshalb vor Perfektion um ihrer selbst willen. Der Wunsch nach Perfektion ist nicht identisch mit dem Wunsch nach hoher Qualität. Wer hohe Qualität möchte, der ist irgendwann zufrieden. „So ist es gut!", so lautet sein Gedanke. Wer nach Perfektion strebt, sieht die Welt auf andere Weise. Sein Credo lautet: „Es ist nie gut!" Damit aber wird er auch nie zu einem Abschluss finden.

- *Halten Sie sich nicht mit Kleinigkeiten auf:* Beschäftigen Sie sich nur mit den Problemen und Schwierigkeiten, die es wert sind und deren Lösung Sie weiterbringt. Es gibt genug davon. Fangen Sie aber nicht an, jedes kleine Hindernis als enorme Hürde zu betrachten. Viele Dinge erscheinen im ersten Augenblick weit komplizierter, als sie es in Wahrheit sind, viele Befürchtungen stellen sich als reine Hirngespinste heraus und so manches erledigt sich dadurch, dass man es ruhen lässt. Der deutsche Dramatiker Christian Friedrich Hebbel, der im 19. Jahrhundert in ärmlichsten Verhältnissen geboren wurde, der sich seine Bildung und sein Können als Autodidakt erarbeiten musste und der sicher mehr als eine Schwierigkeit auf seinem Lebensweg zu überwinden hatte, liefert uns in diesem Zusammenhang eine sehr schöne Anleitung: *„An kleinen Dingen muss man sich nicht stoßen, wenn man zu großen auf dem Wege ist."*

- *Bringen Sie die Dinge zum Abschluss:* Eine der wichtigsten Regeln überhaupt! Ob es um ein großes Projekt oder eine kleine Aufgabe geht, führen Sie die betreffende Arbeit bis zum Ende aus. Nur der vollständige Abschluss liefert Befriedigung, innere Ruhe und die Möglichkeit, sich dem nächsten Schritt zuzuwenden. Machen Sie also nicht den Fehler, beim 100-Meter-Lauf nur 99 Meter zu rennen und die letzten Zentimeter auf später zu verschieben. Biegen Sie nicht kurz vor dem Ziel ab. Nehmen Sie sich die Zeit, überwinden Sie Ihren inneren Widerstand, um auch noch den letzten Schritt zu tun oder den letzten Handgriff auszuführen, der nötig ist, um aus einer begonnenen Aufgabe eine abgeschlossene zu machen.

- *Achten Sie speziell in der Schlussphase auf besondere Sorgfalt:* Die meisten Unfälle passieren kurz vor Schluss. Alles ist so gut wie erledigt, das meiste liegt hinter einem, die eigene Konzentration lässt nach, man ist mit seinen Gedanken schon bei der nächsten Angelegenheit. „Jetzt kann nichts mehr passieren", so denkt man. Falsch! Gerade jetzt ist die Gefahr am größten. Bleiben Sie also bei Ihren Projekten und Aufgaben bis zum Abschluss wachsam und aufmerksam. Kontrollieren Sie die Dinge im Zweifel noch einmal. Vergewissern Sie sich, dass es auch wirklich geklappt hat.

Die Realisierung beginnt früher, als man glaubt!

Eine Einsicht und Empfehlung ist besonders geeignet, um alle vorhergegangenen abzurunden. *Die Realisierung der eigenen Ziele und Projekte beginnt weit im Vorfeld der betreffenden Angelegenheit.* Sie startet mit den Bereichen, über die wir zu Beginn des vierten Buchteils gesprochen haben – mit der Weiterentwicklung der eigenen Einstellung, Denkart und Handlungsroutine, mit der Stärkung der persönlichen Souveränität und mit der Aktivierung der eigenen geistigen Werkzeuge, also der Gewinnung von Einsichten, der Formulierung von Prinzipien und der Fähigkeit, zu klaren und richtigen Entscheidungen zu kommen. Alle diese Elemente sind grundlegende Voraussetzungen und Hilfsmittel dafür, ein konkretes Vorhaben in die Tat umzusetzen. Nur wer auch diese Themen immer im Blick behält und sich regelmäßig mit ihnen beschäftigt, der wird bei seinen (Lebens-)Zielen mit der Geschwindigkeit vorankommen, die er sich wünscht!

Ein Fazit

Selbstverständlich ist das Thema des Erreichens der eigenen Lebensziele ein so großes Feld, dass man noch vieles hinzufügen könnte. In unserem Kontext aber haben wir die zentralen Bausteine bzw. Schritte genannt. Die Grundlage von allem ist die Sinnfrage. Wer sie für sich persönlich zu beantworten versteht, der weiß, was in seinem Leben und was für sein Leben die höchste Bedeutung besitzt. Der zweite Schritt ist die Wahl und Formulierung der Lebensziele, zum einen mit Hilfe der Antworten auf die Sinnfrage, zum anderen anhand des Leitfadens unserer Definition von Lebenserfolg. Der nächste Schritt besteht darin, sein Können im Umgang mit seinen Zielen insgesamt zu erhöhen, beispielsweise indem man lernt, mit Selbstvertrauen und Enthusiasmus an seine Vorhaben zu gehen, sich an die Größenordnung der Aufgabenstellung anzupassen oder die Qualität seiner kurz- und mittelfristigen Ziele richtig einzuschätzen. Und die vierte und abschließende Maßnahme ist die Erhöhung der eigenen Realisierungsgeschicklichkeit und die Befolgung einer professionellen Realisierungstechnik.

Damit kommen wir zu einem weiteren Kernpunkt von Life Excellence. Wenn es ein Ziel und eine Aufgabe gibt, die wirklich von Bedeutung für die eigene Lebensqualität und das eigene Lebensglück ist, dann ist es die Sicherung und Förderung der eigenen Freiheit. Genau darum geht es im folgenden Kapitel.

Fördern Sie Ihre Freiheit!

Welchen Stellenwert das Thema der Freiheit für ein erfolgreiches und glückliches Leben hat, muss nicht lange erklärt werden. Der Wunsch nach Freiheit ist eine der entscheidenden Triebfedern im Leben überhaupt. Gleichzeitig aber haben wir gesehen, dass die Entwicklungen im beruflichen und privaten Alltag der meisten von uns dazu führen, dass die Erfüllung gerade dieses Wunsches immer schwieriger zu werden scheint. Lassen Sie uns deshalb ohne großen Anlauf auf den folgenden Seiten sehen, mit welchen Maßnahmen es uns gelingen kann, unsere Freiheit zu erhalten und zu erweitern.

Definieren Sie, was Freiheit für Sie bedeutet

Am besten starten wir damit, dass wir uns überlegen, worum es überhaupt geht.

Verwechseln Sie Freiheit nicht mit „absoluter Freiheit"

Viele Menschen haben bei ihrem Versuch, ihre Freiheit zu sichern, deshalb so viele Schwierigkeiten, weil sie übersehen, dass es so etwas wie die „absolute Freiheit" nicht gibt. Die Erklärungen dafür sind ebenso vielfältig wie einleuchtend.

Die erste ist prinzipieller Natur. Unsere Wahl- und Entscheidungsfreiheit kann zu einem Zeitpunkt noch so groß sein, wie sie will, sobald wir Gebrauch von ihr machen, geht uns ein Teil von ihr verloren. Wir legen uns fest und schaffen Tatsachen, die automatisch auch mit bestimmten Einschränkungen oder Zwängen verbunden sind. Ein Beispiel, über das wir bereits gesprochen haben, ist die Wahl unserer Ziele. Die Ressourcen, die wir für das eine Ziel einsetzen, fehlen uns beim anderen. Und auch die Entscheidung, uns nicht zu entscheiden, hat irgendwann Folgen, die wir nicht mehr aus der Welt räumen können und die uns Schranken setzen, z. B. dadurch, dass die betreffende Option nach einer gewissen Zeit nicht mehr besteht.

Die zweite Erklärung ist dagegen eine ganz praktische. Absolute Freiheit wäre nur möglich, wenn wir auf alles verzichten würden, was diese Welt für uns bereithält. Die Beziehungen zu anderen Menschen, der Antrieb, sich persönlich weiterzuentwickeln, das Streben nach besonderen Leistungen, die Freude daran, das Leben zu genießen, alles das führt immer auch dazu, dass wir Verbindungen und Verpflichtungen eingehen, für die wir einen Teil unserer Freiheit aufgeben müssen (selbstverständlich oftmals auch, um dafür an anderer Stelle den eigenen Freiraum wieder ein Stück erhöhen zu können).

Die dritte Erklärung schließlich hat prinzipielle und praktische Züge: Der Anspruch auf die große, uneingeschränkte Freiheit ist einfach zu hoch gegriffen. Nehmen Sie als ein Beispiel die geschilderten steigenden Herausforderungen im Berufsleben. Natürlich könnte man argumentieren, es gäbe genügend Menschen, die sich dieser Entwicklung entziehen können, z. B. weil sie reich geerbt (oder geheiratet) haben, weil ihr Lotterielos genau das richtige war, oder weil das Unternehmen, in dem sie tätig sind, seit Generationen ihrer Familie gehört. Stimmt, so etwas gibt es tatsächlich. Aber, und das ist der entscheidende Punkt, es ist eben die große Ausnahme. Die normale Lage sieht völlig anders aus. Und noch mehr. Die Erfahrung zeigt, dass gerade die Menschen, die nach gängigen Maßstäben alles besitzen, was nötig ist, um ein ungebundenes und uneingeschränktes Leben zu führen, ein ausgeprägtes Gefühl der Unfreiheit verspüren – eben genau deshalb, weil keine externen Faktoren vorgeben, woran sie sich zu halten haben, und weil sie somit gezwungen (!)

sind, ständig aus sich selbst heraus und nur auf Basis ihrer eigenen Entscheidungen zu bestimmen, welche Form und welchen Inhalt sie ihrem Leben geben. Auch das ist eine Spielform des so genannten „Freiheitsparadoxons".

Begehen Sie deshalb nicht den Fehler, die absolute („theoretische") Freiheit zum Maßstab Ihres Freiheitsbegriffes zu machen. Beklagen Sie sich nicht über Grenzen und Einschränkungen, die ein normaler Bestandteil des menschlichen Lebens sind. *Konzentrieren Sie sich vielmehr darauf, Ihre realen Freiheitsmöglichkeiten auszuschöpfen – denn die sind weit größer, als Sie glauben!*

Setzen Sie sich Freiheitsziele

Der zweite Engpass besteht darin, dass viele den Freiheitsbegriff nicht ausreichend durchdenken. Sie sehen nur bis zur Oberfläche und machen sich zu wenig bewusst, dass er eine Vielzahl von Aspekten und Dimensionen hat, die durchaus auch miteinander konkurrieren können. Beispielsweise wird ein Zugewinn an finanzieller Freiheit oft nur dann möglich sein, wenn man bereit ist (jedenfalls während einer bestimmten Phase), auf einen Teil seiner zeitlichen Freiheit zu verzichten.

Der erste Schritt besteht deshalb darin, sich selbst klar zu machen, auf welchen Gebieten man seine Freiheit vor allem erhöhen möchte. Die folgenden Fragen sollen Sie dabei unterstützen:

- *Auf welchen Gebieten, in welchen Bereichen* Ihres Lebens möchten Sie mehr Freiheit gewinnen? Wo fehlt sie Ihnen besonders?

- Welche *Art von Freiheit* möchten Sie gewinnen? Was wollen Sie steigern? Ihre zeitliche Freiheit? Ihre finanzielle Freiheit? Ihre

Entscheidungsfreiheit? Ihre Handlungs- und Gestaltungsfreiheit? Ihre Denkfreiheit?

- Um welches *Maß an zusätzlicher Freiheit* geht es Ihnen jeweils? Wie viele Stunden wollen Sie pro Tag, pro Woche, pro Monat mehr zeitliche Freiheit? Wie stark soll sich Ihre finanzielle Freiheit erhöhen? In welcher Hinsicht, in Bezug auf welche Aspekte möchten Sie eine größere Entscheidungs- und Gestaltungsfreiheit?

- *Wofür möchten Sie Ihre zusätzliche Freiheit dann nutzen?* Was wollen Sie mit ihr anfangen? Worum geht es Ihnen im Einzelnen?

- *Wie lauten die Freiheitsziele, die für Sie an oberster Stelle stehen?* Welche möchten Sie als erste erreichen? Womit werden Sie anfangen?

Überlegen Sie, was Sie in Ihrer Freiheit am meisten einschränkt

Aber nicht allein der Freiheitsbegriff und die Freiheitsziele werden üblicherweise zu wenig durchdacht, sondern ebenso die Frage, welche Faktoren es denn überhaupt sind, die einem die eigene Freiheit rauben. Auch hier blicken die meisten nur auf die Oberfläche der allgemeinen Tendenzen und überlegen nicht weiter, was ihnen (als Folge der Entwicklungen) in ihrer ganz individuellen Situation einen Teil ihrer Freiheit nimmt. Dadurch aber haben sie auch keine Chance, geeignete Gegenmaßnahmen zu entwickeln. Sie können weder erkennen, wo sie anzusetzen haben, noch, was sie an Machtmöglichkeiten besitzen, und auch nicht, auf welchen Feldern sie sich ihre Freiheit hauptsächlich selbst rauben! Nutzen Sie deshalb die folgenden Fragen, um auch in dieser Hinsicht zu einer klaren Einschätzung der Lage zu kommen:

- Welche Faktoren sind es ganz konkret, die Ihnen auf dem betreffenden Feld Ihre Freiheit nehmen? Was sind die *eigentlichen Ursachen*?
- Rauben Ihnen diese Faktoren tatsächlich *Ihre gesamte Freiheit oder nur einen Teil*? Bezieht sich ihre negative Wirkung auf alles oder nur auf einzelne Aspekte?
- *Was tragen Sie selbst dazu bei*, dass Ihre Freiheit geringer ist, als Sie es sich wünschen? Womit beschränken Sie sich selbst, bewusst oder unbewusst? Und warum?
- Was haben Sie auf dem betreffenden Gebiet für Möglichkeiten, *Ihre Freiheit zu erhöhen*? Was haben Sie bisher übersehen? Was schöpfen Sie noch nicht aus? Womit sollten Sie beginnen?

Nutzen Sie alle Möglichkeiten, die Ihnen Life Excellence bietet

Der erste Schritt zur Erhaltung und Steigerung der persönlichen Freiheit ist also eine umfassende Beschreibung der eigenen Lage und der eigenen Ziele auf diesem Gebiet. Wie aber können wir nun vorgehen, um diese Ziele in die Tat umzusetzen? Was können wir ganz konkret tun?

Über einen großen Teil der Antworten auf diese Frage haben wir bereits intensiv nachgedacht. Alle Elemente von Life Excellence tragen auf ihre Weise dazu bei, die eigene Freiheit zu sichern und zu erweitern. Betrachten Sie deshalb bitte im Folgenden, welche

Machtmöglichkeiten Ihnen die verschiedenen Bereiche im Einzelnen bieten. Da wir uns mit den Faktoren selbst ja schon ausführlich beschäftigt haben, sollen Stichworte genügen:

Ihre Einstellung, Ihre Denkweise und Ihr Verhalten: der wichtigste Faktor für Ihre Freiheit überhaupt. Sie können mit Optimismus und Zuversicht an Ihre Aufgaben herangehen, Sie können sich auf Ihre Chancen konzentrieren, Sie können bei allem heiter und gelassen bleiben oder das genaue Gegenteil davon tun. Im ersten Fall werden Sie Ihr Freiheitspotenzial ausschöpfen, im zweiten werden Sie zu Ihrem eigenen Gefängniswärter.

Die Steigerung der persönlichen Souveränität: Der Zusammenhang ist auf Anhieb sichtbar. Sich selbst zu beobachten und zu „beherrschen“, auf überlegte und damit überlegene Weise zu handeln, über den Dingen zu stehen und sich nicht von allem berühren zu lassen, sich seinen Humor zu erhalten, alle diese Fähigkeiten (um nur einige zu nennen) dienen der Sicherung und Erhöhung der eigenen Freiheit ganz unmittelbar.

Die Gewinnung von Einsichten, die Entwicklung und Befolgung von Maximen, das Finden und Treffen der richtigen Entscheidungen: Jedes dieser Elemente ist für ein freies und eigenständiges Leben unverzichtbar. Wer die Zusammenhänge nicht durchschaut, der wird in eine Freiheitsfalle nach der anderen geraten, wer keine festen Grundsätze entwickelt, wird dieselben Fehler immer wieder begehen, und wer zu keinen klaren Entscheidungen kommt, der ist insgesamt verloren. Er pendelt so lange zwischen seinen Möglichkeiten hin und her, bis ihm das Heft des Handelns aus der Hand genommen wird und andere bestimmen, was mit ihm geschieht. Der französische Denker, Schriftsteller, Jurist und Politiker Michel de Montaigne, der in seinen Ende des 16. Jahrhunderts erschienenen „Essais“ wie kaum ein anderer das menschliche Leben (am eigenen Beispiel) durchdacht hat und dessen Einsichten (die bis heute nichts an ihrer Gültigkeit eingebüßt haben) wie von einem roten Faden vom Wunsch nach persönlicher Freiheit durchzogen werden, beschreibt diese Zusammenhänge unter der Überschrift „*Über die Unbeständigkeit unseres Tuns*" wunderschön: „*Wir schaukeln zwischen verschiedenen Entschlüssen: Nichts wollen wir aus freien Stücken, nichts unbedingt, nichts beharrlich. Wer sich in seinem Geiste bestimmte Gesetze und eine feste Verfassung vorgenommen und aufgerichtet hätte, an dem würden wir sein ganzes Leben hindurch eine leuchtende Stetigkeit der Sitten, eine unfehlbare Ordnung und Übereinstimmung von einem Ding zum anderen wahrnehmen.*"

Die Entscheidung, sein Leben selbst zu bestimmen: Wenn es eine zentrale Voraussetzung für ein freiheitliches Leben gibt, dann ist es diese!

Die Beantwortung der Sinnfrage und die Kenntnis und Definition der eigenen Lebensziele: Vielleicht mag hier der Zusammenhang nicht auf den ersten Blick erkennbar sein. Wenn man aber etwas näher über ihn nachdenkt, dann wird einem klar, worum es geht. Wer den Sinn seines Lebens nicht beschreiben kann und wem eindeutige Lebensziele fehlen, dem fehlt auch der eigentliche Grund dafür, seine Freiheit zu verteidigen. Aber nicht nur das. Ihm fehlt auch jede Vorstellung darüber, wozu er seine Freiheit überhaupt nutzen sollte. Er kommt in dieser Hinsicht dem Schimpansen gleich, den man nach Jahren im Zoo wieder in seine Heimat bringt und der nichts anderes tun kann, als darauf zu warten, dass ihn wieder jemand einfängt. Ganz anders ist die Lage für den, der sich seiner Lebensziele bewusst ist. Er verfügt nicht nur automatisch über die Motivation, die er braucht, um seine Freiheit gegen Angriffe von außen zu verteidigen, sondern er kann das, was ihm an Freiheit zur Verfügung steht, auch auf die bestmögliche Weise nutzen.

Die Entwicklung zum „Realisierungsexperten": Der Zusammenhang ist so offensichtlich, dass man ihn kaum zu beschreiben braucht. Je geschickter man im Umgang mit seinen Zielen ist, je schneller und umfassender es einem gelingt, diese Ziele zu erreichen, desto leichter fällt es einem natürlich auch, sich seine Freiheit zu erhalten. Ob beruflich oder privat, nur wer seine Vorhaben verwirklichen kann, kann auch seine Freiheit sichern.

Das Fazit an dieser Stelle ist klar. Alles das, womit wir uns bisher beschäftigt haben, dient in höchstem Maße auch der Erhaltung und Förderung der persönlichen Freiheit. *Nutzen Sie deshalb die gesamte Bandbreite der Möglichkeiten, die Ihnen Life Excellence bietet.* Wann immer Sie sich mit dem Thema der Freiheit beschäftigen, wann immer Sie ein konkretes Freiheitsziel verfolgen, studieren Sie nicht allein dieses Kapitel, sondern auch die vorangegangenen.

Befolgen Sie die entscheidenden Freiheitsregeln

Selbstverständlich gibt es aber auch Empfehlungen für den klugen und gekonnten Umgang mit der eigenen Freiheit, die an dieser Stelle direkt genannt werden sollten. Lassen Sie uns sofort mit der ersten beginnen.

Schöpfen Sie Ihre Machtmöglichkeiten umfassend aus

Viele Menschen klagen regelmäßig über fehlende Freiheit, ohne aber auch nur ansatzweise die Freiräume zu nutzen, die ihnen tatsächlich zur Verfügung stehen. Sie beschweren sich über zu wenig Einfluss im Beruf und über zu viele Zwänge im Privaten. Die Zeit reicht ihnen nie, das Geld erst recht nicht. Sobald es aber darum geht, aus den vorhandenen Chancen etwas zu machen, herrscht bei ihnen Stillstand. „Bringt nichts, lohnt sich nicht, genügt nicht", so erklären sie ihr Nichtstun. Sie gleichen Menschen, die ihren Koffer im Hotel gar nicht erst öffnen, weil sie wissen, dass sie in 14 Tagen sowieso wieder zurückreisen müssen.

Machen Sie es besser. Behalten Sie im Blick, welche Freiheiten

Sie haben, und ergreifen Sie Ihre Möglichkeiten. Verzichten Sie nicht auf die eine bestimmte Option, nur weil es daneben andere gibt, die Sie nicht haben. Rütteln Sie nicht an verschlossenen Türen, sondern gehen Sie durch die, die Ihnen offen stehen. Je entschlossener Sie Ihre Freiräume nutzen, desto zufriedener werden Sie, desto weiter kommen Sie und desto mehr Entscheidungs- und Gestaltungsmöglichkeiten erschließen Sie sich in der Zukunft.

Halten Sie Maß!

In der antiken Weisheitslehre gibt es kaum eine Empfehlung, die mit solchem Nachdruck ausgesprochen wird, meist im Zusammenhang mit dem eigenen Lebensglück, wie diese. Knapp und präzise sagte es der Athener Philosoph Platon schon vor über 2400 Jahren: *„Nichts allzu sehr!“*

Was für das eigene Lebensglück gilt, gilt aber ebenso für die eigene Freiheit. Alles, was unsere Kräfte überfordert, legt uns in Ketten. Ein offensichtliches Beispiel sind unsere materiellen Wünsche und die mit ihnen verbundenen Folgen. Je größer das Verlangen nach einem bestimmten Gegenstand ist, je höher die Verpflichtungen sind, die wir eingehen, um ihn zu erhalten, desto stärker werden wir gebunden, sowohl finanziell als auch geistig und emotional. Ein anderes Beispiel sind die eigenen beruflichen Projekte. Sicher, es sollte vorangehen, aber an allen Fronten gleichzeitig? Irgendwann werden die Sachzwänge so groß, dass wir von Freiheit nur noch träumen können. Und ein drittes Beispiel ist unsere Gesundheit. Fitness ist eine Sache, Fanatismus eine andere. Ein Dauerlauf ist gut, ein Anrennen gegen die Weltrekordzeit über 10000 Meter blanker Schwachsinn. Es fördert die Gesundheit nicht, sondern ruiniert sie und damit auch die eigene Freiheit.

Halten Sie also Maß. Übertreiben Sie die Dinge nicht. Achten

Sie auf Ihre Grenzen. Verzichten Sie auch einmal auf etwas. Machen Sie sich insbesondere bewusst, dass Sie das, was Sie unbedingt erreichen oder gewinnen möchten, niemals werden richtig nutzen oder genießen können, wenn Sie im Gegenzug dafür Ihre Freiheit verloren haben. Lassen Sie sich also niemals von einem bestimmten Gedanken, Ziel oder Vorhaben so sehr benebeln, dass Sie Ihre Freiheit aufgeben. Sie ist durch nichts zu ersetzen!

Lehnen Sie ab, sagen Sie Nein

Erhöhen Sie Ihren Mut, Ihre Entschlossenheit und Ihre Fähigkeit, etwas abzulehnen. Es gibt kaum ein anderes „Instrument", das so wichtig für Ihre Freiheit ist. Doch im Einzelnen:

Wir alle sind von Heerscharen von Freiheitsdieben umgeben. Ihre Einbruchswerkzeuge sind harte Forderungen, wehleidige Bitten oder zuckersüße Versprechungen. Die einzige Möglichkeit, ihnen den Zutritt zu unserer Freiheit zu verwehren, ist ein klares, eindeutiges und unwiderrufliches Nein. Um welche Größenordnung es dabei geht, sagen uns die Worte des Lyrikers und Dramatikers Nicolas de Chamfort, der in der Epoche der Französischen Revolution gelebt hat: *„Fast alle Menschen sind Sklaven aus demselben Grund, den die Spartaner für die Sklaverei der Perser angaben: dass sie nicht Nein sagen konnten. Dies Wort auszusprechen wissen und allein leben können – das sind die einzigen Mittel, Freiheit und Charakter zu bewahren."* Anders formuliert und in einem Satz – ohne Nein keine Freiheit!

Selbstverständlich gibt es aber viele Situationen im Leben, in denen man Hemmungen hat, eine Forderung oder Bitte, die einen in eine schwierige Situation bringen würde, ohne weiteres abzulehnen. Die folgenden Regeln können Ihnen bei dieser Aufgabe vielleicht helfen:

- *Trauen Sie sich!* Am häufigsten unterbleibt das Nein, weil man sich vor den negativen Folgen fürchtet. In den meisten Fällen sind diese Sorgen aber völlig unbegründet! Der andere war selbst schon einmal in einer ähnlichen Situation, er hat Verständnis, es gibt eine Ausweichlösung, man findet einen Kompromiss. Lassen Sie sich also von Ihren Befürchtungen nicht bremsen. Das Schlimmste, was Ihnen passieren kann, ist, dass Sie sich einmal nicht durchsetzen.

- *Bleiben Sie höflich und liebenswürdig:* Der Ton macht die Musik! Ein Lächeln entschärft so manches!

- *Liefern Sie eine präzise und sachliche Begründung:* Je anschaulicher die Argumente sind, mit denen Sie (z. B. im Berufsleben) eine Forderung abzulehnen versuchen, desto größer sind Ihre Chancen, Ihren Partner zu überzeugen.

- *Bereiten Sie sich vor:* Besonders wichtig! Fangen Sie nicht erst dann an, nach Argumenten zu suchen, wenn die Forderung schon ausgesprochen ist. Überlegen Sie im Vorfeld, was in dieser Hinsicht in einem bestimmten Zusammenhang auf Sie zukommen könnte. Überlegen Sie ebenso, mit welchen Arten von Forderungen Sie bei Ihrer Tätigkeit immer wieder konfrontiert werden, und entwickeln Sie überzeugende Gegenargumente.

- *Bitten Sie um Bedenkzeit:* Sie müssen nicht auf jedes Anliegen sofort antworten. So gewinnen Sie die Möglichkeit, den Fall zu prüfen und für Ihre Entscheidung die richtigen Argumente zu finden.

- *Liefern Sie Alternativen:* Sagen Sie nicht nur, was Sie nicht wollen, sondern bieten Sie Ihrem Partner Alternativen. Machen Sie ihm ein Gegenangebot, das seine und Ihre Interessen gleichermaßen und fair berücksichtigt.

- *Lassen Sie sich nicht erweichen:* Bleiben Sie penetranten Bittstellern gegenüber hart. Sagen Sie nicht zuerst entschlossen „Nein“ und zum Schluss weichlich „Na ja, vielleicht“. Wer verspricht, nur Ihren kleinen Finger zu nehmen, der will dann eben doch Ihre ganze Hand.

- *Machen Sie sich klar, was Sie gewinnen!* Entwickeln Sie nicht erst dann ungeahnte Kräfte, wachsen Sie nicht erst dann über sich hinaus, wenn Sie sich nach Ihrer Zusage über sich selbst und Ihre Nachgiebigkeit zu ärgern beginnen. Setzen Sie Ihre Energie und Ihren Einfallsreichtum vielmehr am Anfang ein, dann, wenn Sie die Dinge noch entscheiden können. Machen Sie sich deshalb deutlich bewusst, welche negativen Folgen für Sie entstehen, wenn Sie sich nicht mit aller Entschlossenheit für Ihre Freiheit einsetzen!

Trennen Sie sich von jeder Form der Geltungssucht

Geltungssucht ist nicht nur lächerlich, sie ist auch gefährlich. Sie ist eine der größten Ursachen dafür, dass man sich seine Freiheit selbst zerstört. Warum?

Geltungssucht macht abhängig von der Meinung anderer. Wer geltungssüchtig ist, lebt ständig außerhalb seiner selbst. Er orientiert sich nicht daran, was für ihn das Beste ist, sondern daran, wie er, jedenfalls nach seiner Überzeugung, Beifall und Bewunderung gewinnen kann. Und das wiederum führt dazu, dass sein Verstand auf der Strecke bleibt. Er lebt am Rande seiner finanziellen Möglichkeiten (oder darüber hinaus), er verfolgt Ziele, die seine Kräfte weit übersteigen, und er startet Aktionen, die ihm nichts als Ärger bringen, und das alles nur deshalb, weil er im Mittelpunkt des Geschehens stehen will. Nehmen Sie als ein Beispiel das Verlangen vieler wirtschaftlich erfolgreicher Menschen, irgendein Amt zu bekleiden, das ihnen öffentliche Anerkennung bringt. Zuerst sind sie wohlhabend, aber unbekannt, anschließend berühmt, aber der Pleite nahe, weil sie einen Teil ihres Vermögens in den lokalen Fußballklub investiert haben. Ein anderes Beispiel ist mangelnde Diskretion, deren Nachteile wir ja schon an anderer Stelle angesprochen haben. Anstatt einen bestimmten Plan bis zu seiner Vollendung geheim zu halten und damit die eigene Gestaltungs- und Handlungsfreiheit zu wahren, kommen große und umfangreiche Ankündigungen – und anschließend ein Wettlauf gegen die Zeit, damit einem die anderen, die nun alles wissen, nicht zuvorkommen können.

Aber alles das ist nicht einmal die Hauptursache. Der eigentliche Grund dafür, dass Geltungssucht unfrei macht, liegt darin, dass man sich mit ihr zum Sklaven des Urteils und der Vorstellungen anderer macht. Man ist nur dann zufrieden oder glücklich, wenn man die ungeteilte Zuwendung und Zustimmung seiner Umwelt erhält. Die eigene Überlegung lautet nicht etwa: „Was möchte ich?“, sondern vielmehr: „Was möchten die anderen?“ Schlimmer geht es kaum!

Machen Sie Ihre Freiheit zu einem Ihrer Hauptziele

Die abschließende Empfehlung hat Grundsatzcharakter. Machen Sie Ihre Freiheit zu einem Hauptthema in Ihrem Leben. Gehen Sie nicht nachlässig mit ihr um. Fragen Sie sich bei allem, was Sie tun, wonach Sie streben, was Sie erreichen oder besitzen möchten, welche Folgen sich für Ihre persönliche Freiheit und die Freiheit der Menschen, die Ihnen besonders am Herzen liegen, ergeben.

Kämpfen Sie auch härter darum, sich Ihre Freiheit zu erhalten, sowohl in den großen als auch in den kleinen Dingen des Lebens. Denken Sie nicht nur darüber nach, was Ihnen passieren könnte, wenn Sie gegenüber anderen für Ihre Freiheit eintreten, sondern insbesondere auch darüber, was passieren wird, wenn Sie Ihre Freiheit einbüßen. Ganz deutlich ist auch in diesem Zusammenhang Baltasar Gracián: „*Die Freiheit ist kostbarer als jedes Geschenk, das dich verleiten mag, sie aufzugeben.*"

Und schließlich: Betrachten Sie die Entwicklung Ihrer Freiheit als ein langfristiges Ziel und als eine Daueraufgabe. Es gibt im Leben jedes Menschen Phasen, in denen er das Gefühl hat, dass seine Freiheit weit stärker eingeschränkt ist, als er es jemals für möglich gehalten hätte. Lassen Sie sich von solchen Empfindungen nicht bremsen, falls sie bei Ihnen auftauchen sollten. Wie auch an anderer Stelle gesagt, Sie sind nicht der (oder die) Einzige. Nehmen Sie eine solche Situation lieber zum Anlass, um von jetzt an Ihr Leben so zu gestalten und zu führen, dass sich Ihre Freiheit Schritt für Schritt (wieder) dem Niveau annähert, das Sie sich wünschen!

Ein Fazit

Besonders auch am Beispiel der Freiheit zeigt sich der Charakter von Life Excellence als Schlüssel für den Lebenserfolg. Auf der einen Seite ist die Erhaltung der eigenen Freiheit sicher ein Thema der Lebenskunst, also ein Thema der klugen und gekonnten Lebensgestaltung und Lebensführung. Gleichzeitig aber beruht sie auch auf Feldern, deren Schwerpunkt eher auf den Gebieten der eigenen Selbstmächtigkeit und des eigenen Erfolgstalents liegt. Erst alle drei Fähigkeiten gemeinsam ermöglichen also das, worum es bei einem erfolgreichen und glücklichen Leben vor allem geht. Ganz genauso verhält es sich beim folgenden Kapitel.

Erhalten Sie sich Ihre positive Stimmung

Lebenserfolg bedeutet immer auch, sich seine Lebensfreude und Lebenszufriedenheit zu bewahren. Diese aber sind wiederum untrennbar verbunden mit dem Thema der persönlichen Stimmung. Lassen Sie uns deshalb auf den folgenden Seiten überlegen, wie es uns gelingen kann, unser Leben in einer positiven, heiteren und optimistischen Grundstimmung zu verbringen!

Zwei kurze Vorbemerkungen erscheinen dabei unverzichtbar. Erstens: Für die Sicherung und Förderung einer positiven Stimmung gilt das Gleiche wie für die Erhaltung und Erweiterung der persönlichen Freiheit. Alles das, was wir bisher im Buch besprochen haben, liefert die Basis für unsere aktuellen Gedanken und Empfehlungen. Zweitens: Das Thema des Umgangs mit der eigenen Stimmung ist so umfangreich und hat so viele Facetten, dass man es im Rahmen eines Werkes zu einem anderen Kernthema nur dann behandeln kann, wenn man eine Auswahl trifft und sich auf die Aspekte konzentriert, die besonders wichtig erscheinen. Und genau das sollten wir an dieser Stelle versuchen.

Entwickeln Sie Ihr persönliches System der Stimmungspflege!

Die erste große Empfehlung lautet: Betrachten Sie auch die Gestaltung Ihrer Stimmung als eigenständige Aufgabe. Ihre Stimmung ist die Basis Ihrer Lebensqualität, Ihrer Erfolgsfähigkeit und Ihres Lebensglücks. Entwickeln Sie deshalb als tragendes Element Ihrer Lebenskunst ein persönliches System der Stimmungspflege, das Ihnen hilft, Ihre Stimmung aktiv zu beeinflussen und im positiven

Sinne zu fördern. (Für die Freunde der neudeutschen Sprache könnte man es auch so formulieren: Betreiben Sie Ihr persönliches „Stimmungsmanagement“!)

Überlassen Sie Ihre Stimmung nicht dem Zufall

Es ist geradezu ein Markenzeichen vieler Menschen, so viel wie möglich in ihrem Umfeld selbst bestimmen zu wollen. Von der Möblierung ihrer Wohnung bis hin zur Beeinflussung oder gar Bevormundung ihrer Mitmenschen, sie lassen nichts unversucht, um die Verhältnisse zu schaffen, die ihnen vorschweben. Auf einem Gebiet aber ergeben sie sich ohne den geringsten Widerstand in ihr vermeintliches Schicksal – bei ihrer eigenen Stimmung. Ihre Stimmung, so scheint es, ist aus ihrer Sicht etwas, das ihnen von äußeren und inneren Einflüssen aufgezwungen wird und bei dem sie auch nicht den Hauch einer Chance haben, selbst in das Geschehen einzugreifen.

Noch mehr. Viele Menschen scheinen in Bezug auf ihre Stimmung fast so etwas wie masochistische Neigungen zu entwickeln. Auf der einen Seite murren und klagen sie darüber, wie schlecht es ihnen geht, auf der anderen Seite tun sie aber alles, um ihre negativen Empfindungen noch zu verstärken. „Das ist heute nicht mein Tag, mir geht es ja so schlecht, ich kann gar nicht erzählen, wie kaputt ich mich fühle, aber da kann man nichts machen, manchmal fühlt man sich eben so …“, so oder so ähnlich bohren sie immer weiter in der Wunde und betonieren ihr schlechtes Befinden selbst. Und sollte von anderen ein Wort der Aufmunterung kommen, so wird es nur zum Anlass genommen, dieselbe Platte von vorn aufzulegen: „Sie haben leicht reden, Sie sehen das positiv, aber das ist falsch, es ist nicht positiv, sondern negativ, negativ, negativ …“

Machen Sie diesen Unfug nicht mit. Natürlich gibt es im Leben Ereignisse, die einen belasten, traurig machen und deprimieren, und selbstverständlich gibt es Fälle, in denen man seinen seelischen Schmerz ganz bewusst ertragen und ausleben muss, um ihn verarbeiten zu können. Wenn man aber das Leben in seiner Gesamtheit sieht, dann sind das eben doch (glücklicherweise) Ausnahmesituationen. Die Dinge, die uns im Alltag die Stimmung rauben, fallen dagegen entweder in die Kategorie „absoluter Kleinkram“ oder „lösbares Problem“, insbesondere, wenn man über den Moment hinaus eine etwas längerfristige Perspektive wählt. *Gehen Sie die Pflege Ihrer Stimmung deshalb so offensiv wie möglich an. Machen Sie sich nicht zum Spielball der Ereignisse oder zum Gefangenen Ihrer Emotionen. Nutzen Sie auch hier die Möglichkeiten, die Sie haben, konsequent aus!*

Mehr Optimismus!

Im Zusammenhang mit dem Begriff des Optimismus gibt es so manches Missverständnis. Oft wird er so interpretiert, als ginge es darum, nur noch, wie es heißt, „positiv zu denken“. Das aber ist keineswegs die richtige Lösung! Wer sich bemüht, *nur noch* die positiven Elemente zu sehen, wer alles übergeht und kleinredet, was an Missständen existiert oder an Schwierigkeiten und Gefahren auf ihn zukommen könnte, der betreibt das glatte Gegenteil von Lebenskunst. Er kann nicht rechtzeitig Vorsorge treffen, er verdrängt die Probleme, anstatt sie zu lösen, und er wird umso enttäuschter sein, wenn er entdecken muss, dass die Dinge doch nicht so laufen, wie er sie sich in seinem Wunschdenken ausgemalt hat.

Optimismus bedeutet etwas anderes. Bei ihm geht es darum, in einem Gesamtbild auch die hellen Elemente wahrzunehmen und angemessen zu gewichten, anstatt nur auf die Grau- und Schwarztöne zu blicken. Optimismus heißt also nicht, die negativen Elemente auszugrenzen, sondern *die positiven mit einzubeziehen und sich, wenn es um ein Abwägen der verschiedenen Einflussfaktoren und Entwicklungsmöglichkeiten geht, im Zweifel für und nicht gegen eine positive Bewertung der Lage zu entscheiden.* Der deutsche Schriftsteller Ernst Jünger, dessen Lebenserfahrung sicher fast einzigartig war, fasste es präzise zusammen: „*Der Optimismus ist ein unmittelbares Zeichen der Gesundheit und ist umso verdienstvoller, je schärfer er die Gefahr ins Auge fasst. Auf alle Fälle führt die Hoffnung weiter als die Furcht.*"

Gehen Sie deshalb in Zukunft mit mehr Hoffnung und Zuversicht an die Dinge heran. Behalten Sie die positiven Elemente in einer Situation und bei einem Ereignis immer im Blick. Denken und Handeln Sie nach der Maxime: „Jawohl, ich werde es schaffen", und deprimieren Sie sich nicht mit ungerechtfertigten oder übertriebenen Negativphantasien.

Schreiben Sie auf und lesen Sie nach, was in Ihrem Leben positiv ist

Die nächste Empfehlung schließt unmittelbar daran an. *Lassen Sie sich von einer momentanen Situation oder von einem isolierten Einzelereignis nicht das Bewusstsein dafür rauben, was in Ihrem Leben insgesamt positiv ist!*

Konkret. Wir alle neigen dazu, uns ausschließlich auf das zu konzentrieren, was gerade um uns herum vorgeht. Alles andere gerät in den Hintergrund, insbesondere die Elemente, die uns im Leben schon so lange begleiten, dass wir uns längst an sie gewöhnt haben. Die Folge davon ist, dass uns völlig die Wahrnehmungsfähigkeit dafür verloren geht, was in unserem Leben positiv ist, worüber wir uns freuen sollten, anstatt es als Selbstverständlichkeit zu betrachten, und was damit ein Gegengewicht zu den aktuellen Belastungs- oder Negativfaktoren bildet.

Lassen Sie diese Dinge nicht länger in der Versenkung verschwinden. Machen Sie sich regelmäßig bewusst, was Sie längst erreicht haben, welche Erfolge Sie bereits hatten, wie günstig die Verhältnisse in einer bestimmten Hinsicht sind, welche Menschen Ihnen nahe stehen und Sie lieben, was im Augenblick gut oder sehr gut läuft, und, auch das gehört zur Betrachtung, was wesentlich schlechter hätte enden können, als es der Fall war.

Am besten ist es, Sie schreiben diese Faktoren auf und lesen Sie immer wieder einmal nach, insbesondere dann, wenn Sie sich in einer negativen Stimmung befinden. Sie werden feststellen, es hilft enorm – zum einen, weil Sie erkennen werden, dass die Lage insgesamt weit positiver ist, als Sie es empfunden haben, und zum anderen, weil es sich dabei um eine Maßnahme handelt, die eben nicht auf dem Feld der Autosuggestion und des Schönredens liegt, sondern auf dem einer sachlichen Analyse der Realitäten.

Handeln Sie vorausschauend

Stimmungspflege, wir haben es bereits gesagt, ist Teil der eigenen Lebenskunst und damit Teil einer klugen und gekonnten Lebensführung. Zu dieser gehört aber auch, nicht sehenden Auges ins eigene Unglück zu rennen.

Handeln Sie deshalb vorausschauend. Denken Sie darüber nach, welche Umstände oder Ereignisse es sind, bei denen Sie immer wieder aufs Neue in eine negative Stimmung geraten. Versuchen Sie anschließend, die entsprechenden Situationen entweder zu vermeiden oder anders zu gestalten. Oft sind es dabei nur Kleinigkeiten, die den zerstörerischen Einfluss ausüben – das fehlende zweite Frühstück, das eine liebenswürdige Persönlichkeit kurz vor 13 Uhr zu einer reißenden Bestie werden lässt, eine unzureichende Beleuchtung, die ein elegantes Zimmer in eine düstere Höhle verwandelt, oder die falsche Einschätzung der Anfahrtszeit, durch die aus einer interessanten Dienstreise eine hysterische Hetztour wird. Stellen Sie sich deshalb bitte die folgenden Fragen:

- In welchen Situationen, bei welchen Ereignissen, in was für einem Umfeld, bei welchen Aufgaben oder Handlungen, im Zusammenhang mit welchen Personen geraten Sie immer wieder in eine negative Stimmung?

- Warum? Was ist der eigentliche Auslöser?

- Was können und werden Sie tun, um die entsprechende Lage künftig zu vermeiden?

- Falls Sie die Lage nicht völlig ausschließen können: Was können und werden Sie tun, um sie künftig anders zu gestalten?

Kein Jammern, kein Klagen!

Wenn es einen Stimmungstöter gibt, dann ist es Gejammer. Menschen, die jammern und klagen, machen sich nicht nur selbst das Leben zur Hölle, sondern sind auch eine Strafe für ihre Umwelt.

Treffen Sie deshalb die Entscheidung, ab sofort (!) mit dem Jammern und Klagen aufzuhören. Beenden Sie es auf der Stelle, wenn Sie sich doch wieder einmal dabei ertappen. Erzählen Sie also nie mehr, welche Lasten Sie zu schleppen haben, wie wenig Hilfe Sie von anderen erhalten, dass außer Ihnen alle Dummköpfe sind, dass jeder versucht, Ihnen ein Bein zu stellen, dass sich die Dinge sowieso nicht lohnen, dass Sie ein Opfer der Verhältnisse sind, dass jede Hoffnung verloren ist und dass alles immer nur noch schlimmer werden wird.

Verbannen Sie solche Gedanken und insbesondere solche Reden vollkommen. Sie vergiften sich sonst nur selbst. Sie deprimieren sich, Sie machen sich handlungsunfähig, Sie reden das herbei, was Sie befürchten. Und Sie bringen die Menschen gegen sich auf, mit denen Sie zusammenleben und zusammenarbeiten.

Schluss also mit dem Jammern, dem Klagen und auch den Vorwürfen an andere. Alles das bringt Sie keinen Schritt vorwärts, weder in Bezug auf Ihre Stimmung noch in Bezug auf das Erreichen Ihrer Ziele. Konzentrieren Sie sich vielmehr auf das, was Sie aktiv verändern können. Je schneller und konzentrierter Sie sich mit den Lösungen beschäftigen, desto schneller und nachhaltiger bessert sich auch Ihre Stimmung.

Mehr Heiterkeit!

Wie entscheidend eine humorvolle Sicht der Dinge ist, haben wir ja schon im Zusammenhang mit der Entwicklung der persönlichen Souveränität besprochen.

Bei ganzheitlicher Betrachtung zeigt sich aber, dass ihr Nutzen für unser Leben und unser Lebensglück noch viel weiter geht. Der südafrikanische Friedensnobelpreisträger Nelson Mandela hat fast 30 Jahre seines Lebens als politischer Gefangener verbracht, viele davon auf der Gefängnisinsel „Robben Island“ vor Kapstadt (die inzwischen zu einem Dokumentationscenter bzw. Museum umgebaut ist). In seinen Memoiren beschreibt er gerade diese Zeit als eine besonders harte, in der es aufgrund der Brutalität der Wärter immer wieder um Leben und Tod ging. Sinngemäß sagt er: *„Je gefährlicher es war, desto mehr haben wir darauf geachtet, dass wir in unserer kleinen Gruppe nur mit anderen Mithäftlingen zusammen-*

kamen, die ein heiteres und sonniges Gemüt hatten. Ohne Heiterkeit hätten wir die Dinge nicht überstanden.“

So dramatisch das Beispiel klingt, so sehr öffnet es einem doch die Augen. Ohne Heiterkeit ist man im Leben verloren. Für die eigene Stimmung ist die Fähigkeit zur Heiterkeit erst recht unverzichtbar.

- Genießen Sie deshalb die Momente der Heiterkeit, wann immer sie eintreten. Fangen Sie nicht an, zu überlegen, ob Sie überhaupt einen Grund dafür haben, heiter und fröhlich zu sein. („Darf ich in diesen Zeiten überhaupt lachen?“)

- Schöpfen Sie die Momente der Heiterkeit auch aus. Würgen Sie sie nicht ab mit den Worten: „So, und nun aber schnell wieder zurück zum Ernst des Lebens.“

- Verringern Sie den Kontakt zu den Personen, die Heiterkeit für ein Zeichen von Debilität halten und deren Gesichtszüge Betoncharakter haben. Jede Minute mit ihnen ist eine Minute zu viel.

- Und, besonders wichtig, schaffen Sie selbst eine heitere, fröhliche und offene Atmosphäre um sich herum, durch Ihr eigenes Denken und Verhalten. Blicken Sie weniger verbissen und grimmig. Lächeln Sie mehr. Erhöhen Sie Ihre Liebenswürdigkeit. Schenken Sie mehr Komplimente. Muntern Sie die anderen auf. Alles das dient Ihrer Stimmung und Ihrem Erfolg gleichermaßen. „*Die Welt gehört dem, der in ihr mit Heiterkeit nach hohen Zielen wandert.*“ Besser als der amerikanische Philosoph Ralph Waldo Emerson kann man es nicht sagen.

Befreien Sie sich von der Herrschaft des Ärgers

Einer der größten Feinde der eigenen Stimmung und Lebensqualität ist Ärger. Ein Ärgernis am frühen Morgen kann ausreichen, um die eigene Lebensfreude und Arbeitsfähigkeit für den Rest des Tages zu ruinieren. Gleichzeitig ist der Umgang mit dem eigenen Ärger auch eines der zentralen Themen für die Erhöhung der eigenen Souveränität. Es lohnt sich also für uns, auch auf diesem Feld nach Lösungen Ausschau zu halten.

Return to sender

Gehen Sie mit der richtigen Einstellung an die Aufgabe

Denken Sie daran, was Sie gewinnen, wenn Sie sich von unerwünschtem Ärger befreien. Sie werden ein anderer Mensch. Denken Sie aber ebenso daran, dass Ärger ein normaler Bestandteil der menschlichen Emotionen ist, den man weder vollständig aus dem Leben ausschließen kann noch sollte. Im Gegenteil. In vielen Situationen ist Ärger der eigentliche Auslöser für die Entscheidungen und Taten, mit denen man sich selbst auf eine höhere Stufe der Erfolgsfähigkeit oder der Zufriedenheit bringt. So definiert Immanuel Kant den Zorn durchaus nicht nur negativ: „*Zorn: ein Schreck, der zugleich die Kräfte zum Widerstand gegen das Übel schnell rege macht.*“ Es geht also nicht etwa darum, den Ärger aus seinem Leben zur Gänze zu verbannen, sondern darum, ihn im wahrsten Sinne des Wortes zu „beherrschen“ und seine positiven Elemente für sich zu nutzen.

Erforschen Sie die Ursachen des Ärgers – und leiten Sie daraus ab, wie Sie ihn künftig vermeiden können

Auch für den Ärger gilt, dass viele von uns das Gefühl haben, ihm hilflos ausgeliefert zu sein. In Wahrheit gibt es eine Vielzahl von Maßnahmen, um ihm Paroli bieten zu können. Die erste besteht darin, sich endlich einmal über die praktischen Ursachen des Ärgers klar zu werden, anstatt sein Auftauchen als Schicksalsereignis zu betrachten. Je mehr Sie über die Auslöser wissen, desto einfacher wird es Ihnen fallen, die entsprechenden Gegenmaßnahmen zu ergreifen. Entwickeln Sie also eine Ursachenliste des Ärgers und leiten Sie anschließend aus ihr ab, welche Möglichkeiten Sie haben, ihn künftig zu vermeiden oder zu verringern. Die folgenden Fragen sollen Ihnen dabei helfen:

- Worüber ärgern Sie sich in Ihrem Leben immer wieder? Über welche Faktoren im Einzelnen?

- In welchen Situationen ärgern Sie sich immer wieder? Welche Lage ist besonders „ärgerträchtig“?

- Warum lösen die betreffenden Faktoren den Ärger überhaupt bei Ihnen aus? Was ist es, das Sie so sehr reizt?

- Was können Sie im Einzelnen unternehmen, um diese Arten von Ärger künftig zu vermeiden? Was müssen Sie präventiv tun? Was müssen Sie an Ihrem Verhalten verändern?

Überlegen Sie, was Sie aus Ihrem Ärger grundsätzlich lernen können

Wie eingangs gesagt, Ärger ist keineswegs nur negativ. Beispielsweise gibt es kaum etwas, das eine so vorzügliche Ideenquelle für Verbesserungen ist, sowohl im Berufs- als auch im Privatleben. Ärger zeigt Ihnen eine verborgene Schwachstelle und damit auch eine Chance nach der anderen. Überlegen Sie deshalb, was Sie aus Ihrem Ärger grundsätzlich lernen können. Achten Sie also nicht nur auf die Oberfläche des Ärgernisses, sondern insbesondere auch auf den Hintergrund, also auf das, was ganz am Anfang der Ärgerkette steht. Auch für diese Aufgabe gibt es konkrete Fragen:

- Warum überhaupt ist das Ereignis oder Problem entstanden, das anschließend den Ärger bewirkt hat? Was ist die eigentliche Entstehungsquelle?

- Welche grundsätzlichen Schwachstellen lassen sich dabei entdecken? Was gilt es prinzipiell zu verändern, um das eigentliche Problem zu lösen?

- Welche positiven Veränderungen werden sich aus den entsprechenden Verbesserungen ergeben? Wie lauten die weiteren Vorteile neben dem, dass künftig eine Ärgerursache weniger existiert?

Entwickeln Sie eine neue Reaktionsroutine

Die bisher beschriebenen Maßnahmen verfolgen selbstverständlich noch ein weiteres Ziel. Sie dienen dazu, mit einer anderen Einstellung an ein Ärgernis heranzugehen – mit der, es als Ideenquelle zu betrachten – und damit auch zu einem neuen Verhalten zu finden, wenn einen der Zorn wieder einmal zu überwältigen droht.

Und damit sind wir bei einem weiteren Punkt, der Entwicklung einer klugen und gekonnten Reaktionsroutine. Sie ist aus zwei Gründen von besonderer Bedeutung. Zum einen selbstverständlich deshalb, weil sie bestimmt, in welchem Maße wir unseren Ärger zu beherrschen lernen. Zum anderen aber auch deshalb, weil der größte Ärger sehr oft der „Anschlussärger" ist, also der Ärger, der durch eine falsche Reaktion auf das ursprüngliche Ereignis hin entsteht. Bitte beherzigen Sie deshalb die folgenden Empfehlungen:

- Übertreiben Sie Ihre Reaktion nicht. Verletzen Sie insbesondere niemanden. Halten Sie sich immer vor Augen, dass Ihnen das, was Ihnen im Augenblick des Ärgers richtig und angemessen erscheint, bereits nach kurzer Zeit weit übertrieben vorkommen wird. Denken Sie immer an den Satz des russischen Schriftstellers Lew N. Tolstoi: „*Das, was im Zorn begonnen hat, endet in Scham.*“

- Machen Sie sich bewusst, dass jemand, der vor Ärger herumtobt, keinen besonders erhebenden Anblick bietet. Er löst auch bei anderen keinen Respekt aus, sondern höchstens eine Mixtur aus Abscheu und Mitleid. Verzichten Sie also lieber darauf, sich aus Sicht der Betrachter zum Narren zu machen. Wenn Sie schon mit Härte und Nachdruck reagieren wollen oder müssen, dann tun Sie es bei klarem Bewusstsein und mit der Fähigkeit, Ihren Zorn kontrolliert einzusetzen. Denken Sie deshalb immer an eine zentrale Einsicht von uns aus einem anderen Kapitel: Souveränität siegt immer!

- Nie sofort reagieren! Nie sofort mit voller Wucht reagieren! Die wichtigste Regel überhaupt (wir hatten sie auch schon einmal in einem Beispiel erwähnt). Lassen Sie Zeit verstreichen. Notieren Sie sich, wie Sie reagieren wollen und was Sie sagen werden, aber handeln Sie noch nicht. Nehmen Sie nach Möglichkeit keinen (weiteren) Kontakt zu demjenigen auf, der den Ärger bei Ihnen ausgelöst hat. Der Abstand, den Sie gewinnen, lässt Sie zur Besinnung kommen und die Lage richtig bewerten. Die Art, in der Sie anschließend vorgehen, wird die angemessene sein.

- Machen Sie sich die Größenordnung des Ärgers bewusst. Diese Regel ist kaum weniger wichtig! Stellen Sie sich bei einem Ärgernis sofort die Frage, welcher konkrete Schaden für Sie mit ihm verbunden ist. Zum einen bringen Sie die Angelegenheit damit von der emotionalen auf die rationale Ebene und sehen sie wesentlich nüchterner. Zum anderen zeigt die Erfahrung, dass der tatsächliche Schaden in den meisten Fällen in keinem Verhältnis zur Wirkung auf die eigene Stimmung steht. Was also hat der betreffende Ärger wirklich für eine Bedeutung? Finanziell? Zeitlich? In Bezug auf Ihre Sicherheit? In Bezug auf Ihre Reputation? Hat er überhaupt irgendwelche negativen Folgen?

Lösen Sie den Ärger nicht selbst aus!

Diese Empfehlung bildet aus gutem Grund den Abschluss zum Thema des Ärgers. Auch wenn wir es nicht wahrhaben wollen, den meisten Ärger in unserem Leben verursachen wir selbst. Die Beispiele dafür könnten ein eigenes Buch füllen. Nehmen Sie im Berufsleben die unprofessionelle Vorbereitung auf wichtige Gespräche oder Verhandlungen. Kaum ist man bei seinem Partner angekommen, stellt man fest, dass man alles mitgenommen hat, nur nicht das, was man dem anderen unbedingt persönlich überreichen wollte. Oder mangelnde Organisation und Absprachen. Ich habe einmal mitverfolgt, wie ein Geschäftsmann eine Dreiviertelstunde in einem großen Restaurant einsam an seinem Tisch auf einen anderen Geschäftsmann gewartet hat, der zur selben Zeit ebenfalls in diesem Restaurant alleine herumsaß – allerdings in einem anderen Stockwerk. Im Privatleben laufen die Dinge kaum anders. Obwohl man genau weiß, dass ein bestimmtes Thema für den anderen Reizcharakter hat, spricht man es dennoch immer wieder an, und das auch noch zu Zeiten oder in Situationen, in denen es absolut sicher ist, dass nichts als Ärger dabei herauskommen wird.

Achten Sie deshalb auch in dieser Hinsicht stärker auf Ihr Denken und Verhalten. Seien Sie wacher und disziplinierter. Schaffen Sie sich den Ärger nicht zusätzlich noch selbst an den Hals. Auch hier gibt es einige Fragen, die Ihnen helfen können:

- Womit lösen Sie den Ärger immer wieder selbst aus?

- Welches Verhalten, welche Denkweise, welche Texte spielen dabei die negative Hauptrolle?

- Was sollten Sie in Ihrem Berufs- und Privatleben deshalb anders machen als bisher? Was können Sie von sich aus unternehmen, um Ärger zu vermeiden und sich Ihre positive Stimmung zu erhalten?

Schon ärgerlich, dieser Ärger!

Kultivieren Sie Ihre Zufriedenheit

Auch das Thema der persönlichen Zufriedenheit hat eine Vielzahl von Aspekten. Bei genauer Betrachtung ist es kaum weniger weit gefasst als das des eigenen Lebensglücks. Wer in seinem Leben und wer mit seinem Leben wirklich zufrieden ist, den trennt vom Glück kaum mehr etwas. Lassen Sie uns deshalb auch an dieser Stelle so vorgehen wie in diesem Kapitel insgesamt und uns auf die Elemente konzentrieren, die für die Erhaltung und Steigerung der eigenen Zufriedenheit (und damit Stimmung) besonders wichtig erscheinen. Die Frage, was dabei zuerst kommt, Henne oder Ei, positive Stimmung oder Zufriedenheit, braucht uns in unserem Kontext weniger zu interessieren. Was dem einen dient, hilft auch dem anderen.

Durchdenken Sie die Zusammenhänge

Je länger man sich mit der Frage beschäftigt, wie man seine Zufriedenheit erhalten und fördern kann, desto mehr geht einem auf, dass viele Maßnahmen indirekter Natur sind. Die eigene Zufriedenheit hängt beispielsweise unmittelbar von der eigenen Erfolgsfähigkeit ab. Je größer das eigene Erfolgstalent ist, je leichter es einem fällt, die eigenen Ziele zu erreichen, desto zufriedener wird man selbstverständlich auch sein. Ein anderes Beispiel ist die persönliche Freiheit. Wer sie verliert, dem wird auch an Zufriedenheit wenig bleiben. Aber das ist nur der eine Aspekt. Der zweite besteht darin, dass Zufriedenheit tatsächlich in hohem Maße durch fehlende Unzufriedenheit zustande kommt. Man fördert seine Zufriedenheit also dadurch, dass man etwas unterlässt oder vermeidet, das einen ansonsten unzufrieden machen würde.

Behalten Sie diese Zusammenhänge bitte im Hinterkopf, wenn Sie überlegen, wie Sie Ihre Lebenszufriedenheit steigern können. Es gibt Maßnahmen, die direkt wirken, es gibt aber gleichzeitig auch viele, bei denen sich das eigene Denken und Handeln zuerst auf andere Felder richten muss, bevor man dann zum eigentlichen Zielpunkt „Zufriedenheit“ kommen kann. Alles das bringt mit sich, dass wir auch für einige der nun folgenden Empfehlungen bereits in den vorangegangenen Kapiteln die Wurzeln gesetzt haben.

Entwickeln Sie eine höhere Wertschätzung für das, was Sie bereits haben

Ganz gleich, wohin man blickt, es scheint fast jedem von uns angeboren zu sein, ausschließlich in den Dingen ein Mittel zur Erreichung von Zufriedenheit zu sehen, die man nicht besitzt. Johann Wolfgang von Goethe sagt es ebenso schön wie präzise: „*Wie selten ist der Mensch mit dem Zustande zufrieden, in dem er sich befindet! Er wünscht sich immer den seines Nächsten, aus welchem sich dieser gleichfalls hinaussehnt.*“

Die erste entscheidende Maßnahme für die Erhöhung der eigenen Zufriedenheit besteht deshalb darin, auf das zu blicken, was man bereits hat, und für diese Elemente seines Lebens eine weit höhere Wertschätzung zu entwickeln als bisher. Die folgenden Gedanken und Empfehlungen können Ihnen dafür eine Anleitung liefern:

- Konzentrieren Sie sich mehr auf das, was Sie haben, und weniger auf das, was Sie haben möchten. Bringen Sie sich in Erinnerung, dass vieles von dem, was für Sie im Augenblick das Ziel Ihrer Träume darstellt, nichts anderes ist als die Zwischenstufe zum nächsten Ziel Ihrer Träume. Das soll nicht bedeuten, von nun an keine Ziele und Träume mehr zu haben, sondern vielmehr, sich von diesen etwas weniger abhängig zu machen.

- Machen Sie eine Liste der Elemente in Ihrem Leben, die wirklich wichtig für Sie sind, bzw. betrachten Sie Ihre entsprechenden Aufzeichnungen aus dem Kapitel „Sinn". Überlegen Sie anschließend mit wachem Geist, was Sie fühlen und denken würden, wenn diese Elemente auf einmal bedroht wären oder gar verloren gingen! Es gibt kaum eine Vorgehensweise, die einem stärker die Augen öffnet!

- Rufen Sie sich ins Gedächtnis, wie sehr Sie gearbeitet und vielleicht auch gekämpft haben, um das zu erlangen, was Ihnen im Augenblick zur Verfügung steht. Denken Sie daran zurück, wie viel Bedeutung es damals für Sie hatte und deshalb vielleicht auch immer noch in der Gegenwart haben sollte.

- Genießen Sie das, was Sie haben. Schöpfen Sie es aus. Nur wenn Sie etwas nutzen, spüren Sie auch seinen Wert!

Weniger Wünsche!

Auch wenn dieser Gedanke bereits in der vorangegangenen Empfehlung angeklungen ist, so ist er doch so wichtig, dass er noch einmal hervorgehoben werden sollte. Da die Wunscherfüllung niemals mit der Wunschentstehung Schritt halten kann, ist Maßhalten hier die einzige Möglichkeit, um nicht ständig unzufrieden zu sein. Beenden Sie deshalb Ihr persönliches Wünschewettrüsten, insbesondere bei den materiellen Dingen. Es gibt Grenzen. Man muss nicht immer das Neuste und Beste haben, jedenfalls nicht immer sofort dann, wenn man ein Verlangen danach verspürt. Lassen Sie auch einmal etwas aus. Machen Sie aus einem kleinen Verzicht keine große Katastrophe.

Und schließlich, entwickeln Sie auch die jährlichen Feste nicht zu Wunschorgien. Kommen Sie in keinen Lebensrhythmus, bei dem Ihre Zufriedenheit und der eigentliche Sinn der Dinge unter Geschenkpapier begraben werden!

Weihnachten, das Fest der Liebe und Besinnung

Vergleichen Sie sich nicht mit anderen

Es gibt kaum ein so wirkungsvolles Mittel zur Steigerung der eigenen Unzufriedenheit wie das, sich mit anderen zu vergleichen. Da man ausschließlich das wahrnimmt, was einem die anderen voraushaben oder vorauszuhaben scheinen, und da man dazu neigt, diese Faktoren zusätzlich auch noch zu überschätzen, sowohl von ihrer Bedeutung als auch von ihrer Größe her, führt jeder Vergleich zu einem Desaster für die eigene Stimmung.

Fangen Sie damit also gar nicht erst an. Sie sind ein einzigartiger Mensch und Sie führen deshalb auch ein einzigartiges Leben. Es spricht nichts dagegen, einen anderen aufgrund seiner Persönlichkeit oder seiner Leistungen als Vorbild zu nehmen, ihn aber um das zu beneiden, was er hat und was einem selbst fehlt, das ist die pure Selbstverleugnung.

Achten Sie auch auf die unsichtbaren Fortschritte

Auch diese Empfehlung zur Erhaltung der eigenen Zufriedenheit beruht auf Erkenntnissen aus anderen Bereichen von Life Excellence. Alles, was ein Erfolg werden soll, braucht Zeit.

Machen Sie sich deshalb nicht verrückt, wenn ein bestimmtes Vorhaben oder eine bestimmte Veränderung länger dauert, als Sie es geplant haben. Vielleicht kennen Sie das Gefühl, das man manchmal bei der Betrachtung großer Bauprojekte hat. Man kommt monate- oder jahrelang regelmäßig an einer bestimmten Baustelle vorbei und hat den Eindruck, dass sich nicht das Geringste verändert. Und dann, von einem Tag auf den anderen, ist der Bauzaun verschwunden und anstelle des gewohnten Durcheinanders von Kränen, Geräten und Materialstapeln entdeckt man ein fast fertiges Gebäude, das über Nacht dort gewachsen zu sein scheint.

Mit den eigenen Vorhaben verhält es sich ähnlich. Vieles läuft unsichtbar ab, quasi unter der Oberfläche. Erst kurz vor dem Abschluss wird das Ergebnis der eigenen Bemühungen sichtbar und spürbar. Es ist, um noch ein Beispiel zu geben, wie bei einer langen Wanderung, bei der das Ziel direkt hinter der letzten Kurve liegt. Man muss erst dort ankommen, um es sehen zu können. Stellen Sie sich deshalb bitte die folgenden Fragen, um sich auch in diesem Zusammenhang Ihre Zufriedenheit leichter bewahren zu können:

- Wie weit sind Sie seit dem Start des betreffenden Projektes in Wahrheit schon gekommen? Was haben Sie entschieden, auf den Weg gebracht und erreicht, obwohl Sie die positiven Folgen vielleicht noch nicht „greifen“ können?

- Wie haben sich in dieser Zeit Ihre Erfolgs- und Realisierungsaussichten entwickelt? Was ist besser geworden, welche Fortschritte haben Sie erzielt?

- Und wie würden Sie sich fühlen, wenn Sie noch einmal von vorne anfangen müssten? Wäre es Ihnen gleichgültig oder würden Sie dem bisher Geschaffenen hinterhertrauern?

Ein Fazit

Unser Fazit kann an dieser Stelle sicher kurz ausfallen. Die Entwicklung eines Systems zur persönlichen Stimmungspflege, die Befreiung von der Herrschaft des Ärgers und die Kultivierung der eigenen Zufriedenheit, sie alle dienen dem eigenen Lebenserfolg und Lebensglück ganz unmittelbar. Sie sind sowohl ein Ausdruck als auch ein Gegenstand persönlicher Lebenskunst. Genauso verhält es sich im folgenden Kapitel, das unsere Überlegungen zu Life Excellence abschließen und abrunden soll.

Machen Sie jeden Tag zu Ihrem Freund

Welches Thema könnte besser dafür geeignet sein, unsere Gedanken zum Lebenserfolg und Lebensglück abzurunden, als das der Nutzung des einzelnen Tages? Wohl keines!

Ganz gleich, worin Sie den Sinn Ihres Lebens sehen, was Sie in Ihrem Leben erreichen möchten und was für Sie der Mittelpunkt Ihrer Lebensfreude und Lebenszufriedenheit ist, der einzelne Tag ist für alles der Fokus. Sie leben nicht in der Vergangenheit, Sie leben nicht in der Zukunft, Sie leben jetzt, heute, in diesem Moment.

Machen Sie sich also bewusst, wie wichtig jeder einzelne Tag in Ihrem Leben für Sie ist. Er ist einmalig. Sie können etwas, das Sie vorhaben, auf einen anderen Tag verschieben, aber den Tag selbst können Sie nicht aufbewahren. Entweder Sie nutzen ihn, wenn er „da ist", oder niemals.

Lebenskunst bedeutet, den einzelnen Tag zu einem Gewinn für sich zu machen

Gehen Sie deshalb mit aller Entschlossenheit daran, jeden einzelnen Tag zu ergreifen und zu einem, bildlich gesprochen, „Freund" von sich zu machen. Dabei geht es in keiner Weise darum, von jetzt an das Maximum aus jeder Minute herausholen zu wollen und mit wehendem Rockzipfel durch das Leben zu hasten. Worauf es vielmehr ankommt, ist, den Wert des Tages zu erfassen und alles dafür zu unternehmen, um ihn auf umfassende und sinnvolle Weise auszuschöpfen (so wie eben auch das eigene Leben in seiner Gesamtheit), anstatt ihn gedankenlos einfach nur dahingehen zu lassen oder ihn fahrlässig mit etwas zu verschwenden, mit dem man sich vielleicht zusätzlich auch noch einen Teil seiner Lebensqualität nimmt.

Lebensgestaltung ist Tagesgestaltung

Wie aber können wir dabei vorgehen? Was brauchen wir dazu? Die erste Antwort liefert uns ein kurzer Blick auf die vorangegangenen Buchseiten. Lebensgestaltung und Tagesgestaltung bedeuten ein und dasselbe. Wer seinen Tag für sich gewinnen möchte, der benötigt alles das, worüber wir bisher gesprochen haben – die richtige Lebenseinstellung und Denkweise, ausreichende Souveränität, die Kenntnis der Dinge, die von Wert für ihn sind, die Fähigkeit, seine Ziele zu erreichen, und insbesondere auch die Fähigkeit, sich eine positive Stimmung zu erhalten. Hätten wir also das Buch mit dem Thema der Sicherung eines erfolgreichen, erfüllten und glücklichen Tages begonnen, wir hätten alles unter dieser Überschrift zusammenfassen können und müssen. Dennoch, einige kurze und direkte Empfehlungen fehlen noch. Lassen Sie sie uns im Folgenden nachholen!

Machen Sie das Beste aus jedem Tag

Trennen Sie sich von Gedanken, mit denen Sie einen Tag diffamieren. Sagen Sie nie wieder so etwas wie: „Heute ist aber ein schlechter Tag." Es bringt Ihnen nichts, sondern kostet Sie nur etwas. Sie konditionieren sich negativ und Sie bringen sich selbst zu einem Verhalten, mit dem Sie alles so lenken, dass Ihr negatives (Vor-)Urteil dann auch noch durch Ihre Umwelt bestätigt wird. Ein Beispiel dafür ist der beliebte Satz notorisch mürrischer Menschen: „Man kann ja nicht jeden Tag freundlich sein", für den sie dann auch noch einen Beweis nach dem anderen finden, indem sie erzählen, wie unfreundlich sich die anderen ihnen selbst gegenüber verhalten haben. Kein Wunder. Wie man in den Wald ruft, so schallt es heraus.

Verderben Sie sich den Tag aber auch nicht dadurch, dass Sie einem zeitlich begrenzten Einzelereignis gestatten, ihn als Ganzes zu zerstören. Stellen Sie sich vor, an einem Vormittag geht tatsächlich alles schief, was nur schief gehen kann. Ist das ein Grund, sich auch den Nachmittag und Abend ruinieren zu lassen, die für sich allein betrachtet völlig in Ordnung sind? Und selbst wenn auch noch zusätzlich am Nachmittag alles aus dem Ruder läuft, spricht das wirklich dagegen, nicht wenigstens zu versuchen, den Abend zu genießen und dadurch wieder zur Ruhe und Besinnung zu kommen?

Kurz gesagt: *Machen Sie das Beste aus jedem Tag.* Ergreifen und nutzen Sie die Möglichkeiten, die er Ihnen bietet. Vernichten Sie nicht alle 24 Stunden, nur weil zwei oder drei nicht so laufen, wie Sie es sich vorstellen!

Packen Sie Ihre Tage nicht zu voll

Selbstverständlich gibt es Phasen hoher Arbeitsbelastung, durch die man „durch“ muss. Packen Sie aber nicht alle Ihre Tage zu voll. Eine Aufgabe zu viel am Tag bedeutet eben, dass Sie nicht nur bei dieser Aufgabe in Hetze geraten werden, sondern bei sämtlichen! Letztlich ist es mit den Tagesaufgaben in Ihrem Terminkalender genauso wie mit den Strohhalmen auf dem Rücken des Esels. Der letzte bricht ihm das Genick. Ein tolles Beispiel, ich weiß, aber vielleicht hilft es Ihnen, die Empfehlung besser in Erinnerung zu behalten.

Bauen Sie in Ihre Tage auch genügend Möglichkeiten zur Muße ein. *Muße ist der Webstoff der Lebensqualität.* Ein Leben ohne Stunden der Besinnung und der Beschäftigung mit Dingen, die einen zu sich selbst finden lassen, ist ein Leben wie auf einer steilen Rutschbahn, auf der man ohne Halt talwärts rast.

Das heißt natürlich gleichzeitig, immer wieder auch einmal einen gesamten Tag dazu zu nutzen, ihn ganz bewusst „zu nichts zu nutzen", ihn also mit keiner Aufgabe zu füllen und ihn keinem Zweck zu unterwerfen. Darauf zu verzichten wäre nicht nur sich selbst gegenüber erbarmungslos, sondern auch höchst unklug. *Pausen sind die Brücken zwischen den Taten.*

Überlegen Sie, was für Sie zu einem „guten" Tag gehört

Vieles am Tagesablauf ist vorgegeben, vieles aber auch nicht. Die eigenen Möglichkeiten sind auch hier oft größer, als man glaubt. Durchdenken Sie deshalb bitte einmal, welche Form und welchen Inhalt ein Tag für Sie im Idealfall annehmen sollte, wobei hier selbstverständlich nicht der ideale Ferientag gemeint ist, sondern der normale „All-Tag":

- Welche Elemente sollte ein solcher Tag enthalten? Was sollte geschehen oder möglich sein?

- Wie würden Sie ihn zeitlich einteilen? Was würden Sie wann machen?

- Welche Tätigkeiten, Aufgaben und Verpflichtungen wären Ihnen besonders wichtig? Wofür würden Sie unbedingt ausreichende Zeit (und Kraft) finden wollen?

- Was sollte nach Möglichkeit nicht im Tagesablauf vorkommen? Was würde Ihnen den Genuss am Tag verderben?

- Wann würden Sie den Eindruck haben, dass es Ihnen gelungen ist, den Tag wirklich zu nutzen? Wie müsste der Tag verlaufen, was müsste Ihnen gelingen?

- Und schließlich: Was können Sie tun, um dieser Idealvorstellung ein Stück näher zu kommen?

Betrachten Sie jeden Tag als etwas Besonderes

Hüten Sie sich vor Routine. Betrachten Sie jeden Tag als etwas Besonderes und machen Sie aus jedem Tag etwas Besonderes.

Achten Sie beispielsweise auf die Details, die in ihrer Summe großes Gewicht im Leben haben. Es klingt vielleicht kitschig oder klischeehaft, aber ein kurzer Spaziergang durch einen Park, eine liebenswürdige Plauderei mit einem sympathischen Menschen, der Schimmer der Häuserdächer nach einem Regenguss, der Duft vor einem schönen Kaffeegeschäft, die Atmosphäre in den Straßen am frühen und unverbrauchten Morgen, alles das sind Details, die man sich nicht entgehen lassen sollte, und erst recht nicht mit dem Hinweis an sich selbst, dass dafür irgendwann später noch genügend Zeit sei.

Ein anderes Beispiel ist Ihre Haltung sich selbst gegenüber. Ohne Wahrung einer bestimmten Form verliert irgendwann auch der Inhalt an Glanz und Qualität. Lassen Sie sich also z. B. nicht einfach gehen, nur weil Sie sich unbeobachtet fühlen oder weil Sie sich im Kreise Ihrer Familie befinden. Laufen Sie zu Hause nicht ständig herum, als müssten Sie die Kleidung Ihres Urgroßvaters auftragen. Lassen Sie keine Unordnung entstehen, bei der Sie selbst nicht mehr wissen, in welchem Raum Ihrer Wohnung Sie sich gerade befinden. Alles das mag ja (vielleicht) der Bequemlichkeit dienen, letztlich banalisiert und entwertet es aber immer auch den betreffenden Tag.

„Zeitlose Eleganz“

Überlegen Sie, welche Funktionen jeder Tag für Sie erfüllen sollte

Die Überschrift mag sich etwas technisch anhören, der Inhalt des Kapitels ist das Gegenteil davon. Der beste Weg, den einzelnen Tag auf kluge und gekonnte Weise zu gestalten und zu nutzen, besteht darin, sich bewusst zu machen, dass er bestimmte „Funktionen“ erfüllen sollte – und zwar Funktionen, die sich eben nicht nur an der klassischen Liste der beruflichen und privaten Aufgaben orientieren. Lassen Sie uns im Folgenden in der Form von Fragen einige dieser Tagesfunktionen aufzählen:

- Worauf haben Sie zu achten, *damit der Tag Ihnen Ihre Lebensfreude erhält*? Wie sollte er aussehen, damit Sie sich Ihre Energie und Ihren Optimismus bewahren können?

- Wie gelingt es Ihnen, *jeden Tag etwas Neues zu lernen und sich selbst weiterzuentwickeln*, z. B. in Bezug auf Ihre Persönlichkeit, Ihr Wissen, Ihre Fähigkeiten oder Ihre Lebensklugheit?

- Wie können Sie *die Menschen fördern und unterstützen, die Ihnen nahe stehen*? Was haben Sie dafür in den Tag mit einzuplanen?

- Was können Sie tun, *um täglich Ihren Zielen ein Stück näher zu kommen*? Für welche Aufgaben sollten Sie deshalb Zeit reservieren, womit sollten Sie sich systematisch beschäftigen?

- *Welchen Beitrag sollte der einzelne Tag zu Ihrer Gesundheit liefern*? Worauf haben Sie zu achten, was sollten Sie tun oder unterlassen?

Die Fragen zeigen, worum es geht. Erst wenn man den Blick dafür gewonnen hat, welche Einflüsse von der Form und vom Inhalt ausgehen, die man dem einzelnen Tag verleiht, und wenn man weiß, welche Funktionen er für einen erfüllen kann und erfüllen soll, erst dann wird man auch fähig sein, ihn umfassend auszuschöpfen und ihn in seiner Gesamtheit zu einem glücklichen Werk, einem glücklichen „Tages-Werk“ zu machen.

Ein Fazit

Eines hat uns das abschließende Kapitel sicher gezeigt. Wem es gelingt, den einzelnen Tag zu nutzen, der wird es auch schaffen, sein Leben insgesamt zu ergreifen. „*Wer jeden Abend sagen kann: ‚Ich habe gelebt‘, dem bringt jeder Morgen einen neuen Gewinn*“, so beschreibt es Lucius Annaeus Seneca. Gehen Sie deshalb sorgfältig mit dem einzelnen Tag um. Schenken Sie ihm die Aufmerksamkeit, die er verdient. Betrachten Sie ihn als etwas Wertvolles, das dazu dient, Ihren Lebenserfolg und Ihr Lebensglück zu sichern und zu fördern.

Nachwort

Liebe Leserin, lieber Leser,

nun haben Sie also gelesen und erfahren, was Life Excellence bedeutet und wie es Ihnen mit ihr gelingt, Ihren Lebenserfolg zu erhöhen und Ihr Lebensglück zu sichern!

Bestimmt ist Ihnen dabei aufgefallen, daß Life Excellence eine spezielle und eigenständige Lösungsstrategie verfolgt. Sie basiert auf der Einsicht, daß die Sicherung und Förderung des Lebenserfolges und Lebensglücks eine so wichtige und große Aufgabe ist, daß man sie nicht nebenbei oder ohne grundlegende und umfassende Konzeption erfüllen kann. Ein Sammelsurium unterschiedlicher Einzelmaßnahmen reicht dafür ebenso wenig aus wie banale Scheinweisheiten. Sie bringen vielleicht im ersten Moment eine gewisse „Linderung“, weil man sich mit ihnen z.B. einreden kann, daß man mehr Zeit im Leben gewinnt, wenn man auf das Tragen einer Uhr verzichtet oder reich wird, indem man einen 500-Euro-Schein in der Hosentasche spazieren führt (solche Ratschläge und die mit ihnen verbundenen Versprechungen gibt es wirklich!) – echte Hilfe bieten sie aber natürlich nicht. Es sind Placebo-Empfehlungen, deren Wirkung in der Realität schnell verpufft.

Selbstmächtigkeit, Erfolgstalent und Lebenskunst zielen auf etwas anderes. *Sie dienen dazu, den Grad der Souveränität und des Könnens zu erhöhen, den man im Umgang mit seinem Leben insgesamt besitzt.* Nur wenn man weiß, aus welchen Bausteinen sich der eigene Lebenserfolg zusammensetzt, nur wenn man über eine ausreichende Kenntnis der zentralen Herausforderungen und Hürden unserer Zeit verfügt, und nur wenn man in der Lage ist, sein Leben auf bewußte, kluge und gekonnte Weise zu gestalten und zu führen, nur dann wird man seinen Lebenserfolg und sein Lebensglück fördern und sichern können.

Betrachten Sie Life Excellence deshalb als das, was es ist – Ihr persönliches Erfolgssystem für das Leben, das Sie sich wünschen. Gehen Sie also mit Mut, Entschlossenheit und Zuversicht an die Verwirklichung Ihrer Vorstellungen und Ziele. Sie haben es selbst in der Hand, wie Sie leben und was Sie erreichen, das haben wir deutlich gesehen. Lassen Sie sich nicht davon irritieren, das manches länger dauert als geplant und lassen Sie sich insbesondere nie von einer Verbesserung der Gegenwart und Zukunft abhalten, nur weil die Vergangenheit vielleicht auch mit Rückschlägen verbunden war. Sie haben ein Leben! Nutzen Sie es, genießen Sie es und verwenden Sie es für das, was Ihnen wirklich wichtig ist! Kein anderes Zitat kann besser sagen und zusammenfassen, worum es dabei letztlich geht, als die wundervollen Worte von Michel de Montaigne: *„Das Meisterstück eines Menschen, auf das er besonders stolz sein kann, ist, sinnvoll zu leben; alles Übrige, wie regieren, Schätze sammeln, Bauten errichten, sind Nebensachen.“*

In diesem Sinne, sehr herzlich
und mit den besten Wünschen,
Ihr Stefan F. Gross

Viel
Glück
und
Erfolg!

Alphabetisches Verzeichnis und Kurzbiographien der zitierten Personen

Henri Frédéric Amiel (1821–1881): In Genf geborener schweizerischer Philosoph und Hochschullehrer. Zeitgenosse Baudelaires und Flauberts, erlangte aber niemals deren Ruhm. Sein brillanter, hellsichtiger Geist zeigt sich in den 17000 Seiten umfassenden Tagebüchern, die er in sich gekehrt schrieb und die erst postum der verblüfften Öffentlichkeit bekannt und zugänglich wurden.

Aristoteles (384–322 v. Chr.): Bedeutendster Schüler Platons und Lehrer Alexanders des Großen. Gründete in Athen die selbstständige philosophische Schule der Peripatetiker. Sein universalwissenschaftliches Werk beeinflusste die gesamte abendländische Philosophie.

Samuel Butler (1612–1680): Englischer Schriftsteller und Satiriker, Pionier des literarischen Aphorismus in England. „Hudibras", seine Verssatire auf den Puritanismus, ist noch heute im literarischen Bewusstsein.

Nicolas de Chamfort (1741–1794): Französischer Moralist, Mitglied der Académie française. Verfasser zahlreicher geistreicher Maximen, Gedanken, Charaktere und Anekdoten. Aufgrund seiner Opposition gegen die Schreckensherrschaft Robespierres verhaftet und wieder freigelassen. Um einer erneuten Verhaftung zu entgehen, verübte er einen Selbstmordversuch, an dessen Folgen er einige Monate später starb.

Marcus Tullius Cicero (106–43 v. Chr.): Römischer Staatsmann, Schriftsteller und Redner. Künstlerischer Vollender der lateinischen Sprache. Vermittelte dem Abendland das reiche Gedankengut der griechischen nacharistotelischen Philosophie. Gilt als einer der großen Erzieher der Menschheit. Als Politiker Gegner der Alleinherrschaft Cäsars.

Carl von Clausewitz (1780–1831): Preußischer Offizier und Militärtheoretiker. Nahm an zahlreichen Feldzügen teil. Zum Kampf gegen Napoleon trat er 1812 in russische Dienste. Begründete mit seinem Werk „Vom Kriege" die moderne Kriegslehre.

Demokrit (460–370 v. Chr.): Griechischer Philosoph, Zeitgenosse von Sokrates. Universal begabter Mensch, der sich mit fast allen Gebieten der Wissenschaft und des Lebens beschäftigt hat. Begründete den Atomismus.

Marie von Ebner-Eschenbach (1830–1916): Aus mährischem Uradel stammende Dramatikerin, Erzählerin und Aphoristikerin. Erhielt 1898 als erste Frau das „Ehrenzeichen für Kunst und Wissenschaft“, den höchsten zivilen Orden Österreichs, und wurde 1900 erster weiblicher Ehrendoktor der Wiener Universität.

Ralph Waldo Emerson (1803–1882): Amerikanischer Lyriker, Essayist und Philosoph. Vertreter des amerikanischen Transzendentalismus. Zeitgenosse Abraham Lincolns, engagierter Gegner der Sklaverei.

Epikur (341–270 v. Chr.): Berühmter griechischer Philosoph, Begründer der nach ihm benannten Schule der Epikureer. In den Mittelpunkt seiner Ethik stellte er das Thema der „Eudämonie“, das heißt der Glückseligkeit des Menschen.

Johann Wolfgang von Goethe (1749–1832): Überragende Gestalt der deutschen Literatur, dessen Interesse auch der Naturwissenschaft galt. Sein universales Lebenswerk reflektiert alle geistigen Strömungen der Zeit. Mit seiner Lyrik eröffnete er der deutschen Sprache ganz neue Aussagemöglichkeiten.

Baltasar Gracián y Morales (1601–1658): Spanischer Jesuitenpater, Philosoph und Hochschullehrer. Seine Weisheitslehre hat bis heute nichts von ihrer Gültigkeit verloren. Von großer Wirkung auf seinen Übersetzer Schopenhauer.

Christian Friedrich Hebbel (1813–1863): Deutscher Dramatiker und Lyriker, in Wesselburen (Dithmarschen) als Sohn eines Tagelöhners geboren. Siedelte 1845 nach Wien über, wo er die k. k. Hofschauspielerin Christine Enghaus heiratete. Gestaltete in Tragödien den Zusammenstoß des Einzelnen mit der sittlichen Ordnung. Beeinflusste unter anderen Brecht, Ibsen und Strindberg.

Wilhelm Freiherr von Humboldt (1767–1835): Preußischer Staatsmann und Philosoph. Freund, Berater und Mitarbeiter Schillers und später Goethes. Reorganisator des preußischen Bildungswesens, Vorkämpfer einer preußischen Verfassung. Bruder des Naturforschers und Geographen Alexander von Humboldt.

Aldous Huxley (1894–1963): Englischer Schriftsteller, dessen Essays und utopische Romane den Zerfall der modernen Werte spiegeln.

Jean Paul, eigentlich Johann Paul Friedrich Richter (1763–1825): Deutscher Dichter, Romanschriftsteller und Aphoristiker. Seine „antiklassischen“ Werke von hoher sprachlicher Gestaltungskraft reichen von humorvoller Idyllik bis zu tragischer Größe.

Joseph Joubert (1754–1824): Französischer Mystiker und Moralist, Monarchist und Revolutionskritiker, zu dessen Lebzeiten kein einziges Werk von ihm erschienen ist. Verfasser von 20000 Seiten Reflexionstagebüchern („Pensées“), Wegbereiter des modernen französischen Aphorismus.

Ernst Jünger (1895–1998): Deutscher Schriftsteller. Kämpfte im Ersten Weltkrieg als Freiwilliger und erhielt den höchsten preußischen Militärorden „Pour le Mérite“. Nahm am Zweiten Weltkrieg als Offizier teil. Distanziertes Verhältnis zum Nationalsozialismus. Fand nach kurzem Publikationsverbot (1945–1949) die gebührende Anerkennung und wurde – auch im Ausland – mit einer ganzen Reihe von Ehrungen und Auszeichnungen bedacht, unter anderem dem großen Verdienstorden der Bundesrepublik Deutschland, den ihm Theodor Heuss 1959 verlieh. Seine entomologische Sammlung ist eine der größten weltweit.

Immanuel Kant (1724–1804): Deutscher Philosoph, Professor der Logik und Metaphysik in Königsberg. Seine thematisch sehr breit angelegte Vorlesungstätigkeit erstreckte sich auch auf Fächer wie Mathematik, Physik, Geographie und Anthropologie. Veröffentlichte 1781 mit der „Kritik der reinen Vernunft“ ein grundlegendes Werk der abendländischen Philosophie, in dem das Wissen selbst zum Gegenstand der Kritik gemacht wird. Entwickelte den kategorischen Imperativ als Richtschnur für sittliches Handeln.

Erich Kästner (1899–1974): Deutscher Schriftsteller, verfasste Gedichte und Romane. Seine humorvollen Kinderbücher zählen zu seinen erfolgreichsten Werken. 1959 wurde er mit dem Großen Bundesverdienstkreuz ausgezeichnet.

Helmut Kohl (geb. 1930): Von 1973–1998 Bundesvorsitzender der CDU, von 1982–1998 Bundeskanzler der Bundesrepublik Deutschland. Der Kanzler der deutschen Einheit und Ehrenbürger Europas, der vier Legislaturperioden regierte und seine Partei mehr als ein Vierteljahrhundert führte, gilt als bedeutendster Christlicher Demokrat neben Konrad Adenauer und gab einer ganzen Ära seinen Namen. Als Staatsmann fand er weltweite Anerkennung.

Jean de La Bruyère (1645–1696): Französischer Literat, Jurist und Psychologe, dessen Schaffen einen Höhepunkt der französischen Moralistik darstellt. Hauptwerk: „Die Charaktere oder die Sitten im Zeitalter Ludwigs XIV."

Laotse (6. Jh. v. Chr.): Chinesischer Weiser, etwa ein halbes Jahrhundert älter als Konfuzius. „Laotse" ist kein Eigenname, sondern ein Appellativum, das „der Alte" oder „alter Sohn" bedeutet. Hinterließ den „Tao te king", bestehend aus mehr als 5000 chinesischen Zeichen, und begründete damit die philosophische Bewegung des Taoismus, deren Denken um das Tao, das All-Eine, den Urgrund der Welt, kreist.

François de La Rochefoucauld (1613–1680): Französischer Schriftsteller aus hochadeligem Geschlecht. Beteiligte sich an den (erfolglosen) Intrigen des Hochadels gegen Kardinal Richelieu, opponierte später auch gegen dessen Nachfolger Mazarin und spielte eine aktive Rolle im (ebenfalls erfolglosen) Fronde-Aufstand. Verkehrte nach seiner Aussöhnung mit dem Hofe als Edel-Literat in Pariser Salons und schöngeistigen Zirkeln. Erster und mit bedeutendster Vertreter der französischen Moralisten.

Georg Christoph Lichtenberg (1742–1799): Deutscher Physiker und Schriftsteller der Aufklärung, als 18. Kind eines Generalsuperintendenten geboren. Neben seinen wissenschaftlichen Abhandlungen und Entdeckungen bekannt für seine scharfsinnigen Aphorismen.

Nelson Mandela (geb. 1918): Südafrikanischer Politiker, Symbolfigur des schwarzen Widerstandes gegen die Apartheid. 1964–90 inhaftiert. 1994–99 südafrikanischer Staatspräsident. Erhielt 1993 den Friedensnobelpreis.

Marc Aurel (121–180): Römischer Kaiser durch Adoption, ein „Weiser auf dem Thron", der Liebe und Sinn für Bildung und Wissenschaft mit stoischer Sittenstrenge und altrömischer Einfachheit vereinigte. Führte gegen seine eigentliche Neigung und nur aus Pflichttreue viele erfolgreiche Kriege. Verfasste mit der Schrift „An sich selbst" ein Buch voll philosophischer Selbstbetrachtungen.

Michelangelo Buonarroti (1475–1564): Italienischer Bildhauer, Maler, Baumeister, Dichter. Einer der berühmtesten Künstler der Hochrenaissance, Wegbereiter des Manierismus.

Michel de Montaigne (1533–1592): Französischer Philosoph und Schriftsteller, Richter und Parlamentsrat in Bordeaux. Hat mit seinen Selbstbetrachtungen und mit seiner Konzeption, das Leben als „Versuch" zu gestalten und zu führen, die Denker bis in die heutige Zeit beeinflusst. Gleichzeitig hat er dabei mit seinem Hauptwerk, den „Essais“, die gleichnamige literarische Form begründet.

Charles de Montesquieu (1689–1755): Französischer Philosoph, Staatsrechtler und Historiker im Geiste der Aufklärung. Gilt als Vorläufer für die wissenschaftliche Begründung fast aller sozialwissenschaftlichen Disziplinen. Durch seine Lehre von der Gewaltenteilung legte er die Grundlagen für den modernen Verfassungsstaat.

Christian Morgenstern (1871–1914): Deutscher Dichter, bekannt durch seine Sprachgrotesken. In seinen ernsten Werken neben Nietzsche auch vom Buddhismus und der Anthroposophie Steiners beeinflusst.

Napoleon Bonaparte (1769–1821): Genialer Feldherr korsischer Herkunft, der es in den Wirren des nachrevolutionären Frankreich vom Artillerieoffizier bis zum Kaiser brachte.

Friedrich Wilhelm Nietzsche (1844–1900): Einer Pastorenfamilie entstammender deutscher Philosoph, Altphilologe und Hochschulprofessor, Wortführer des Nihilismus. Hauptwerk: „Also sprach Zarathustra“. Ab 1889 in geistiger Umnachtung.

José Ortega y Gasset (1883–1955): Spanischer Kulturphilosoph, Soziologe und Essayist. Gilt als einer der größten europäischen Denker. Entwickelte eine die Individualität des Menschen betonende Lebensphilosophie. Sein 1930 veröffentlichtes Buch „Aufstand der Massen“ gilt als epochales Werk.

Blaise Pascal (1623–1662): Französischer Religionsphilosoph, Mathematiker und Physiker. Entwickelte Grundlagen der Wahrscheinlichkeits- und Infinitesimalrechnung, entdeckte unter anderem das Gesetz der kommunizierenden Röhren. Die gleichnamige physikalische Einheit ist nach ihm benannt.

Perikles (ca. 500–429 v.Chr.): Griechischer Staatsmann, unter dessen Führung sich in Athen nicht nur die demokratische Idee durchsetzte, sondern auch Kunst, Literatur und Wissenschaft einen nie geahnten Aufschwung nahmen. In seine Zeit fällt unter anderem der Bau der Akropolis, schon damals als Nationalheiligtum angelegt.

Platon (427–347 v.Chr.): Griechischer Philosoph, Schüler des Sokrates. Kernstück seiner Erkenntnistheorie und Ethik ist die Ideenlehre, die er besonders in seinem „Staat“ ausführlich behandelt. Seine um 385 ins Leben gerufene Akademie, eine Philosophenschule, existierte als fest organisierte „Genossenschaft" noch fast ein Jahrtausend.

Leopold von Ranke (1795–1886): Wirkungsmächtiger deutscher Historiker, der strenge Quellenkritik und unbedingte Sachlichkeit forderte. Gilt unter anderem als „Vater der objektiven Geschichtsschreibung".

Jean-Paul Sartre (1905–1980): Französischer Philosoph und Schriftsteller, Hauptvertreter des französischen Existentialismus. Lehnte den ihm 1964 zuerkannten Nobelpreis ab.

Friedrich von Schiller (1759–1805): Wirkungsmächtiger deutscher Dichter von großem dramatischem Talent, sicherem Gefühl für Bühnenwirksamkeit, Durchschlags- und Überzeugungskraft und hohem idealistischem Pathos. Freund Goethes, durch dessen Vermittlung er eine Anstellung als Professor für Geschichte in Jena bekam – und damit ein sicheres Einkommen.

Friedrich von Schlegel (1772–1829): Deutscher Dichter, Philosoph und Publizist. Begründete als genialer Anreger die frühromantische Welt- und Kunstanschauung. Trat nach mehreren Stationen 1809 als Hofsekretär und Diplomat in österreichische Dienste und arbeitete in Wien später auch an der Gesamtausgabe seiner Werke.

Arthur Schopenhauer (1788–1860): Deutscher Philosoph, Gegner Hegels. Verbrachte, nach einer kurzen Zusammenarbeit mit Goethe (über Fragen der Farbenlehre) und anderen Stationen, den Großteil seines Lebens zurückgezogen als Privatgelehrter und Junggeselle in Frankfurt am Main. Hauptwerk: „Die Welt als Wille und Vorstellung". Er gilt als Verwandter und Erbe der Moralisten und der geistigen Aristokratie der Aufklärung.

Lucius Annaeus Seneca, der Jüngere (4 v.Chr.–65 n.Chr.): Römischer Dichter und Philosoph, über Jahre tatsächlicher Leiter des Römischen Reiches. Erzieher Neros, wurde von diesem schließlich zum Freitod gezwungen. Befasste sich mit Fragen der praktischen Ethik, gilt als gemäßigter Stoiker.

George Bernhard Shaw (1856–1950): Irisch-englischer Dramatiker. In Stücken voller Geist, Witz, Ironie und Bosheit kritisiert er Konventionen und überkommene gesellschaftliche Klischees.

Sophokles (496–406 v.Chr.): Einer der drei großen griechischen Tragödiendichter (Aischylos, Sophokles, Euripides). Bekleidete wiederholt in Athen hohe Staatsämter und war mit Perikles und Herodot (dem nach Cicero „Vater der Geschichtsschreibung“) befreundet. Von den 123 Tragödien, die ihm zugeschrieben werden, sind nur sieben vollständig erhalten.

Carl Spitteler (1845–1924): Schweizerischer Lyriker, Erzähler und Essayist. Erhielt 1919 den Nobelpreis für Literatur. In seinen Epen, die von antiken Göttern und Heroen bevölkert werden, versuchte er humanistisches Gedankengut, mythisch-kosmische Vorstellungen sowie zeit- und kulturkritische Aspekte zu verschmelzen.

Robert Louis Stephenson (1850–1894): Schottischer Erzähler, Dichter und Reiseautor. Startete seine Karriere als Leuchtturm-Architekt (der Familientradition folgend) und studierte anschließend Jura (ohne den Beruf aber jemals auszuüben). Seine seit Kindertagen schwache Gesundheit hinderte ihn nicht daran, sein Leben als Häuptling und Plantagenbesitzer auf Samoa zu beschließen. Autor der „Schatzinsel“.

Lew (Leo) Nikolajewitsch Graf Tolstoi (1828–1910): Einer der größten russischen Erzähler und Dichter. Im Alter forderte er, Staat, Kirche, Eigentum, Kunst und Zivilisation ablehnend, eine Art „Urchristentum“.

Ludwig Wittgenstein (1889–1951): Österreichischer Philosoph. Studierte zunächst Ingenieurwesen und Aeronautik. Schüler und Freund des britischen Philosophen und Mathematikers Bertrand Russell. Ab 1939 englischer Staatsbürger und Professor in Cambridge. Einer der bedeutendsten Vertreter der sprachanalytischen Philosophie.

Stefan F. Gross (Dipl.-Kfm.) ist Erfolgsexperte, Bestsellerautor und einer der renommiertesten Business-Speaker Deutschlands. Kern seiner Tätigkeit ist die Entwicklung von Strategien und Programmen für die Förderung und Sicherung des beruflichen und persönlichen Erfolges.

Damit setzt er die Tradition seines Vaters Günter F. Gross fort, der bereits 1953 in Berlin das erste Marketingseminar Deutschlands hielt (unter der Schirmherrschaft des U.S. State Department), und der als Pionier der deutschen Management- und Marketingberatung gilt. Beide arbeiten bei vielen Projekten zusammen.

Bei großen Unternehmensveranstaltungen und Kongressen wird Stefan F. Gross regelmäßig zum besten Redner gewählt. Sein Buch „Beziehungsintelligenz“ stand zwei Jahre auf den deutschen Bestsellerlisten (bis auf Platz 1 in der Schweiz), der Folgetitel „Ausbruch aus der Servicewüste – persönliche Dienstleistungskultur“ erreichte dort ebenfalls Spitzenplätze.

Stefan F. Gross im Internet:
www.stefan-f-gross.de
oder
www.life-excellence.de

So urteilen Unternehmer, Vorstände, Geschäftsführer und Führungspersönlichkeiten namhafter Unternehmen, die einen Stefan F. Gross-Vortrag veranstaltet haben:

„Das war einmalig! Wir waren voll begeistert von Ihren Ausführungen, anlässlich unserer Generalversammlung, und hätten Ihnen sicher noch lange zuhören können."

Präsident,
Devisenhändlervereinigung

„Immer noch erfreut mich der Gedanke an die wirklich fantastische Rede, welche Sie mit so viel Humor gehalten haben."

Geschäftsführender Gesellschafter,
Industrieunternehmen

„Dass Sie mit Ihrem Seminar-Beitrag wieder ›den Vogel abgeschossen‹ haben, ist Ihnen sicher nicht entgangen. Alle Teilnehmer waren begeistert. Man weiß immer nicht, was man mehr bewundern soll: Den Inhalt, die gewählten Beispiele oder Ihre Rhetorik. Herzlichen Dank also für Ihren Beitrag!"

Marketingleitung, IT-Unternehmen

„Unsere Jubiläumsfeier hat dank Ihres Vortrages ein breites Echo erfahren. Noch immer werde ich auf Ihre hervorragenden Ausführungen angesprochen."

Vorstandssprecher, Bank

„Herr Gross, Sie waren ein Glückstreffer. Wer Sie für unser Haus engagiert hat, hat einen Orden verdient. Sie haben mir aus der Seele gesprochen."

Vorsitzender des Vorstands,
Bank

„Vielen herzlichen Dank, dass Sie zum Erfolg unserer Wirtschaftstage mit Ihrem Abschlussvortrag beigetragen haben. Sie waren einfach Spitze, wie wir auch immer wieder von den Tagungsteilnehmern hören."

Vizepräsident,
IHK

„Es ist aus meiner Sicht tatsächlich eine große Kunst, einen Vortrag in der von Ihnen gezeigten Qualität zu halten. Am Beifall konnten Sie die Begeisterung Ihrer Zuhörer spüren. Im weiteren Verlauf der Veranstaltung, und auch bis in die heutigen Tage, ist Ihr Thema ›Beziehungsintelligenz‹ ein Gesprächsthema."

Landesdirektor,
Lebensversicherung

„Dass Ihr Vortrag in Berlin ausgezeichnet angekommen ist, haben Sie ja an der Reaktion der Teilnehmer gemerkt – er war das Highlight der Veranstaltung!"

Aufsichtsratsvorsitzender,
Handelsunternehmen